Archiv der Jugendkulturen (Hrsg.):

Reaktionäre Rebellen.

Rechtsextreme Musik in Deutschland

Archiv der Jugendkulturen (Hrsg.):

Reaktionäre Rebellen.
Rechtsextreme Musik in Deutschland

Die Arbeit an dieser Dokumentation wurde freundlicherweise gefördert von:
Fonds Soziokultur e.V.

FONDS
SOZIOKULTUR

sowie
Jugend- und Familienstiftung des Landes Berlin

Originalausgabe
Verlag Thomas Tilsner
www.Tilsner.de

TILSNER

Herausgeber:
Archiv der Jugendkulturen e.V.
Fidicinstr. 3, 10965 Berlin
Berlin 2001
www.jugendkulturen.de

Umschlaggestaltung/Bildmontage:
Archiv der Jugendkulturen

Innengestaltung:
Jochen Flad, Berlin

Printed in the E.U.

Die Deutsche Bibliothek - CIP-Einheitsaufnahme
Ein Titeldatensatz für diese Publikation ist bei
Der Deutschen Bibliothek erhältlich

ISBN 3-936068-04-6

ISSN 1439-4316
Archiv der Jugendkulturen

Klaus Farin

Vorwort

Musik ist unsere Waffe
Gefährlicher als Panzer und Granaten
(*Sturmwehr*: Unsere Musik, 2000)

Musik ist seit Anfang der neunziger Jahre das wichtigste Mittel zur Verbreitung rechtsextremer Propaganda vor allem unter Jugendlichen geworden. Denn Musik, haben auch Neonazi-Ideologen erkannt, ist für Jugendliche, neben dem Kleidungsstil, ein wesentliches Mittel zum Ausdruck der eigenen (politischen) Identität. Musiker sind für sie glaubhaftere Idole als Politiker, Gleichaltrige häufig wichtigere Gesprächspartner als die eigenen Eltern. Und die Musik, erzählen Angehörige verschiedenster Jugendsubkulturen immer wieder, war für sie ein zentrales Motiv, sich einer bestimmten Szene oder Clique anzuschließen.

Rechtsextreme wissen das, und so haben sie längst begonnen, diesen Sektor jugendlicher Lebenswelten zu erobern. Wo andere Flugblätter und Literatur verteilen oder Aufmärsche organisieren, nehmen sie die Gitarre in die Hand. Und was traditionellen Rechtsextremen mit ihren Schulungsabenden, Wehrsportübungen und Propaganda-Aktionen nie gelang – nämlich eine starke Verbreitung ihrer Ideen in der Bevölkerung, vor allem unter Jugendlichen, zu erreichen –, gelingt den Barden und Rechtsrockern der jungen, militanten Szenen scheinbar mühelos: Fast in jeder deutschen Schulklasse trifft man heute auf SchülerInnen, für die Bands wie *Landser*, *Stahlgewitter*, *Kraftschlag* oder *Die Zillertaler Türkenjäger* keine Unbekannten sind.

Repressive Maßnahmen – Indizierungen, staatliche Beschlagnahmen oder elterliche Verbote – haben daran nichts ändern können. Im Gegenteil: Verbote wecken offensichtlich gerade das Interesse an dem Verbotenen, Indizierungen – in Verbindung mit oft sensationsheischenden, aber wenig sachkundigen Mediendarstellungen – steigern nachweislich die Auflagen der indizierten Tonträger.

Dennoch ist es den "Rechtsrockern" bis heute nicht gelungen, auch nur annähernd eine so hohe Verbreitung und Akzeptanz unter Jugendlichen zu erreichen, wie sie etwa der Punk, HipHop, Techno, Reggae und andere Musikstile und -kulturen mit nicht-rechten Inhalten genießen. Die Zahl der Stammhörer, der wahren Fans des Rechtsrocks ist relativ klein, die Zahl der hierzulande legal veröffentlichten und verkauften Tonträger schrumpft seit mehreren Jahren gewaltig. Das hängt einerseits mit dem – aufgrund der neuen Möglichkeiten des Internet (MP3 etc.), aber auch in Reaktion auf die staatlichen Repressionen – parallel wachsenden illegalen Markt für rechtsextreme Tonträger zusammen, ist aber auch eine Folge der miserablen Qualität der von deutschen Rechtsextremen produzierten Musik. So versuchen sie erst gar nicht, unbedarfte Außenstehende und Andersdenkende argumentativ zu überzeugen, sondern schreien, nur bisweilen begrenzt durch das Strafgesetzbuch, unverblümt heraus, was sie selbst denken und fühlen. (Daß sich dennoch Tausende von Jugendlichen, die keine organisierten Rechtsextremisten sind, mit dieser Musik und ihren Texten identifizieren, zeigt, daß kein Anlaß besteht, dies als Zeichen der Entwarnung mißzuverstehen.) Die "Rechtsrock"-Szene ist eine eigenständige Subkultur der Amateure – mit szene-eigenen Plattenfirmen und Vertriebsnetzen, Konzertveranstaltern und Fanzines, die als Zielgruppe zumeist die eigenen Kameraden im Visier haben und diese politisch stabilisieren, in ihrem kollektiven Selbstbewußtsein stärken und zu Taten anstiften wollen. Die "Noten des Hasses", so der Titel einer aktuellen Rechtsrock-CD, sind so ein authentischer Spiegel und eine – auch für Außenstehende – sehr enthüllende Einführung in die Mythen, Lebens- und Gedankenwelten der (militanten) jungen, rechtsextremen Szene.

Am Beispiel ihrer Musik bzw. deren Texte läßt sich begreifen, was an dieser Szene auf bestimmte Menschen so faszinierend wirkt, welche Selbstbilder und Identifikationsangebote Rechtsextreme Jugendlichen anzubieten haben – und damit auch, wie man Jugendliche davor schützen kann, überhaupt erst in diese Szene abzudriften.

Diese Publikation ist nur ein erster grundlegender Versuch, die Debatte um dieses Thema zu versachlichen, Eltern, LehrerInnen, in der Jugendarbeit oder der politischen Bildung Tätigen, bei Polizei oder Jugendschutz mit dieser Problematik Befaßten und anderen Interessierten differenzierte Fakten und Analysen zur Verfügung zu stellen. Sie ist allerdings nur *ein* Bestandteil eines viel größeren Projektes.

Die Szene selbst, und auch die staatlichen und medialen Reaktionen auf sie, wandeln sich alle paar Jahre. Viele Fragen vermag eine Publikation wie diese kaum zu beantworten, manche entstehen sogar erst im Verlauf der Lektüre oder in der praktischen Umsetzung danach: Wie gehe ich damit um, wenn Jugendliche in "meinem" Jugendklub darauf bestehen, dort ihre eigene – rechtsextreme – Musik zu hören? Woran erkenne ich diese Musik überhaupt? Wie kann ich das Thema, zum Beispiel als Musik-, Politik- oder EthiklehrerIn oder in der außerschulischen Jugend- und Erwachsenenbildung, aufgreifen? Macht es Sinn, mit Fans dieser Musik zu diskutieren? Ist mein Sohn jetzt ein Rechtsextremer, weil er seit einigen Wochen nur noch *Landser* und *Zillertaler Türkenjäger* hört? Führt die Liebe zu dieser Musik ihn zwangsläufig in die Arme organisierter und militanter Rechtsextremer? Und wie sind eigentlich die *Böhsen Onkelz* einzuschätzen?

Diese und weitere Fragen werden ausführlich regelmäßige, im Abonnement zu beziehende Folgelieferungen zu dieser Publikation aufgreifen. (Weitere Informationen dazu finden Sie am Ende des Buches.) Doch darüber hinaus hat der Herausgeber, das *Archiv der Jugendkulturen e. V.* in Berlin, auch eine Reihe von Maßnahmen zur praktischen Umsetzung und Diskussion vor Ort entwickelt: berufsspezifische Fortbildungsmaßnahmen, Fachtagungen und Experten-Hearings, qualitative Forschungsprojekte zur Wirkung dieser Musik, Diskussionsveranstaltungen in Schulen, Jugendklubs oder Haftanstalten.

Bei Interesse – kontakten Sie uns. Und selbstverständlich sind wir auch für Kritik, Anregungen und weiteres Material zum Thema in jeglicher Form äußerst dankbar.

Klaus Farin/Henning Flad

Reaktionäre Rebellen.
Rechtsextreme Musik in Deutschland

Teil I: Die Geschichte einer Provokation

Wir sind Rebellen mit der Gitarre in der Hand
Unsere Waffe ist der Gesang
Zwar dürfen wir nicht alles singen
Doch so radikal wie möglich soll es klingen
(*Foierstoss*: Rebellenlieder, 1997)

Der Versuch, Musik zur Agitation gegen unerwünschte Konkurrenten und Meinungen sowie zur Verbreitung und Glorifizierung der eigenen Person und Ideen zu nutzen, ist so alt wie die Musik selbst. Vom mittelalterlichen Schmähgesang gegen das feindliche Nachbarland und dessen Herrscher und Einwohner zum heutigen Rechtsrock gegen "Scheinasylanten und Kanakenbanden" (*Bollwerk*, 1993) ist es nur ein geringer qualitativer Sprung. Die Dämonisierung und Herabwürdigung des und der "Fremden" zur Vereinigung der eigenen Gefolgschaft hat eine lange Tradition und ist, sichtbar vor allem in antisemitischen Kontexten, keine Erfindung gegenwärtiger Rechtsrocker.

Beschränkten sich frühere Herrschaftshäuser zumeist auf Sponsoring und Zensur, die Beschäftigung und finanzielle Förderung von willfährigen und das obrigkeitsstaatliche Verbot von aufmüpfigen Künstlern und Werken, so professionalisierten und perfektionierten die Nationalsozialisten unter Federführung von Goebbels zum ersten Mal in der Geschichte die Propagandafunktion von Musik in allen Lebensbereichen. Es ging ihnen darum, "Macht über die Herzen eines Volkes" (Goebbels, 1934) zu gewinnen, nicht nur äußerliche Anpassung zu erzwingen, und im Rahmen dieser "ganzheitlichen" Strategie wurde auch die Musik als "Kampfmittel und Waffe im Ringen um die deutsche Seele" eingesetzt.

Die rechtsextremen Vereinigungen der Nachkriegszeit pflegten weiterhin ihr spezielles Liedgut zur Verbreitung und emotionalen Vertiefung ihrer Ideologie. Zwar wurden Lieder mit eindeutigen NS- bzw. Hitler-Bekenntnissen aus dem (offiziellen) Repertoire genommen und an die Stammtische verbannt oder pikante Textstellen leicht geändert, doch in der Wiking-Jugend lernten schon Kinder ab 1952 wieder braungefärbtes "Volksliedgut" auswendig[1], auf Heimat(vertriebenen)abenden riefen junge und alte Barden nostalgische Erinnerungen hervor oder zum Kampf gegen den "Volksverräter" Willy Brandt auf.

Aufsehen erregte dies kaum. Denn zum einen spielten sich diese Auftritte überwiegend in geschlossenen Kleinstveranstaltungen ab, zum anderen unterschied sich das Liedgut der Rechtsextremen kaum von der etablierten Mehrheitskultur der Kriegs- und ersten Nachkriegsgeneration. Große Teile des populären

Cover der Single "10 kleine Negerlein" von *Time To Time*, 1990

deutschen Schlagers und der Volks- (bzw. volkstümelnden) Musik strotzten von nationalistischen und rassistischen Ideologiefragmenten; auch in den Liederbüchern von christlichen und Pfadfinder-Jugendgruppen, sogar in offiziellen Schulbüchern fanden sich noch in den siebziger Jahren mannigfach rassistische Stereotypen aus Kaiser- und Führer-Zeiten, wurden "deutsche Lande" besungen, die längst nicht mehr zu Deutschland gehörten. Als sich Mitte der siebziger Jahre die Rockmusik als Transportmittel für rassistische oder revisionistische Inhalte dazugesellte, stellte sie eigentlich nur eines der kleineren Genres der von Rechtsextremen benutzten Musikpalette dar – und daran hat sich bis heute wenig geändert.

Dennoch erreichte diese randständige Farbe rechtsextremen Musikschaffens mit Beginn der neunziger Jahre eine öffentliche Resonanz, wie es bisher keiner anderen rechtsextremen Kultur gelungen war. Dies vor allem aus zwei Gründen:

1. Mit Heavy Metal und Oi!-Punk als musikalischer Basis für rechtsextreme Haltungen stand zum ersten Mal eine Musik im Mittelpunkt, die quasi ausschließlich von Unter-Dreißigjährigen produziert und konsumiert wurde. Damit waren alle älteren Generationen aus dem Schneider. Am Pranger stand nicht ihre eigene Musik, sondern eine, die ohnehin schon von vielen Älteren – völlig unabhängig von der textlich-inhaltlichen Ausrichtung – als primitiv und nihilistisch, gewalttätig und aggressionsfördernd abgelehnt wurde.[2]

2. Mit der Verknüpfung von Rockmusik und rechtsextremen Inhalten wurde aber auch der für die Jugendgenerationen der sechziger und siebziger Jahre identitätsstiftende Konsens aufgekündigt, Rockmusik sei per se politisch progressiv orientiert. Bis zum Auftauchen von Rechtsrock war Rockmusik der Soundtrack zur Rebellion der Rocker und Halbstarken, der Hippies und Kommunarden, der Punks und Hausbesetzer, der Friedensbewegten und AtomgegnerInnen. Rockmusik markierte für die heute 40- bis 55jährigen eine zentrale, identitätsstiftende Grenze zu ihrer eigenen Elterngeneration, ein nostalgisches Symbol für die wildeste Phase ihres Lebens. Wer auch in späteren Jahren noch Rockmusik hörte, erhielt sich ein Stück seiner Jugend, konnte einfach noch kein "Spießbürger" geworden sein.

Natürlich wußte man insgeheim um die Kommerzialisierung des Rock- und Pop-Business spätestens seit Woodstock, natürlich las man immer wieder mal in den Zeitungen von rassistischen Ausrutschern alter Idole wie *David Bowie*, *Eric Clapton*, *Elvis Costello* oder *Rod Stewart*, den Bekenntnissen von *Neil Young* zu

> "Ich glaube ganz fest an die Idee des Faschismus. Der Liberalismus verpestet die Luft. Adolf Hitler war einer der ersten Rock-Stars. Er hat ein ganzes Land in Szene gesetzt." – *David Bowie*, 1976[3]
> "Ray Charles ist ein blinder, ignoranter Nigger." – *Elvis Costello*, 1979[4]
> "Schmeißt die Kaffer raus – unterstützt Enoch Powell!" – *Eric Clapton*[5]
> "Wer den Namen des Propheten beschmutzt, muß sterben." – *Cat Stevens* alias Yusuf Islam zum Mordaufruf gegen Salman Rushdie, 1989

Ronald Reagan oder der Hinwendung von *Cat Stevens* zum Ayatollah Khomeini.

Doch diese traurigen "Ausrutscher" blieben selten im Gedächtnis haften. Und wenn man noch in den neunziger Jahren in einer Sportarena mit Zehntausenden Gleichgesinnten von *Mick Jagger* mit "You Got Me Rockin'" begrüßt wurde und anschließend miterleben durfte, wie *Keith Richards* als zerrupfter Dieb in der Nacht seiner Gitarre so dreckig-rauhe Riffs wie vor dreißig Jahren entlockte, vergaß man gerne, daß man soeben hochdotierten Volkswagenvertretern zujubelte, die ihr "Street Fighting Men" von einst längst als *Abgesang* auf die Revolte interpretierten. Rechtsrock säkularisierte diesen Jungbrunnen, zerstörte den Mythos von der unzerbrechlichen Einheit von Rockmusik & progressiver Rebellion. Kein Wunder, daß in manchen Kommentaren die Empörung darüber, daß die rechtsextremen Botschaften mit Rockmusik unterlegt waren, diejenige über die Textinhalte selbst übertraf.

Rechtsrock erfüllte also deshalb optimale Voraussetzungen, um in den Zenit öffentlicher Empörung zu geraten, weil er einerseits den eigenen Vorlieben der empörten Rockfans zu nahe kam, gleichzeitig aber auch in seiner dilettantischen Art und brachialen Härte sowie dem uniformen Military-Look seiner ausschließlich jugendlichen Fans der eigenen Ästhetik radikal widersprach, *fremd* genug war, um als Feindbild und Projektionsfläche für die Sünden und den Rechtsruck der erwachsenen Mehrheitsgesellschaft zu dienen. Die Welle rassistischer Gewalt (Hoyerswerda – Rostock – Mölln...) hatte manch' linke und liberale Illusionen über die Realität der "multikulturellen" Gesellschaft und die Demokratie-Festigkeit zahlreicher deutscher Mitbürger auf brutale Weise zerstört. Die starre Fixierung auf "Skinheads" als Täter und "Rechtsrock" als Anheizer ermöglichten der bürgerlichen Mitte eine "Verarbeitung" dieses faschistischen Flashbacks durch Auslagerung des Problems in gesellschaftliche Randzonen.

Skinheads

Schon in den siebziger Jahren gab es hier und da Versuche rechtsextremer Organisationen, die wichtiger gewordene Zielgruppe Jugend mit Hilfe "modernerer" Musik anzusprechen, so beispielsweise die baden-württembergische NPD-Band *Ragnaröck* (deren Aufnahmen von 1977 heute wieder in der rechten Szene kursieren). Doch ein eigenständiger, subkultureller Hintergrund für diese Musik – mit szene-eigenen Konzerten, Fanzines, Plattenfirmen, Vertrieben usw. – bildete sich erst Anfang der achtziger Jahre mit dem Aufkommen der Skinhead-Szene in Deutschland heraus. Wie ihre Mutterkultur im Großbritannien der sechziger Jahre hatte auch sie von Anfang an ein rechtsextremes Gewalttäter-Image. Doch es gab entscheidende Unterschiede zur ersten britischen Kurzhaarigen-Generation, die sich fast ausnahmslos aus Arbeiterjugendlichen rekrutierte, die in Zeiten zunehmender Marginalisierung und Entwertung klassisch-männlicher Arbeitertugenden (Handarbeit) geradezu trotzig den von ihren Eltern aufgegebenen Lebensstil wiederbelebten. Dazu gehörten Kurzhaarfrisur und traditionelle Arbeiterkleidung genauso wie der spezifisch britische "Patriotismus", Fußball-Leidenschaft und die Prügelei in der "dritten Halbzeit" ebenso wie die Abneigung gegen Intellektuelle, Künstler, Aufsteiger und "Fremde" jeglicher Art[6]. Den deutschen Skins fehlte diese soziale wie ideologisch konstruierte Verwurzelung – mangels Arbeiterklasse(nbewußtsein) – weitgehend. Und die Skins der achtziger Jahre hörten, zum Teil wenigstens, eine andere Musik als ihre Vorgänger: Punk statt Ska und Reggae, "weiße" Musik statt der der jamaicanischen Einwanderer, die die Skinhead-Kultur der sechziger Jahre maßgeblich mitgeformt hatte. Damit soll nicht gesagt sein, daß Punk oder Oi! (das Skinhead-Synonym für Punk, nichts weiter) grundsätzlich oder mehrheitlich rechtsextrem orientiert war. Im Gegenteil. *Sham 69*, die wohl populärste Oi!-Band ("If the kids are united"), ließ an ihrer antifaschistischen Haltung niemanden im Zweifel, Oi!-Bands wie *Blitz*, *Infa-Riot*, *The Business* und andere tourten schon Anfang der achtziger Jahre unter dem Motto "Oi! Against Racism" durch Großbritannien, die *Angelic Upstarts* spielten bei Demonstrationen gegen die National Front oder das Thatcher-Regime auf und unterstützten mit Benefiz-Gigs die Streiks der britischen Bergarbeiter oder deutsche Antifa-Gruppen. Doch anders als in den sechziger Jahren standen nun erstmals auch "weiße" Idole zur Verfügung – und damit war überhaupt erst die Voraussetzung vorhanden, rechtsextreme bzw. rassistische Standpunkte in der Musik zu präsentieren. Denn es gehörte schon eine gehörige Portion Schizophrenie dazu, Skinhead-Idolen wie *Laurel Aitken*, *Prince Buster*, *Desmond Dekker* oder *Derrick Morgan* zuzujubeln und gleichzeitig Rassist zu sein.

Laurel Aitken mit Skinhead-Fans beim 4. Potsdamer Ska-Festival, Juli 1993. Foto: Boris Geilert/G.A.F.F.

Die zweite Skinhead-Generation konnte es sich leisten, diese schwarzen Wurzeln ihrer Kultur zu ignorieren. Viele taten es[7], hatten das Gewalttäter-Image und die wachsende Abgrenzung zur (als "links" geltenden) Punk-Szene sie doch ohnehin in die rechte Ecke gedrängt. Organisierte Neonazis sahen diese Chance und versuchten ihr Glück. "Wenn 10.000 Mann mit Hakenkreuzen auf die Straße gehen, dann wird es kein NS-Verbot mehr geben, und dafür werden wir sorgen", glaubte Michael Kühnen, der gerade erst aus vierjähriger "Gesinnungshaft" entlassene Führer der

Aktionsfront Nationaler Sozialisten (ANS), im Frühjahr 1983. 32 "Kameradschaften" mit knapp 300 Aktivisten hatte Kühnen bereits, den fehlenden Rest wollte er sich aus den jugendlichen Subkulturen rekrutieren, die bereits als "rechts" galten und wegen ihrer Gewaltlust für die Sache der Nazis besonders geeignet schienen: Fußball-Hooligans und Skinheads.

Wenige Monate später riefen neben dem Berliner Skinhead-Fanzine *Attacke* auch anonyme Flugblätter, gezeichnet mit "Nationale Skins", "Deutsche Hooligans" u. ä., Skinheads und Fußballfans aus ganz Deutschland zum "Kampf gegen die Kanacken" nach Berlin. Dort sollte am 26. Oktober 1983 ein Fußball-Länderspiel BRD-Türkei stattfinden. Wer in Wirklichkeit hinter den "Nationalen Skins" steckte, wurde jedoch bekannt, als der Berliner Ableger der Kühnen-Truppe für den Vorabend des Spieltages zusätzlich und mit persönlichem Anschreiben bekannte rechte Skinheads aus ganz Deutschland zu einer internen Gründungsversammlung ihrer "Aktion Ausländerrückführung" einlud – und damit die Existenz einer eigenen Skinhead-Kartei enthüllte, die auch noch prompt bei einer Durchsuchung der Polizei in die Hände fiel. So traf am Versammlungsabend wirklich eine Gruppe Skinheads in der Wohnung des Berliner ANS-Gauleiters ein, allerdings mit einer etwas anderen Zielsetzung als der, andächtig der versprochenen Rede des Führers Kühnen zu lauschen: "...Kurzerhand wurde den anwesenden Seitenscheiteln mächtig was zwischen die Hörner gegeben. Es waren rechte und Nazi-Skins, die Kühnens ANS kurz und klein schlugen, nicht irgendwelche Aushilfsantifaschisten", beschrieb das (rechte) Skinhead-Fanzine *Clockwork Orange* später diese Aktion. *Kraft durch Froide*, eine im Sommer 1982 gegründete Nazi-Skinband, verarbeitete ihre Abneigung gegen einen Teil der organisierten Neonazis sogar in ihrem Spottlied "Soldat des Führers":

Du willst ein Soldat des Führers sein
Aber du bist nur ein kleines fettes Schwein
Nickelbrille im Pickelgesicht
Wulstlippen, so etwas brauchen wir nicht
Fettiges Haar in die Stirn gekämmt
Braune Augen blitzen mich dunkel an
Kantiges Gesicht, du bist ein Mann
Du bist ein Sturmabteilungsmann
Landser lesen, Wochenschau sehen
Mit dem Braunhemd in die Disco gehen...
Doch kommst du dann wieder spät nach Haus
Ist es mit deinen Träumen gleich aus
Dein Alter schlägt dir ins Gesicht
Denn er versteht deine Träume nicht
Du willst ein Soldat des Führers sein
Aber du bist nur ein kleines fettes Schwein...
(*Kraft durch Froide*: Soldat des Führers, 1983)

Dieser Song kritisierte in erster Linie die mangelnde persönliche, vor allem körperliche Einsatzbereitschaft der "Scheitel-Nazis", nicht deren Rassismus und Antisemitismus: Während die rechtsextremen Skinheads jener Jahre für einen hohen Anteil der rassistischen Straßengewalt verantwortlich zeichneten, warfen sie den organisierten Rechtsextremen Feigheit und das Leben in Traumwelten vor.

"Neonazis sind feige Schweine. Die wollen die Skins praktisch als Dreck sehen, und wenn sie dann die Macht ham, dann machen se die, die ihnen früher geholfen haben, gleich weg", erklärten auch die *Böhsen Onkelz* zur gleichen Zeit in einem Interview. "Neonazis sind vielleicht in der Beziehung mit Ausländern meiner Meinung, aber ich bin doch kein Adolf-Hitler-Fanatiker. Ich mein', Diktatur brauchen wir bestimmt nicht mehr."

Böhse Onkelz

Keine andere Band ist mit der Geschichte der Skinhead-Szene in Deutschland so eng verknüpft wie die Frankfurter *Böhsen Onkelz*. Keine Band genießt einen derartigen Kultstatus bei allen Skin-Generationen, keine hat das Image und Selbstbild der Szene derart entscheidend geformt. Noch heute lassen sich ohne Mühe bei zahlreichen jungen Rechtsrock-Bands in der Musik und in den Lyrics *Böhse-Onkelz*-Einflüsse nachweisen, während andere sie in wütenden Hassgesängen als "Verräter" beschimpfen[8].

Die *Onkelz* begannen 1979 als No-Name-Punkband in einem Kaff bei Aschaffenburg. "Eines Nachts liefen wir durch die Straßen, und da fuhren Kinder Schlitten am Hang. Die zeigten mit dem Finger auf uns: 'Guck mal, die bösen Onkels'. Da wußten wir: das ist unser Name!" (Der Songschreiber und Bassist Stephan Weidner in *Emma* 1/93). Der Jüngste war 16, der Älteste gerade 19, und sie rotzten heraus, was ihnen schwer im Magen lag: "Bullenschwein, ich hasse dich!", Sauf- und Stimmungslieder zum Mitsingen und -gröhlen und: "Türken raus!"

Türken raus, Türken raus, Türken raus
Türken raus, Türken raus, Türken raus, alle Türken müssen raus!
Türkenfotze naßrasiert, Türkenfotze glattrasiert, Türkenfotze naßrasiert
Türken raus! Türken raus! Türken raus...[9]

Ein pubertärer Haßsong, auch musikalisch primitiv, der schnell in Vergessenheit geraten wäre, wenn er sich gegen Punks, Hippies oder "Bullen" gerichtet hätte. Der von den *Böhsen Onkelz* zwar nie offiziell auf einer Platte veröffentlicht wurde, aber als Demo-Tape aus den frühen achtziger Jahren in zumeist kaum verständlicher Tonqualität als illegale Kopie unter den Fans kursiert. "Türken raus" entstand, als die *Böhsen Onkelz* noch mit grün- und rotgefärbten Haaren durch die Gegend liefen. "Durch unser Aussehen als Punker hatten wir Schwierigkeiten mit ausländischen Popper-Gangs auf der Straße, die sind oft in Schlägereien ausgeartet. Wir haben ständig von ausländischen Jugendgangs aufs Maul bekommen, und irgendwo war's halt ein Ventil zum Rauslassen. Der Song hat eigentlich keinen politischen Hintergrund. Was da reininterpretiert wurde, ist was ganz anderes, als ursprünglich gemeint war", erklärt Stephan Weidner, ebenfalls im Interview mit Alice Schwarzer, den Entstehungszusammenhang dieses Liedes. Sicherlich aufrichtig und "historisch korrekt" und dennoch: ein kläglicher Entschuldigungsversuch.

Allerdings ließen sich die *Böhsen Onkelz* in der Tat selbst in ihren radikalen Anfangsjahren trotz massiver Anwerbeversuche seitens der Aktionsfront Nationaler Sozialisten nicht vor den Karren neonazistischer Gruppen spannen. Sie traten niemals für die NPD oder andere rechtsextreme Organisationen auf und ließen schon frühzeitig das Verteilen von neonazistischem Propaganda-Material bei ihren Konzerten durch die *Onkelz*-eigene Security unterbinden. Doch sie waren Nationalisten und Rassisten wie ein Großteil ihrer Freunde und zahlreiche andere "Wende-Jugendliche" jener Jahre auch. Was andere Gleichaltrige jedoch nur in der anonymen Masse eines Fußballstadions oder im kleinsten Freundeskreis dachten und sagten, gröhlten die *Onkelz* lautstark von der Bühne herab:

Deutschland versinkt in Schutt und Dreck
Und ihr, ihr Schweine, ihr seht einfach weg
Die Bullen werden den Aufstand schon niederschlagen
Immer nur draufhau'n, ohne zu fragen
Lange genug habt ihr mit angesehen
Wie unsere Städte zugrunde gehen
Jetzt gibt's einen Aufruhr in unserem Land
Die Kids von der Straße haben sich zusammengetan
Skinhead ist Zusammenhalt gegen euch und eure Kanakenwelt!

Die Bandmitglieder waren inzwischen Skinheads geworden – wie viele Punks Anfang der achtziger Jahre. "Skin sein heißt tanzen, saufen, Spaß haben, auffallen, Leute provozieren. Wir waren schon als Punks politisch uninteressiert gewesen. Viele Skins sind so wie wir nur aus einem Grund von Punks zu Skins gewechselt: Punk war ganz nett und geil, solange man zur Schule ging. Aber dann kam die Lehre. Da ging das mit dem extremen Outfit nicht mehr. Um zu zeigen, daß wir dennoch anders waren, haben wir dann halt auf Skinhead gemacht, das harte Image noch ein bißchen mehr betont..."

Als 1984 die erste *Onkelz*-LP "Der nette Mann" auf den Markt kam, war die Band längst ein fester Bestandteil der Frankfurter Skinhead- und Fußballrabauken-Szene mit Kultstatus weit über die Grenzen ihrer kleinen Welt hinaus. Die *Onkelz* lebten dasselbe rüde Leben wie ihre Fans: ließen kein Spiel der Eintracht aus, verbrachten ihre Abende in denselben Kneipen, kassierten Haus- und Stadionverbote, besuchten die Bahnhofpuffs und prügelten sich mit den jugoslawischen Zuhältern auf den Straßen davor, knackten Zigarettenautomaten und ließen sich dabei erwischen, besorgten sich aus London die neuesten Ska-Scheiben und echte Doc Martens. "Skinhead, immer nur Skinhead", sangen sie in den Straßen und ließen sich, um die Unwiderruflichkeit ihrer Entscheidung jedem Mode-Punker vor Augen zu führen, immer neue Tätowierungen in den Oberkörper stechen. Die Fußball-Szene spaltete sich gerade in brave Kuttenfans und "Gewaltbereite". Die *Onkelz* ließen niemanden im Unklaren darüber, zu welcher Fraktion sie gezählt werden wollten:

Wir stehen in einer Front und singen unsere Lieder
Wir stehen in unserer Kurve und machen alle nieder

heißt es in dem Lied "Fußball und Gewalt", und "Frankreich '84" bereitet die Fans auf die kommende Europameisterschaft vor:

Im Sommer '84 fahren wir nach Frankreich
Um unsere Nationalelf siegen zu sehen
Und für unser Land geradezustehen
Fußball-Europameister, es gibt nur einen
Deutschland heißt er
Deutschland, Deutschland ist die Macht!
Ja, wir sehen uns in jedem Fall
Im Sommer '84 beim Frankreich-Überfall!

Das Album "Der nette Mann" gilt als das bedeutendste der deutschen Skinhead-Szene. Das Original wird heute noch zu Schwarzmarktpreisen von mehreren hundert Mark gehandelt. Verursacher dieser enormen Wertsteigerung ist die Bonner Bundesprüfstelle für jugendgefährdende Schriften (BPS), die das Album am 15. August 1986 auf Antrag der Landesjugendämter Rheinland und Westfalen-Lippe sowie der Stadtjugendämter Köln und Gladbeck indizierte.

Bei der entscheidenden Sitzung waren an jenem Tag drei Leute anwesend: Der Leitende Regierungsdirektor und damalige BPS-Vorsitzende Rudolf Stefen, die "Schriftstellerin" Thea Graumann und der Amtsgerichtsdirektor a. D. Werner Jungeblodt als Repräsentant der Kirchen. Die neunseitige Indizierungsbegründung liest sich über weite Strecken wie eine Satire aus der *Titanic*-Redaktion. Nicht nur, daß die Gutachter offenbar nicht in der Lage waren, die Texte überhaupt nur akustisch zu verstehen – die "wörtlichen" Abschriften wimmeln von Entstellungen, zum Teil in entscheidungsbegründenden Passagen –, auch die Interpretationen wirken wie bösartige Eulenspiegeleien. So heißt es etwa über den oben zitierten Hooligan-Song "Frankreich '84": "... Nationalsozialistisches Gedankengut, insbesondere die Vorherrschaft und Dominanz des deutschen Volkes werden propagiert... Das französische Volk wird wie Freiwild beschrieben. Damit wird das Bekenntnis der Bundesrepublik Deutschland als demokratischer Rechtsstaat zu einem gleichberechtigten Mitglied der Völkergemeinschaft in Frage gestellt; die Völkerverständigung unter Einschluß gerade auch der Aussöhnung des deutschen Volkes mit den früheren Kriegsgegnern wird negiert. Ein Handeln wird gefordert, das die Bemühungen der Völkerverständigung und der Anerkennung zunichte macht... Ein Lied, das sich offen gegen die Völkerverständigung ausspricht und – mehr noch – dazu auffordert, einen als minderwertig beschriebenen Volksstamm zu beleidigen, führt zu einer sozialethischen Verwirrung. Dieses Lied ist jugendgefährdend." Der Begriff "Volksstamm" taucht im Text der *Böhsen Onkelz* übrigens nicht auf.

Entscheidend für die Indizierung und strafrechtliche Verfolgung der *Böhsen Onkelz* bis heute war allerdings der Titelsong selbst. "Der nette Mann" handelt von einem Kindermörder:

Kleine Kinder hab ich gern, zerstückelt und in Scheiben
Warmes Fleisch, egal von wem, ich will's mit allen treiben
Ob Tiere oder Menschen, ich seh' gern alles leiden

Blutbeschmiert und mit großer Lust wühl ich in Eingeweiden!
Die Gier nach Qual und Todesschreien macht mich noch verrückt
Kann mich denn kein Mensch verstehen, daß mich das entzückt
Komm, mein Kleines, du sollst heut' Nacht mein Opfer sein
Ich freu mich schon auf dein entsetztes Gesicht
Und die Angst in deinem Schreien!
Ich bin der nette Mann von nebenan und jeder könnt' es sein
Schaut mich an, schaut mich an, ich bin das perverse Schwein!
(*Böhse Onkelz*: Der nette Mann, 1984)

Textautor Stephan Weidner in *Emma* 1/93: "Mich interessiert die Psyche von Menschen. Deswegen schreibe ich oft Lieder über Verrückte oder Gewaltverbrecher oder auch Kindermörder, weil das die absoluten Normalbürger Nummer 1 sind, die sind von jedem anerkannt!"

In der Lesart der Bundesprüfstelle wird aus diesem Text, der in der Interpretation von *Emma*-Herausgeberin Alice Schwarzer "voller Sarkasmus und schwarzem Humor" die "Normalität" der Gewalt gegen Kinder angreift, eine "Aufforderung, kleine Kinder zu zerstückeln": "Dieses Lied stellt nicht nur Grausamkeiten dar, es predigt auch eine gefühllose Gesinnung gegenüber kleinen Kindern. Es verherrlicht Kindesmißhandlungen und -zerstückelungen, es predigt Mord an kleinen Kindern, § 211 StGB. Perverses Menschenschlachten wird als herrlich, vorbildlich und nachahmenswert geschildert. Es ist zu befürchten, daß sich insbesondere junge Leute durch das Rezipieren dieses Liedes zu Gewalttätigkeiten hinreißen lassen." (Indizierungsentscheidung der Bundesprüfstelle für jugendgefährdende Schriften vom 15. August 1986.)

Einen Konflikt zwischen den Ansprüchen des Jugendschutzes und der grundgesetzlich garantierten künstlerischen Freiheit sah die BPS nicht: "Insbesondere stellen die Lieder auf der Schallplatte keine Kunst dar und dienen ihr auch nicht. Ein Kunstwerk liegt nämlich nur dann vor, wenn ein bestimmtes Maß an künstlerischem Niveau vorliegt. Dies beurteilt sich nicht allein an ästhetischen Kriterien, sondern auch nach dem Gewicht, daß das Kunstwerk für die pluralistische Gesellschaft nach deren Vorstellungen über die Funktion der Kunst hat. Die Lieder der vorliegenden Schallplatte sind für die pluralistische Gesellschaft ohne jede Bedeutung. Weder die Stilrichtung der Musik noch die Inhalte der Texte sind so bedeutsam bzw. von derart hohem künstlerischem Gewicht, daß sie der Kunst dienen würden."[10]

Die Indizierung adelte die *Böhsen Onkelz* in den Augen ihrer Fans, die alles andere wollten als die Anerkennung der "pluralistischen Gesellschaft". Im Gegenteil: Abgrenzung und Konfrontation war angesagt. Das schloß, zumindest bei einem Teil der Szene, die bewußte Hinwendung zur organisierten Rechten mit ein.

Denn auch die organisierten Rechtsextremen hatten aus ihren Fehlern gelernt und gingen nun geschickter vor. Sie warben gezielt zunächst einzelne bekannte Nazi-Skins an, die dann mit der weiteren Rekrutierung von Szene-Mitgliedern betraut wurden, und paßten sogar ihr eigenes Outfit an, wenn sie in Stadien oder bei Skinhead-Treffs Mitstreiter suchten. So wurde Andreas Pohl, der *KdF*-Trommler, der noch 1983 über den "Soldat des Führers" gespottet hatte, zwei Jahre später selbst einer der wichtigsten Aufbauhelfer der Nationalistischen Front (u. a. für die Ostberliner Fußballfan-Szene). Andere landeten bei der Freiheitlichen Deutschen Arbeiterpartei (FAP) und manche sogar bei der damals noch sehr um ihre bürgerliche Reputation besorgten NPD und ihrer Jugendorganisation, den Jungen Nationaldemokraten.

Als 1985 in Hamburg zwei türkische Männer von rassistischen Skinheads auf offener Straße erschlagen wurden, war das Image der Szene eindeutig. Zahlreiche Skinheads der ersten deutschen Generation stiegen daraufhin aus, entweder weil sie nichts mit rassistischen Mördern zu tun haben wollten, oder weil sie einfach Angst um ihre eigene Haut hatten. Wer jetzt noch neu dazu kam, mußte wissen, auf was er sich einließ. Eine Eindeutigkeit, die den organisierten Neonazis natürlich die Arbeit erleichterte. Denn die Szene wuchs weiter, vor allem in ländlichen und kleinstädtischen Regionen lockten die Schlagzeilen Jüngere an, denen das Image und die Haltung eines rassistischen Gewalttäters gefiel. Sie wußten nun, wie sie sich stylen mußten, um Gleichgesinnte zu finden.

Die *Böhsen Onkelz* wiederum gingen immer deutlicher auf Distanz. Schon auf ihrem Debütalbum von 1984 hatten sie in ihrer ansonsten durchaus nationalistischen "Deutschland"-Hymne in Anspielung auf den Hitler-Faschismus von den "zwölf dunklen Jahren in deiner Geschichte" gesprochen. Und sie besangen "schwarz-rot-gold", nicht die unter Neonazis populären Reichsfarben schwarz-weiß-rot.
Zwei junge Wissenschaftler, der Soziologe Markus Eberwein und der Ethnologe Josef Drexler, führen im Rahmen einer Arbeit über "Skinheads in Deutschland" am 5. Juni 1987 ein ausführliches Interview mit den *Böhsen Onkelz*, in dem diese – zum ersten Mal für eine breitere Öffentlichkeit – auch zu politischen Fragen Stellung beziehen:
Pe: Es gibt sicherlich Gruppen, die Faschistisches im Sinn haben.
Gonzo: Aber mit sowas haben wir nie etwas am Hut gehabt.
Kevin: Ich will nur leben, wie ich will, das ist alles! Politik und sich politisch überhaupt zu organisieren, das ist das Letzte! Das ist Zeitverschwendung. Wir waren nie politisch motiviert. Überhaupt nicht. Uninteressant. Saufen, Pogo und richtig Gewalt ohne Ende! War alles.
Gonzo: Wir sind nicht Skinheads geworden aus dem Grund, weil ‚Sieg Heil!' und rechts!...
Kevin: Auf keinen Fall!
Gonzo: ... sondern nur, weil wir weiter unseren Spaß haben wollten und uns von den Leuten, mit denen wir als Punks nichts zu tun haben wollten, abgrenzen wollten.
Kevin: Ich bin auf einem Dorf aufgewachsen, und da wird man jahrelang angepöbelt, nur weil man grüne Haare hat. Das hat man doch irgendwann leid, Mann! Und da war ‚Skin' halt für mein Denken die beste Ausflucht. Ich bleib gut drauf und ich kann auch hauen und treten und bin vom Denken noch derselbe, und deswegen bin ich auch hauptsächlich Skinhead geworden. Den Eltern hat's dann auch besser gefallen und es lief alles besser. Man wollte halt alles ein bißchen mehr auf Härte machen. Und nichts mit Politik, von wegen: ‚Heil Hitler!' Das überhaupt nicht. So'n Quatsch! Ich meine, wenn man damals leben würde... Ist doch Scheiße!
Stephan: Es fing ja auch mehr so an, Leute zu provozieren.

Kevin: Ich meine, in der Hitler-Jugend, ich würd' mir doch die Kugel geben! Was soll das denn?
Gonzo: Da wärst du ein größeres Arschloch als die Bullen!
Kevin: Da hast du zehn Arschlöcher am Tag, die dir sagen, du sollst das und das machen. Das ist einfach logisches Denken, daß so eine Politik Scheiße ist.

Als wenige Wochen später das dritte *Onkelz*-Album "Onkelz wie wir" erscheint, sind die Musiker immer noch *die* Stars einer Szene, mit der sie selbst immer weniger zu tun haben wollen. "Was heute noch als Skinhead auftritt, hat meistens nichts mehr mit dem zu tun, was ursprünglich mal Skin-Movement war. Übriggeblieben sind oft nur die, die tatsächlich rechtsradikal eingestellt sind", klagen sie im *Metal Hammer* (ein Langhaarigen-Magazin! Schon das sagt vielen Ex-Fans genug). Der öffentliche Druck, aber vor allem auch private Erfahrungen und Freundschaften, hatten die *Onkelz* nachdenklicher, kritischer gegen simple Hassparolen gestimmt, während ein Teil der Skinhead-Kultur sich zusehends politisierte. "Als wir erstmals bewußt mitbekamen, wohin der Zug plötzlich fuhr, auf dem wir als Kultband der Skins mit draufsaßen, haben wir damit begonnen, gegen unsere eigenen Leute zu schreiben, um irgendwie zu bremsen...". Sänger Kevin ist zu der Zeit bereits der letzte aus der Band, der noch als Skinhead durch die Lande läuft. "Wir wollen auch äußerlich dokumentieren, daß die heutige Skin-Szene nicht unsere Szene ist." Mit dem nostalgischen Song "Erinnerungen" geben die *Onkelz* quasi offiziell ihren Ausstieg bekannt:
Hast du wirklich dran geglaubt, daß die Zeit nicht weitergeht
Hast du wirklich dran geglaubt, daß sich alles um dich dreht?
Man hat sich reichlich gehauen und nie dazugelernt
Viel Alkohol, viel Frauen, von der Wirklichkeit entfernt
Ich erinner' mich gern an diese Zeit, eine Zeit, die man nie vergißt
Doch ich muß mein Leben leben, meinen Weg alleine gehen
Mach's gut, du schöne Zeit, auf Wiedersehen![11]

Die Vereinigung

Der Ausstieg der *Böhsen Onkelz* aus der rechtsextremen Szene um 1987 wurde – zumindest quantitativ – durch die Neugründung diverser Kurzhaarigen-Bands ausgeglichen, die auf so philosophische Namen wie *Kruppstahl*, *Störkraft*, *Sturmtrupp*, *Giftgas* oder *Werwolf* hörten. Namen, die scheinbar zweifelsfrei die dahinterstehende Ideologie offenbarten – und doch eine Eindeutigkeit signalisierten, die es so nicht gab. Rassistische, nationalistische und militaristische Orientierungen, gepaart mit hoher persönlicher Gewaltbereitschaft, waren in der rechten Skinhead-Szene der achtziger Jahre Konsens, doch längst nicht alle träumten den Traum von einem "4. Reich". Die Widersprüche zwischen ihrem eigenen Alltagsverhalten, der anarchischen Lust auf Saufen, Party, Provokation und spontane, nicht angeordnete Randale, und den Anforderungen eines disziplinierten, autoritären NS-Staates waren einfach unübersehbar. So versuchte die NPD denn auch bald, mit Hilfe von Unvereinbarkeitserklärungen die von ihr rekrutierten Skinheads wieder loszuwerden; die radikalere Kadertruppe Nationalistische Front scheiterte mit ihren Disziplinierungsversuchen und trieb den größeren Teil ihrer kurzhaarigen Anhängerschaft in die Arme der konkurrierenden FAP.

Die Mehrzahl der rechten Skinheads hatte sich ohnehin gar nicht erst diesen Organisationen angeschlossen, sondern sich in die zwischenzeitlich gewachsene szene-eigene Subkultur zurückgezogen. Anfang 1989 existierten bereits rund 20 Bands, etwa gleich viele Fanzines, ein Dutzend (Cassetten-)Mailorder und mit Rock-O-Rama ein eigenes Rechtsrock-Label mit weltweitem Vertriebsnetz. Auch Konzerte und Partys gab es reichlich, allerdings in zumeist kleinem, privatem Rahmen, 30 bis 200 Leute, vom Verfassungsschutz nur selten registriert und von der Polizei allenfalls wegen der damit verbundenen Ruhestörung vorzeitig beendet. Doch noch im gleichen Jahr sollte sich vieles ändern.

Auch im Osten Deutschlands hatte sich zwischenzeitlich eine stärkere rechte Jugendszene herausgebildet. Diese hatte infolge des gesamtgesellschaftlichen Rechtsrucks und des verstärkt aufkommenden Nationalismus der Vereinigungszeit starken Zulauf. Die Maueröffnung schuf also unmittelbar einen neuen Markt für rechtsextreme Kulturprodukte – je provokativer, platter, radikaler, desto besser. Die Folge: Dutzende von Bands und Vertriebsnetzen entstanden und fanden im Osten dankbare Abnehmer – drei Jahre lang quasi unbehelligt von den kaum noch existenten oder sehr kooperativen Staatsorganen. Die kurze Zeit der Utopien: Rechtsextreme Organisationen träumten von fetten zweistelligen Wahlergebnissen und einer treu ergebenen Armee aus Tausenden von SA-Kämpfern, Rechtsrock-Bands sahen sich bereits in den Hitparaden, Nazi-Skins hielten sich für die Avantgarde der Jugend. Die Ereignisse von Hoyerswerda und Rostock wurden als "Volksaufstand" gefeiert. Doch mit dem Brandanschlag von Mölln im November 1992 setzte ein gesellschaftlicher Stimmungswandel ein: Das neue staatliche Feindbild hieß nicht mehr (nur) "Scheinasylant", sondern (auch) "Neonazi". Vereine und Konzerte wurden verboten, Bands und Organisatoren juristisch belangt. Zwar waren Antisemitismus, völkischer Nationalismus und insbesondere Rassismus immer noch weit verbreitet – auch unter denjenigen Jugendlichen, die sich von Neonazis distanzierten, und erst recht bei ihren Eltern. Ekel gegenüber Neonazis und eigener Rassismus mußten durchaus kein Widerspruch sein. Doch viele Jugendliche fanden es nun nicht mehr so "cool", "Nazi" zu sein. In Schulklassen und Betrieben galten die Rechten plötzlich nicht mehr als die Avantgarde von Morgen, sondern zunehmend als die letzten von Gestern. Eine deutliche Mehrheit der Jugendlichen ging nicht nur in Umfragen auf deutliche Distanz zu Neonazis und anderen Gewalttätern. Und die Älteren setzten lieber auf CDU und PDS, die Etablierten. Weder parlamentarisch noch auf der Straße noch unter den Jugendlichen war es den Rechtsaußen gelungen, sich wirklich zu etablieren, als die erste größere Repressionswelle des Staates über sie hereinbrach.

Musiker der Bands *Kraftschlag*, *Störkraft*, *Tonstörung*, *Kroizfoier* und dreier weiterer Gruppen, der nordrhein-westfälische FAP-Funktionär Dieter Riefling (als Vertreiber) und drei Herausgeber von Fanzines wurden 1993 wegen Aufstachelung zum Rassenhass, Volksverhetzung und Verbreitung von Propagandamitteln verfassungswidriger Organisationen verurteilt, zum Teil zu Freiheitsstrafen ohne Bewährung. 1994 erwischte es Mitglieder von vier Bands (*Radikahl*, *Oi Dramz*, *Triebtäter* und erneut *Kraftschlag*) und drei Vertreiber.

Über 90 Rechtsrock-Produktionen und rechte Fanzines wurden zwischen Oktober 1992 und Dezember 1994 indiziert. Die Szene reagierte verunsichert und tauchte zunächst einmal ab. Bereits fertigproduzierte Alben von *Radikahl* und *Störkraft* wurden monatelang zurückgehalten – was allerdings die Verurteilung der *Radikahl*-Musiker zu 20.000 DM Geldstrafe und des *Störkraft*-Sängers Jörg Petritsch zu zwei Jahren Haft auf Bewährung plus 15.000 DM Geldstrafe und 180 Arbeitsstunden in einer Behindertenwerkstatt nicht verhindern konnte.

Die einschneidendste Wirkung erzielten die Verbotsmaßnahmen im Konzertgeschehen. Seitdem Konzerte nicht mehr öffentlich angekündigt werden können (da sie dann in der Regel verboten oder verhindert werden), sind es nur noch familiäre Ereignisse. Unbekannte Gesichter werden mißtrauisch begutachtet. Denn aus Angst vor der Polizei werden der genaue Auftrittsort und manchmal sogar die Namen der Bands erst wenige Tage oder gar Stunden vorher bekanntgegeben, und die Anreise gestaltet sich mitunter als abenteuerliches Räuber & Gendarmspiel. Da wird man zunächst zu einem Parkplatz beordert, von dort per Funktelefon oder SMS zum nächsten Treff, der immer noch nicht der wirkliche Ort des Geschehens sein muß. Nach mehrstündiger Autorallye, den Blick aus Angst vor potentiellen Verfolgern stets leicht paranoid auf den Rückspiegel gerichtet, steht man plötzlich statt in der anvisierten Disco in der Stadt X irgendwo im tiefsten Sachsen, auf einem einsamen Feld mit einer notdürftig zusammengezimmerten Bretterbühne oder im Hinterzimmer eines dörflichen Gasthofes, das für "Hochzeitsfei-

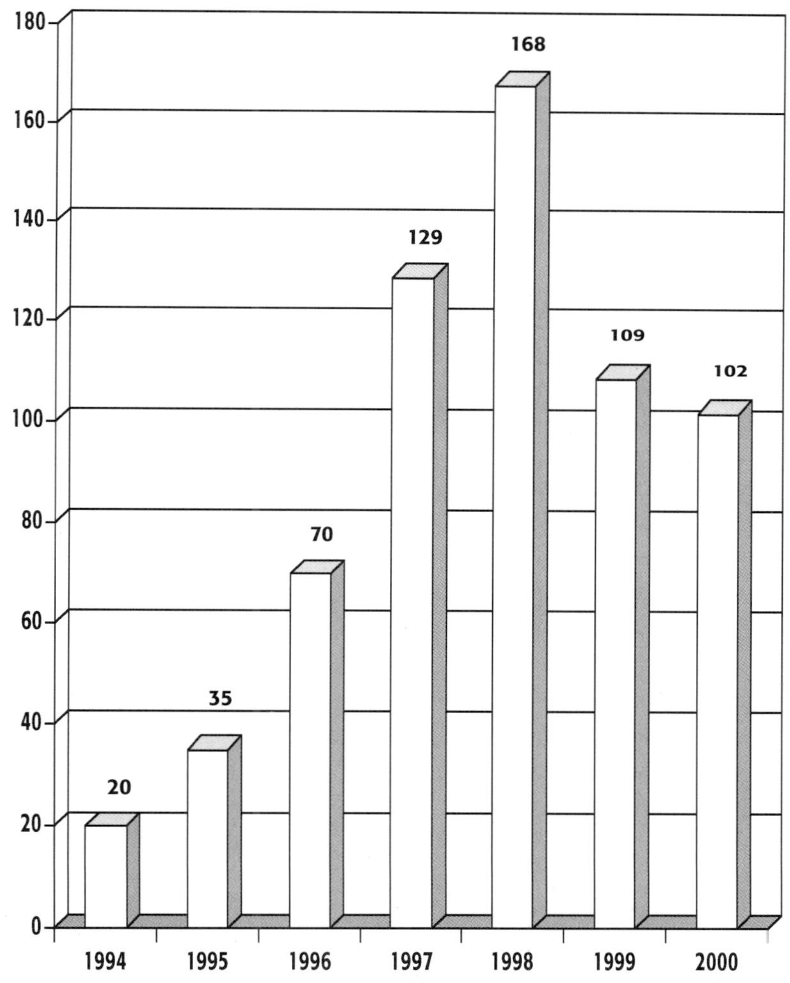

Die Entwicklung realisierter rechtsextremer Konzerte in Deutschland 1994 - 2000 laut Verfassungsschutz. Zahlen für die Jahre vor 1994 liegen dem VS nicht vor.

erlichkeiten" angemietet wurde, was die Wirte regelmäßig in Erstaunen versetzt, will sich doch kein Hochzeitspaar zur Entgegennahme der Glückwünsche einfinden, und die Gäste sehen auch irgendwie merkwürdig aus... Rund 120-160 solcher Konzerte mit durchschnittlich 200 Besuchern wurden seit 1995 alljährlich bundesweit bekannt – doppelt so viele wie in den Jahren vor der Verbotswelle. Die staatlichen Reaktionen haben zwar dazu geführt, daß unbedarfte Jugendliche ohne engere Szene-Kontakte praktisch keine Chance mehr haben, Rechtsrock-Bands live zu erleben, allerdings auch einen hohen Professionalisierungsdruck auf die Szene-Aktivisten selbst ausgeübt. Die verstärkte Verlegung von Konzerten und anderen Szene-Events in europäische Nachbarländer, aber auch jährlich zwei bis vier gelingende Großkonzerte mit mehr als 1.000 aus ganz Deutschland angereisten Fans und zumeist internationaler Bandbesetzung, sind deutliche Anzeichen dafür, daß die Szene schnell dazulernt.

Mimikry

Ein Teil der rechtsextremen Musiker reagierte auf die ab 1992 wachsenden Repressionen, indem sie sich – nach dem Motto "Jetzt erst recht"! – weiter radikalisierten bzw. politisierten. Bands wie *Landser* versuchten erst gar nicht, rechtsstaatliche Grenzen einzuhalten, und produzierten in der Gewißheit, ohnehin verboten zu werden, aber im Glauben, selbst nicht erwischt zu werden, um so härtere, eindeutig nationalsozialistisch agitierende Songtexte – und wurden damit zu Kultstars der rechtsextremen Szene.

Die Mehrzahl der Rechtsrocker paßte sich den neuen Rahmenbedingungen allerdings auffällig schnell an. Anwälte wurden zu Ersthörern, loteten die Grenzen der Legalität aus und halfen den Bands, ihre Ansichten in eine juristisch schwer angreifbare Sprache zu kleiden. Routiniert distanzierten sich "moderne" Rechtsrocker von jeglicher Gewalt, bekannten sich gar zu "Freiheit und Demokratie". Die Fans wissen das Augenzwinkern schon zu deuten. "Ausländer" wurden nun nicht mehr in verräterischen Termini als "Kanaken" beschrieben, sondern als kriminelle Schmarotzer, die im dicken Mercedes die Sozialämter abklappern – Ansichten, die auch im Alltagsleben der Mehrheitsgesellschaft häufiger zu hören sind.

Bei Konzerten wurden "Sieg Heil!"-Rufe oder das Heben des rechten Armes zum "Deutschen Gruß" mit dem Hinweis auf anwesende Verfassungsschützer und Sprüchen wie "Wir wissen ja, wie wir denken" unterbunden. *Kraftschlag*, eine der radikalsten und militantesten deutschen Neonazi-Bands aus dem schleswig-holsteinischen Kellinghusen, kündigte nun bei ihren Auftritten ihre verbotenen Titel mit dem Hinweis an, daß die Videokameras im Publikum diese nicht mitschneiden dürften. (Was allerdings nicht immer klappte und so dem *Kraftschlag*-Sänger eine mehrjährige Haftstrafe einbrachte.)

Distanzierungen von allzu grobschlächtigen Gewalttätern (vor allem von denen, die sich haben erwischen lassen) gehörten von nun an zum guten Ton. "Gewaltverherrlichung kann der rechten Szene nur schaden", hatten viele Rechte wie der ehemalige NPD-Barde *Ingo Halberstadt* (NRW) inzwischen erkannt. Das bedeutete nicht unbedingt, daß sich auch ihre wirkliche Einstellung zur Gewalt geändert hätte. Für Halberstadt, der heute unter dem Pseudonym *René Heizer* mit tränentreibenden Pop-Balladen wie "Ich lieb Dich, Deutschland" den Anschluß an den rechten Nachwuchs sucht, scheint das Anstecken von Häusern inklusive deren ausländischen Bewohnern immer noch eine akzeptable, vorwärtsverteidigende Maßnahme zur deutschen Arterhaltung zu sein: "Man kann Solingen und Mölln als Endresultat einer bankrotten Kulturpolitik der herrschenden Parteien bezeichnen. Falls tatsächlich junge Deutsche Mordanschläge gemacht haben, ist die Schuld nicht bei den Jugendlichen zu suchen, sondern bei den verantwortlichen Politikern, die der deutschen Jugend ein artfremdes Umfeld angeboten haben", erklärt er im Interview mit dem rechtsextremen Magazin *Europa Vorn*.[12]

RECHTSANWÄLTE

[redacted]

[redacted]

An die
Funny Sounds & Vision GmbH
Lise-Meitner-Str. 11

40764 Langenfeld

[redacted]

03.07.96
566/94R01 m

Texte der Gruppe Freibeuter
Telefaxanfrage vom 01.07.96

Sehr geehrte Damen und Herren,

wir beziehen uns auf die obige Telefaxanfrage. Wir haben die Texte geprüft. Folgende Lieder sind strafrechtlich undedenklich:

- Neue Zeiten
- Religion
- Zukunftsgedanke
- Allein
- Wikinger
- Psychopath
- Freibier
- Furchtlos
- Wehende Fahne
- Verlorene Freunde

Folgende Lieder müssen wir beanstanden:

Emanzen

Dieses Lied ist aufgrund seines gesamten Sinnzusammenhangs in Hinblick auf § 184 Abs. 1 StGB (Verbreitung pornographischer Schriften) bedenklich. Danach ist die Verbreitung von Schriften bzw. Ton- und Bildträgern strafbar, wenn pornographische Darstellungen beschrieben oder gezeigt werden, bei der die Darstellung des Sexuellen in drastischer Direktheit, die in einer den Sexualtrieb aufstachelnden oder die Geschlechtlichkeit in den Schmutz ziehenden oder lächerlich machenden Weise den Menschen zum bloßen Objekt

[redacted]

- 2 -

geschlechtlicher Begierde oder Betätigung jedweder Art degradiert. Der Sinnzusammenhang dieses Liedes tendiert in diese Richtung, so daß von hieraus Bedenken gegenüber der Veröffentlichung dieses Liedes bestehen.

Lied „Der Punk"

In der 3. Strophe ist der Textabschnitt: „du verreckte Punkersau wir schlagen dich grün und blau" vollständig zu ersetzen.

Lied „Deutschland"

In der 1. Strophe ist die Formulierung: „beherbergst unter deinem Himmel Völker, Abschaum und Gesindel" wenig glücklich. Es ist möglich, diese Passage dahingehend zu interpretieren, daß die in Deutschland lebenden Personen fremder Völker als Abschaum und Gesindel betitelt werden. Die Textpassage ist daher entsprechend zu ändern.

Mit freundlichen Grüßen
[redacted]
Rechtsanwalt

Anwälte werden zu Ersthörern: Aus den Booklets der *Freibeuter*-CD "Neue Zeiten" (1996) und der *Oidoxie*-Maxi-CD "Ein neuer Tag" (1998).

Auch der *Störkraft*-Sänger Jörg Petritsch rechtfertigte sich in einem Brief an den im März '95 wegen Beihilfe zum versuchten Mord zu acht Jahren Haft verurteilten Neonazi und Verfassungsschutzmitarbeiter Carsten Szczepanski für seine Distanzierungserklärungen zur rechten Szene in der Talkshow "Einspruch": "Fast 3 Mio. Menschen haben die Sendung gesehen, somit wurde ein riesiges Publikum erreicht, was wir sonst nicht haben – wir sind im Gespräch und nicht nur *Störkraft* sondern alle die, die die gleichen Ziele haben. Natürlich stehen wir voll und ganz zu dem, was wir gemacht haben, doch der Druck auf uns wurde so stark, daß wir ihm kaum noch standhalten konnten. Wir haben Anzeigen wegen Volksverhetzung laufen, das hindert an freier Entfaltung. Wir mußten gewisse Zugeständnisse in der Öffentlichkeit abgeben, um vor Gericht besser dastehen zu können."

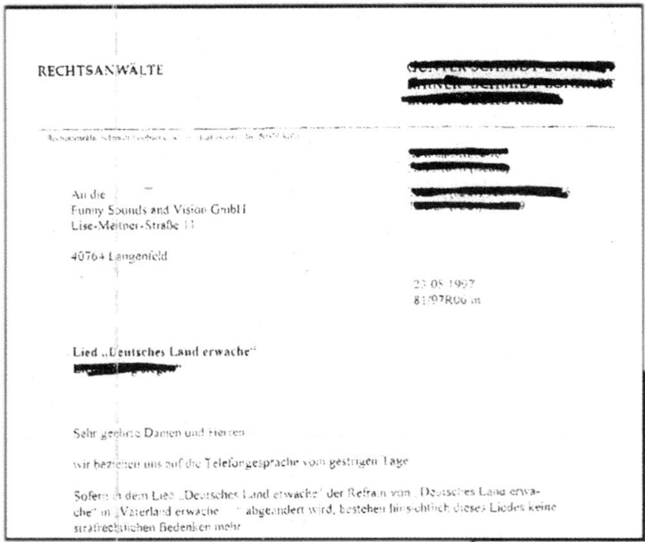

RECHTSANWÄLTE

[redacted]

An die
Funny Sounds and Vision GmbH
Lise-Meitner-Straße 11

40764 Langenfeld

23.05.1997
81/97R06 m

Lied „Deutsches Land erwache"
[redacted]

Sehr geehrte Damen und Herren

wir beziehen uns auf die Telefongespräche vom gestrigen Tage

Sofern in dem Lied „Deutsches Land erwache" der Refrain von „Deutsches Land erwache" in „Vaterland erwache" abgeändert wird, bestehen hinsichtlich dieses Liedes keine strafrechtlichen Bedenken mehr

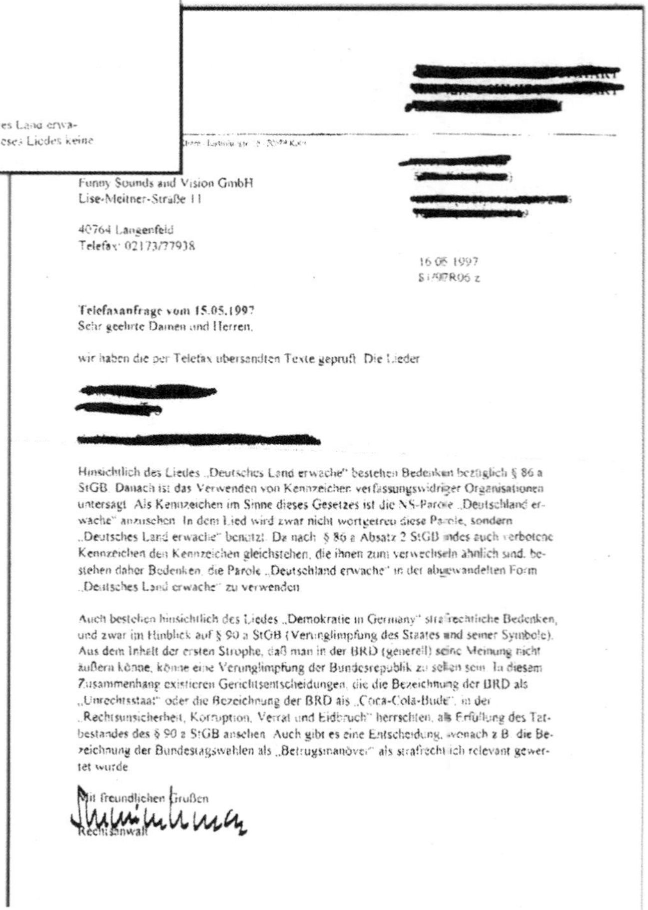

[redacted]

Funny Sounds and Vision GmbH
Lise-Meitner-Straße 11

40764 Langenfeld
Telefax: 02173/77938

16.05.1997
81/97R06 z

Telefaxanfrage vom 15.05.1997
Sehr geehrte Damen und Herren,

wir haben die per Telefax übersandten Texte geprüft. Die Lieder

[redacted]

Hinsichtlich des Liedes „Deutsches Land erwache" bestehen Bedenken bezüglich § 86 a StGB. Danach ist das Verwenden von Kennzeichen verfassungswidriger Organisationen untersagt. Als Kennzeichen im Sinne dieses Gesetzes ist die NS-Parole „Deutschland erwache" anzusehen. In dem Lied wird zwar nicht wortgetreu diese Parole, sondern „Deutsches Land erwache" benutzt. Da nach § 86 a Absatz 2 StGB indes auch verbotene Kennzeichen den Kennzeichen gleichstehen, die ihnen zum verwechseln ähnlich sind, bestehen daher Bedenken, die Parole „Deutschland erwache" in der abgewandelten Form „Deutsches Land erwache" zu verwenden.

Auch bestehen hinsichtlich des Liedes „Demokratie in Germany" strafrechtliche Bedenken, und zwar im Hinblick auf § 90 a StGB (Verunglimpfung des Staates und seiner Symbole). Aus dem Inhalt der ersten Strophe, daß man in der BRD (generell) seine Meinung nicht äußern könne, könne eine Verunglimpfung der Bundesrepublik zu sehen sein. In diesem Zusammenhang existieren Gerichtsentscheidungen, die die Bezeichnung der BRD als „Unrechtsstaat" oder die Bezeichnung der BRD als „Coca-Cola-Bude", in der „Rechtsunsicherheit, Korruption, Verrat und Eidbruch" herrschten, als Erfüllung des Tatbestandes des § 90 a StGB ansehen. Auch gibt es eine Entscheidung, wonach z.B. die Bezeichnung der Bundestagswahlen als „Betrugsmanöver" als strafrechtlich relevant gewertet wurde.

Mit freundlichen Grüßen

Rechtsanwalt

Auch musikalisch werden die Botschaften nicht mehr nur im rauhen Hardrocksound verpackt. Balladen-Abende mit "Unplugged"-Versionen bekannter Rechtsrock-Hits und traditionellem Liedgut sind en vogue, ein Dutzend Liedermacher, allen voran *Frank Rennicke*, musikalisch irgendwo zwischen seinen erklärten Vorbildern *Reinhard Mey* und *Hannes Wader* angesiedelt, erobern schmachtende Herrenmenschenherzen zwischen acht und achtzig Jahren. Adrett wie Muttis Lieblingsschwiegersohn gekleidete Jünglinge komponieren sanfte Pop-Perlen, langhaarige Heavyrocker tauchen in die Black- und Death-Metal-Szene ein, düstere Evola-Verehrer verfassen rassistische Neofolk-Dramen, rechtsextreme Parteifunktionäre entdecken ihr Faible fürs Kabarett. Andere Musiker legen sich Pseudonyme für ihre härteren Produktionen zu (zum Beispiel "Arisches Blut", "Bonzenjäger", "Endsieg", "Schwarzes Korps" oder "Die Zillertaler Türkenjäger") oder veröffentlichen auf ihren offiziellen Produktionen nur entschärfte Versionen der live vorgetragenen oder auf Demo-Tapes enthaltenen Songs. So wirbt das Rechtsrock-Magazin *Rock Nord* (Nr. 26) ganz offen für die im gleichen Hause erschienene CD "Durch Ironie in die Knie" des 2001 durch Selbsttötung verschiedenen Liedermachers *Daniel Eggers* (Mecklenburg-Vorpommern) alias "Arisches Blut" (deren frühere Produktionen bei NS Records/Dänemark erschienen und indiziert bzw. eingezogen wurden): "Es wurden die intelligenteren Varianten der Texte gewählt, um diverse Klippen der deutschen Rechtsprechung zu umschiffen."

Ab 1994 wurden Rechtsrock-CDs mehr und mehr im benachbarten Ausland (Polen, Tschechien, Frankreich, Belgien, Dänemark, Schweden) hergestellt und von dort, zum Teil über bloße Postfach-Firmen in Grenznähe, vertrieben. Deutsche Bands veröffentlichten auf Labels wie Resistance Records in den USA, A.E.L. Music (Tschechien), Rebelles Européens (Frankreich) und dem von einem in Dänemark lebenden deutschen Neonazi betriebenen NS (88) Records. Heute sind US-amerikanische Label wie Panzerfaust-Records groß im Kurs. Über diese Label werden auch CDs mit hierzulande strafbaren Inhalten in großen Mengen in die Bundesrepublik verschickt. Das tschechische Presswerk Gramofonové Závody, das bis 1993 nur selten von Labels wie dem auf schlechte, dafür rechte Oi!-Musik spezialisierten Label Skull Records genutzt wurde, entwickelte sich bald zum Hauptauftragnehmer für alle deutschen Rechtsrockvertreiber von Funny Sounds bis Dim Records. Neben legalen Produktionen, vor allem von Mid-Price-CDs internationaler Popstars, die über große Ketten wie den Frankfurter Zweitausendeins-Versand vertrieben werden, tragen auch in Deutschland indizierte Aufnahmen und in Filialen großer Handelsketten käufliche Raubkopien, zum Beispiel von *Böhse-Onkelz*-Produktionen, die Kennziffer "GZ". Eine Veröffentlichung des *Spiegel* im Juli '97 mit der unmißverständlichen Warnung, die Justiz könnte demnächst auflaufen, "denn Aufstachelung zum Rassenhaß ist auch in Tschechien strafbar", verschreckte die Firma zwar zeitweise derart, daß sie sogar eine laufende Produktion für ein deutsches Label abbrach und die bereits fertiggestellten Scheiben vernichtete. Doch schon vier Wochen später übernahm ein anderes tschechisches Unternehmen die Aufträge von GZ.
Eine weitere Strategie zur Vermeidung von Schwierigkeiten ist die Verteilung der Produktionen auf verschiedene Hersteller, die so das Gesamtprodukt gar nicht erst zu sehen bekommen. Rock-O-Rama beispielsweise, enthüllte ein im Sommer '97 in der rechten Szene kursierendes und offenbar aus verärgerten Musikerkreisen stammendes Dossier, ließ seine Matrizen (also quasi die Negative der CDs) bei den renommierten Disc & Cassette Manufacturers AB im schwedischen Bromma produzieren, während die endgültige Pressung und der Druck der Cover wieder von anderen Firmen ausgeführt wurde. Als Auftraggeber tauchte in Schweden auch nicht mehr der einschlägig bekannte Name Rock-O-Rama (ROR) auf, sondern

eine "M. Records GmbH" mit Sitz in Neunkirchen-Seelscheid, die auch mehrere große Major-Plattenkonzerne zu ihren Stammkunden zählen konnte. Diese Firma wiederum bezeichnete Rock-O-Rama, den weltweit bekanntesten Vertrieb von Nazi-Soundware, in einem Brief an besorgte ausländische Geschäftspartner als "absolut unpolitisch".

Ein ebenfalls seit Ende der neunziger Jahre angewandter Kniff ist die Rückdatierung der Produktions- und Veröffentlichungstermine von CDs. Da Tonträger auch dem Presserecht unterliegen, verjähren eventuelle strafrechtlich relevante Äußerungen, sofern diese mindestens sechs Monate zurückliegen. So konnten etwa die Produzenten der CD "12 Doitsche Stimmungshits" nicht mehr belangt werden, da die CD, die ab 1997 verbreitet wurde, nur den Hinweis "Eingespielt im Sommer 1995" enthielt und außerdem die Justiz nach der Beschlagnahme länger als sechs Monate brauchte, um zu ermitteln, daß sich hinter dem Pseudonym *Die Zillertaler Türkenjäger* Musiker der niedersächsischen Band *Saccara* verbargen. Auch die ab Ende 2000 aufgetauchte und vor antisemitischen und rassistischen Mordphantasien strotzende CD "Noten des Hasses" von den *White Aryan Rebels* trug einen falschen Copyright-Vermerk für 1995 – ein Tropfen, der das Faß

Die Harten:
Während der größte Teil der Rechtsrockproduzenten sich den rechtlichen Rahmenbedingungen schnell anpaßte, tauchten andere Bands in den Untergrund ab – und verschärften ihre Aussagen.

Cover der CD "Ihre Ehre hieß Treue" (2000) der Rostocker Band *Nordmacht*.

Cover der CD "NSDAP" (1996) der Berliner Band *Macht & Ehre*.

allerdings zum Überlaufen brachte: Mehrere Bundesländer peitschten inzwischen in Windeseile Novellen ihrer Landesmediengesetze durch, die u. a. die Verjährungsfristen deutlich verlängerten.

Vom Oi! zum Message-Rock

In der öffentlichen Wahrnehmung wurden (und werden) Oi! und Rechtsrock zumeist synonym verwendet. In Wirklichkeit waren selbst in der Anfangszeit nur wenige Rechtsrock-Bands Oi!-Bands. "Ich war niemals für Oi!-Musik, da in England die Oi!-Bands aus den 70er und 80er Jahren linksgerichtet und wir immer rechts waren", erklärte noch 1992 im Interview mit dem Recklinghäuser Nazi-Zine *Volkstreue* der bis zu seinem Unfalltod im September 1993 weltweit bedeutendste Rechtsrocker Ian Stuart (*Skrewdriver*). Sein Repertoire bestand folglich im wesentlichen aus Rockstandards, er coverte Klassiker wie "Sweet Home Alabama" von *Lynyrd Skynyrd*, "Won't Get Fooled Again" von *The Who* und sogar *Chuck Berry*, produzierte mit seiner Zweitband *The Klansmen* einige Dutzend traditioneller Rock'n'Roll- und Psychobilly-Songs und achtete stets darauf, daß seine Alben mindestens ein, zwei Balladen enthielten. Das galt auch für die

Zwei Seiten einer Band: Antiamerikanismus und Antisemitismus auf der offziellen CD "Weltvergifter", 2001, der niedersächsischen Band *Saccara*...

... offene Mordaufrufe und rassistische Hetze auf "Nebenprodukten": Cover der verbotenen CD "12 Doitsche Stimmungshits", 1997 unter dem Pseudonym *Die Zillertaler Türkenjäger* veröffentlicht.

Böhsen Onkelz, die zwar aus dem Punk kamen, deren Heavy-Metal-Einschlag sich jedoch verstärkte, sobald sie spieltechnisch dazu in der Lage waren, ein paar neue Takte anzuschlagen. Im Laufe der achtziger Jahre wurde der Anteil reiner Oi!-Bands und -Songs im rechten Spektrum immer geringer, und eine sehr spezifische Form des "Rechtsrock" entwickelte sich aus der Symbiose von Oi!-Punk und Heavy Metal, wobei jedoch die im Metal populären Instrumentalsoli und andere stilistische Raffinessen nicht übernommen wurden bzw. aufgrund der handwerklichen Mängel der Musiker kaum übernommen werden konnten. Die oftmals durchaus komplexen Metal-Strukturen wurden so beim Rechtsrock ähnlich vereinfacht, wie schon Oi! den späten Punk wieder auf seine '77er Wurzeln zurückgeführt hatte.

Heavy Metal schien als Basissound für den Rechtsrock prinzipiell besser geeignet als der anarchisch-chaotische Oi!-Punk. Der Metal-Sound war klarer strukturiert, enthielt mehr bombastische Elemente und mehr Möglichkeiten der Integration von Midtempo-Stücken und sogar Balladen (im Oi!-Punk selten), die wiederum die Textverständlichkeit erhöhten. Und darauf kam es schließlich an. Denn der musikalische Genrewechsel war Folge eines Mentalitätswandels, den die Rechtsrock-Bands der zweiten Generation durchliefen. Aus Spaß wurde Ernst, aus Oi!-Punk Message-Rock.

Waren rechtsradikal eingestellte Bands der frühen achtziger Jahre in ihrem Repertoire eher auf männlich-derben, aber weitgehend "unpolitischen" Spaß orientiert – Sex, Alkohol, Partys, Fußball(randale) – und explizit politische Songthemen selten, so stieg deren Anteil in den neunziger Jahren drastisch an. Die Titel und Namen zahlreicher Alben und Bands der letzten Jahre sprechen Bände: "Sieg des Glaubens" (*Asgard,* 1994), "Schütze Deine Kinder" (*Endstufe*, 1994, die noch ein Jahr zuvor ein Album unter dem Titel "Glatzenparty" veröffentlicht hatten, und in der Tat liegen textlich zwischen den beiden Alben Welten), "Walhalla ruft" (*Nordwind*, 1995), "Weisse Krieger" (*Schlachtruf*, 1995), "Lieber tot als ohne Ehre" (*Rheinwacht*, 1995), "Für die Ewigkeit" (*Heldentreue*, 1996), "Widerstand" (Staatsfeind, 1996 und Saalefront, 1997), "Es lebe das Reich" (*Foierstoss*, 1997), "Volk und Vaterland" (*Freikorps*, 1997), "Schluß mit lustig" (*The New Dawn*, 1998), "Ran an den Feind" (*Landser*, 2000), "Eiserne Jugend", (*Foierstoß*, 2000), "Totaler Widerstand" (*Sturmwehr*, 2001) usw. – Nicht mehr die individuelle Lust zu saufen, sich zu prügeln, herumzuprollen, gegen Ordnungsnormen zu verstoßen, steht im Vordergrund, sondern ein politisches Ziel, eine "nationale" Aufgabe, die Disziplin erfordert:

Wir sind bekannt für Disziplin und Fleiß
Unsere Würde waren[13] wir um jeden Preis
Pflichtgefühl fürs Heimatland
Ja, das ist unser treues Band.
(*Schlachtruf*: Deutscher Stolz, 1995)

Agit-Prop statt Funny Sounds. Das Skinhead-Dasein (sofern es sich bei den Bands überhaupt noch um Skinheads handelt) wird nicht mehr als jugendliche Spaßkultur beschrieben, sondern als nationale Bewegung zur Rettung des Vaterlandes:

Wir marschieren Hand in Hand
Nur für unser Vaterland

Nimmt das Schicksal seinen Lauf
Diesmal hält uns keiner auf!
(*Nordwind*: Hand in Hand, 1995)

Der Straßenrebell von einst ist zum Landsknecht mutiert:

Treue und Ehre zeigen dir den Weg
Den du als deutscher Krieger gehst
Treue und Ehre zeigen dir den Weg
Den Weg, den du bis zum Tode gehst.
(*Oidoxie*: Treue und Ehre, 1998)

Drum reiht euch ein und seid dabei
Wenn wir Deutschland nun befreien
Vorwärts, Vorwärts, fest im Schritt
Auf Kameraden, marschiert mit!
(*Munin*: Widerstand, 1997/98)

textet der singende Skinhead *Munin*, und die Bremer Hammerskin-Band *Schlachtruf* unterlegt den Text ihrer Hymne auf den "Skinhead way of life" konsequenterweise nicht mit Ska- oder Oi!-Musik, sondern mit einem Marschrhythmus. Der Skinhead aus der Perspektive des Rechtsrock hat sich dienstverpflichtet:

Soldaten, so werden wir genannt
Wir stürmen und kämpfen für unser Vaterland
Wir stürmen und sterben und lachen dabei
Es gilt nur eins: Daß Deutschland bleibt frei!
(*Siegeszug*: Auch im Tode, 1995)

Blood & Honour

Organisatorischer Katalysator dieses Bewußtseins innerhalb der rechten Subkultur sind neben den traditionellen neonazistischen Vereinigungen und Parteien vor allem die Hammerskins sowie die Blood & Honour-Bewegung, die beide in Deutschland über mehrere Bands und Fan-Magazine verfügen und gezielt versuchen, in die Lebens- und Ideenwelten jugendlicher Rechtsrockfans, Skinheads usw. neonazistisches Gedankengut zu implantieren. Die Hauptaktivität beider Vereinigungen besteht in der Organisation von Konzerten und anderen Festivitäten innerhalb der rechten Subkultur. Vor allem dem dominanten Einfluß von Ian Stuart, einem fanatischen Hitler-Fan und Rassisten, ist es zu verdanken, daß die "White Power"-Ideologie eine derart offensive Rolle in der Rechtsrock-Szene erhielt. Stuart, der einzige wirkliche Pop-Star des Rechtsrock, hat in den fünfzehn Jahren seiner aktiven Musiker-Karriere rund 200 Songs veröffentlicht, die sich zu großen Teilen mit dem "White-Power"-Gedanken beschäftigen und noch heute, acht Jahre nach seinem Unfalltod im September 1993, von jungen (deutschen) Bands gecovert werden und zum

Ausländische Bands, die in ihren Heimatländern unter liberaleren gesetzlichen Bedingungen arbeiten können, präsentieren sich häufig unverblümter als ihre deutschen Kameraden.

links oben: Cover der CD "Thule" (1996) von *Legion 88.*

rechts oben: Cover der CD "Our weapon is truth" von *Public Enemy* (nicht identisch mit der gleichnamigen Hip-Hop Band).

links unten: Cover der CD "White Rider" (1987) von *Skrewdriver.*

links oben: Cover der CD "1985 - 1995" (1996) von *Squadron.*

rechts oben: Cover der CD "Aggressive Force" (2000) der gleichnamigen Band.

rechts unten: Cover der CD "a collection of hate" von *People haters.*

Standardrepertoire jedes Rechtsrock-Konzertes gehören. Die zum Teil sogar gewalttätig ausgetragene Konkurrenz zwischen Hammer- und Blood & Honour-Skins, aber auch die vor allem in der Blood & Honour-Szene stark verbreitete Alkohol-Sucht und Gewaltkriminalität sowie die staatlichen Repressionen gegen die rechtsextreme Subkultur haben jedoch verhindert, daß Blood & Honour über den Kern der ohnehin rechtsextrem orientierten Szene hinaus Bedeutung erlangte. Allerdings konnte auch das Verbot der Organisation inklusive ihres Jugendverbandes White Youth durch Bundesinnenminister Schily am 14. September 2000 nicht verhindern, daß die Aktivisten der Szene weiterhin tätig blieben, Konzerte organisierten, Fanzines und Homepages betreuten – nun eben unter anderen Namen. Aus Blood & Honour wurde "28" – der zweite und der achte Buchstabe des Alphabets – und der Vertrieb V7 ist ein Versand für "**B**londe **& H**ellhäutige".

Reformversuche

Daß die häufig sehr schlechte Qualität der Musik und die plumpen Haßparolen der extremen Rechten auch schaden können, haben bisher nur wenige Aktivisten bemerkt. Die baden-württembergische Band *Carpe Diem* versuchte sich seit ihrer Gründung im Winter 1998/1999 an einem für die Szene relativ neuen Stil und neuen Inhalten. Die Band gründete das Label und den Musiker-Zusammenschluß "IDM – Identität durch Musik" mit dem Ziel, "über den Tellerrand der subkulturellen Strukturen, in denen sich der Rechtsrock heute leider befindet, hinaus(zu)schauen, uns nach außen hin (zu) öffnen und uns nicht mehr wie viele andere Bands ab(zu)grenzen."[14] Aus strategischen Gründen distanziert man sich auch von Gewalt: "Gerade wenn man in der letzten Zeit beobachtet, wie der Verfassungsschutz und die Medien ständig irgendwelche dubiosen 'rechten terroristischen Tendenzen' konstruieren wollen, sollte man sich genau überlegen, wem diese Art des politischen Kampfes eher etwas bringt: dem Staat oder der Sache?"[15] Auch von "sinnlosen Parolen und Hasstexten"[16] will IDM Abstand nehmen, da diese "einer ernsthaften Auseinandersetzung mit nationalen Positionen im Wege stehen". "Wir haben festgestellt, daß es in der Tat sehr viele Grauzonen zwischen nationalistisch und normalbürgerlich gibt und daß in der sogenannten nationalen Szene einfach nicht alles Gold ist, was glänzt", stellen die Initiatoren auch (selbst)kritisch im Interview mit dem *Blood & Honour*-Magazin (Nr. 9, S. 98) fest. "Es kommt also auch immer auf einen selbst an, wie die Leute über Nationalismus denken. Es kann nicht sein, daß immer alles auf 'die Medien' oder die 'dumme Bevölkerung' geschoben wird. Wenn man die Menschen auf positive Ideen bringen will, muß man auch positiv auf sie zugehen. Mit IDM wollen wir den Versuch starten..."

Beteiligt an IDM, deren treibende Kraft ein ehemaliges Mitglied der Band *Noie Werte* ist, sind neben *Carpe Diem* die Band *Landsturm* sowie der relativ prominente Sänger *Josef Klumb* alias Jay-Kay mit seiner Band *Von Thronstahl*. Und Redakteure des Fanzines *Der Ruf nach Freiheit*, einem Heft, das sich gleichermaßen "abseits jeglicher Schubladen über alle 'Szenen' hinweg"[17] für die nationale Sache engagiert und sich auf Artikel über germanische Mythologie sowie krude antisemitische Verschwörungstheorien spezialisiert hat. Vorbild der Initiative ist die französische Musikerbewegung RIF ("Rock Identitaire Française"), die nationalistische Musiker verschiedener Genres – Hardcore, Gothic, Liedermacher – unter ihrem Dach vereint. Das Ganze ist sozusagen eine *Junge Freiheit* des Rechtsrocks.

Die Initiative IDM sowie die Band *Carpe Diem* stießen auf großes Interesse in rechtsextremen Kreisen. Die Selbstdarstellung wurde in mehreren Publikationen veröffentlicht[18]. Betreiber von einflußreichen rechtsextremen Internetseiten, darunter *NIT – Nachrichten-Informationen-Theorie* des ehemaligen FAP-Funktionärs André Goertz aus Hamburg sowie der Thüringer Heimatschutz, die wichtigste Neonazitruppe aus Thüringen, setzten auf ihren Startseiten einen Link zur Internetpräsenz von IDM.

Der Versuch, das subkulturelle Ghetto zu verlassen, muß jedoch als vorläufig gescheitert bezeichnet werden. Dies hat vor allem zwei Gründe: Am wichtigsten dürfte sicherlich sein, daß es für rechtsextreme Bands in der Bundesrepublik schwer bis unmöglich ist, auf dem "normalen" Markt Fuß zu fassen. Keine große Plattenfirma in der Bundesrepublik ist bereit, mit einer rechtsextremen Band einen Vertrag abzuschließen. Auf diese Weise ist *Carpe Diem* auf die klassischen Szene-Versände als Vertriebsmöglichkeit festgelegt, wodurch eine Unterscheidbarkeit zu den anderen Bands auf den ersten Blick nicht mehr gegeben ist. Dazu kommt, daß im konkreten Verhalten der Band und damit der Initiative IDM zu wenig auf eine Distanz zum militanten Rechtsextremismus hindeutet.

Zunächst war die Initiative sehr umtriebig und rief sogar im April 2001, u. a. zusammen mit der NPD und dem Thüringer Heimatschutz, zu einer Demonstration in Jena unter dem Motto "Solidarität mit Irak und Palästina – für eine Welt freier Bürger" auf. Doch im Sommer 2001 schienen die Aktivitäten fast völlig zum Erliegen gekommen zu sein, nicht einmal die Homepage wurde noch aktualisiert. Trotzdem wurde weiterhin in rechtsextremen Publikationen über die Gruppierung berichtet. Auch gelang es nicht, weitere Mitgliedsgruppen für die Initiative zu gewinnen. Dem Anspruch, mit Konzerten stärker an die Öffentlichkeit zu gehen, wurde IDM nicht gerecht, einzig ein Konzert von *Carpe Diem*, organisiert über das Umfeld der Republikaner, wurde über die üblichen Szene-Angehörigen hinaus besucht. Jedoch war auch dieses Konzert nur "fast öffentlich" (*Carpe Diem*). Aber vor allem: Die Band *Carpe Diem*, Kern der Initiative, löste sich aufgrund interner Schwierigkeiten im Juli 2001 selbst auf. Dies alles sind Hinweise darauf, daß die Szene kaum dazu in der Lage ist, sich aus sich selbst heraus zu verändern. Sie wird auch weiterhin auf ein politisches Ghettodasein festgelegt sein.

Regionale Verteilung der Bands mit rechtsextremer Ausrichtung nach Bundesländern bis einschließlich 2001.

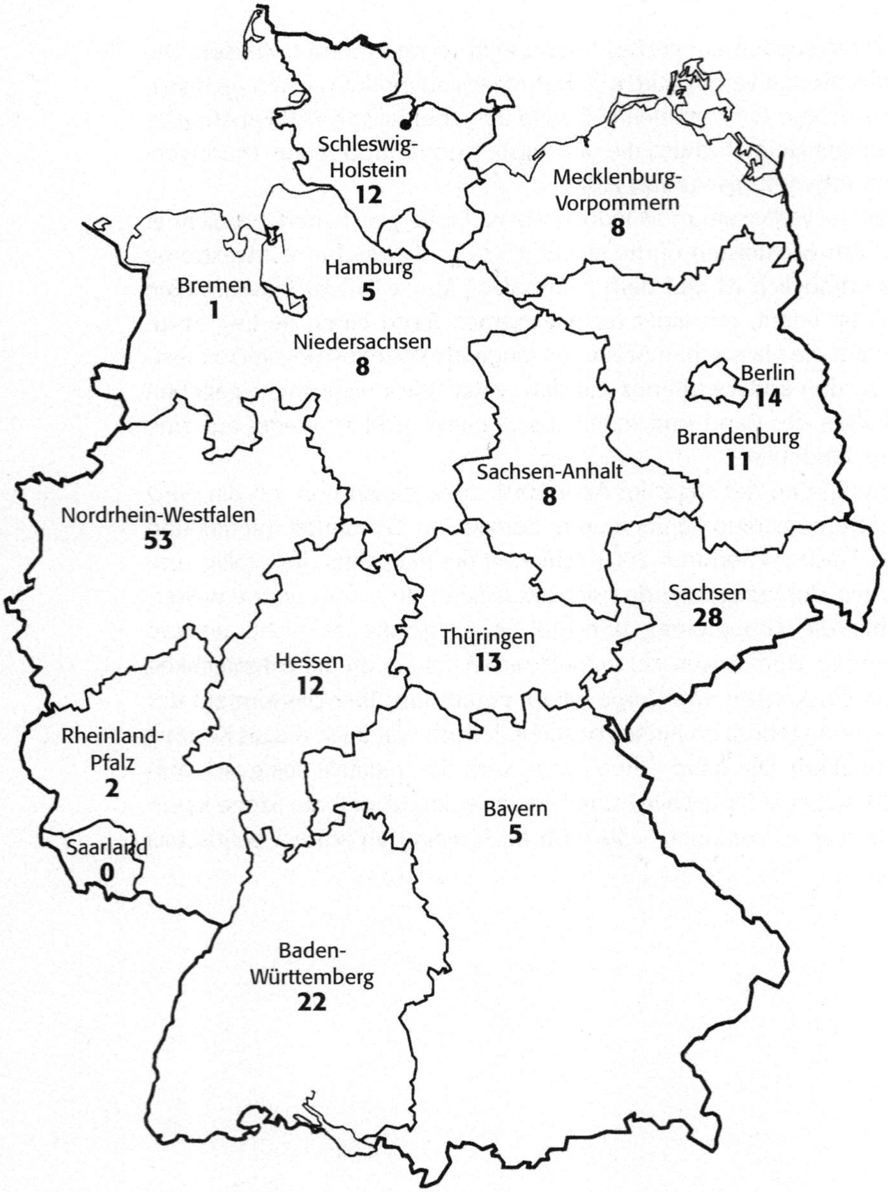

	.. bis einschließlich	
	1989	1995
BW	2	15
BY	2	5
BE	1	4
HB	-	-
HH	1	2
HE	2	4
NI	1	5
NW	4	23
RP	-	-
SH	-	5
BB	-	-
MV	-	-
SN	-	8
ST	-	3
TH	-	5

Die Tabelle (Grafik) ist anhand der im Anhang veröffentlichten Publikationsliste erstellt und gibt die Anzahl der Bands mit rechtsextremer Ausrichtung wieder bzw. stellt die Aktivitäten von Musikern in diesem Bereich – in immer neuen Zusammensetzungen – dar.

Nordrhein-Westfalen brachte mit Abstand die meisten rechtsextremen Bands (ebenso Plattenlabel und -vertriebe) hervor, Baden-Württemberg im Westen und Sachsen im Osten sind weitere Schwerpunktregionen der rechtsextremen Musikszene.

Teil II: Die Texte

Harte Zeiten, harte Lieder
Worte sollen Waffen werden
(*Die Härte*: Ein neuer Schocker, 1999)

Kaum jemand hört die Musik der Rechtsextremen wegen ihrer musikalischen Qualität, eher schon: trotz ihrer miserablen musikalischen Qualität. Im Mittelpunkt des Interesses von Machern wie Hörern stehen die Texte. "Wenn ich gute Musik hören will, bin ich schon immer im 'unpolitschen' Metal-Bereich besser gefahren", stellt ein Rechtsrock-Fan im Internet-Forum des Wikinger-Versandes fest. "Aber wenn mich ein Text ansprechen soll, höre ich nun mal Rechtsrock."[19] Dabei sind auch die Texte in den meisten Fällen von eher minderer Qualität. Doch gerade dies kann auch, zumindest für Szene-Insider, ein positives Qualitätsmerkmal sein, beweist dieser "kultivierte Dilettantismus" (Schmied, S. 45) doch die Authentizität der Texter und Komponisten. Deren Fans gewinnen so den Eindruck, "daß die Texte auch aus eigener Feder oder zumindest aus den eigenen Reihen stammen könnten. So wird eine Nähe zum Publikum geschaffen und ein, innerhalb der Jugendkulturen so wichtiges, Gefühl von Authentizität vermittelt. Damit zeigen die Musiker, das 'Skinheads, Leute wie Du und ich' (*Sturmwehr*) sind. Es geht in den Texten in erster Linie um den Transport einer 'Message' und nicht darum, künstlerisch perfekte Lyrik zu produzieren." (Schmied, S. 45)

Die Attraktivität des Rechtsrock für seine Zuhörer liegt in den Texten, selten in der Musik, und in den Mythen und Weltbildern, die diese transportieren. Sie sind ein zentraler Schlüssel zum Verständnis der Faszination und Alltagskultur der jungen, militanten rechtsextremen Subkultur.

Weltbilder

In unser'n Adern kocht Wikingerblut
In unser'n Texten steckt nordische Wut
Wir sind die Stimme der arischen Jugend
(*Landser*: Landser, 1996)

Die Welt des Rechtsrock ist eine Welt des ewigen Kampfes. Da wird ständig gedankt und gedacht an "alle nationalen Skinheads, die noch immer im harten Kampf stehen", und der für vier Jahre zur Marine desertierte Sänger wünscht und verspricht "alles Gute in unserem schweren Kampf, den ich auf alle Fälle weiter mit euch führen werde" (*Rony "Hotte" Krämer*: Bis bald, Kameraden!, 1996).

Gewalt

Gewalt spielt eine große Rolle in den Liedern der Rechtsrocker: Rund jeder fünfte Songtext thematisiert Gewalt in irgendeiner Spielart, und viele davon enthalten explizite Aufrufe, Drohungen oder ähnliche befürwortende Aussagen zur Gewalt. Nur äußerst selten – ganze elf Titel in unserem Archivbestand – erteilen die Lieder Gewalt eine grundsätzliche Absage.[20]

Gewalt – oft in Verbindung mit Alkoholkonsum – ist ein konstitutives Spaß- und Erlebnismoment dieser *action*-orientierten Szene, und dies spiegelt sich auch unverfälscht in den Texten ihrer Lieder wider:

Immer zu 'nem Spaß bereit
Hauen wir auch mal 'nen Linken zu Brei.
(*Triebtäter*: Stolz, 1992)

Unsere Gesichter, sie sind voller Haß
Doch die Gewalt, sie macht uns Spaß
(*Kraftschlag*: Deutsche Jugend, 1992)

"Solange Deutsches Blut noch blüht..."
Ein Internet-Forum über Qualität und Themen des Rechtsrock

Onkel Hass: Moin Kameraden, Ich schreibe selber Lieder und gedenke langfristig mit einem Bekannten Nationale Musik zu machen, mit E-Gitarre und Gitarre, Drum Computerprogramm und eventuell Kayboard. Mich würde interessieren welche Themen euch ansprechen, über was wird zu wenig gesungen oder habt ihr ganz neue Liedthemen welche euch gefallen würden? Wenn ja dann schreibt es hier herein und ich werde sehen was ich daraus basteln kann!

88frank88: ein gutes Thema wäre doch mal ein Lied gegen diese kranken perversen Kinderschänder! Oder?

Alfred Tetzlaff: Ich bin auch fleissig am Texte schreiben. Also das mit den Kinderschändern is schon mal ne gute Idee. Also ich versuche auch öfter mal über freundschaft und so zu schreiben. Hört sich vielleicht jetzt ein bischen dumm an, aber ich finde das is auch wichtig. Es müssen meiner meinung nach nicht immer diese stumpfen texte sein, kann auch öfter mal was mit mehr verstand sein und so...
Solange Deutsches Blut noch blüht,
noch eine Faust den Knüppel zieht
weht unsre Flagge Schwarz – Weiss – Rot
ihr sind wir treu bis in den Tod

Am Grad der Eindeutigkeit der Gewaltdarstellungen läßt sich häufig der Grad der Illegalität der betreffenden Band ablesen. Während solche Bands, die ihre Tonträger über legale, in Deutschland ansässige Labels und Vertriebe wie Funny Sounds verbreiten, eher vernebelnde Beschreibungen wählen, bevorzugen Bands, denen Indizierungen und Strafverfahren gleichgültig sind, da sie ihre Tonträger ohnehin über nichtlegale Kanäle vertreiben und im übrigen davon ausgehen, als Urheber nicht (vor Ablauf der Verjährungsfrist) erwischt zu werden, eindeutige Aufforderungen zur Tat und benennen ebenso eindeutig die gewünschten Opfergruppen:

Schlagt auf sie ein, wenn sie bunte Haare tragen
Du brauchst sie nicht erst nach ihrer Meinung fragen
(*Volkszorn*: Skinheads für Doitschland, 1994)

Er ist kein Mensch, er ist ein Jud'
Drum denk nicht nach und schlag ihn tot.
(*Macht und Ehre*: Kein Mensch, 1997)

Wehrwolf: Schreibt am besten über etwas, was nicht schon auf jeder Platte besungen wird (Kinderschänder, Fussball, Saufen etc.) und schaut bitte dass die ewigen "stolz – eichenholz"-Reime nicht vorkommen, die Nerven ganz schön gewaltig.

Skingirl: Und bitte auch nicht über Frauen, jedenfalls nicht in dieser typischen Art und Weise (grosse Oberweite, Geschlechtsverkehr, Stellungen usw.). Ich für meinen Teil finde das so dermassen primitiv! Aber das mit der Freundschaft ist eine gute Idee. Und versucht mal in die Texte ein bisschen Ironie mit einzubauen. Diese stumpfe DdD (Deutschland den Deutschen, d. A.) und so weiter hört man schliesslich oft genug.

Wehrwolf: Ich schreibe für ein paar bekanntere Bands Texte, meine drehen sich alle um das Thema: Weltherrschaft, Logen, dunkle Mächte etc. ist zwar auch recht einseitig, pro CD kommen da aber höchstens zwei Texte von mir. Das Problem ist, dass die meisten Themen (Soldaten, Wikinger, Alkohol, Reenes, Skinhead-Kult, DDD etc.) schon viel zu oft präsentiert wurden.

Deutscher Michel: Ich kenn das Problem selber, da ich auch in einer Band mein Glück versuche. Das Wichtigste ist wohl, nicht unbedingt die Themen zu wählen, die schon 1000mal durchgekaut worden sind (Fußball, Ficken, Saufen etc.). Was ich genial finde, sind z. B. Lieder gegen den Imperialismus seitens der USA, Kinderschänder und Wikingerlieder (natürlich auch durchdacht, vielleicht mit Wikingergrössen, die nicht unbedingt jeder kennt).

Trotz dieser enormen und eindeutigen Gewaltbereitschaft, die fast alle Bands der rechten Szene erkennen lassen, ist die gleichzeitige Bereitschaft, die Ursachen für die Gewalt bei anderen zu suchen, erstaunlich hoch. Entweder wird lakonisch festgestellt, das (Über-)Leben auf der Straße bedeute nun einmal Gewalt, oder die Schuld wird bei den Opfern selbst – den "Zecken", den "Ausländern" usw. – gesucht:

Die Ausländer, das liegt auf der Hand
Sie müssen zurück in ihr Heimatland
Dann gibt es keinen Hass und keine Gewalt.
(*Stuka*: Zeit zu handeln, 1992)

Mörder, Räuber und Dealer
Vor ihnen ist fast keiner mehr sicher
Und wehrst du dich, weil du es haßt
Dann landest du sofort im Knast.
(*Oidoxie*: Ewig siegen, 1998)

Glatzenbengel: Liederthemen... na ja, Fussball, Gewalt, Saufen sind wohl die besten Themen... es singt zwar jeder davon, aber für mich ist bei Lieder immer noch eines klarzustellen: PAROLE SPASS ALTER!

Troublemaker: @ Wehrwolf: Hast du noch ein Lied übrig? Ne mal ernsthaft wenn du einen guten text am besten mit Noten hast, dann mail ihn mir mal bitte. Ein bischen "musikalisch aktiv" bin ich nämlich hin und wieder auch mal. Themen: Türken, Vorurteile, Zukunft Deutscher Kinder, Hip-Hopper würg. Schon mal Vielen Dank!

Zeckenklatscher: Wie ihr wisst haben wir auch eine Band. Ich schreibe selber auch Texte. Wie wärs mal mit einem Text gegen A. H. das ganze nazi geschwafel geht mir persönlich gut auf die Nerven. (Gut kommen aber immer wieder Texte über "die ganzen Miesen, linken Zecken"). Würde mich über ein paar Anregungen sehr freuen...

Headhunter (Moderator)**:** Ich hoffe du meinst mit A. H. "Ariel Hanfraucher"!

Wehrwolf: Ich bin gerne bereit ein bisschen zu helfen, aber wenn unter anderem Texte gegen A. H. vorkommen sollen, dann kannst du das gleich vergessen.

Auf euren Demos herrscht die Gewalt
Wer dagegen ist, wird umgeknallt
Mit roten Parolen, auf die ihr schwört.
(*Senfheads*: Linke Parasiten, 1997)
Verblendete kranke Idioten
Gewaltbereite dumme Chaoten
Ihr Deckmantel heisst Kampf den Faschisten
So sie sind nichts weiter als linke Terroristen
Zerschlagt den Terror der Roten.
(*Sturmwehr*: Zerschlagt den Terror, 2000)

Doch die "Retter Deutschlands" (*Radikahl)* kämpfen nicht nur in eigenem Auftrag, sondern sie verstehen sich als Avantgarde des Volkes, das zwar zu feige oder zu bequem ist, selbst zu handeln, aber heimlich oder offen applaudierend hinter ihnen steht:
Die Aufgabe des ganzen Volkes
Läßt man auf unseren Schultern ruh'n

Zeckenklatscher: SORRY, hab mich wohl falsch ausgedrückt. Hab damit gemeint ein Text über seine Fehler, denn er hat wie jeder wohl weiß genau so viel schlechtes wie gutes getan.

Headhunter (Moderator)**:** Naja also ich denke das A. H. keineswegs soviel schlechtes wie gutes getan hat! Wenn man sich mal die Herren Politiker von Heute anschaut, ist er sogar fehlerfrei würde ich sagen.

Wehrwolf: Ich kann mich Headhunter zu 100 % anschliessen. A. H. hat im Gegensatz zu den heutigen Politikern sehr viel gutes getan und so mancher könnte an diesem grossen Mann ein Beispiel nehmen.

Zeckenklatscher: Aber meiner Meinung nach hat A. H. vieles übertrieben. Er hat Deutschland zwar sauber gehalten, aber wie er es getan hat find ich etwas krass... und er war ja selbst zum Teil J***.

Wehrwolf: Du solltest nicht immer das glauben was irgendwelche Antifa-Trotteln behaupten.

Alle Beiträge entstammen dem Internet-Forum des Wikinger-Versandes. Thema: Welche Themen interessieren euch?, erstellt zwischen dem 9. Juli und 7. August 2001; www.wikingerversand.de/ubb/Forum 2.

Und werden wir mal eingesperrt
Hat kein Arsch was mit uns zu tun.
Wir sind Deutschlands (r)echte Polizei
Wir machen die Straßen wirklich frei.
(*Störkraft*: Deutschlands Polizei, 1990)

Der Ku-Klux-Klan als Vorbild: Gewalt, Rassismus und Antisemitismus. "Sounds of racial hatred", *Hate Society* (2001)

Überall Fremde und Zecken
Schluß mit diesem Massenandrang
Wir werden uns nicht mehr verstecken
Wenn keiner kämpft, wir sind bereit
Und werden stolz marschieren
Kameraden, wir werden es schaffen
Daß man nicht mehr über uns lacht
Die Bürger werden euch dankbar sein
Ihr könnt euch darauf verlassen.
(*Heldentreue*: Letzte Warnung, 1996)

Wir sind zusammen die Kraft von Millionen
Wir sind der Einheit geballter Schwur
(*Oiphorie*: Kraft der Strasse, 1997)

stolz deutsch zu sein, treue und ehre und einigkeit
wir nationalisten sind auserwählt, das land zu retten
(*Sturmwehr*: Treue und Ehre, 1995)

Die Rechtsrocker sehen sich als "Auserwählte". Eine höhere Macht hat sie in ihren Dienst gestellt, soll ihre Taten heiligen, ihrer Existenz Sinn verleihen.

Wir dürfen nicht zögern
Dazu haben wir kein Recht
(*Hauptkampflinie*: Vergiss nie Dein Land, 1997)

Die Rechtsextremen glauben sich im "Krieg":

Der Kampf geht weiter in diesem Krieg
Am Ende steht nur der Sieg!
(*André Lüders & Nordmacht*: frei, sozial & national, 2000)

Die Fronten in diesem Krieg bleiben stets eindeutig. Gut oder böse, hell oder dunkel – ein dichotomes Weltbild prägt diese Texte, Zwischentöne und Differenzierungen werden gemieden. "Bist du Freund oder Feind, Verräter oder Held" (*Holsteiner Jungs*: Freund oder Feind, 1998). So wie die eigenen Kameraden, die Deutschen, die "Weißen" etc. stets die absolut Guten sind, verbleiben die anderen, die politischen Gegner, die "Fremden" etc. stets abgrundtief böse.

Diese eindeutig-gegensätzliche Strukturierung der Welt sei typisch für "mythisches Denken", stellt die Germanistin Doris Schmied fest, die in ihrer Magisterarbeit – unserer Kenntnis nach als erste Autorin ihrer Disziplin überhaupt – die Sprache des Rechtsrock analysierte. "Weil Mythen nicht zwischen Realität und Fiktion unterscheiden, vermögen sie als politische Leitbilder die (kollektive) Wahrnehmung und Verarbeitung der Realität zu steuern. Ähnlich wie religiöse Konzepte weist der Mythos eine Immunität gegen jegliche Kritik auf, weil er eine Sache des Glaubens und nicht des Wissens ist. 'Da die politischen Mythisierungen bloß die *unbewußten* Sehnsüchte, Gefühle und Ängste ihrer Adressaten bündeln und instrumentalisieren, sind sie, gleichgültig, welchen Anschein sie sich auch geben mögen, willkürlich, irrational und assoziativ. Damit sind sie auch nicht diskussionsfähig oder widerlegbar, sondern erlauben nur Zustimmung oder Ablehnung.' (Aschwanden 1995:120)" (Schmied 2001, S. 11f.)

Diese manchmal logisch-rational scheinende, aber bei genauerer Betrachtung hoch irrationale, esoterische Grundhaltung ist ein zentrales Merkmal der rechtsextremen Songtexte. Mythen argumentieren nicht, sondern sie verkünden "Wahrheiten", deren kritische Hinterfragung den Gläubigen nicht gestattet ist.

Unser Glaube ist ungebrochen
Wir weichen auch keinem dummen Geschwätz
Unsere Väter waren keine Verbrecher
(*André Lüders & Nordmacht*: Deutschland, 2000)

Wer das anders sieht, verbreitet nur "dummes Geschwätz", ist also uninformiert; eine ernsthafte Prüfung der widerstreitenden Meinung ist jedoch überflüssig, denn die eigene Position orientiert sich nicht an realen Fakten, sondern sie ist eine Frage des rechten Glaubens. – Religiöse Begriffe gehören zum Stammvokabular rechtsextremer Musiker. Sie ziehen im "Glauben an das Vaterland" (*Staatsfeind*: Democrazy, 1998) in einen "heiligen Krieg" gegen "die Teufel dieser Welt" (*Ervolk*: Tod! Tod! Tod!, 1997). Der "Kampf für Deutschland" oder die Reinerhaltung der weißen Rasse wird in geradezu religiöser Inbrunst besungen, und Helden der Bewegung, vor allem bereits verstorbene Märtyrer wie Rudolf Heß, Angehörige der Wehrmacht oder das Rechtsrock-Idol Ian Stuart (*Skrewdriver*), werden fast in den Götterstand erhoben:

Wir wissen, daß Du weiter lebst
Und Dein Schein hält über uns Wacht

textet die Düsseldorfer Kombo *0815* in ihrem Lied "Septembertag" (1995), und für *Staatsfeind* ist gar "geheiligt jedes Wort" von ihm (60 sek. für Ian Stuart, 1998).

Nun ist Religiosität kein Privileg der Rechten und ein Revival religiöser Momente in Zeiten, in denen fast alle anderen Bezugssysteme ihre emotionale Bindungskraft verloren haben, ein unvermeidbarer Prozess. So stellen Jugend- und Kulturforscher in verschiedensten "Szenen" derzeit ein Erstarken religiöser Symboliken fest. Doch die in den Texten der Rechtsrocker mit religiösen Attributen ausgestatteten Feind- und Kultobjekte sowie auch die zahlreichen esoterischen Versatzstücke weisen deutliche Parallelen zur NS-Zeit auf. So etabliert sich das in den Boden der Wewelsburg eingelassene Symbol der sogenannten Schwarzen Sonne, im Dritten Reich das Zeichen der inneren Zirkel der SS, zunehmend als zentrales Symbol der extremen Rechten. Bereits die Sprache der Nationalsozialisten "war gespickt mit religiösen Ausdrücken, und die faschistische Rhetorik gilt als Teil eines Gesamtkunstwerks, das sich in der Form seiner Inszenierung als eine Art 'säkularisierter Gottesdienst' charakterisieren läßt" (Schmied, S. 98). "Händchen halten, Köpfchen senken und an Adolf Hitler denken, der uns gibt das täglich Brot und uns führt aus aller Not", trieb ein offizielles Kindergartengebet der dreißiger Jahre die Sakralisierung der "Lichtgestalt" Adolf Hitler auf die Spitze.[21]

Deutschland

"Deutschland" ist für Angehörige der rechtsextremen Szene nicht einfach nur das Land, in dem sie geboren wurden und sich mehr oder weniger heimisch fühlen, sondern ein geradezu heiliges Wesen, dem zu dienen dem eigenen Leben (und Sterben) erst Sinn verleiht:

Einer für alle und alle für einen
Vereint bis in den Tod
Im Kampf für Freiheit und Vaterland
Für die Fahne schwarz-weiß-rot
Deutschland, wir stehen zu Dir
Deutschland, Dein Volk sind wir!
(*Sturmtrupp*: Die Zeit wird kommen, 1998)

Dabei wird das ideologische Konstrukt "Deutschland" bisweilen so sehr erhöht und mit einer "pseudoreligiösen Aura von Heiligkeit" (Schmied, S. 112) umgeben, daß der "Kampf für Deutschland" gar keiner realen Ziele – etwa die Verbesserung der Lebensbedingungen der hier lebenden Menschen – mehr bedarf. "Deutschland" zu dienen ist Sinn und Ziel der eigenen Existenz, ihm opfert man gerne nicht nur das eigene Leben, sondern auch das aller anderen Menschen. Der "Kampf für Deutschland" rechtfertigt alles:

Heilig sind nicht Bücher, nicht Menschen
Die man einst verbrannt
Heilig ist alleine unser Vaterland.
(*0815*: Heilig ist das Vaterland, 1996)

Während der einzelne Mensch nichts zählt und Gegner sogar zu Ungeziefer entmenschlicht werden, wird "Deutschland" dagegen in den Liedern der Rechtsextremen häufig personifiziert. So kann Deutschland "verbluten" (*Oidoxie*: Was ist geschehen?, 1998) und "um Hilfe schreien" (*Frontalkraft*: Wenn der Sturm sich erhebt, 1996), das "Vaterland erstickt" (ebd.) oder muß "jetzt endlich erwachen" (*Sturmwehr*: Stimme, 1998, und *Oidoxie*: Vaterland erwache, 1998). Schließlich scheint für manche Rechtsrocker "Deutschland" offenbar die Rolle einer Frau eingenommen zu haben. Stellte die Hamburger Band *Oi Dramz* in ihrem Lied "Deutsches Mädchen" noch beide auf eine Stufe, so widmet *René Heizer* (NRW) seine heißesten Liebeshymnen nur noch selten einem Wesen aus Fleisch und Blut:

Ja, ich lieb' dich, ja, ich brauch' dich
Ja, ich lieb' nur dich.

Du bist mir nicht einerlei
Nur du gibst mir Wärme
Ja, ich lieb´dich...
Bis in alle Ewigkeit
Und wir wünschen uns in dieser Zeit
Ach bitte, bleib nicht steh'n
Unsere Treue, die wird nicht untergeh'n
Sie wird besteh'n
Ja, ich lieb' dich, lieb' dich, lieb' dich, lieb' dich, Deutschland.
(*René Heizer*: Ich lieb' dich, Deutschland", 1994)

So existieren wesentlich mehr Deutschland-Hymnen als Lieder, in denen Frauen auch nur Erwähnung finden. In Doris Schmieds qualitativer Analyse von 144 Liedern der Jahre 1995-1998 ist "Deutschland" mit 75 Nennungen das häufigst verwendete Nomen überhaupt, "deutsch" mit 140 Nennungen der häufigst verwendete Wortstamm (Schmied 2001, S. 124). "Deutschland" ist offensichtlich das Liebesobjekt Nr. 1 der deutschen Rechtsrocker – inklusive der Beziehungsprobleme, die sich auch in zwischenmenschlichen Partnerschaften ergeben können:

Ich erinnere mich an die schöne Zeit, als noch alles in Ordnung war
Unvergessen bleibt der Anblick, wenn ich Deine Schönheit sah
Wir haben zusammengehalten, in vielen bitteren Stunden
Voller Stolz sah ich nur auf Dich und holte mir tiefe Wunden
Doch eines Tages war's passiert und Du kehrtest mir den Rücken
Du schaust arrogant an mir herab und ich komme nicht zur Ruhe
Ich hab' Dir soviel gegeben, wollte immer nur zu Dir stehen
Ich kann es nicht begreifen, warum wolltest Du von mir gehen?
Vaterland, oh Vaterland, warum lässt Du mich allein?
Ich weiss nicht, wie lange es noch dauern wird, bis meine Wunden wieder heilen
Noch immer brennt ein Feuer in mir, das stärker ist als jeder Schmerz
Ich hoffe, Du kommst zurück zu mir und schliesst mich in Dein Herz.
(*Thorshammer*: Du hast mich verraten, 1997)

Wenn es um "Deutschland" geht, wird es schnell pathetisch:

Nach Walhalla zu gehen, für eine neue Zeit
Für's Vaterland zu sterben, nie mehr Schmerz und Leid
Nach Walhalla zu gehen, für eine neue Zeit
Sie wird kommen, wir sind zu allem bereit.
Der letzte Kampf, wir müssen gewinnen
Sonst sehen wir kein neues Licht

"Nie wieder Bruderkrieg" – aus dem Booklet der CD "Willkommen in Sassem" (1997) des deutsch-niederländischen Bandprojektes *Kiekers fünfte Kolonne*.

Für's Vaterland und eine neue Zeit
Es ist unsere Pflicht.
(*Rheinwacht*: Die neue Zeit, 1995)

Ab Mitte der neunziger Jahre "internationalisiert" sich diese Deutschtümelei der Szene allerdings zunehmend. Zumindest die Bands mit ideologisch anspruchsvolleren Texten – und vermutlich auch organisatorisch engerer Anbindung – wenden sich verstärkt der Parole von einem vereinten Europa der "weißen Rasse" zu:

Gemeinsam stehen wir für ein Europa der Vaterländer
Nie mehr Bruderkrieg und Völkerschlachten
(*Faustrecht*: Europa, 1999)

Die "White Power"-Ideologie, programmatisch auf den Punkt gebracht in den immer wieder zitierten und vertonten "14 words" des Rechtsterroristen David Lane ("We must secure the existence of our people and a future for white children"), soll den einengenden Rahmen des Nationalismus sprengen und die Rechtsextremen auch über die eigenen Landesgrenzen hinweg bündnisfähig machen.

Konsensfähig ist das allerdings noch nicht, vor allem gegenüber osteuropäischen Gesinnungsgenossen:

Wir pfeifen auf Polen und Rumänien, auf Rußland und die Tschechei
Denn wir reden vom alten Europa, und da seid ihr nicht mit dabei.
(*Kraftschlag*: Festung Europa, 1997)
Wenn ich das seh, bin ich echt sauer
Polackenlümmel schreien 'White Power'
Und wie ich dieses Scheißvolk hasse
Seit wann gehören Polacken zur arischen Rasse?
(*Landser*: Polackentango, 1998)

Selbstbilder und Vorbilder

Die militanten Rechtsrocker sehen sich selbst als national(sozialistisch)e Sturmtruppen, eine Art "SA der Neuzeit" (*Volkszorn*, 1995):

Stiefel trommeln auf den Straßen
Kahle Köpfe, Fäuste aus Stahl

Die Augen starr, Gesichter, die hassen
Ohne Reue gegen Rot.
(*Rheinwacht*: Ohne Reue, 1998)

Parallelen zur einstigen SA sind keinesfalls zufällig, selbst Bands, die eigentlich nicht zum ideologisch härteren Kern der rechten Musikszene zählen, geizen nicht mit offenen Anspielungen auf ihr historisches Vorbild. Vor allem der Mythos um den zweifelhaften Märtyrer Horst Wessel genießt ungeachtet der historischen Realität nach wie vor eine ungebrochene Popularität. An Lagerfeuern wird das Horst-Wessel-Lied gerne in der Original-Textfassung gesungen, Rockbands integrieren leicht abgewandelte Textzeilen in ihre eigenen Lieder. Hieß es im Horst-Wessel-Lied 1927 "SA marschiert mit ruhig festem Schritt", so textet die Bremer Skinheadband *Endstufe* sechs Jahrzehnte später:

Mit ruhigem festen Schritt
Läuft die Masse mit
Ihre Köpfe, die sind kahl
Deshalb auch die Namenswahl.
(*Endstufe*: Skinheads, 1996)

Aus dem Original "Die Straße frei den braunen Bataillonen" wird:

Wenn wir marschieren
Heißt es: Vorsicht, Straße frei!
(*Chaoskrieger*: Skinhead-Power, 1996)

Abgesehen davon, daß in diesen Textzitaten die für die militante rechte Szene typische maßlose Selbstüberschätzung und Omnipotenzphantasien durchscheinen, lassen sich in der Tat Parallelen im Selbstverständnis und in der Praxis der damaligen SA und der gegenwärtigen rechten Schlägercliquen erkennen: Auch die SA bildete innerhalb des NS-Systems eine eigenständige Subkultur. Sie verstand sich als trinkfeste, männliche Kameradschafts- und Kampftruppe, die für die "Politischen" die Straßen eroberte, sich selbst aber nur mäßig für politische Zusammenhänge interessierte und dies aus der Perspektive ihrer politischen Führung auch gar nicht sollte: "Der SA-Mann hat grundsätzlich mit Politik nichts zu tun, er hat sich also mit der Tagespolitik niemals zu befassen", formulierte eindeutig ein zeitgenössisches Leitwerk (Schneidhuber 1930[22]). Die SA stellte die Straßenkämpfer, nicht die Führer; ihre Angehörigen *wollten* willige Gehilfen einer starken, autoritären Bewegung sein, die vor allem ihre Körper, ihren stets aggressionsbereiten Hass forderte, nicht intellektuelle Fähigkeiten. Ihr Revier war die Straße und reichte soweit wie ihre Blicke und ihre Fäuste – nicht anders als bei den Protagonisten heutiger "national befreiter Zonen" in vielen dörflichen, klein- und randstädtischen Flecken Ostdeutschlands auch. Was wenige Kilometer weiter passierte, interessierte sie nicht. Sie verteidigten ihr Revier. Ein ausgefeiltes politisches Hintergrundwissen war dazu nicht notwendig und in der Regel nicht vorhanden. Ihre Hochzeit hatten sie dementsprechend in der "Kampfzeit der Bewegung" vor 1933. Kaum waren die Nazis an der Macht, wurden sie konsequent "abgewickelt".

"Treue" und "Ehre"

Tugenden wie "Treue" und "Ehre", Disziplin und soldatischer Gehorsam ohne Fragen nach dem Ziel, Heldenmut und Opferwille sind zentrale Werte im deutschen Rechtsrock – Tugenden, die vor allem den Angehörigen der deutschen Wehrmacht unterstellt werden:

Sie waren deutsche Soldaten
Der Ruhm blieb ihnen meist fremd.
Als Kinder gingen sehr viele in den Krieg
Kein Wort von Verlieren, der Schlachtruf hieß Sieg
Familien zerrissen durch anderer Hass
Nach Schlachten von Stunden lagen viele im Gras.
Manch treuer Soldat mußte in Lagern verharren
Die Freiheit sahen sie dann wenn erst nach Jahren
Die Würde des Menschen, sie war hier antastbar
Die erfahrenen Qualen sind heute unfaßbar.
(*Oidoxie*: Deutsche Soldaten, 1998)

Kroizzug: Deutsche Soldaten (1996)

Auf Befehl durch Tod und Hölle gehen
Um niemals sein Land zu verraten
Denn für niemand war die Treue heiliger
Als für das Herz des deutschen Soldaten
Gehorsam der Kampf um Ost und West
Von Gruppen und Bataillonen
Für ein Zeichen an der Uniform
Wofür es sich zu kämpfen lohnte.
Auf welchem Erdteil ist egal
Am Himmel, im Wasser, am Boden
Ob Frost, ob Glut: "Wir werden siegen!"
Habt Ihr es in Nürnberg geschworen
Mit Strategien, die keiner ahnte, stets zum Kampfe bereit
Die Art zu kämpfen machte Euch zur geachtetsten Armee der Zeit.
(*Volkstroi*: Ritterkreuz, 1998)

Der Himmel wird dunkel, es fällt der Schnee
In Stalingrad friert die 6. Armee
Die Wangen sind hohl, der Magen ist leer

Und doch setzen sie sich noch tapfer zur Wehr
Doch der Gefreite kam nie mehr nach Haus
Er war noch so jung und doch ganz Soldat
Seine Knochen bleichen in Stalingrad.
(*Saccara*: Stalingrad, 1995)

Am Ende war die Natur stärker als sie
Doch vom Feind besiegt wurden sie nie
Sie kämpften und kämpften sich oft frei
Sie kämpften für Deutschland, mit Stolz dabei
Sie waren die besten Soldaten der Welt
(*Endstufe*: Soldaten, 1991)

Foierstoss: Zerschossen im Niemandsland (1996)

Immer wieder klingt auch die alte "Dolchstoßlegende" vom "Verrat an der Heimatfront" an:
Gestorben sind sie für ein undankbares Land
Die Schuldigen reichen jetzt dem Feind die Hand
Verraten und verkauft und nie verehrt
Durch Heuchlerei wird ihnen die letzte Ehre verwehrt.
(*Sturmtrupp*: Soldat, 1998)

Während die Kriegsverbrechen der Deutschen verherrlicht, beschönigt oder verschwiegen und ihre Opfer ignoriert werden, sind die Alliierten für die Rechtsrocker die wahren Verbrecher, die Deutschen die eigentlichen Opfer:
Befreiungstag wird es bei euch genannt
Hunderttausende sind damals verbrannt
Massenmord würde wohl eher passen
Dafür werden wir euch ewig hassen
Deutschlands Städte sinnlos abgebrannt
(*Frontschwein*: Massenmord, 1998)

Fremde Truppen zogen jubelnd durch die Straßen
Man feierte sie noch, anstatt sie zu hassen
Der berüchtigte 8. Mai, soll das der Tag der Befreiung sein?
Nein!!!
(*Foierstoss*: Ausgebombt, 1996)

Das Ziel des Krieges wird nicht benannt oder verharmlost: Aus einem von den Nazis begonnenen Eroberungsfeldzug wird eine Verteidigungsmaßnahme, der deutsche Landser kämpfte für die "Freiheit" und zum Schutze von "Volk und Vaterland". Bei keinem Thema tritt das immer wieder durchscheinende revisionistische Grundprinzip des Rechtsrock – die Umkehrung von Tätern und Opfern, die Verharmlosung der von Deutschen begangenen Taten, die Ausblendung der Opfer dieser Taten bei gleichzeitiger Überhöhung und Glorifizierung von deutschen Opfern – so eindeutig zutage wie bei der Beschäftigung mit den Angehörigen der ehemaligen Wehrmacht:

Hinter Stacheldraht und Zaun, steht ein alter Baum
Er erinnert an das, was damals geschah
Wie unmenschlich das Leben nach dem Kriege war
Wenn die Sonne aufging nach dunkler Nacht
Da haben sie Jagd auf Deutsche gemacht
Nur weil sie kämpften für ihr Vaterland
Wurden sie gleich Mörder und Verbrecher genannt.
Jahrelang hat man totgeschwiegen
Daß deutsche Soldaten in Massengräbern liegen
Denunzianten, die gab es damals genug
Im Gegensatz zu andern ging es ihnen doch gut
Heutzutage spricht kaum noch jemand davon
Doch sagt das einmal unser'n Herren in Bonn
Erinnert Euch an das, was damals geschah
Wie wertlos ein Leben nach dem Kriege war.
(*Idee Z.*: Gegen das Vergessen, 1996)

Frank Rennicke: Kameraden! (1997)

Großvater, Du warst ein Deutscher
Wurdest nach dem Kriege verbannt
In ein Dir so fernes Land
Hinter Stacheldraht hat man dich getrieben
Um für die Russen zu arbeiten, mußtest Du nach Sibirien marschieren
Eisige Kälte, keine Blumen, nur Wind
Doch Du hattest nur Gedanken an Deine Frau und an Dein Kind
Tränen laufen mir durchs Gesicht
Wenn ich heute denk an Dich
Deinen Stolz konnten sie Dir nicht nehmen
Du hattest wahrlich kein leichtes Leben
An Deinem Grabe stehe ich nun
Um Dich zu ehren und Dein Werk für immer weiter zu tun.
(*Idee Z.*: In Gedanken, 1996)

"Um Dein Werk für immer weiter zu tun." – Daß es sich bei den zahllosen Hymnen auf das deutsche Soldatentum nicht nur um historische Erinnerungen, nostalgische Reminiszenzen an eine unwiderruflich abgeschlossene Episode der deutschen Geschichte handelt, sondern auch um eine politische Zukunftsvision, macht die im Verlag des NPD-Aktivisten Dieter Koch vertriebene hessische Band *Kroizzug* deutlich:

Deutsche Soldaten, heute werdet ihr Verbrecher genannt
Deutsche Soldaten, ihr seid gestorben für unser Vaterland
Unsere Großväter werden als Mörder beschimpft
Schon in der Schule bekommt man dies eingeimpft
In einem Land voll Nestbeschmutzern leben wir
Ja, wir leugnen unsere Ahnen und leben trotzdem hier
Ja, früher waren sie noch was wert
Da wurden sie als Helden verehrt
Doch wer denkt heute noch an sie
Dabei brauchen wir ihre Hilfe wie noch nie
(*Kroizzug*: Deutsche Soldaten, 1996)

Frontschwein: Der Sieg wird unser sein! (1998)

Auch die Waffen-SS ist, insbesondere seit Ende der neunziger Jahre, ein wichtiger Bezugspunkt für Helden- und Märtyrerballaden. So fordert *Stahlgewitter* "Ruhm und Ehre der Waffen-SS" (2001) und *André Lüders*, Hausbarde der Freien Kameradschaften, vertonte das Leben und Sterben des Waffen-SS-Offiziers Jochen Peiper:

Er war ein Mann der Front mit stählernem Herzen
Und mit ganzer Leidenschaft
Kämpfte er heldenhaft mit seiner Truppe
Nur das Reich allein gab ihm Kraft.
(*André Lüders & Nordmacht*: Ein Mann der Front, 2000),

dem kurz zuvor schon das *Blood & Honour*-Magazin Nr. 7 eine rührselige Story widmete.

Eine besondere Rolle spielt bei dieser "Traditionspflege" der "Friedensflieger" Rudolf Heß, dem in den letzten zehn Jahren immerhin mehr als ein Dutzend Hymnen gewidmet wurden. Dabei wird in keinem einzigen Fall auf seine tragende Rolle als NSDAP-Mitbegründer und -Ideologe und seine Verantwortung als Hitlers Stellvertreter eingegangen, sondern fast ausschließlich seine Zeit als Märtyrer, der ungerechtfertigt von den "Feindmächten" oder "Besatzern" lebenslang inhaftiert und schließlich sogar "ermordet" worden sei, gewürdigt:

Seht Ihr den Mann am Fenster nicht
Der nie ein Wort der Klage spricht

Angehörige der Waffen-SS-Leibstandarte Adolf Hitler auf dem Cover der CD "Schwarzer Orden" (1998)

Unbeugsam und mit starkem Herz
Erträgt er so manchen Schmerz
Der einsamste Mann auf der ganzen Welt
Bis zum Ende seiner Tage wurde er gequält
Für ihn gab es keine Gerechtigkeit
Keine Freiheit bis zum Ende seiner Zeit
(*Noie Werte*: Geheuchelte Humanität, 1996)

"Mit diesem Lied wollen wir nichts und niemanden verherrlichen, sondern auf ein Schicksal aufmerksam machen, das beispielhaft für viel Ungerechtigkeit in der ganzen Welt steht", weist die Band vorsichtshalber im Booklet ihres Albums etwaige Verdächtigungen revisionistischer Absichten zurück. Eine frühere Heß-Ballade der NPD-nahen Stuttgarter Musiker schlägt allerdings einen deutlicheren Tonfall an:

46 Jahre warst du im Knast
Es ist unglaublich, was du ertragen hast
Dein halbes Leben haben sie dir geraubt
Doch du bliebst immer treu, kanntest keinen Verrat
Drum wartete auf dich diese feige Saat
Für diese Welt warst du viel zu gut
Nur deshalb floß dein Blut.
In einer dunklen Nacht haben sie dich umgebracht
Ein Märtyrer bist du, im Grabe fandest du endlich deine Ruh'
Doch über deinen Tod hinaus strahlst du Ideale aus
Du warst und bist ein großer Held
Doch schlecht ist diese Welt
Aber dennoch, wir verstehen diese Sprache
Und einst, da kannst du sicher sein, da kommt der Tag der Rache
(*Noie Werte*: Rudolf Heß, 1990)

Vom Täter zum Opfer

Die Rolle des Märtyrers, der, ohne zu klagen, grenzenloses Leid auf sich nimmt, scheint auf Rechtsrocker eine besondere Faszination auszuüben. Heldenmut und Opferbereitschaft, Krieger & Kämpfer, Opfer & Märtyrer sind aus der Sicht des Rechtsrock die beiden untrennbaren Seiten derselben Medaille. Pathetische Selbststilisierungen als eiserne Krieger & Kämpfer für Volk und Vaterland und abgrundtiefe Weinerlichkeit

liegen dabei zumeist nahe beieinander:
Der Kampf für's Überleben, soweit sind wir schon
Gebrochene Menschen gebrochener Stolz, wohin du auch siehst
(*Sturmwehr*: Zerschlag deine Ketten, 1995).

Die Umkehrung von Tätern und Opfern stellt ein durchgängig auftauchendes "Argument" zur Rechtfertigung der eigenen (Gewalt)Handlungen dar:
Geh ich durch die Straßen, spucken sie mich an
Beschimpfen meine Heimat, ich frag mich, was ich dafür kann
Sie machen auf mich Jagd, sie schlagen auf mich ein
Doch was ist falsch daran, ein Deutscher zu sein?
Was kann ich schon dafür, daß ich kein Türke bin
Was kann ich schon dafür, daß ich kein Nigger bin
Was kann ich schon dafür, daß ich kein Russe bin
(*Sturmgesang*: Was kann ich dafür, 1996)

Die Deutschen – aus der Perspektive des Rechtsrock eine bedrohte Minderheit im eigenen Land, der bald ihrerseits nur noch die Möglichkeit der Auswanderung bleibt:
Dunkle Gesichter starren mich an
Machen meine Frau übelst an
Machen sich auf der Straße breit
Ich höre, wie man "deutsches Schwein" zu mir schreit
Deutsche kommen mir traurig entgegen
Hier wollen sie nicht mehr leben
(*Endstufe*: Was ist aus dir geworden, 1993)

Wie oft haben sie dich geschlagen, deine Freundin angegafft
Wie oft hast du dich gefürchtet, haben sie es schon geschafft
Ist dein Mut denn schon gestorben, dann hast du längst verloren
Brecht euer Schweigen, laßt uns alle schreien
Wir werden kämpfen, und dann werden wir die Sieger sein.
(*Sturmgesang*: Brecht das Schweigen, 1997)

Vom Gewalttäter zum -opfer in dreißig Sekunden – kein Problem für die Kasseler Kombo *Hauptkampflinie*:
Und dann kommen sie in Scharen
Idiotenvolk mit bunten Haaren
Denn nur im Rudel sind sie mutig
Allein kriegen sie die Nase blutig

Und sind total schockiert.
Die Fäuste hoch, Rücken zur Wand
Wir stehen allein in unserem Land
Wir werden verfolgt, wir werden verkannt
Die Fäuste hoch, Rücken zur Wand.
Noch vor nicht allzu langer Zeit
Schlug man uns nicht die Fresse breit
Doch heut' ist alles wie verdreht
Wenn man zu seiner Heimat steht
Wird man auch noch massakriert.
(*Hauptkampflinie*: Rücken zur Wand, 1997)

Zurecht beschweren sie sich in diesem Zusammenhang häufig über die stigmatisierende Berichterstattung der Medien:

Von der Presse zerrissen
Als hirnlose Idioten
Als Schläger und Vandalen
Die totalen Chaoten
(*Boots Brothers*: Brave Jungs, 1997)

um jedoch oft genug im gleichen Atemzug das Klischee wieder zu bestätigen:

Ich bin bereit zur Gewalt
Und trinke gern
Doch ist das ein Grund
Sich nur zu beschweren
(*Boots Brothers*: Brave Jungs, 1997)

Radio, Fernsehen und Journalisten
Machen dich zum dummen Faschisten
Mit ihren Lügen woll'n sie uns verblenden
Ihr dürft ihrem Schund keinen Glauben mehr schenken

beklagt sich *Elbsturm* in "Deutsche Medien" (1995), nachdem sie noch kurz zuvor ihrem Publikum geschworen hatten:

Durch Großberlin marschieren wir
Für Adolf Hitler kämpfen wir
Die rote Front, schlagt sie entzwei
Skinheads marschiert, die Straße frei!
(*Elbsturm*: Grossberlin, 1994)

Wenn man sich selbst verteidigt

Bekommt man Ärger, wird bestraft
Man wird verhaftet, in 'ne Zelle gesperrt
Die Augen zu, das Gesicht verzerrt

klagt auch *Rheinwacht* in ihrem Song "Armes Deutschland" (1995). Seitdem die Justiz härter durchgreift, haben Solidaritätslieder für inhaftierte Kameraden Hochkonjunktur:

Fünf Jahre hat man dir gegeben
Für'n schweren Schädelbasisbruch
Du kannst es nicht begreifen
Das ist für dich ein rotes Tuch
Nach zwei Wochen Krankenhaus
Ging es der Zecke wieder gut.
60 Monde hinter Gittern
Bis sich die Pforte öffnen tut ...
(*Staatsfeind*: Am Fenster, 1998)

Sie sperren dich ein, warum weißt du nicht
Denn du bist Skinhead, mehr Gründe gab es nicht
Doch du stehst da, stolz und kahlgeschoren
Treue bis zum Schluß hast du dir geschworen
(*Oidoxie*: Sprengt die Ketten, 1998)

Der Tod

"Bis zum Schluß", darunter machen sie es nicht. Apodiktische Wendungen und Zeitadverbien wie "nie(mals)", "ewig", "(für) immer" sind ein fester Bestandteil im Sprachschatz der rechtsextremen Textdichter – Dimensionen, in denen schon die Rhetoriker des "Tausendjährigen Reiches" gerne dachten. Im Kontext der Rechtsrocker von heute gerinnt allerdings die selbstherrliche Arroganz der NS-Vorbilder zur verzweifelten Selbstvergewisserung, daß ihr "Kampf", wenn schon nicht zu Lebzeiten, dann doch wenigstens irgendwann in ferner Zukunft von künftigen Generationen gewürdigt werden und Früchte tragen wird. Mit der Gegenwart scheinen die meisten Rechtsrocker schon abgeschlossen zu haben. Wenn *Rheinwacht* verkünden:

Viele Jahre voller Schmerz und Leid
Doch die Freiheit ist nicht mehr weit
(*Rheinwacht*: Unsere Lieder, 1995),

dann scheint mit "Freiheit" eher die Befreiung von irdischen Sorgen gemeint. Die Texter erwecken den Eindruck, zu einem Kampf aufzurufen, den sie selbst schon verloren glauben.

Und wenn der Tag gekommen

Ich weiß, er ist in Sicht
Das Leben uns genommen
Doch unser Geist stirbt nicht.
(*White Aryan Rebels*: Der Mann in roter Robe, 2000)

Und wir sehen in eine schwarze Zukunft
In der der Tod der letzte Ausweg ist
heißt es in einem Lied der Dortmunder Rechtsrockkapelle *Oidoxie* von 1998, bezeichnenderweise wie das ganze Album mit "Schwarze Zukunft" betitelt. Eine mystische Endzeitstimmung, die nicht selten in eine kaum verbrämte Todessehnsucht übergeht, durchweht diese Lieder:
In das Reich der Helden, dahin will ich gehn.
(*Sturmgesang*: Walhalla, 1994)

Lebet wohl, Menschen, lebet wohl
Und sollten wir im Kampfe fallen
Soll euch als letzter Gruß hinüberhallen
Lebet wohl, Menschen, lebet wohl
Ein freier Deutscher kennt kein kaltes Müssen
Deutschland muß leben, und wenn wir sterben müssen.
(*Landser*: Deutschland muß leben, 2001)

Kämpfen und sterben, ja, was ist dabei
Wenn nur mein Vaterland, mein Deutschland frei
(*Landser*: Ohne Titel, 2001)

Der Tod ist ein immer wiederkehrendes Motiv im Rechtsrock, und fast jede zweite ernsthafte Beschäftigung mit ihm mündet in eine Ode auf den Heldentod. Der "Sieg", die "Freiheit" sind nicht mehr in dieser Welt realisierbar, doch als Belohnung für den harten Kampf lockt Walhalla, das von den heidnischen Rockern mit ebensolch religiöser Inbrunst besungen wird wie das christliche Jenseits von manchen "Jesus Freaks".
Das Licht ist da, wir haben gesiegt
Viele starben für die neue Zeit
Doch in Walhalla sehen wir uns wieder.
(*Rheinwacht*: Die neue Zeit, 1995)

Wenn einer im Kampfe sein Leben läßt
Erntet er weder Spott noch Hohn
Die Walküre trägt ihn nach Walhalla hinauf

Das ewige Leben ist dann sein Lohn.
(*Foierstoss*: Walküre, 1997)

Der Einzug ins Paradies als Entschädigung für ein miserables Leben davor? Die durchgängig in den Liedtexten der Rechtsextremen anzutreffende Mystifizierung des Todes erweckt unwillkürlich den Eindruck, als habe sie die Funktion, objektiv desaströse Realitäten oder ein extrem schwach ausgebildetes individuelles Selbstwertgefühl zu verdrängen. "Der Mythos erweist sich als Projektionsfläche idealisierter Wünsche, Hoffnungen und Machtphantasien und ermöglicht gleichzeitig eine Kompensation eigener Schwäche und erlebter Ohnmacht." (Schmied 2001, S. 112)

Odins Krieger

Im Zuge der härteren Repressionen gegen offen nationalsozialistische Aussagen besannen sich zahlreiche Rechtsrocker auf noch ältere, aber juristisch schwerer angreifbare Helden und entdeckten die alten Germanen-Mythen als Ersatzreligion für den stigmatisierten NS-Kult. Anders als bei der Verherrlichung des Dritten Reiches bietet der Odin-Kult eine scheinbar unbelastete Folie zum Ausagieren von Männlichkeitsphantasien, die zudem in einer Zeit angesiedelt werden können, in der die "spalterische Politik" noch unbekannt war und auch das "Kriegshandwerk" noch wahrer Männer bedurfte, die ihre Raubzüge mit der Waffe in der Hand "Mann gegen Mann" ausführten, ohne Rücksicht auf zivilisatorische Empfindlichkeiten brandschatzen, munter plündern und vergewaltigen durften:
Wo sie auch an Land gingen
Konnte ihnen keiner entrinnen
Sie kämpften stolz und stark
Steckten Dörfer in Brand.
Sie hatten keine Furcht
Und überfielen ihre Feinde
Gnade kannten sie keine.
Sie hinterließen Furcht und Schrecken
Waren überall bekannt
Wikinger zogen durch jedes Land.
(*Oidoxie*: Wikingerzug, 1998)

Unter Neonazis ist Kelten- und Germanenkult nichts Neues. Die Wiking-Jugend, nomen est omen, predigte seit ihrer Neugründung als Nachfolgeorganisation der Hitler-Jugend im Jahre 1952 den Glauben an die "nordentstammte Rassenseele", der Nazi-Rocker Arnulf Priem ließ schon 1974 einen "breitbeinig dastehenden Wikinger mit Schild und erhobenem Schwert"[23] für seine neugegründete "Kampfgruppe Priem" posieren. Auch die Liedtexte verhehlen kaum, daß es hier nicht nur um historische Geschichten geht und im

Der Skinhead als Held und Märtyrer:

links oben: Cover der CD "Widerstand verboten" (1998) der Magdeburger Band *Deutsche Patrioten*.

links unten: Ian Stuart, Kopf der Band *Skrewdriver*, seit seinem Unfalltod fast ein Heiliger. Zeichnung aus dem Booklet der CD "Orientexpress" (1998) der Berliner Band *Spreegeschwader*.

rechts unten: "Helden sterben einsam" (1995) – Albumcover der baden-württembergischen Band *Odins Erben*.

**Als "wahre Männer" noch gebraucht wurden...
– Germanen-Mythen sind 'in'.**

links oben: Cover der CD "Für die Ewigkeit" (1996) der Thüringer Band *Heldentreue*.

rechts oben: Cover der CD "Gegen den Wind" (1998) der Magdeburger Band *Drakkar*.

rechts unten: Cover der CD "Walhalla ruft!" (1995) der süddeutschen Band *Nordwind*.

neuen "Fantasy"-Gewand dieselben, sehr gegenwärtigen Opfer und Gegner gemeint sind:
Sie werden kämpfen, um zu gewinnen
Sie werden ihre Feinde schlagen
Es wird ihnen dabei keiner entrinnen
Sie werden die Gegner aus unserem Land jagen.
Die Götter werden bei ihnen stehen
Sie werden mit ihrer Macht kämpfen.
Es ist bald soweit, ihr werdet's sehen
Wir Skinheads werden ihnen helfen.
(*Chaoskrieger*: Dämmerung, 1996)
Wir sind Invasoren im eigenen Land
Wir haben die Zeichen der Zeit erkannt
Unsere Feinde sind alle, die nicht begreifen
Ich sehe Drachenschiffe am Himmel...
(*Nordwind*: Drachenschiff, 1996)

In Zeiten, wenn der Bruder den Bruder nicht kennt
Wenn Stolz und Ehre im Feuer linken Hasses verbrennt
Wenn die Stunden des Lebens nur sinnlos verrinnen
Ist es an der Zeit, sich auf alte Werte zu besinnen.
(*Nordwind*: Walhalla ruft!, 1995)

Ich weiß, die goldene Stunde, sie ist nicht mehr weit
Wir sind Söhne Wotans und machen uns zur Schlacht bereit
Der Tag wird kommen und wir sind auserwählt
Ein gigantischer Sturm fegt dann über das ganze Land
Und nichts und niemand hält ihm stand.
(*Sturmwehr*: Stolze Krieger, 1995)

Er trägt einen wallenden Mantel
Hat ein achtbeiniges Roß
Er reitet durch die Finsternis
Der mächtigste Asenspröß
Voraus fliegen zwei Raben
Die künden ihm von der Welt
Voraus rasen zwei Wölfe
Die zerreissen, was sich entgegenstellt.

Herr der Magie und der Runen
Führer der wilden Jagd
Wotan, Lenker der Schlachten
Heil dir!
Germanenland, du liegst am Boden
Getreten und geschmäht
Wenn auch deine Feinde lachen
Es ist noch nicht zu spät
Noch gibt es Arier
Die zu den alten Göttern stehen
Wir werden siegen
Oder nach Walhalla gehen.
Walvater, hilf deinen Deutschen
Dem Volk ohne Raum
Laß sie endlich erwachen
Aus diesem Albtraum
Doch sollten wir verlieren
War der Kampf auch noch so lang
Dann soll der Erdball zittern
Bei unserm Untergang
(*Landser*: Lenker der Schlachten, 2000)

Der Rechtsrock und die Frauen

Weiber sind bei uns nichts wert
Auch wenn man sie nicht gern entbehrt
(*Radikahl*: Jungs von Radikahl, 1992)

Die Rechtsrock-Szene ist fast ausschließlich von Männern geprägt, Frauen stehen in den seltensten Fällen mit auf der Bühne. Sind Songs, in denen Frauen überhaupt thematisiert werden, schon relativ selten, so sind reine Liebeslieder Raritäten sondergleichen, quasi nicht existent. Dies ist einigermaßen bemerkenswert, ist doch ansonsten Sex/Liebe/Leidenschaft das zentrale Thema von Pop- bzw. Rockmusik überhaupt. Die Welt aller härteren Nazi-Bands, von *Landser* über *Macht und Ehre* bis hin zu *Stahlgewitter* und *Kraftschlag*, ist vollständig asexuell. Sexualität kommt in ihren Songs, wenn überhaupt, nur unter den Parolen "Ausländer nehmen uns unsere deutschen Frauen weg" und "Rassenschande" vor:
Sie ist \`ne Ausländerhure, ohne Moral begeht sie Volksverrat
Sie ist \`ne Ausländerhure, Rassenvermischung tötet unseren Staat
(*Kraftschlag*: Ausländerhure, 1992)

links oben: Cover der CD "Weiße Krieger" (1995) der Bremer Band *Schlachtruf*.

links unten: Cover der CD "Sohn aus Heldenland" (1996) der Stuttgarter Band *Noie Werte*.

rechts unten: Cover der CD "Stolz und Stark" (1996) der süddeutschen Band *Nordwind.*

Frauenbilder: Germanische Kriegerinnen für schmachtende Herrenmenschenherzen

links oben: Cover der CD "Zeitreisen" (1995) von René Heizer.
rechts oben: Cover der CD "Im Zeichen des Blutes" der bayerischen Band *Sturmflagge*.
rechts unten: "Unter einer Fahne" (1996) der *Wallküren*.

Du treibst es mit einer Türkensau
Und fühlst dich dabei wirklich toll
Du bist ein weißer Nigger, Nigger-Dreck
Du bist ein weißer Nigger, Nigger-Dreck
Du bist ein großer Volksschädling
Nur ein Verräter der weißen Rasse
Du bist der Abschaum der Menschheit
Wir werden dich bald fassen
(*Macht und Ehre*: Weißer Nigger, 1997)

Jetzt predigen sie schon die Mischung der Rassen
Nigger ficken weiße Frauen, das könnte euch so passen
(*Landser*: Niemals, 2000)

"Dead Man Fucking"-Zeichnung aus dem Magazin *Der Förderturm* Nr. 2, Duisburg 2001.

Sexismus ist konstitutiv für diese männerbündlerische Szene. Frauen werden zumeist zu reinen Objekten herabgewürdigt, sie sind Schmuckstücke für die Herren der Schöpfung:
Mit deutschem Bier und weißen Frauen
Gewinnst du schnell an Selbstvertrauen
(*Kreuzzug*: Deutsche Patrioten, 1996),

Anhängsel, mit denen man sich "zwischendrin" beschäftigt:
Wenn's mal Ärger gibt, ist es wegen 'ner Frau
Der eine zieht sie durch, der andere säuft sich blau
Danach sind wir wieder vereint beim Bier
(*Märtyrer*: Frauen, Bier und Tätowieren, 1991)

Da kann es auch nicht überraschen, daß "Emanzen" ein Feindbild sind, gegen die staatliches Vorgehen gefordert wird:
Unsere Frauen brauchen keine Emanzipation
Sie erhalten schon den wohlverdienten Lohn
Weg mit dem ganzen Feministenscheiß
Auf daß es auch bald *Emma* weiß!
Legt ihr Druckwerk endlich still
Wenn es noch weiter diesen Schund drucken will
Verbietet feministische Vereine – bringt die Frauen wieder ins Reine
(*Zerstörer*: Emma, 1996)

Geht es tatsächlich einmal um Sexualität, so wird auch hier die tiefe Verachtung, die Frauen entgegengebracht wird, ausgelebt:

Mädchen, ich bin so geil auf dich
Mädchen, komm her, ich spritz dir ins Gesicht
(*Schlachtruf*: Feuchter Traum, 1995)

Die Rechtsrocker träumen von "Frauen, die sich nicht so zieren" (*Hauptkampflinie*: A way of life, 1997). Auffallend häufig werden sexuelle Erlebnisse im volltrunkenen Zustand beschrieben, die mit einem "bösen Erwachen" enden und in denen die Frauen nicht besonders gut wegkommen:

Neben mir im Bett bewegt sich was
Groß wie ein Nilpferd, was ist das?
Sie wird wach und geht kotzen aufs Klo
Die ganze Wohnung stinkt wie im Zoo
Voll das Monster und 200 Kilo schwer
Ich nehme mir vor, ich saufe nicht mehr.
(*Endstufe*: Filmriss, 1996)

Das Lustempfinden der Frau interessiert diese Männer herzlich wenig, für sie geht es auch im Bett um Macht:

Deinen Körper zu berühren
Ihn zu lieben, zu verwalten
(*Tollwut*: Laß es uns machen, 1994)

Werden Frauen überhaupt einmal positiv dargestellt, so geschieht das in ihrer Rolle als politische "Kameradin" und Bewahrerin der "weißen Rasse" oder des "deutschen Volkes":

Heil dir, Mutter deutscher Kinder
Eines sei dir noch gesagt
Verdienst von mir die größte Achtung
Du Garantin unserer Art
(*André Lüders & Nordmacht*: Dein Kind, 2000)

Ich möchte ein Mädel, deutsch und rein
In Schönheit und Stolz beispielhaft sein
Blondes Haar, deutsches Blut
Treue zum Vaterland und deutschen Mut.
(*Munin*: Ein deutsches Mädel, 1997/98)

In der wirklichen Welt scheint es diese "Mädels" nur selten zu geben – an den tatsächlich existenten Frauen hat *Munin* jedenfalls kein Interesse:

Wenn wir uns hier so die Mädels anschauen
Überkommt uns ein mächtiges Grauen

Aufgedonnert laufen sie nur noch herum
Finden sich toll, aber sind so saudumm
So eine Frau kann ich mir nicht denken
Da würd ich mich lieber im Wasser ertränken
(*Munin*: Ein deutsches Mädel, 1997/98)

Tatsächlicher Respekt gegenüber Frauen zeigt sich lediglich gegenüber weiblichen Skinheads, häufig auch Renees genannt. Sie werden akzeptiert aufgrund ihrer Gesinnung:

Deutsche Renee, wirst nie ausgelacht
Zusammen sind wir die deutsche Macht
(*Doitsche Patrioten*: Deutsche Renees, 1994)

Wir zwei gehören zusammen
Das kann ja jeder sehen
Auch ich trag Doc Martens
Und hab kurzes Haar
Und ich kämpf mit Dir vereint
Gegen die linke Schaar
Was kann es schöneres geben
Als mit Dir zusammen zu sein
Aber Du bist nicht nur zum Spaße da
Nein, du bist für mich
Auch ein guter Kamerad
(*Brutale Haie*: Skinheadgirl, 1998)

Die romantische Liebe, wie sie in üblichen Popsongs beschrieben wird, gibt es in den Texten rechtsextremer Musik nicht. Selbst in den schmachtendsten Liebesliedern muß sich die Frau ihren Helden mit etwas Größerem teilen:

Du, du bist mein bestes Stück
Du, du bist mein größtes Glück
Nur an Deutschland und dich hab' ich Gedanken
(*Oi Dramz*: Deutsches Mädchen, 1992)

Die Reihenfolge der Nennung ist kein Zufall. Aber auch die "Kameraden" sind wichtiger als die Liebesbeziehung:

Meine Kameraden und du, ihr gebt mir die Kraft,
Halten wir nur zusammen, haben wir es geschafft
(*Bulldog*: Weisses Mädchen, 1996)

Alkohol und andere Drogen

Saufen, Weiber, kurzes Haar
Das Leben ist so wunderbar
(Endstufe: Großstadtpatriot, 1994)

In bezug auf Drogen ist die Haltung der Rechtsrocker fundamentalistisch. Unterschiede zwischen den einzelnen illegalen Drogen werden nicht gemacht, der erste Joint führt quasi stante pede zum Fixer-Tod:

Nun reden sie im Bundestag, tun gerade so, als ob...
Als wär'n Joint keine Gefahr, bagatellisieren diese gar
Tun so, als gäb's 'n Unterschied
Tausend Tote Jahr um Jahr
Sind das Ende dann vom Lied.
(*AEG*: Das Trugbild des Abstiegs, 1994)

Das Thema Drogen bietet sich natürlich hervorragend zur Manifestierung des Feindbildes "Ausländer" an. Deutsche (Kinder) als Opfer, von dunklen Fremden verführt, ein Schreckensgemälde, das auch in der Mehrheitsgesellschaft weit verbreitet ist und sicherlich mehr Beifall findet als dumpfe NS-Parolen:

Ein Junge lief zum Bahnhof hin
Zum Zuge nach Berlin
Da kam ein dunkler Fremder an
Fragt ihn: Willst du mal zieh'n?
Der Junge, er war sehr naiv
Bemerkte nicht den Betrug
Berauschte sich an diesem Gift
Und verpaßte seinen Zug.
Heut' ist der Junge wohl ein Mann
Doch geschafft hat er es nicht
Sieh dir seine Narben an
Sein müdes Lächeln im Gesicht
'Ne kleine Tasche hat er bei sich
Drei Spritzen und das Zubehör
Zugegeben hat er's nicht
Doch sein Leben ist zerstört.
(*AEG*: Das Trugbild des Abstiegs, 1994)

Aus dem Booklet der *Nordwind*-CD "Walhalla ruft" (1995).

Bezeichnend für die Anti-Drogen-Kampagne der Rechtsrocker ist die Tatsache, daß die eigene Lieblingsdroge Alkohol, insbesondere (deutsches) Bier, gleichzeitig kultisch gefeiert wird. So findet sich etwa auf einer Produktion der Hammer Kombo *Reinheitsgebot* (!) der übliche Anti-Drogen-Song ("Gib niemals auf"), eingerahmt von Oden an Harald Juhnke ("Wir haben ein Idol") und Selbststilisierungen als exzessive Trinker:

Nach dem dritten Tag Dauersuff hänge ich dann kotzend über'm Becken
Auf der Heimfahrt Richtung Hamm bin ich fast am Verrecken
Doch eins, das ist sicher, irgendwann in nächster Zeit
Dann sind wir aus dem Ruhrgebiet wieder zum Kampftrinken bereit.
(*Reinheitsgebot*: Ruhrstörung und Reinheitsgebot, 1998)

Während die deutlich politisierteren Liedermacher und Bands das Thema Alkohol eher meiden, verfügt fast jede subkulturell (zum Beispiel Skinhead-) orientierte Band in ihrem Repertoire über mindestens eine eigene Trinker-Hymne. Alkohol scheint ein unverzichtbarer Bestandteil der rechtsextremen Alltagskultur zu sein.

Mit drei Promille Alkohol
Im reinen deutschen Blut
Ziehen wir durch die Straßen
Und fühlen uns total gut.
(*Chaoskrieger*: Schöner Abend, 1997)

"Alkohol" meint fast immer Bier, häufig härtere Sachen (Whiskey, Korn), mit Ausnahme von Met niemals Wein oder Sekt – diese gelten als Getränke der bürgerlichen Mittel- und Oberschichten und passen nicht zum hemdsärmeligen, proletarischen Romantizismus der Szene.

Exzessives Bier- und Schnapstrinken dagegen wird in den Liedern immer wieder als offensichtlich wesentliches Zugehörigkeitsmerkmal dargestellt. Wer nicht richtig saufen kann, ist wohl kein richtiger Mann (oder gar schwul?) und gehört damit auch nicht zu dieser Männerkultur. – Wie bei den meisten anderen Themenfeldern spiegeln die Texte der Rechtsrocker auch hier sehr authentisch die Realität der Szene wider. Ein Rechtsrockkonzert oder eine andere Party von Angehörigen der rechtsextremen Szene ohne Alkohol ist schlicht undenkbar. Spätestens zur Hälfte der Party liegen die ersten Recken sturzbetrunken auf dem Boden, wild torkelnde oder sogar von der Bühne fallende Musiker und wegen fortgeschrittener Alkoholisierung von Bandmitgliedern abgebrochene Konzerte sind sichere Anzeichen dafür, daß auch die Aktivisten der Szene in dieser Hinsicht oftmals Probleme haben.

"Ich denke, daß wir live ganz vernünftig und oft auch lustig sind. Hängt immer vom Alkoholpegel ab. Der schlechteste Auftritt war aber mit Sicherheit der letzte... Da mußten wir echt vorzeitig aufhören, weil wir absolut nichts auf die Reihe bekommen haben. Wir wissen selbst nicht, wie das passieren konnte, aber Rico und ich waren dermaßen blau, war echt schlimm. Ich hoffe aber, ihr hattet trotzdem euren Spaß, als ich samt Gitarre von der Mauer gefallen bin." *Spreegeschwader*-Sänger und Gitarrist Alex im Interview mit *Rock Nord* Nr. 45, März 1999, S. 22.

Thematisiert wird der innerhalb der rechten Gewaltszene grassierende Alkoholismus jedoch nur äußerst selten und eher von organisierten, eher politik- als jugend(sub)kulturell orientierten Aktivisten, die vor allem in Skinheads willige Helfer für die "nationale Sache" sehen, selbst aber nicht Teil dieser Szene sind und sein wollen. "Ich kenne viele Skins, mit denen ich prima auskomme, und kenne auch etliche Burschen, die ihre Skinzeit überdauert haben und inzwischen noch deutschbewußter wurden", äußert sich etwa *Frank Rennicke*, für den die Skinheadkultur anscheinend vor allem ein Zwischenstadium darstellt, in dem die Spreu vom Weizen, die Mitläufer einer Spaßkultur von nationalsozialistisch bewußten Polit-Kämpfern getrennt werden kann. "Ob jedoch ein Skin, der dem Klischee eines trinkenden und randalierenden Kurzhaarigen Nahrung schafft, wirklich besser ist als das System, ist fraglich."[24]

So wie der Alkoholismus als Problem der eigenen Szene- und Männerkultur im Rechtsrock verdrängt wird, so kann auch die beständige Verknüpfung von Drogenkonsum und linken Szenen nicht darüber hinwegtäuschen, daß längst alle existierenden illegalen Drogen – von Marihuana über Kokain und Ecstasy bis zu Heroin – Einzug in die rechten Subkulturen gehalten haben. "Unter dem Strich gesehen, kann man sagen, daß fast alle Ex-Glatzen von hier dem Drogenrausch verfallen sind", heißt es in einem "Szenebericht Karlsruhe" im Erfurter Fanzine *Doitsche Musik* (Nr. 8, Oktober 1996). "Letztes Jahr verstarb ein Ex-KA-Skin an einer Überdosis Heroin. Ein weiterer 'alter Kämpfer' sitzt derzeit noch in U-Haft – wegen Drogen natürlich!" – "Ich hasse Drogendealer, zu viele von meinen Freunden hängen an der Nadel", erzählt auch *Endstufe*-Sänger Jens Brandt im Interview mit *Clockwork Orange* (Nr. 23, S. 19). So finden sich auf Veröffentlichungen seit Mitte der neunziger Jahre durchaus häufiger Drogen-Warnungen, die offensichtlich weniger szenefremde User im Blickfeld haben als solche aus dem eigenen Freundeskreis:

Du erzählst mir einen von Freundschaft und Zusammenhalt
In der Tat hab ich mal geglaubt, wir würden zusammen alt
Doch alles, was jetzt von dir zu hören ist
Ist leeres Gelaber über Drogen und anderen Mist.
(*Landsturm*: Freundschaft, 1997)

"Die Lieder auf dieser CD wurden Ende August aufgenommen. Es herrschte eine super Stimmung und alle waren gut drauf, auch ohne irgendwas zu rauchen oder sich sonst irgendwelchen Scheiß einzuwerfen. DEUTSCHE BRAUCHEN KEINE DROGEN!!!" versichern *Nordwind* auf ihrer CD "Walhalla ruft!" neben einem Foto, das einen langhaarigen (!) Kokser zeigt.

In der Praxis dürfte inzwischen ein stattlicher Teil der jüngeren rechtsextremen Gewalttäter eigene Erfahrungen mit Drogen gesammelt haben. Während der Umgang mit Ecstasy und anderen, zum Teil illegalen Aufputschmitteln zumindest im Rahmen von Hooligan-Aktivitäten und Techno-Partys auch von Rechte-Szene-Angehörigen schon durchaus offen gehandhabt wird, ist Marihuana als langjährige Lieblingsdroge der Hippies und Linken nach wie vor streng tabuisiert und wird deshalb nicht auf größeren Szene-Treffen, sondern nur im besten Freundeskreis konsumiert. So erregte es auch nicht wenig Aufsehen, als 1997 ein Prominenter der Szene, ausgerechnet der *Kraftschlag*-Sänger Jens Arpe, vom Chemnitzer Fanzine

Foier Frei als "Kiffer" geoutet wurde[25]. Den Ruf von *Kraftschlag* hat dies jedoch nicht auf Dauer ankratzen können. Weniger prominente Szene-Angehörige, die sich beim Kiffen haben erwischen lassen, werden in der Regel gnadenlos aus der Kameradschaft entfernt, in einigen Fällen sogar zuvor zusammengeschlagen oder ihrer Platten-sammlung und anderer Szene-Zugehörigkeitsattribute beraubt. Wer in den Teufelskreislauf von hartem Drogenkonsum, Handel und Beschaffungskriminalität geraten ist, kann in der rechten Szene grundsätzlich nicht mit verständnisvollen Reaktionen rechnen. Nicht kameradschaftliche Hilfe, sondern gnadenloser Ausschluß und häufig öffentliches An-den-Pranger-stellen heißt das Motto:

Du hast unsere Freundschaft verraten
Und ich dreh dir den Rücken zu
Keine Gnade einem Arschloch wie dir.
(*Landsturm*: Freundschaft, 1997)
Für mich bist du jetzt nur noch Dreck
Ein normales Leben gibt es für dich nie wieder
Es ist mir scheißegal, wenn du verreckst!
(*Kroizzug*: Tod auf Raten, 1996)

Feindbilder

Die Welt der Rechtsextremen hat keine Zukunft. In ihren Liedtexten finden sich nicht einmal Spurenelemente einer zukunftsorientierten Vision, eines modernen "4. Reichs", wie immer das auch aussehen könnte. Ihre Traumwelt ist längst untergegangen und zu einem Mythos verblaßt, wie schon ihre Urzelle Atlantis, der die früheren Nazis vergeblich hinterherforschten. Sie leben in einer idealisierten Vergangenheit und einer feindlich gesinnten Gegenwart. Beschreiben sie in ihren Texten etwas Schönes, Positives, verwenden sie fast ausschließlich Vergangenheitsformen.

Die Gegenwart hält für sie nur Kampf, Niedertracht und Dreck bereit. Vor allem bei der Beschreibung ihrer Gegner fällt die Häufung von Naturmetaphern auf, die auf das biologistisch geformte Weltbild der Rechtsextremen verweisen. So werden "Ausländer" und Linke regelmäßig entmenschlicht:

Er ist kein Mensch, er ist ein Aff'
Drum denk nicht nach, mach einfach paff
(*Macht und Ehre*: Kein Mensch, 1997)

In Amiland wurde schon 'ne Klausel eingeführt
Die bestimmt, daß jeder dritte Gorilla studiert
Wollt ihr uns verarschen oder glaubt ihr, wir sind blind
Und können nicht erkennen, daß Affen keine Menschen sind?
(*White Aryan Rebels*: Nigger 2000)

Linke sind "Kommischweine" (*Landser*, 1996) oder ein "Anarchoschwein" (*0815*: Peter, 1996), Einwanderer "Ausländerschweine" (*Sturmtruppen*: Es ist Zeit, 1988) oder ein "Türkenschwein" (*Volkszorn*:

Ali, 1992), ein "schwarzer Bulle" wird zum "Afroschwein" (*White Aryan Rebels*: Nigger, 2000), ein Pfarrer zur "Sektensau" (*Hauptkampflinie*: Pfaffenlied, 1997). Die Gegner der Rechtsextremen sind schmutzig ("das dreckige Rotgesockse" – *Stahlgewitter*: Intro, 1996; "ein roter Haufen Dreck" – *André Lüders & Nordmacht*: Lieber tot als rot, 2000) und werden als "Ungeziefer" dargestellt, das mit der Übertragung von Krankheiten, Fäulnisprozessen und Schmutz konnotiert ist:
Asylanten leben wie Maden im Speck
(*Triebtäter*: Rotfront verrecke, 1992)

Gegen die Linken, diese Maden
(*Hauptkampflinie*: Für Deutschland, 1997)

"Ungeziefer" wird gewöhnlich – schon zur Erhaltung der "Volksgesundheit" – vergast, vergiftet oder andersartig ausgerottet. Der Weg von der Entmenschlichung der Gegner zur Forderung nach einer "Vernichtung der roten Brut" (*Noie Werte*: Neue Werte, 1990) ist nicht weit:
Skinhead, Skinhead heißt die Devise
Für die Vernichtung der Ausländerkrise
textet auch *Kraftschlag* in ihrem Lied "Deutsche Jugend" (1992). "Krisen" können wohl kaum "vernichtet" werden, Menschen sehr wohl.

Dem organischen Weltbild der Rechtsextremen entsprechend werden gesellschaftliche Probleme gerne als "Krankheit" diagnostiziert, die Verursacher des Problems als "Pest", "Viren", "Bazillen", "eitriges Geschwür" (*Zyklon B*: Zyklon B, 1997) etc. dargestellt:
Mit der Lizenz zum Töten ziehen wir dann durch das Land
Dann wird alles Kranke erschlagen und niedergebrannt
(*White Aryan Rebels*: Noten des Hasses, 2000)

"Ausländer" und Linke werden häufig mit der Naturmetapher "Flut" charakterisiert:
Drum stoppt gemeinsam die rote Flut
(*Störkraft*: Terror, 1989)

Schluß mit der Asylantenflut
(*Radikahl*: Flut, 1991)

"Metaphern wie 'Flut' oder 'strömen' wecken Assoziationen von Eigendynamik und unkontrollierbaren Massen. Als Folge davon suggerieren sie eine unaufhaltsame Bedrohung." (Schmied, S. 54) Die Flut-Metapher ist allerdings keine Eigenkreation der Rechtsrocker. "Der Ausdruck stammt aus dem Umfeld der Asyldebatte, wie sie in der Medienöffentlichkeit am Anfang der 90er Jahre geführt wurde. Die Skinheads greifen hier lediglich Elemente aus dem 'gesellschaftlichen Gesamtdiskurs' (Jäger 1995) auf." (Schmied, S. 54) So verwundert es auch nicht weiter, daß zentrale Feindbilder der rechtsextremen Szene mit denen des konservativen Mainstreams und großer Teile der bürgerlichen Mitte identisch sind.

Feindbild Nr. 1: "Ausländer"

Das Feindbild Nr. 1 der rechtsextremen (Musik-)Szene sind "Ausländer": Immerhin jedes fünfte der untersuchten Lieder beschäftigte sich mit ihnen, wobei in den Texten kaum eine Unterscheidung zwischen "Ausländern", "Einwanderern", "Asylanten" und "Schwarzen" gemacht wird. Letztere gelten unter Rechtsrockern als ebenso "undeutsch" wie Juden, die in der Regel als Angehörige eines "fremden Volkes" angesehen werden, das sich bei uns "eingenistet" hat und uns Deutsche nun als Kapitalisten oder durch nicht enden wollende (und ungerechtfertigte) Wiedergutmachungsforderungen gnadenlos ausbeutet.

Das verweist deutlich auf die rassistische Komponente des Feindbildes "Ausländer". Die zweithäufigste Begründung für deren Ablehnung nach der vermuteten Kriminalität ist der Wunsch, die "weiße Rasse" bzw. "deutsche Kultur" nicht mit anderen Kulturen/Rassen zu vermischen:

Im Norden Europas, da gab's mal ein Land
Eine Rasse, die geschlossen ihrem Feind widerstand
Ein Volk, stolz und einig, das zu seinem Land stand
Eine Nation, eine Einheit, Deutschland genannt
Doch das Deutschland von früher, das gibt es nicht mehr
Eine Vielzahl von Rassen kommt von überall her.
(*Commando Pernod*: Deutschland erwache, 1988)

Der Charakter unseres Volkes wird mehr und mehr zerstört
Habt Ihr wirklich vergessen, wer wohin gehört?
Rasse ist ein Reizwort, von dem kaum noch jemand spricht
(*Edelweiß*: Ein bunt gemischtes Völkchen, 1998)

Völkerbrei wird's hier nicht geben
Ihr müßt sterben und wir leben!!!
(*White Aryan Rebels*: Sie leben, 2000)

Dabei handelt es sich offensichtlich um ein generationsübergreifendes Phänomen: Schon 1980 hatten bei einer aufsehenerregenden Studie des Sinus-Instituts knapp vierzig Prozent der wahlberechtigten, also erwachsenen Westdeutschen der These zugestimmt, man müsse "nicht nur unsere Umwelt, sondern auch unsere Rasse rein erhalten". Rassismus, auch und gerade in seiner plumpesten, biologistisch argumentierenden Ausprägung, scheint eine Konstante (nicht nur) deutschen Selbstbewußtseins zu sein. Daran konnten auch die "ethnopluralistischen" Modernisierungsversuche mancher rechtsextremer Vordenker nichts ändern. Zwar textet die *Doitsche Säuferfront* auf ihrem Demo-Tape von 1989 recht modern, "Die Türkei den Türken, aber Deutschland den Deutschen", doch die Zeilen davor machen klar, daß hier lediglich ein gerade aktueller Wahlslogan zur Europawahl angeklatscht wurde:

Türkenpack aus unserer Stadt
Denn wir haben es langsam satt
Schmeißt die Kanaken aus unserem Land
Denn sonst stellen wir sie an die Wand
Kanakenpack, das muß hier weg
Kanaken sind der letzte Dreck
Schmeißt die Bombe auf die Türkei
Dann ist es mit den Kanaken vorbei.
(*Doitsche Säuferfront*, 1989)

Gestern noch im Urwald rumgehopst
Kommt jetzt zu uns das negride Gesocks
Sie dürfen schon in Konzertsälen singen
Es gibt deutsche Idioten, die noch danach springen.
(*Landser*: Raus aus unserem Land, 1993)

Afrika für Affen, Europa für Weiße
Steckt die Affen in ein Klo
Und spült sie weg wie Scheiße
(*Landser*: Afrika-Lied, 1996)

Hängt die Nigger auf und habt kein Erbarmen!
Wir hassen Nigger und auch ihr habt es erfahren
Oder ist es euch neu, daß wir Rassisten sind?
Der Planet ist unser, und die Kaffer müssen schwinden
Wulstlippenträger sind nur noch in Geschichtsbüchern zu finden
(*White Aryan Rebels*: Nigger, 2000)

Der ungezügelte Hass, der aus diesen Texten herausschreit, läßt vermuten, daß die Autoren beim Verfassen ihrer Lyrik kaum an vielleicht noch zu überzeugende Zuhörer gedacht haben, sondern lediglich ihren eigenen Emotionen Luft verschafften. Nur sehr wenige Autoren argumentieren auf der politisch korrekten Linie des modernen Rechtsextremismus, der gerne von "gleichwertigen Kulturen" statt von "Rassen" redet, die erst durch die "Vermischung" minderwertig würden:

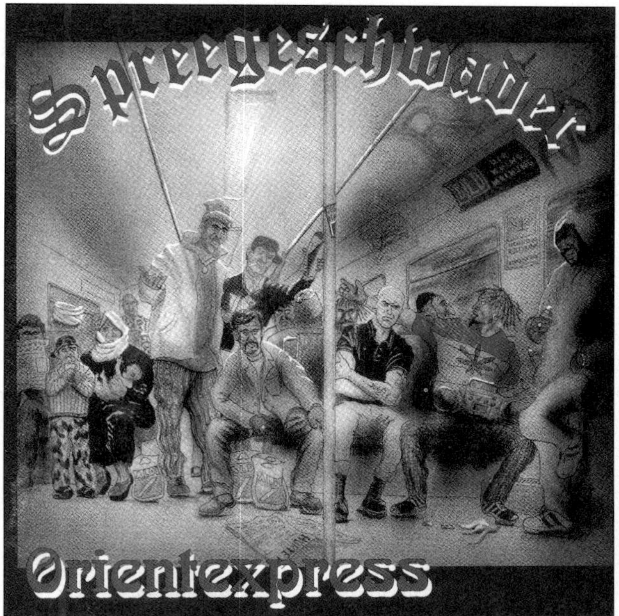

Feindbild Ausländer: *Spreegeschwader*, "Orientexpress" (1998)

Keiner denkt darüber nach, was könnte passieren
Völker zu vermischen, neue Wege zu diktieren
Die Hoffnung zerstören auf ein freies Leben
Kulturen zu vernichten, das ist ihr Streben.
(*Senfheads*: Maastrichter Diktat, 1997)

Nicht nur Deutschland kämpft um's Überleben
Deshalb sollten wir gemeinsam streben
Gegen den EG-Einheitsbrei
Daß jedes Land bleibt stolz und frei.
Britain for the British, France aux Francais
Die Schweiz den Schweizern, und Deutschland gehört uns.
Jedes Land hat seine eigene Kultur
Und so soll es bleiben, hallt unser Schwur
Wir wollen friedlich nebeneinander leben
Nie mehr soll es Bruderkriege geben.
(*Foierstoss*: Europa, 1996)

Anders als die intellektuelle Rechte, die mit moderneren und moderater klingenden Konzepten den Anschluß an den gesellschaftlichen Mainstream zu knüpfen versucht, schreit ein Großteil der Rechtsrocker seinen Haß weiterhin unverblümt hinaus:

Eine türkische Stadt auf deutschem Boden
Millionen Fremde, die sich hier austoben
Wie soll ich denn das meinen Kindern erklären
Daß wir Deutschen so blöd sind und uns selber zerstören
Multi-Kulti-Terror, Kriminalität
Eine sterbende Stadt, es ist schon fast zu spät
Meint Ihr nicht auch, daß es langsam reicht
Macht ganz Kreuzberg dem Erdboden gleich
Ref: Eine Division nach Kreuzberg
Eine Division in schwarz
Keine Gnade mehr für Kreuzberg, keine Gnade
Eine Division, und das war's
Wir brauchen sie wieder, das ist kein Witz
Die Jungs in schwarz mit dem doppelten Blitz
(*Stahlgewitter*: Schwarze Division, 1998)

Werden überhaupt "sachliche" Begründungen für den Ausländerhaß gegeben, was nur in etwa einem Viertel der gegen "Ausländer" gerichteten Liedtexte für notwendig befunden wird, so sind diese oft simpler Natur und speisen sich zumeist aus einer Mischung aus Überfremdungsphantasien, Ängsten und Neidgefühlen:

Viele Menschen anderer Völker
Nisten sich in Deutschland ein
Sie haben unzählige Kinder
Doch deutsches Eheglück bleibt klein
Die Leute sind hier zu bequem, um sich Kinder anzuschaffen
Ein Kind macht Arbeit, Geld bringt's nicht
Es stört beim Geldzusammenraffen
Ob Drogendealer, ob Diebesbanden oder Arbeitslosigkeit
Es gibt keinen Grund, sich nicht zu mehren
Denn sonst kommt nie unsere Zeit
Wir müssen die Zukunft unserer Kinder sichern und gestalten
Wir müssen es tun, um unsere Art zu erhalten!
(*Staatsfeind*: Unsere Kinder, 1998)

Vier zentrale Argumentationslinien tauchen immer wieder auf:

1. "Ausländer" sind kriminell, vor allem als Dealer, Vergewaltiger und Zuhälter:

Wenn die Sonne untergeht in diesem Land
Reiben sich Verbrecher ihre Hand
Frauen, die vergewaltigt werden
Mord und Totschlag – die Hölle auf Erden
Kinderstrich und Drogentote
Da hilft kein Gesetz und keine Verbote
Aus allen Richtungen strömen sie herein
Doch wir sagen: NEIN!
Stoppt sie! Raus aus unserem Land!
(*Sturmwehr*: Stoppt sie, 1996)

Erinnerst du dich noch vor vielen Jahren
Als noch bessere Zeiten waren
Man konnte noch auf die Straßen gehen
Ohne gleich dieses Elend zu sehen
Mörder, Räuber und auch Dealer

Vor ihnen ist fast keiner mehr sicher.
Sichere Straßen und sichere Städte
Wie jeder von uns sie jetzt schon gern hätte
Keine Banden mehr, die durch die Straßen ziehen
Und kein Bürger mehr muß vor ihnen fliehen
(*Oidoxie*: Ewig siegen, 1998)
Du kommst aus dem Ausland, bringst den Tod mit herein
Du verführst zu harten Drogen, Du Dealerschwein!
Du bist hier fremd, tötest deutsche Kinder
Du machst sie süchtig, sie werden immer blinder.
Du Mörder! Du Schwein!
Du Mörder! Verdammtes Schwein!
(*Sturmgesang*: Mörder, 1993)

Sie bringen für die deutsche Jugend
Rauschgift in das Land
Beantragen erst einmal Asyl
Und werden niemals anerkannt.
Durch ihre Drogen müssen deutsche Mädchen auf den Strich
Es ist ihnen total egal
Denn Menschenleben interessieren sie nicht.
Deutschland schütze deine Kinder
Wir müssen sie aus ihren Fängen reißen
Deutschland schütze deine Kinder
Mörder bringen Drogen für die Weißen.
(*Endstufe*: Schütze Deine Kinder, 1994)

Die komplexen Ursachen von Drogenkriminalität und Suchtverhalten interessieren nicht, das Problem wird rein rassistisch interpretiert. "Normalerweise müßte jeder was gegen drogendealende Türken haben, denn sie machen den Deutschen das Leben zur Hölle", erklärt der Textautor Jens Brandt im Interview mit dem rechten Fanzine *Clockwork Orange* (Nr. 23, S. 19). Die Frage, wer das Drogengeschäft machen würde, wenn es praktischerweise keine "Ausländer" gäbe, stellt sich den Rechtsrockern nicht.

2. "Ausländer" bedrohen unsere Frauen:
Frauen vergewaltigt von schwarzen Schwänzen
Doch die Politiker öffnen weiterhin die Grenzen.
(*Brutale Haie*: Ausländer raus, 1992)

Hände weg von unseren Frauen
Sonst müssen wir euch Ausländern aufs Maul hauen
Denn wir sind Skins aus dem hohen Norden
Wir können es unseren Frauen auch selbst besorgen.
(*Kraftschlag*: Unser Land, 1992)
Er schaut dich an wie ein wildes Tier
Deine weiße Haut steigert seine Gier
Deutsches Mädchen, weiß und wunderbar
Deutsches Mädchen, du bist in Gefahr
Er hat weder Ehre noch besitzt er Moral
Er denkt über dich schmutzig und brutal
Er nimmt dir deine Unschuld und schändet dein Blut
Drum gib auf dich acht und sei auf der Hut
Doch verliere nicht den Mut, denn du bist nicht allein
Deutsche Skinheads werden deine Retter sein
Wir halten über dich schützend unsere Hand
Und jagen die Bestie aus dem Land.
(*Oithanasie*: Bestie, 1993)

"Unsere Frauen" müssen vor den gierigen Wilden geschützt werden, ob sie es nun wollen oder nicht:
Schon lange kann ich es nicht mehr sehen
Wie sie uns unsere Frauen wegnehmen
Ich kann es zwar verstehen
Daß sie sich nach unseren Frauen sehnen
Doch ist das kein Grund hierzubleiben
Deshalb möchten wir sie von hier vertreiben.
Sie schnappen sich die deutschen Frauen
Dafür könnte ich ihnen die Fresse einhauen
So kann das nicht mehr weitergehen
Sonst muß unser Deutschland untergehen.
(*Legion Condor*: Ausländer raus, 1991)

3. "Ausländer" leben, von Staat und Wirtschaft bevorzugt, auf unsere Kosten (als Flüchtlinge, Sozialhilfe- oder Arbeitslosengeldempfänger); sie schwelgen im Luxus und brauchen dafür nicht einmal zu arbeiten:
Wohnungsgelder, Arbeitsplatz
Bevorzugt werden sie in jedem Satz
Unser Recht, das steht schon längst in Frage.
(*Werwolf*: Volk steh auf, 1990)

4. "Ausländer" nehmen uns Arbeitsplätze weg:
Sie ziehen hierher, um uns die Arbeit zu klauen
Sie sind viel zu faul, in ihrem Land was aufzubauen
(*Brutale Haie*: Ausländer raus, 1992)
"Ausländer" nehmen uns die Arbeitsplätze weg, sind aber gleichzeitig zu faul zum Arbeiten:
Parasiten, das sind sie
Arbeiten, das wollen sie nie
Unsere Gelder nehmen sie gern
Bald sind Asylanten unsere Herrn.
(*Stuka*: Parasiten, 1992)

Der Konstanzer Sozialwissenschaftler Joachim Kersten hat in seiner Studie zu rechten Skinheads diese Widersprüchlichkeit des "Feindbildes Ausländer" analysiert: "Der Ausländer ist faul, arbeitsscheu, schnorrt Sozialhilfe, aber gleichzeitig arbeitet er Tag und Nacht und nimmt anständigen weißen Männern die Arbeit weg. Er wird als schmuddelig, geil und unverschämt frech dargestellt. Er reißt sich aber auch am Riemen und hält sich aus allem raus. Er ist homosexuell und gleichzeitig immer hinter weißen Frauen her. Er gilt als wohlhabend, versteckt aber seinen Reichtum und ist geizig: 'Kurz, er ist ein knauseriger Verschwender, ein in sich gekehrter, zurückgezogener, großtuerischer Angeber, ein völlig ungezügelter heterosexueller Homosexueller, ein Wohlfahrtsschmarotzer, der laufend Nachtschichten macht, ein Lustmolch, dessen exotische Religion jegliche Sexualität untersagt, ein arbeitsscheuer Drückeberger, stark wie ein Ochse, der mit Vergnügen die letzten Drecksarbeiten verrichtet, über die ein weißer Mann nur noch lachen würde' (Geoff Pearson)." Für Kersten haben diese "Feindbildkonstruktionen" eine zentrale Bedeutung besonders für marginalisierte oder anderweitig verunsicherte Männer: "Die Abgrenzung von anderen Männlichkeiten (den 'Feinden') und die Strategien zur Rechtfertigung der eigenen Aggressivität und Härte soll randständige junge Männer als Beschützer der Gemeinschaft und der 'eigenen' Frauen auszeichnen und somit gemeinschaftsfähig machen."[26]

Feindbild Nr. 2: Linke

"Linke" ("Chaoten", "Autonome", "Zecken") sind das Feindbild Nr. 2 des Rechtsrock, darunter interessanterweise selbst zwölf Jahre nach der Kapitulation des realen Sozialismus auf deutschem und sowjetischem Boden immer noch häufig, als wäre die Mauer nie zusammengebrochen, "der Kommunismus" bzw. "die Kommunisten".

Im Mittelpunkt der Haßgesänge stehen gleichaltrige linke Jugendliche und deren Szenen, neben "Antifas" und "Autonomen" vor allem Punks, die besonders besessen gehaßt und offen angegriffen werden:
Dunkelheit auf Deutschlands Straßen
Wenn die linken Zecken schlafen
Ziehen wir uns den Fusel rein

Treten alles kurz und klein
Nur noch Schutt und Asche bleibt
Wo einst die Hafenstraße war
Und Samstag abend geht es rund
Punkerklatschen ist gesund
Unser Trupp zieht Richtung Reeperbahn
Und dann sind die Anarchos dran.
(*Kraftschlag*: Du bist stolz, 1992)

Sein Kiefer zersplittert durch die Doc's-Stahlkappen
Jetzt noch 'nen Eiertritt, und dann liegt er auf der Matte
Er blutet aus dem Schädel und bewegt sich noch
Dann tret ich noch mal rein mit meinen 14-Loch.
(*Kraftschlag:* Scheiß Punks, 1992)

Doch plötzlich kommen zwei Zecken auf mich zu
Zwei Tritte in die Schnauze, dann ist Ruh'
Sie liegen da in ihrem eig'nen Blut
Ich muss euch sagen, dieser Anblick tut mir gut.
(*Zillertaler Türkenjäger*: Kreuzberger Nächte, 1997)

Punks werden grundsätzlich als "links", "dreckig", "asozial" und drogenabhängig dargestellt:

Leben von Drogen, haben nie Geld
Sind stinkfaul, zerstören unsere Welt
(*Sturmgesang*: Punks, 1993)

Du hast bunte Haare, Marx ist dein Idol
Drogen sind dein ganzes Leben
Dafür wirst du alles geben
(*Freibeuter*: Punk, 1996)

No Future auf deiner Schmuddeljacke steht
Doch dein Leben ist nur von Faulheit geprägt
Stets besoffen und zugekifft
Wenn man euch nicht sieht
Doch schon von weitem riecht

Feindbild Linke: *Sturmwehr*, "Zerschlagt den Terror" (2001)

Wir hassen euch
Denn ihr seid nur Abschaum und Dreck
Wir hassen euch
Denn ihr seid nur linke Parasiten.
(*Senfheads*: Linke Parasiten, 1997)

In meine Klasse ging 'ne Punkerin
Die so schön gestunken hat
Ihre Haare waren so fettig
Und mit Läusen übersät
Die Klamotten alt und dreckig
Und keiner war da, wo sie steht.
Hey, Du scheiß Zecke – Verrecke!
(*Leitwolf*: Verrecke!, 1998)

Mit ähnlichen Assoziationen werden auch "Hippies" bedacht, die erstaunlicherweise immer wieder mal in den Rechtsrockgesängen auftauchen, obwohl sie im realen Leben kaum noch existent sind. "Hippies" stehen für verweichlichte Männlichkeit, androgyne Jugend:
Wir trinken einen Magentee
Und fühlen uns wattewohl dabei
(*AEG*: Hippies, 1994)
Sie sind aber auch Linke:
Wir sind Lenins letzter Wille
Warum wurden wir geboren?
(*AEG*: Hippies, 1994)
und werden wie die Punks und alle anderen nicht-rechten Jugendkulturen und progressiven Szenen mit Drogen assoziiert:
In der Blutbahn rauscht der Schnee
Gedanken zäh wie Brei.
(*AEG*: Hippies, 1994)

Und bezüglich Drogen verstehen Rechtsrocker, wie wir gesehen haben, keinen Spaß.

Feindbild Nr. 3: der Staat

Die Haltung der rechtsextremen Szene zum Staat ist ambivalent. Anders als die linksautonome Szene sind die Rechten keine grundsätzlichen Staats-Gegner, im Gegenteil: Sie sehnen sich geradezu nach einem machtvollen, autoritären Staat. Ein Umstand, der immer wieder bei Demonstrationen zu beobachten ist und auch zum Teil die sehr unterschiedlichen Einstellungen und Verhaltensweisen vieler Polizisten gegenüber linken und rechten Szene-Angehörigen erklärt: Während linksautonome Demonstranten in der Regel keinen Hehl daraus machen, daß die Polizei als Institution des Staates für sie ein prinzipielles Feindbild darstellt, verhalten sich rechtsextreme Demonstranten gegenüber den Polizeikräften deutlich devoter, ihre Führer sind jederzeit zur "Kooperation" bereit. Aggressive Angriffe von Rechtsextremisten auf Polizeibeamte sind selten. Nicht wenige Rechte träum(t)en zumindest in jüngeren Jahren selbst davon, beruflich bei der Polizei oder dem Bundesgrenzschutz zu landen.

Staatsfeind, "Widerstand" (1997)

Allerdings haben die staatlichen Repressionswellen gegen die rechte Szene seit 1992/93 die feindliche Haltung vieler Rechtsextremer zumindest gegenüber *diesem* Staat deutlich gesteigert[27]. Die Rechten sehen sich als Opfer einer linken Verschwörung:

Von links bis zur Mitte ist jeder 'normal'
Wer rechts davon steht, ist 'rechtsradikal'
Man stempelt ihn ab zum 'Rechtsextremisten'
Und damit gleich zum Rechts-Terroristen
Die 'Linksautonomen' und die 'Antifa-Leute'
Sind gerngesehene Staatsbürger heute.
(*08/15*: Volkszertreter, 1995)

Das Grundgesetz bietet freie Meinungsäußerung
Nur weil ich stolzer Deutscher bin
Brecht ihr die Verfassung.
(*Staatsfeind*: Widerstand 1996)

klagen Rechte-Szene-Angehörige immer wieder über eine Ungleichbehandlung zwischen ihrer und der linken Szene. Gleichzeitig lehnen sie aber eine liberale, an menschlichen Grundrechten orientierte Demokratie als Gesellschaftssystem vehement ab. Wenn die Gelsenkirchener Rechtsrocker *Sturmwehr* texten:

Wir scheißen auf eure Demokratie
Meinungsfreiheit gab es hier noch nie
(*Sturmwehr*: Wir sind noch da, 1998),

fordern sie lediglich polemisch etwas ein, was sie in der Realität nie haben möchten – Meinungsfreiheit für alle.

Feindbild Staat: *Holsteiner Jungs*, "Polizeistaat 2000" (2000)

So beklagt *Sturmwehr* erneut auf ihrem 2000er Album die Einschränkung *ihrer* Meinungsfreiheit:

Wegen deiner Meinung inhaftiert
Gedanken wurden zensiert
Wo bleibt dein Recht auf freie Meinungsäußerung
Hinter Mauern und Stacheldraht
Verurteilt von diesem sogenannten Rechtsstaat
Weil du sagtest, was du dachtest.
Andersdenkende laßt ihr im Knast verrecken
Wo ist eure Toleranz, ich frage mich wo
(*Sturmwehr*: Freiheit, 2000),

um jedoch im gleichen Atemzug mehr Repression gegen Linke zu fordern:

Zerschlagt den Terror der Roten
Sie gehören inhaftiert oder verboten
(*Sturmwehr*: Zerschlagt den Terror, 2000)

Die in der Tat massive Erfahrung mit staatlicher Zensur führte nicht dazu, daß die Betroffenen entsprechende Maßnahmen prinzipiell ablehnen. Sie wollen sie nur auf ihre eigenen Gegner angewandt wissen:

Kommunisten aller Parteien
Ihr müßtet schon längst verboten sein.
(*Werwolf*: Unser Land, 1991)

Punks gehören in den Knast
Weil jeder Zecken haßt.
(*Sturmgesang*: Punks, 1993)
Symbole, Fahnen und Parteien verboten
Nationalisten werden unterdrückt
Meinungsfreiheit faktisch ausgeschaltet

klagt auch *Foierstoss* (Wir sind bereit, 1996), um gleich im nächsten Song zu fordern:

Habt ihr's denn noch nicht kapiert
Daß ein Linker in den Knast gehört.
(*Foierstoss*: 1. Mai, 1996)

So sind die Tiraden gegen Zensur nur taktischer Natur, keine grundsätzlichen Ansichten über Freiheitsrechte in einem demokratischen Staat.

Auch rüdeste Umgangsformen, anti-bürgerliches Outfit und radikale Formulierungen eines Teils der Szene können nicht darüber hinwegtäuschen, daß sich das Selbstbild zahlreicher Rechtsrocker im Laufe der letzten zehn Jahre vom Rebellen gegen die Obrigkeit in das eines staatstragenden Spießers gewandelt hat. Ihre Feindbilder sind weitgehend mit denen des konservativen Mainstreams identisch: Drogenabhängige wie Drogendealer, Einwanderer und Asylsuchende, Punks und Homosexuelle, Obdachlose und (manchmal sogar deutsche) Arbeitslose, die "uns", den Steuerzahlern, auf der Tasche liegen. Die Rechtsextremen sind nicht fundamentalistische Außenseiter der Gesellschaft, sondern die gewalttätige Avantgarde der Spießer. Rechtsaußen werden die Ressentiments allerdings entscheidend radikalisiert, sowohl in den Zielen, als auch in den Methoden: Brennende Asylbewerberheime statt Abschiebungen, antisemitische Verschwörungstheorie und Rassenwahn statt "Leitkultur" und Walser-Rede.

Der kleinbürgerlichen Grundhaltung der Szene steht derlei allerdings nicht im Wege. Oft sind die Übereinstimmungen in den Texten mit "Stammtischgerede" bemerkenswert:

Schalt' ich den Fernseher ein, seh' ich in der Tagesschau
Chaoten und Asylanten und Schwarzarbeit auf dem Bau
Die Bullen lassen sich niederschießen
Und die Grünen stehen voll darauf.
(*Noie Werte*: Mein Land, 1990)

Besonders ausgeprägt schlägt sich diese Haltung nieder, wenn die Rechtsrocker sich dem Thema Kriminalität widmen. Und dies tun sie häufig, bietet sich hier doch eine hervorragende Möglichkeit, ihre Feindbilder anzuprangern.

Obwohl bis heute mindestens zwanzig Rechtsrock-Musiker und Hunderte ihrer Fans und Kameraden wegen rechtsextremer Gewalttaten, aber auch "normaler" krimineller Delikte, vom Mord am eigenen Kameraden über Bankraub und Vergewaltigung bis zum Drogenhandel, verurteilt wurden, werden die Täter aus den eigenen Reihen allerdings nur äußerst selten benannt, und dann auch zumeist erst, wenn sie die Szene bereits verlassen – "verraten" – haben:

Du warst in unseren Reihen, an unserer Seite
Du warst ein Kamerad und Freund
Wir waren wie Brüder, Hand in Hand
Wir waren stolz vereint.
Unsere Freundschaft endete mit Verrat
Denn Du hast uns belogen
Du hast uns verraten, verkauft und verarscht
Durch Lügen in den Dreck gezogen.
Du stehst an der Ecke und wartest auf Opfer
Deine Taschen sind voll Drogen und voll Shit
Du gehst mit der Spritze über Leichen
Deine Opfer werden täglich mehr

Jugendliche machst Du süchtig
Sie geben ihr Leben her.
Doch Deine Tage sind gezählt, denn wir stellen Dir nach!
Versteck Dich nicht, denn wir kriegen Dich!
(*Sturmtrupp*: Wir kriegen Dich, 1998)

Das totale Ausblenden der zum Teil hohen eigenen kriminellen Energie und das Abschieben von Kriminalität auf Fremde als Täter ermöglicht Forderungen nach hartem Durchgreifen. Vor allem beim rechten Trendthema sexueller Mißbrauch wird die Wiedereinführung der Todesstrafe gefordert:

Ja, er meint, er wär cool
Soll er doch auf'n elektrischen Stuhl.
(*Werwolf*: Spielplatzmörder, 1991)

Er nahm sich das Recht zu töten
Gebt ihm nicht das Recht weiterzuleben.
(*Wotan*: Kindermörder, 1992)

Diese Tiere dürfen nicht weiterleben
Sie haben das Recht zu leben schon lange vergeben.
(*Schlachtruf*: Perverse Schweine, 1998)

Da der Staat aber scheinbar nichts tut, müssen die Rechten das als Avantgarde des "Volkszorns" erledigen:

Die Ausländerschweine vergewaltigen uns're Frau'n
Dabei wollen wir nicht tatenlos zuschau'n
Es ist Zeit, es ist Zeit, es muß etwas geschehen
Es ist Zeit, es ist Zeit, wir wollen Taten sehen!

Die Politiker und ihr sinnloses Geschwätz führen zu nichts
Wir müssen handeln, und zwar jetzt!
(*Sturmtruppen*: Es ist Zeit, 1988)

Wir sind die Richter der Straße
Und ihr blutiges Gesetz
Es wird gnadenlos gejagt
Der, der Recht verletzt.
(*Volkszorn*: Stiefel auf Asphalt, 1994)

Feindbild Christen

Im Zuge des Odin-Kultes geriet auch das Christentum ins Blickfeld der Rechtsrocker:
Ich glaube nicht an Jesus Christus
Weil der mir nicht geheuer ist
Denn Christentum und Religion
Ist Dumpfheit und Inquisition
Ich komm nicht vom gelobten Land
Bin nicht beschnitten und verbannt
Auch Satan wird mich niemals führen
Nur Wotan öffnet mir die Türen
(*Staatsfeind*: Wotan, 1996)

Zum Teil stimmen die Vorwürfe gegenüber den christlichen Institutionen mit denen progressiver Kirchenkritiker überein:
Wer den Reichen nichts nimmt, kann den Armen nichts geben
Wir wollen ihn nicht, euren falschen Segen
Glaubt ihr, früher mußte einer für seinen Glauben zahlen
Heute Kirchensteuern für die nächsten Wahlen
Die Masse lebt von der Hand in den Mund
Nennt mir dafür doch mal einen Grund
Der Glaube an Gott fällt mir schwer
Für mich existiert er nicht mehr.
(*Boots Brothers*: Lügen, die zum Himmel stinken, 1997)

Beim Anblick eurer Symbole überkommt mich Hass und Wut
Ein Kreuz hat nur die Macht in Feuerschein und Aschenglut
Mit eurem kranken Glauben habt ihr einst Kulturen zerstört
Die Menschen, die ihr ermordet habt, haben nicht auf euren Gott gehört
Mit einem Gewand bestickt mit Lügen habt ihr die Menschen wie die Pest bedeckt
Oder habt ihr damals ganz falsch behauptet, wir haben fremde Welten entdeckt.
(*Volkstroi*: Vater Odin, 1998)

Im Kern der Kritik geht es jedoch darum, daß das Christentum – eine Importreligion aus dem Orient – die "nordischen" Wurzeln Europas zerstörte:
Sein nordisches Reich wurde mehr und mehr
Vom Christentum überrannt
Und die letzten Krieger Thor und Odins

Immer weiter nach Norden verbannt.
(*Kraftschlag*: Der letzte Wikinger, 1997)

Die Wikinger kämpften schon vor 2000 Jahren
Für ihren Stamm und ihre Vorfahren
Die Christianisierung und der ganze Justus Dreck
Rotteten die Wikinger aus und alles fiel in den Dreck.
(*Schlachtruf*: Wikinger, 1995)

Der Schritt vom Anti-Christentum zum Antisemitismus ist im Kontext der rechtsextremen Szene nicht groß. "So ist das Christentum ein Werkzeug der Auserwählten (damit sind Juden gemeint, d. A.), die unser Volk zu beherrschen gedenken", erklärt die Band *Staatsfeind* im Interview mit dem Fanzine *Der Ruf nach Freiheit*[28]. Auch das Fanzine *Der Förderturm* hält das "Christentum in seiner heutigen Form" für ein "Instrument der Errichtung der jüdischen Weltherrschaft durch Schwächung der arischen Völker mittels geistlicher umhüllter Toleranz und Feigheit", weist aber immerhin darauf hin, daß es auch Kreise gebe, die Jesus für einen "frühen Kämpfer gegen die jüdische Plutokratie" halten[29]:
Wir wollen euren Jesus nicht, das alte Judenschwein
Denn zu Kreuze kriechen, kann nichts für Arier sein
Walvater Wotan soll unser Herrgott sein
Walvater Wotan wird Germanien befrei'n
(*Landser*: Walvater Wotan, 1996)
heißt es unverblümt bei der Berliner NS-Band *Landser*.

Teil III: Die Ökonomie des Hasses

Ihr macht Musik nur für Geld
Egal, ob die Mucke euch auch gefällt
Skinheads sind für euch nur hohle Spinner
Aber unser Geld, ja, das nehmt ihr immer.
(*Endstufe*: Oi! Oi! Oi!, 2000)

Rechtsrock erreicht seine Konsumenten auf verschiedenen Wegen:

1. Läden

Rechtsrock-CDs bekommt man nicht in "normalen" Plattenläden oder Kaufhäusern, sondern fast ausschließlich in Tattoo-Studios, Militaria-, Mode- und Plattenläden, die ohnehin auf ein rechtes oder zumindest gewaltaktives, subkulturelles Publikum spezialisiert sind – vielleicht 60 bis 80 davon dürften derzeit in Deutschland existieren. Die meisten führen vor allem die härteren Rechtsrock-Produktionen nur unter der Ladentheke; das heißt, der potentielle Kunde muß gezielt nachfragen, Unbekannte oder szene-fremd wirkende Interessenten bekommen häufig abschlägige Antworten. Nur ein verschwindend geringer Anteil der rechtsextremen Tonträger dürfte also über diesen Vertriebsweg seine Hörer erreichen.

2. Handverkauf

Vor allem bei Konzerten und anderen Szeneveranstaltungen werden auf Infotischen oder auch schlicht aus der Plastiktüte CDs verkauft. Umsatzzahlen in diesem Bereich sind schwer bis unmöglich zu bestimmen. In einem Artikel mit der bezeichnenden Überschrift "Rechte machen Kasse" im einflußreichen Nürnberger Neonazi-Fanzine *Landser*, in dem es um die aus Sicht des Verfassers überteuerten Standmieten bei Konzerten geht, heißt es: "Wenn ein großer CD-Versand am Abend über 5000 DM Umsatz macht – was ihnen vergönnt sei und auch keine Seltenheit ist, sondern eher die Regel – sind 200 DM angemessener als bei einigen 'fliegenden T-Shirt oder Fanzine-Händlern', die gerade mal selbst mit 200 DM nach Hause gehen."[30]

Typisch ist aber auch der Kameradschaftsführer, der den Nachwuchs mit CDs versorgt – und so die eine oder andere Mark für sich selbst beiseite schaffen kann. Es handelt sich hier um eine Form der "Freundschaftsökonomie" – man kauft bei Mitgliedern des eigenen Freundeskreises oder der eigenen politischen Gruppe, weil man die ja schon immer kannte und einem "Kumpel" auch einen Gefallen tun will.

3. Der legale Versandhandel

Einen wesentlichen Teil des Marktes macht der Versandhandel aus. In der Bundesrepublik existieren über fünfzig rechtsextreme Versandunternehmen, die von rechtsextremen CDs über Aufnäher und andere Devotionalien bis hin zu Kleidungsstücken den rechtsextremen Markt bedienen. Eine genaue Zahl der Versände, die häufig am Rande der Legalität agieren, läßt sich nur schwer bestimmen, da die Fluktuation hoch ist. Immer wieder verschwinden Versände von der Bildoberfläche, nachdem sie Polizeirazzien über sich ergehen lassen mußten, was nicht selten zum Bankrott solcher Unternehmen führt. Häufig folgt auf eine Durchsuchung des Lagers nämlich nicht nur die Beschlagnahmung von indizierten oder mit Beschlagnahmebeschluß belegten Tonträgern, sondern des kompletten Lagers. Die Rückgabe läßt dann oft Wochen oder Monate auf sich warten mit dem Ergebnis, daß der Händler nicht mehr liefern kann und Kunden verliert (sofern er überhaupt noch im Besitz seiner Kundenliste ist und nicht die einzige Datei bei der Polizei liegt). Regelmäßig erscheinen neue Versände auf der Bildfläche, am Anfang der Geschäftstätigkeit häufig reine Feierabendunternehmen, deren Gründung mitunter eher aus der Not geboren ist. So berichtet ein Bandmitglied der Gruppe *Leitwolf* in einem Interview mit dem *Blood & Honour*-Magazin[31]: "Es kam mit dem Versand dazu, als ein Langenfelder Produzent (gemeint ist Torsten Lemmer, d. A.) seine Schulden bei uns mit CDs bezahlen wollte. Na ja, und diese mußten wir ja irgendwie wieder loswerden und so weitete es sich immer weiter aus, bis schließlich das 'Nordklang Imperium' (HaHaHa) entstanden ist!" Was für die Vertriebe gilt, ist natürlich auch bei den Labels nicht anders: "Mit dem Label verlief es ähnlich, wir wollten nicht wieder mit CDs bezahlt werden und so produzierten wir die neue *Leitwolf* selber." Das (Über-)Angebot an Szeneversänden wurde im *Blood & Honour*-Magazin geradezu hämisch kommentiert: "Es hat den Anschein, daß jeder, der keine Lust mehr zum Arbeiten hat, einen Versand oder ein Label oder Beides gründet, nur um sich an der Gutgläubigkeit der Konsumenten zu bereichern!!!"[32]

Die Kleinunternehmerklientel, die die Versände betreibt, rekrutiert sich im Regelfall aus Szenekreisen, verfügt nur selten über die nötigen betriebswirtschaftlichen Kenntnisse, um auch mittel- bis langfristig ein Unternehmen gewinnträchtig oder auch nur kostendeckend führen zu können, von der nötigen Disziplin bei der Arbeit ganz zu schweigen. Wenn doch einmal kurzfristig höhere Gewinne erzielt werden, ist es eher unüblich, diese zu reinvestieren – statt dessen wird ein überteuerter Lebensstil gepflegt, Ankauf eines prestigeträchtigen Autos zum Beispiel.

Nur wenige Firmen verfügen über einen professionell und regelmäßig erneuerten Internetauftritt. Bestellungen werden manchmal erst nach Wochen bearbeitet, E-Mails nicht beantwortet. NS 88 (Blood & Honour-nahes Label sowie Vertrieb für neonazistische Musik) war jahrelang dafür berüchtigt, trotz Vorkasse nicht zu liefern[33]. Der Wikingerversand aus Geiselhöring war im Sommer 2001 über Wochen hinweg nicht in der Lage, den angekündigten Katalog in der gewünschten Menge auszuliefern – man hatte sich bei der Auflage verkalkuliert und konnte nicht schnell genug nachdrucken lassen.

Es ist davon auszugehen, daß seit 1998 nur wenige Versände über längere Zeit hinweg einen wirklich relevanten Gewinn erzielten. Und das, obwohl die potentielle Gewinnspanne enorm hoch ist. Die CDs werden im Regelfall für rund 30,- DM verkauft, bei Herstellungskosten zwischen zwei und fünf DM inklusive Cover, Booklet und Hülle je nach Auflage und Qualität bleibt da Einiges 'hängen', besonders, wenn der Hersteller wie üblich zugleich einen größeren Teil der Auflage ohne weitere Zwischenhändler selbst an die Einzelkunden ausliefert. Immer wieder wurden bei Aktivisten der Szene bei Hausdurchsuchungen von der Polizei größere Mengen an CDs beschlagnahmt oder hohe Geldbeträge gefunden. Bei einer Durchsuchung in den Räumen eines Unternehmens in Halle und Weimar im August 2000 wurden von der Polizei u. a.

6.400 CDs und 30.000 CD-Cover sichergestellt, zumeist mit strafbaren Inhalten[34]. Bei "großen" Versänden ist ein riesiges Angebot typisch. Der Nordversand, der Wikingerversand und Pühses Liste etwa haben je ca. 600 verschiedene CDs im Angebot, was hohe Investitionen voraussetzt.

Die Gewinne sind Gegenstand von ständigen Streitereien, zum Beispiel bei Blood & Honour: "Nach neueren Quellen trat 1999 ein Großteil der sächsischen Blood & Honour-Mitglieder aus und nahm einen nicht unwesentlichen Teil der Infrastruktur mit. Vorausgegangen waren Querelen um Movement Records (MR) aus Wilsdruff, zeitweise eines der Blood & Honour-Vorzeigelabels, welchem die Berechtigung entzogen wurde, 'sich weiterhin als Label dieser Bewegung zu bezeichnen'. Der Grund: 'Der BH-Bewegung (ist größer als die Sektion Sachsen) sind noch keine Beträge aus dem Geschäft der Firma MR zugegangen.'"[35] Auch wenn die Gewinnspannen der Versände und Labels nicht so groß sind, wie von manchen ExpertInnen angenommen, so sorgen sie dennoch zumindest dafür, die berufliche Existenz von Neonazi-Kadern abzusichern. Auf diese Weise können auch Neonazis, die noch nicht vom Verfassungsschutz finanziert werden, während der normalen Arbeitszeit ihre Szene-Kontakte pflegen und ausbauen.

CDs, deren Verkauf in Deutschland strafbar ist, werden von der deutschen Szene über Vertriebe im Ausland bezogen. Besonders bedeutsam sind in diesem Zusammenhang mehrere US-amerikanische Label bzw. Vertriebe: Panzerfaust Records und Resistance Records, aber auch Celtic Moon, der NS 88-Nachfolger in Dänemark. Anzeigen dieser Firmen werden regelmäßig in den wichtigen deutschen Fanzines geschaltet. In einschlägigen Internetforen werden dabei Tips ausgetauscht, wie man dort bestellt, ohne daß die Post Briefe abfangen kann. Bezogen werden über diese Label alle möglichen in Deutschland indizierten bzw. mit Beschlagnahmebeschluß belegten CDs. Um die deutsche Post daran zu hindern, Briefe bzw. Pakete abzufangen, verschicken diese Label die CDs immer häufiger ohne Plastikhüllen und mit wechselnden Absendern. So gibt es beim Betrachten der Pakete von außen keine Anhaltspunkte mehr auf den Versand von in Deutschland illegalen Neonazi-CDs.

4. Der illegale Markt

Vor allem Jugendliche haben immer schon für den privaten Gebrauch Musik überspielt, aus schlichtem Mangel an Geld. Die Verbreitung auf diesem Weg ist sowohl für den Staat als auch für die Produzenten vollkommen unkontrollierbar: Es gibt einfach zu viele, die an der Verbreitung beteiligt sind. Insbesondere gibt es keine zentralen Händler oder Vertriebswege. Anders wäre auch nicht zu erklären, daß Jugendliche, die über keinerlei Kontakte zu Aktivisten der rechten Szene verfügen, Zugriff auf diese Musik haben. Regelmäßig in den letzten Jahren wurden von der Szene Aufrufe gestartet, um das weitverbreitete Schwarzbrennen von CDs einzudämmen. So veröffentlichte z. B. ein Label und Versand mit dem Namen Thule-Records im Internet einen Aufruf:

Welche Schäden verursachen gebrannte CDs?

Der Thule Multimedia Verlag initiiert – aufgrund des fehlenden Bewußtseins der Öffentlichkeit für den durch gebrannte CDs verursachten Schaden – die Kampagne "Bootleg – Hände weg!", die auch von Künstlern des musikalischen Bereichs unterstützt wird.

Die Kampagne "Bootleg – Hände weg!" ist ein Appell, der sich an gewissenhafte Musikliebhaber richtet. Hier geht es nicht um jene, die aus Gründen der Sicherheit eine erworbene Original-CD kopieren, um sie unterwegs hören zu können und befürchten müssen, dass diese zerstört werden oder abhanden kommen könnte. Vielen ist ihr Handeln und die daraus resultierenden Folgen in der gesamten Tragweite nicht bewusst, wenn sie mal eben für einen oder mehrere Freunde CDs brennen oder Lieder als MP3s im Weltnetz veröffentlichen. Oft werden nicht nur ganze CDs in Form von MP3s im Internet zum Herunterladen abgelegt, sondern darüber hinaus auch die dazugehörigen CD-Cover in druckbarer Auflösung.

Das Brennen jeder einzelnen CD ist Betrug an denen, die zur Herstellung der CD beigetragen haben – also an Künstlern, Produzenten und legalen Konsumenten – und zwar unabhängig davon, ob viel oder wenig oder gar kein Geld damit verdient wird. Musiker und Texter arbeiten in unserer Szene unter erschwerten finanziellen Bedingungen. Bootlegs verhindern auf Dauer, dass diese kreativ arbeiten und sich somit weiterentwickeln können. Produzenten sehen vermehrt keinen Sinn im Produzieren von Musik-CDs. Konsumenten werden so am Musikgenuss gehindert und müssen für die einzelnen Original-CDs wie auch für Eintrittskarten bei Konzerten mehr bezahlen. Weiter ist es durchaus denkbar, dass zweite oder gar dritte Auflagen von CDs erscheinen würden, wenn der Mißbrauch der technischen Möglichkeiten an Rechnern nicht stattfinden würde.

Unsere Musik- und Kulturszene bekommt im Gegensatz zu anderen Musikern nicht die gesellschaftliche Anerkennung und Leistungsbestätigung, die ihr gebührt; ihr wird nicht das Ansehen oder die Bewunderung zuteil, die ihr aufgrund ihrer Leistungen zusteht. Nur durch die Prüfung der Verkaufszahlen ihrer CDs vermögen sie ihr künstlerisches Schaffen zu beurteilen und dessen Qualität zu messen. Schwarzbrenner nehmen ihnen auch diese Möglichkeit."

Die Nerven liegen blank. Oft bleiben nur Gewalt oder etwas hilflos vorgetragene Seufzer: "Die Bootleg'erei aber ist eine Sauerei, doch leider kann man den Leuten ja nichts anhaben, ohne Ärger mit der Justiz zu bekommen", so die Band *14 Nothelfer* in einem Interview mit dem Fanzine *White Supremacy*[36]. "In letzter Zeit ist es immer häufiger zu beobachten, daß auf Konzerten wilde Bootlegs feilgeboten wurden", berichtet das Chemnitzer Fanzine *Foier Frei!* bereits im Januar 1997 und nennt gleich – aus einer Reihe von "mindestens 30-40 solcher Beispiele" – sieben Täter namentlich. "Das ist eine so große Schweinerei, daß in Zukunft wohl deswegen mit den Krummnasen, die dann noch Bootlegs verkaufen, hart abgerechnet wird."[37] In einer von militanten Neonazis herausgegebenen Zeitschrift aus Hamburg, dem *Hamburger Sturm*, erschien im Herbst 1999 ein Artikel, in dem einer namentlich genannten Person, versehen mit einem Portraitfoto, vorgeworfen wurde, in großem Stil mit schwarzgepressten CDs zu handeln. Angeblich verfügte diese Person über ein Angebot von über 600 verschiedenen CDs. Der Text enthält auch einen verschlüsselten Aufruf zur Gewalt: "Kameraden, überlegt Euch, ob Ihr diesem Treiben nicht ein Ende bereiten wollt!?"[38]

Hier passiert genau das, was in jedem illegalen Gewerbe passiert, wenn die Geschäfte keiner ausreichenden Vertragssicherheit unterliegen, sei es nun Drogenhandel, Prostitution oder eben Produktion und

Handel mit Rechtsrock-CDs, vor allem mit indizierten CDs. In der rechten Szene wirkt zumindest in Ansätzen der gleiche Mechanismus, den Martin Scorsese in seinem Film "Casino" am Beispiel der amerikanischen Mafia so grandios beschrieb: Jeder kleine Zwischenhändler, jeder Kurier, jeder, der irgendwie am Geschäft beteiligt ist, zwackt sich etwas ab, auch über den ihm ohnehin zustehenden Betrag hinaus. Dies wird dadurch erleichtert, daß oft eben nicht Buch geführt werden kann aus Angst, dem Staat bei Razzien wertvolles Material in die Hände fallen zu lassen. Die in der Szene beliebte Band *Landser* äußerte sich dazu in einem Interview mit dem *Blood & Honour-Magazin* (Nr. 8, S. 30): "Zum Teil liegen die Probleme auch im eigenen Lager. Lange vor dem offiziellen Erscheinen der neuen Scheibe waren bereits einige Exemplare durch eine undichte Stelle in Übersee gesickert, mit dem Ergebnis, daß ein paar kleine Scheißer sich mit dem Verkauf von Tapes der 'Rock gegen Oben' goldene Hakennasen verdienten. So stand der Bootlegger-Abschaum mit seinen Brennern schon in den Startlöchern."

Vertrieben werden schwarzgebrannte CDs im Handverkauf, auf grenznahen Märkten in Tschechien und Polen, aber auch über kleine Annoncen in Gästebüchern und Foren einschlägiger Internetseiten. Die Gewinnspanne ist enorm, da die Herstellungskosten minimal sind, keine Kosten durch Honorare für Bands entstehen und auch kein Tonstudio von den Einnahmen bezahlt werden muß. Die Einnahmen werden nicht an politische Gruppierungen abgeführt, sondern wandern in Privatkassen. Dies ist deshalb naheliegend, da die Händler regelmäßig keine Aktivisten, sondern Kleinkriminelle sind.

Bisher gibt es jedoch erst wenige wirkungsvolle Reaktionen auf die Schwarzkopien, die vor allem für Szeneunkundige schwer als solche erkennbar sind: Im Internet lassen sich sogar CD-Cover samt Rückseite in Originalgröße und guter Qualität herunterladen. Eine der wichtigsten deutschen Bands, *Noie Werte* aus Stuttgart, versah ihre letzte CD gar mit einer Art Echtheitszertifikat auf dem Booklet: "CD nur original mit silberglanzgeprägtem *Noie Werte*-Schriftzug auf dem Frontcover. Hinweise auf Schwarzbrenner bitte an unsere Adresse."

Der merkliche quantitative Rückgang an CD-Produktionen, der spätestens 1999 einsetzte, ist auch auf diese Problematik zurückzuführen. Einiges deutet darauf hin, daß die Gewinnspanne geringer geworden ist aufgrund der sinkenden Zahlen an verkauften Orginal-CDs. Auch wenn die Aussage des Neonazi-Fanzines *White Supremacy* übertrieben ist, daß mit den schwarzgebrannten CDs der Szene "derartig viel Geld vorenthalten und entzogen wird, daß die Existenz vieler Labels und Bands auf dem Spiel steht"[39] , muß die von Verfassungsschutz und Medien häufig verbreitete Behauptung, daß neonazistische Organisationen durch die Musik Millionengewinne einfahren, deutlich relativiert werden. Auch die Redaktion von *Rock Nord* äußert sich eindeutig: "Wir selber (damit ist das Label Funny Sounds gemeint, d. A.) produzieren nur noch sporadisch CDs, weil man sie mittlerweile innerhalb kürzester Zeit aus dem Internet herunterladen kann und die CD-Brennerei inzwischen ein Ausmaß erreicht hat, das betriebswirtschaftlich dermaßen tiefe Schneisen geschlagen hat, daß die Kosten für eine Produktion von 20.000 bis 30.000 DM durch Verkäufe nicht mehr einzuspielen sind."[40] Nach Angaben des "Patriotischen Magazins" *Signal* haben sich die Umsätze der rechtsextremen Musikproduzenten seit 1998 halbiert, obwohl die Verbreitung der Musik gerade in diesem Zeitraum "sprunghaft" gestiegen sei[41]. *Signal*-Herausgeber und Rechtsrock-Produzent Manfred Rouhs selbst brachte seit Anfang 2000 lediglich eine einzige CD auf den Markt. Das von ihm im Februar 1997 noch hoffnungsfroh auf den Markt gebrachte Rechtsrock-Magazin *Neue Doitsche Welle* wurde bereits eineinhalb Jahre später wieder eingestellt.

Mit antisemitischen Stigmatisierungen gegen szene-eigene Schwarzhändler: Illustration zur CD "Noten des Hasses" (2000) der Band *White Aryan Rebels*.

Tonträger-Veröffentlichungen rechtsextremer Musiker aus Deutschland 1984 - September 2001

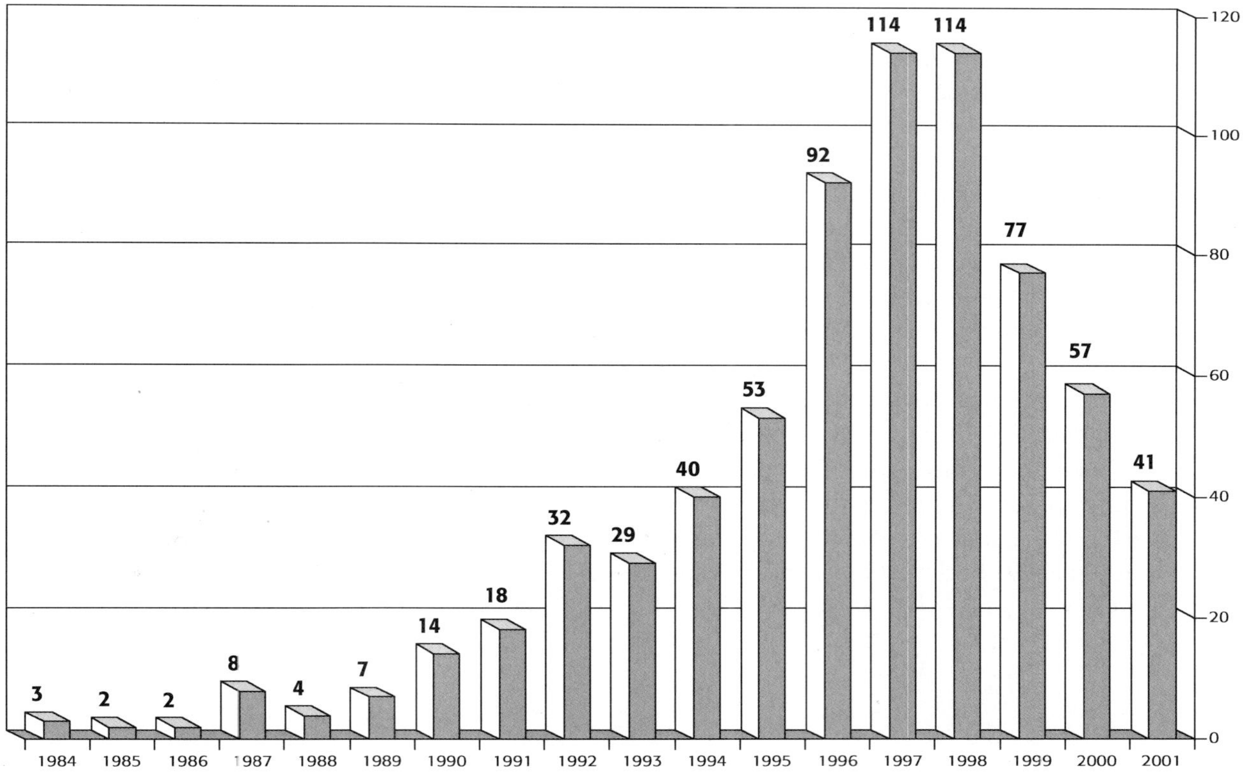

Neben der Schwarzbrennerei hat sich auch das Internet als zweischneidiges Schwert herauskristallisiert. Auf einer ganzen Reihe von rechtsextremistischen Internetseiten kann Rechtsrock in Form von MP3-Dateien heruntergeladen werden. Vorrangig werden dort indizierte Musikstücke angeboten. Diese Homepages liegen zumeist auf US-amerikanischen Servern und sind häufig nur sehr kurzlebig, was dazu führt, daß die Suche nach MP3-Dateien von *Landser*, *Stahlgewitter* und anderen angesagten Bands Sachkenntnis voraussetzt, mühsam und zeitaufwendig ist, von der Downloadzeit von fünfzehn bis zwanzig Minuten pro Song ganz zu schweigen. Nichtsdestotrotz haben diese Seiten entscheidend zur Verbreitung der Musik bei Jugendlichen beigetragen.

Die MP3-Technologie hat der extremen Rechten so zwar ermöglicht, den Zugang zu Rechtsrock wesentlich zu vereinfachen, doch viel Geld kann damit nicht mehr verdient werden. Die MP3-Technologie führt für die Szene zu einem Paradoxon: Je stärker die Musik verbreitet wird, desto weniger Gewinn kann mit ihr erzielt werden. Die Zeitschrift *Signal* schätzt, daß pro offiziell gepreßter CD 5 bis 50 (!) Raubkopien im Umlauf sind. Viele Konsumenten bedienten sich lange Zeit der Internet-Musiktauschbörse Napster. Hier stand alles an indizierter Musik zum Download bereit, was auf dem deutschen Markt gefragt war. Doch als die Polizei im Frühjahr 2001 hunderte Hausdurchsuchungen bei Personen durchführte, die illegale Musik bei Napster heruntergeladen hatten, wurde dies der Szene zunächst gar nicht bekannt: Die Polizei hatte die Durchsuchungswelle nicht öffentlich bekanntgegeben, und keiner der Betroffenen hatte Kontakt zum harten Kern der Szene. So erfuhr diese von der Durchsuchungsaktion erst aus der Zeitung. Gerade dieser Vorfall spricht für einen hohen Verbreitungsgrad der Musik.

Die Boomzeit des Rechtsrock Anfang und Mitte der neunziger Jahre ist vorbei. Die fetten Jahre mit satten Gewinnen für Label und Händler gehören definitiv der Vergangenheit an. Die Umsätze werden weiter sinken, wenn noch mehr Menschen die nötigen technischen Kenntnisse haben, um MP3-Dateien herunterzuladen, und CD-Brenner noch billiger und weiter verbreitet sind. Die militante rechte Szene wird sich nach neuen Einnahmemöglichkeiten umsehen müssen. (Siehe dazu den Beitrag von Henning Flad: Kleider machen Leute. Rechtsextremismus und Kleidungsstil.)

Teil IV: Die Fans

Wir wecken die Kräfte, die in euch wohnen
Wir schüren den Haß und die Emotionen
(*Landser*: Landser, 1996)

Nüchtern betrachtet läßt sich nur feststellen: Sowohl die Texte als auch die musikalische Umsetzung rechtsextremer Produktionen made in Germany sind bis auf wenige Ausnahmen grottenschlecht und für die Mehrzahl der Jugendlichen einfach ungenießbar. Aber warum ist das so? Warum gelang es der rechtsextremen Szene nicht einmal innerhalb von zwei Jahrzehnten, wenigstens eine Handvoll Profi-Musiker hervorzubringen?

Zu einem großen Teil hängt das sicherlich mit der eindeutigen Stigmatisierung und Ausgrenzung dieser Szene durch staatliche und privatwirtschaftliche Institutionen zusammen: Nur wenige deutsche Rechtsrockbands hatten und haben zum Beispiel die Möglichkeit, in einem öffentlichen Jugendklub einen Probenraum oder gar fachliche Anleitung zu bekommen (und in den Fällen, in denen es gelang, wurde die öffentliche "Förderung" sehr schnell skandalisiert und bald unterbunden; siehe *Elbsturm* und *Doitsche Patrioten* in Magdeburg oder *Proissenheads* in Potsdam). Kein einziger deutscher Fernsehsender und keine einzige deutsche Radiowelle (mit Ausnahme einer zeitweilig von Neonazis betriebenen Sendung im sog. Offenen Kanal Berlins), weder öffentlich-rechtlich noch privat, senden in ihrem Musikrepertoire rechtsextreme Musik aus Deutschland. Schon ein vager "Skinhead"-Verdacht führt in der Regel zum Boykott, in manchen Fällen selbst dann, wenn es sich bei der Band um eine anti-rassistisch orientierte Ska- oder Oi! -Band handelt.

Dennoch erklären staatliche Repressionen und kommerzielle Ausgrenzungen nicht, weshalb die rechtsextremen Musikproduzenten nicht wenigstens ihre eigenen, durchaus effektiven subkulturellen Medien und Vertriebskanäle nutzen, um Jugendliche mit attraktiverer Musik für ihre Sache zu ködern. Bloße Unfähigkeit? Oder wollen Nazis gar nicht Pop werden, ihre Musik auf dem Mainstream-Markt etablieren? Eine genauere Analyse der Texte deutet jedenfalls darauf hin, daß die hauptsächliche Zielgruppe rechtsextremer Musik nicht politisch unbedarfte oder andersdenkende Jugendliche, sondern Angehörige der eigenen Subkultur sind.

"Aus der Szene für die Szene"

Auf den ersten Blick auffällig ist, daß die Texter rechtsextremer Musik ihre Zuhörer nicht unbedingt nachdenklich stimmen oder sachlich überzeugen wollen, sondern offensichtlich davon ausgehen, daß diese ohnehin schon so denken wie sie selbst und allenfalls noch zu Taten motiviert werden müssen. Davon zeugen nicht nur die oft eindeutig mit dem Nationalsozialismus verbundenen und grenzenlosen Haß ausstrahlenden Formulierungen, die nicht rechtsextrem Denkende eher abschrecken, sondern auch die auffallend häufige Verwendung des Imperativs.

Gebt niemals auf!
Schlagt zurück und gebt nicht klein bei
(*Oidoxie*: Sprengt die Ketten, 1998)

Werden konkrete Zielpersonen oder -gruppen für diese Appelle benannt, so sind es nur äußerst selten die deutsche Bevölkerung im allgemeinen

Deutsche, zeigt Mut!
(*Radikahl*: Flut, 1991)

oder "die Jugend" bzw. noch zu rekrutierende Nicht-Szeneangehörige:

Komm auch Du, schließ dich uns an
(*Staatsfeind*: Die Szene wächst, 1998),

sondern fast stets die engere Zielgruppe der eigenen rechtsextremen Subkultur:

Nun auf Kameraden, brecht euer Schweigen
(*Deutsche Patrioten*: Die Zeit, 1997)

So packt mit an und seid bereit!
Dann sind wir alle bald befreit
Kameraden, lasst das Land erbeben!
(*Munin*: Deutschlands Jugend, 1997/98)

Kollektivismus statt Individualität

"Die Sprache der Rechtsrock-Texte hat einen kollektiven Stil, sie zielt eindeutig darauf ab, das Gruppenbewußtsein zu stärken", stellt die Germanistin Doris Schmied fest (S. 71). In den von ihr analysierten 144 Liedern taucht das Personalpronomen "uns" bzw. "unser" 321 mal auf, und "wir" ist mit 408 Fundstellen sogar das häufigste relevante Wort überhaupt (a. a. O.).

Einer für alle, alle für einen
Immer gemeinsam und niemals einsam
(*Noie Werte*: Einer für alle, 1996)

"Individualismus" wird abgelehnt; man sieht, beschreibt und präsentiert sich selbst gerne als "Masse":

Vorbei ist die Einzelgängerzeit
Gemeinsam wird die Faust geballt
Solche Massen Skins und Freunde
Gab's in unserem Land noch nie.
(*Staatsfeind*: Die Szene wächst, 1998)

Nicht nur die Feindbilder werden entmenschlicht, auch in der Eigendarstellung dominiert das Bild vom großen "Wir". Der Einzelne ist nichts, Dein Volk – die Bewegung etc. – ist alles. Wer dieser Szene angehört, erfährt Respekt nur dadurch, daß er sich bedingungslos dem Kollektiv unterordnet. Individualität stellt sich aus der Perspektive der Rechtsrocker als Gefahrenpotential dar. Wer eigene Gedanken entwickelt, könnte unter Umständen in Widerspruch zu anderen geraten und den Zusammenhalt der "Bewegung" gefährden. So wird selbst politisches Basiswissen selten persönlich vermittelt, mit eigenen Erfahrungen untermauert; es herrscht das Klischee, der Allgemeinplatzwart.

Für Doris Schmied verweist diese starke Betonung der Gemeinschaft auf eine "Verunsicherung des Ich": "In einem eng vorgegebenen Gruppenrahmen können destabilisierende Erfahrungen und Gefühle von Unsicherheit durch Größenphantasien und Demonstration von Stärke kompensiert werden" (S. 72). Reale Schwächen verwandeln sich in Omnipotenzphantasien:

Wir sind die Macht!
(*Endstufe*: Großstadtpatrioten, 1994)

"Macht", die kaum ein Texter der rechtsextremen Musikszene im realen Leben haben wird und die auch die "Bewegung" gesamtgesellschaftlich niemals erreichen dürfte, wird in den Liedtexten "wahr". "Macht" ist ein zentraler Begriff in den Texten des Rechtsrock, und schon die Bandnamen suggerieren *Macht & Ehre*, die Musiker sehen sich als *Volksaufstand* oder *Vollstrecker* des *Volkszorn*, als *Landser*, *Sturmtrupp* oder *Wehrmacht*, an deren *Endsieg* keine Zweifel bestehen.

Selbstverständlich wissen die Rechtsrocker, daß sie hier eine Zukunft imaginieren, die sie niemals erleben werden. Die Textanalyse hat gezeigt, daß ein extremer Kulturpessimismus die Lieder der rechten Szene dominiert. Der Optimismus der Jahre nach dem Mauerfall, als man wirklich glaubte, parlamentarische wie außerparlamentarische Macht in diesem Land erringen zu können, ist spurlos verraucht. Mehr denn je fühlt sich die rechtsextreme Szene heute an die Wand gedrängt:

Wie werden wir reagieren, wenn Freiheit nicht mehr existiert?
Wenn unsere Zukunft zerstört wird, vernichtet und ausradiert
Die Uhr schlägt 5 vor 12 und du weißt, niemand hält sie an
Dann gibt's kein Zurück mehr, keine Frage: Was wird dann?
Wie werden wir uns verhalten, wenn hier die Lage explodiert?
(*Kraftschlag*: Vorwärts, 1998)

Gewalt ist die häufigste Antwort auf diese Frage. Das politische Konzept der "national befreiten Zone" reduziert sich im Alltag vor allem ostdeutscher Kleinstädte auf die körperliche Bedrohung aller Andersdenkenden und -aussehenden. Die "Masse" der militanten Rechtsextremen hat sich vom Ziel der ideologischen Einflußnahme auf die Mehrheitsgesellschaft verabschiedet. Die gewalttätige Alltagspraxis, oft in Verbindung mit Alkohol, hat längst die Macht über sie gewonnen. Aus "stolzen Deutschen" wurden wandelnde Zeitbomben ohne Ziel und Perspektive, auch für organisierte Rechtsextreme immer schwerer zu kontrollieren.

Kennst du das Gefühl, die Kontrolle zu verlieren?
Rote Schleier vor den Augen, Emotionen und Begierden

Am falschen Ort zur falschen Zeit
Alkohol, es ist soweit
Und die Lage eskaliert
(*Kraftschlag*: Blinde Wut, 1998)

Besonders in solchen Texten härterer Bands wird deutlich, daß Musik für die rechtsextreme Szene nicht nur eine aggressionsfördernde und ideologisch aufrüstende Funktion hat, sondern auch eine nicht unerhebliche Ventilfunktion ausübt:

Unser Potential für Zorn, Gewalt und Haß
Unsere Leidenschaft, unsere Freude und Liebe, Zuversicht und Spaß
Nur unsere Musik als Sicherheitsventil verhindert die Explosion
Den Schritt über die rote Linie, die letzte Detonation.
(*Kraftschlag*: Alles oder nichts, 1997)

– Ein Gesichtspunkt, der in der Verbotsdebatte gerne übersehen wird.

Und die Fans?

Auch wenn die Rechtsrock-Produzenten selbst ihre Musik hauptsächlich als stabilisierendes Bindeglied für die eigene Szene betreiben, kann nicht ignoriert werden: In fast jeder deutschen Schulklasse, nicht nur in Ostdeutschland, kann man heute auf Schüler treffen, die mit Namen wie *Zillertaler Türkenjäger*, *Endstufe*, *Kraftschlag* und vor allem *Landser* etwas anfangen können, eventuell sogar eine CD oder häufiger eine von einem Mitschüler kopierte Musikkassette zu Hause haben. "Rechtsrock" gilt als anrüchig, weil oft verboten, und damit spannend. Medienwirksame Beschlagnahmungen und der "Thrill" der Indizierung durch die Bonner Bundesprüfstelle für jugendgefährdende Schriften haben offensichtlich eine "umsatzsteigernde Wirkung", stellte sogar der Verfassungsschutz fest[42].

Der typische Rechtsrock-Konsument ist weiß, männlich und unter dreißig Jahre. Frauen sowie älteren Fans (und Musikern) begegnet man in dieser Szene selten. Skinheads stellen entgegen der öffentlichen Wahrnehmung nur einen Teil der Musiker, Händler und Anhängerschar dar.

Die Fans rekrutieren sich – idealtypisch dargestellt, in der Praxis mischen sich die Typen natürlich – aus drei verschiedenen Motivationssträngen:

1. Ein Teil der Fans hört diese Musik aus ideologischer Übereinstimmung. Rechtsextreme und junge Rassisten hören nazistische und rassistische Musik, um sich emotional und ideologisch aufzurüsten und in ihrer politischen Identität zu bestätigen. Für sie ist Rechtsrock in der Tat der "Sound zum Rassenkrieg" (*Der Spiegel*). Dieser Teil der Fans lehnt häufig die "Negermusik" der ursprünglichen Skins grundsätzlich ab. Die musikalische Qualität und Ausrichtung der Bands ist für sie gegenüber den textlichen Aussagen zweitrangig. Diese Fans sind häufig so stark politisiert, daß sie fast nur noch Musik hören, die

aus ihrer Szene kommt – die rechtsextreme Szene bietet eine komplette Lebenswelt aus Kameradschaftsabenden und Aufmärschen, einem eigenen Dresscode und eben der Musik an. Diese Fraktion hat häufig auch kaum noch soziale Kontakte zu Nicht-Szeneangehörigen.

2. Ein (kleiner) Teil ist vor allem oder sogar ausschließlich an der Musik interessiert. Heavy-Metal-Freaks hören und sammeln eben Heavy Metal, unabhängig davon, ob die Bands und deren Texte links oder rechts ausgerichtet sind. Skinheads hören und sammeln Skin-Bands – selbst dann, wenn sie die Musik oder die Texte scheußlich finden und die Platten nach einmaligem Anhören mit Schaudern für immer in der Sammlung verschwinden lassen. Auch im Plattenschrank von so manchem Punk oder Oi!-Skin gehören *Endstufe*- und *Skrewdriver*-CDs zum Standardinventar.
3. Ein weiterer Teil der Fans ist zwar an den Texten interessiert, aber selbst nicht unbedingt klar rechts-(extrem) orientiert. Diese Fans können sich mit manchen textlichen Aussagen identifizieren, lehnen aber wieder andere, radikalere Songs ab, hören neben Rechtsrock auch anders ausgerichtete Bands, wenn sie ihnen musikalisch zusagen. So ist es vor allem bei Jüngeren gar nicht so ungewöhnlich, daß sich zum Beispiel auf Kassetten, die sie sich selbst für den Walkman oder den Jugendclub zusammengestellt haben, die *Toten Hosen* neben den *Böhsen Onkelz*, die *Terrorgruppe* neben *Landser* finden.

Auch wenn manche Fans rechtsextremer Bands selbst nicht rechtsextrem denken – Hauptbindeglied zur Musik ist im Regelfall nichtsdestotrotz Rassismus. Rechtsrock-Hören und eindeutig antirassistisch denken schließen sich fast immer aus. Dies läßt sich auch in Schulklassen regelmäßig erleben: Es sind immer wieder diejenigen SchülerInnen, die sich in Diskussionen besonders rassistisch äußern, die gleichzeitig auch angeben, intensive KonsumentInnen von Rechtsrock zu sein. SchülerInnen, die sich klar und eindeutig gegen Rassismus positionieren, lehnen Rechtsrock zumeist vehement ab. Der Konsum von Musik rechtsextremistischer Bands ist kein Beweis für eine rechtsextreme Gesinnung, aber ein sehr wichtiger Indikator. Wer seinen Verdacht prüfen will, kann dies allerdings nur im direkten Gespräch mit dem Betreffenden tun.

Wichtiger als konkrete Texte ist vielen Rechtsrock-Fans die grundsätzliche Authentizität der Bands. Rechtsrocker sind – wie auch die Mehrheit der nicht-rechten Oi!-Musiker und immer noch viele Punk-, Hardcore-, Metal- und andere Bands – Stars zum Anfassen, Idole mit Bodenhaftung. Die Musiker kommen aus den gleichen Verhältnissen wie ihre Fans, leben wie sie, trinken mit ihnen, beantworten ihre Briefe, verschicken ihre Platten und Konzertdaten oft höchstpersönlich. *MTV*, *Viva* und die etablierte Musikpresse boykottieren ihre Musik, Interviews mit ihnen liest man nicht in der *Bravo* oder im *Rolling Stone*, sondern in szene-eigenen Fanzines. Ihr Sound ist geradlinig, einfach, laut. Für Eltern und LehrerInnen garantiert ungenießbar. Die Texte: Straßenlyrik in deutscher Sprache, wie sie jeder ihrer Fans nach dem dritten Bier auch selbst schreiben könnte. Auch rechtsextreme Bands vertonen nicht nur ihren Rassenwahn, sie singen ebenso über Sex und Liebe (wenn auch äußerst selten), Partys und Freundschaften, Fußball und die Randale danach, über Arbeitslosigkeit und Ärger mit den Staatsorganen. Sie drücken das aus, was ihre Fans tagtäglich bedroht und erfreut, und das in einer Sprache, die auch die ihrer Fans ist. Die zumeist überaus simple Lyrik dieser Songs ist nicht nur eine Schwäche, sondern auch ein Qualitätsmerkmal: ein identitätsstiftender Faktor, dem von Jugendlichen favorisierte Musikstile vom frühen Rock'n'Roll bis zum Punk schon häufig ihre Attraktivität verdankten.

Wer auf ein "normales" Pop-Konzert geht, wird kaum nach der Veranstaltung noch mit dem Star reden und feiern können – der verschwindet in einer teuren Limousine und rauscht ab ins Luxushotel. Beim Rechtsrock-Konzert ist dies anders – die Bands begreifen sich als Teil der Szene und feiern und betrinken sich nach dem Auftritt nicht selten gemeinsam mit KonzertbesucherInnen bis hin zur Besinnungslosigkeit oder, in letzter Zeit gehäuft, prügeln sich gemeinsam mit den Fans mit der eintreffenden Polizei.

Daß Rechtsrock dennoch nur relativ wenige Jugendliche und noch weniger ältere Fans erreicht, liegt sicherlich zum Teil an seinen eingeschränkten Werbe- und Vertriebsmöglichkeiten, im wesentlichen aber an der Musik selbst. Mindestens 80 Prozent des in Deutschland produzierten Materials ist handwerklich grausam schlecht. Falsch gestimmte Gitarren, Trommler, die penetrant dem Takt hinterherhecheln, und Sänger, die wie bösartige Persiflagen auf Conan, den Barbaren klingen, sind immer noch seine Markenzeichen. Daran ändert auch die Tatsache nichts, daß seit Ende der neunziger Jahre vereinzelt CDs veröffentlicht wurden, die auch höheren Qualitätsansprüchen genügen – vielfältigere Melodien, höhere technische Fertigkeiten an den Instrumenten, professionell aufgemachte Booklets – und auch eine längere Spielzeit. War es jahrelang üblich, CDs mit einer Spielzeit von etwa dreißig Minuten zu veröffentlichen, so werden jetzt auch CDs mit einer Spielzeit von bis zu sechzig Minuten produziert. Auch setzen sich Produktionen vor allem US-amerikanischer und britischer Bands verstärkt auf dem deutschen Markt durch – die im Durchschnitt eine wesentlich höhere Qualität aufweisen als die deutschen Veröffentlichungen. Die Beliebtheit ausländischer Bands zeigt sich gerade auch bei Konzerten – vor allem sie haben Zugkraft, in Konzertberichten in den zahlreichen Fanzines sind mehr oder weniger deutliche Hinweise auf die mangelnde Qualität der Auftritte deutscher Bands Standard. Die Sänger sind eigentlich keine Sänger, sondern Sprecher bzw. "Gröhler", was auch auf die Tradition des Agit-Prop-Liedes verweist. Die Melodien bestehen häufig nur aus vier Tönen, die Gitarristen schlagen nur die Baßsaiten an. Refrains und Strophen werden meist zur selben Melodie gesungen, oft wird sogar ganz auf die Melodik verzichtet, das Schlagzeug verdoppelt einfach die Rhythmusabfolge und eine zentrale Parole wird im Ein-Ton-Pogo-Rhythmus fortwährend wiederholt. Am Ende werden Songs, wie in der Popmusik ansonsten auch üblich, einfach ausgeblendet oder noch einmal mit einem kraftvollen, appellativen Schluß versehen, nicht selten mit einer von der gesamten Band im Chor gerufenen Parole.

Gerade in den letzten Jahren versuchten zahlreiche Bands, ihre Wirkung durch vermehrte Produktion von Balladenalben und -abenden zu steigern, doch auch hier setzte die Ausdrucksschwäche und das Unvermögen der meisten Sänger, auch nur die Tonhöhe zu halten, enge Grenzen. Was als patriotische Ballade voller Pathos angedacht war, geriet so unfreiwillig zur Persiflage.

So ist der Rechtsrock trotz seiner textlichen und musikalischen Veränderungen der letzten Jahre immer noch in erster Linie ein auf ideologischen Feindbildern basierender Message-Rock, der seine Botschaften jedoch nicht zu verkaufen weiß – und damit für die große Mehrheit der Jugendlichen nur unwesentlich spannender als Parteitagsreden.

Henning Flad

Kleider machen Leute.
Rechtsextremismus und Kleidungsstil

1. Wie eindeutig die Aussage von Kleidung ist

Generell ist Kleidung für Jugendliche ein wichtiges Mittel, vielleicht sogar neben Musik das wichtigste überhaupt, die eigene Identität, die Zugehörigkeit bzw. den Zugehörigkeitswunsch zu einer politischen Strömung oder jugendkulturellen Szene auszudrücken. Mit Kleidung soll etwas mitgeteilt werden, Kleidung verrät viel über das jeweilige Selbstbild. Zielgruppe einer solchen Mitteilung sind vor allem andere Jugendliche, aber auch Erwachsene, die provoziert werden sollen. Kleidung ist, wie Dick Hebdige formuliert, ein Mittel der "absichtlichen Kommunikation"[43], ein wichtiges Mittel der Abgrenzung von der übrigen Welt. Kleidungsstücke können subtilere oder sehr deutliche Aussagen machen. Punks trugen häufiger zerrissene Lederjacken mit der rückseitigen Aufschrift "Schieß doch, Bulle" und einem Fadenkreuz. Eine subtilere Form der Mitteilung ist das Tragen einer bestimmten Marke. Subtiler, weil weniger eindeutig. Die Bedeutung eines Kleidungsstückes erschließt sich häufig nur "Eingeweihten", über die Bedeutungen kursieren Mythen, deren Weitertragen sehr häufig "Stille-Post"-Effekte hat. Ergebnis solcher Erzählungen kann etwa sein, daß an einem Ort sämtliche Jugendlichen der festen Überzeugung sind, *Lonsdale* sei ungefähr weltweit das sichere Erkennungsmerkmal für rechte Gesinnung. Und im Nachbarort, nur zehn Kilometer weiter, wird die gleiche Marke auch von linken Jugendlichen getragen.

Zugleich existieren öffentliche, über Medien verbreitete Mythen. Der bekannteste handelt von der angeblichen Bedeutung von Schnürsenkelfarben und geht so: Weiße Schnürsenkel stehen für rechte Gesinnung, rote für linke. Das kann manchmal auch stimmen, nämlich an den Orten, an denen dieser Mythos noch präsent ist. Gleichzeitig aber gibt es viele nicht-rassistische Skins, die bewußt zu schwarzen Springerstiefeln weiße Schnürsenkel tragen, um symbolisch auf die mythologisierten Ursprünge des Skinhead-Kultes hinzuweisen: "Black and White – Unite". Und es gab bzw. gibt Blood & Honour-Skins, die bewußt rote Schnürsenkel tragen. Letztendlich ist es unmöglich, ohne Kenntnis der örtlichen Gegebenheiten auch nur irgendetwas aus der Schnürsenkelfarbe herauszulesen. Treffend formuliert es ein Autor des rechten Skinhead-Fanzines *Die Bewährungshelferin*: "Ich habe Schnürsenkel in meinen Schuhen, damit ich sie nicht verliere. Die Farbe spielt dabei keine Rolle."[44]

Die kursierenden Mythen sind uneinheitlich und zum Teil auch widersprüchlich, haben aber nichtsdestotrotz sogar Eingang in die Rechtsprechung gefunden. So berichtete beispielsweise *BILD* München am 19.12.2000 unter der Überschrift "Ein 'N' auf den Turnschuhen outete sie als Neonazis. Fünf Jugendliche vor dem Richter" folgendes: "Staatsanwalt Konrad Beß und Rechtsanwalt Klaus Witt sahen genauer hin – auf die Füße der Angeklagten. Vier trugen Schuhe der Marken NEW BALANCE. (...) Das große 'N' auf dem Schuh bedeutet für Rechte das Wort 'National'. Damit dokumentieren sie, daß sie sich keineswegs von der Szene gelöst haben, argumentierte Beß. (...) Die falschen Schuhe am falschen Ort hatten Folgen für die Angeklagten. Keine Bewährungsstrafen mehr. Denn Richterin Ingrid Kaps schloß sich der Auffassung des Staatsanwaltes an. Haupttäter Florian D. bekam zwei Jahre, zwei seiner Freunde sitzen mit ihm ein." Über *New Balance*, einen ganz normalen Sportartikelhersteller, kursieren noch weitere Mythen. Für den *Focus*[45] steht das "N" im Schriftzug in der rechten Szene für "Nazi" und "Nationalist".

Manchmal sorgen diese Mythen auch bei Rechtsextremen eher für Belustigung. Zitat von der Homepage von DIM-Records (in Coburg ansässiges Label und Versandunternehmen mit deutlich rechtsextremer Ausrichtung): "Der Neonazi von heute kleidet sich also dezent mit *Fred Perry* Polo unter dem *Lonsdale* Pullover und trägt dazu 14 (!) Loch-Stiefel, mit denen er jeden Tag mindestens 88 Meter laufen muß[46]. Eine gute Gelegenheit, um auf unseren neuen Bekleidungskatalog hinzuweisen, den ihr bei uns für 3DM in Briefmarken bestellen könnt."[47]

Tatsächlich haben diese Codes jedoch auch eine reale Bedeutung. Einer der Gründe dafür ist §86a StGB, der das Verwenden von Kennzeichen (d. h. auch Fahnen, Abzeichen, Uniformstücke, Parolen und Grußformen) verfassungswidriger Organisationen (vor allem der NSDAP) unter Strafe stellt. Das Tragen von *Lonsdale*-Pullovern unter einer offenen Bomberjacke hat für viele Rechtsextremisten nicht nur im Mythos die Funktion, die Buchstaben NSDA mit Anspielung auf die NSDAP zur Schau zu stellen. Noch eindeutiger verhält es sich entsprechend bei der von Neonazis erfundenen Marke *Co**nsdap**le*. Was folgt daraus? Wer herausfinden will, welche Kleidung, welche Farbe, welche Frisur tatsächlich am jeweiligen Ort welche Bedeutung besitzt, hat nur eine Möglichkeit: Die Befragung der tatsächlichen Experten, der Jugendlichen, die diese Symbole verwenden und für sich interpretieren.

2. Wie sieht die Mode der rechtsextremen Jugendszene aus? – ein Überblick

Im Folgenden soll lediglich der Dresscode der "klassischen" rechtsextremen Szene samt seiner Ursprünge aus der Skinhead-Jugendkultur beschrieben werden. Tatsächlich gibt es jedoch in fast allen Jugendkulturen einen rechtsextremen Flügel, mag er auch, wie etwa bei den Punks oder den Gothics, klein sein. Diese Kleidungsstile sollen hier nicht analysiert werden. Zudem sind rechtsextreme Einstellungen auch bei Jugendlichen zu finden, die sich bewußt nicht dem "klassischen" rechten Dresscode unterwerfen wollen. Nur weil jemand sich diesem nicht unterwirft, ist also nicht der Rückschluß möglich, daß kein rechtes Gedankengut gepflegt wird. Insbesondere in Ostdeutschland ist ohnehin zu beobachten, daß rechtsextremes Gedankengut auch bei Jugendlichen weit verbreitet ist, die sich selbst keineswegs als "rechts" einstufen würden, sich als "Stinos" bezeichnen, als "stinknormal". Desweiteren sei darauf hingewiesen, daß es sich um die Mode des "Fußvolkes" und des Nachwuchses handelt.

Regelmäßig ist es auch so, daß Jugendliche, die eigentlich anders denken, sich dem ästhetischen Anpassungsdruck, der von Rechtsextremen an manchen Orten ausgeübt wird, beugen, um sich nicht mehr lästigen Fragen stellen zu müssen und einfach "Ruhe" zu haben, nicht mehr zusammengeschlagen werden wollen. Und vor allem, um nicht sozialer Isolation ausgesetzt zu sein.[48] Rechtsextreme Kader treten im Regelfall mit unauffälliger und "seriöser" Kleidung auf, einerseits aus Statusbewußtsein, aber auch, weil sie identitätsstiftende Kleidung nicht mehr nötig haben. Ein Sonderfall wären "Originale" wie etwa Christian Hehl, ein langjähriger Szene-Aktivist, der durch sein martialisches Aussehen und sein starkes Übergewicht bei Nazi-Aufmärschen zu einem beliebten Objekt von Pressefotografen geworden ist. Menschen wie er, ebenso die Musiker aus den Rechtsrock-Gruppen, *prägen* die Dresscodes der Szene.
Den rechten Dresscode findet man nicht in festgeschriebener, unveränderlicher Form, so wie es mitunter bei sehr traditionsbewußten Skinheads der Fall ist, die sich auch in schriftlicher Form darüber auslassen, wie lang Haare maximal sein dürfen, welche Jacken getragen werden können und welche nicht, um noch ein "echter" Skinhead zu sein. Es gab selten eine Jugendkultur, die so stark von Markenfetischismus beherrscht wurde, wie die der Skinheads – ohne die "richtige" Marke läuft bei einem *echten* Skinhead nichts.

Bei der Analyse von rechtsextremen Dresscodes sind Einschränkungen notwendig: zeitlich, räumlich, kontextbezogen. Bedeutungen von Kleidungsstücken wandeln sich mit der Zeit und werden an unterschiedlichen Orten häufig unterschiedlich interpretiert. "Szene-spezifische" Kleidung ist grundsätzlich nur über den "Verwendungszusammenhang" zu interpretieren, zur Einschätzung eines Jugendlichen als rechtsextrem müssen weitere Accessoires auftauchen – Aufnäher, Buttons, Frisur, Kleidung etc. In der Öffentlichkeit vielfach als "rechtsextrem" eingeschätzte Kleidungsstücke werden von Angehörigen verschiedenster Jugendkulturen und unterschiedlichster politischer Gesinnungen getragen: Bomberjacken und *Lonsdale*-Pullover werden auch von Antifas angezogen, Dr.Martens-Stiefel sind bei Punks sehr beliebt. Vielfach ergeben sich Überschneidungen im Kleidungsstil auch zwischen jugendlichen Rechtsextremisten und Hooligans[49], etwa bei der Vorliebe für die Marken *Pitbull* und *Troublemaker Streetwear*. Zudem sind keineswegs alle Skinheads rechtsextrem. Der Dresscode der rechtsextremen Szene ist zwar stark angelehnt an "klassische" Skinheadelemente[50], jedoch breiter gefächert und stärkeren Veränderungen unterworfen, was etwa Marken anbetrifft – und er scheint sich langsam von seinen Skin-Ursprüngen zu emanzipieren. Im Folgenden sollen die wichtigsten Elemente des rechtsextremen Dresscodes aufgezählt werden. Im Regelfall werden die erwähnten Markenartikel natürlich nicht nur, aber eben *auch* von Rechtsextremisten vertrieben.

2.1 Frisur

Die Gleichung "kurze Haare = rechts" geht nicht auf. Noch nicht einmal zur Bestimmung der Zugehörigkeit zur Skinheadszene reicht die Frisur allein aus – man vergleiche etwa die Bilder von der jährlichen Love Parade. Jedoch sind bei jungen Männern aus der rechtsextremen Szene Skin-Frisuren ("Crops") in verschiedenen Varianten beliebt – von naßrasiert bis ca. 2,5 cm Länge. Eine Skin-Frisur ist bei Rechtsextremen ein Hinweis auf eine Selbstzuordnung zum subkulturellen Teil der Szene. Ein naßrasierter Kopf ist dabei die besonders martialische Variante und steht – entgegen aller Vorurteile – "ganz konträr zur ursprünglichen Skin-Ästhetik"[51] aus dem Großbritannien der späten sechziger Jahre. Der Autor des Skinhead-Kultbuches schlechthin, George Marshall, meinte dazu: "...eine Kojak-Glatze war nie angesagt. Man wollte hart und smart aussehen und nicht wie ein Pimmel mit Ohren."[52] Naßrasuren kamen erst beim Revival der englischen Skinheadszene ab 1976 in Mode – und traditionsbewußte Skins, die sich, was Stil angeht, von niemandem an Konservatismus übertreffen lassen, waren entsetzt: "Glatzköpfige Punks, Boneheads, nennt sie, wie ihr wollt, auf jeden Fall hatten sie wenig oder gar nichts mit dem Geist von 69 zu tun."[53] Der traditionelle Schnitt ist eher eine Mischung aus Sträflings- und Soldatenfrisur.

Eine Glatze ist auch ein Zeichen der Stigmatisierung und Unterwerfung – zu allen Zeiten wurden den Insassen von Gefängnissen und Lagern die Haare geschoren, keineswegs nur aus Gründen der Hygiene, sondern auch, um sie ihrer Individualität zu berauben. "Das Haarabschneiden als Strafe und Demütigung ist alt und wird schon in den Grimmschen Rechtsaltertümern als germanischer Usus aufgegriffen."[54] El-Nawab interpretiert die Glatze als "primär militärisch-martialische Anleihe, die in ihrer Betonung der Konturen des Kopfes, der Körperlichkeit und der Härte, Stärke und Männlichkeit eine Ästhetisierung von Gewalt darstellt, eine Selbststigmatisierung zur Folge hat und am Rande auch Anlaß für Opfer-Assoziationen bietet."[55] Diese Interpretation korrespondiert stark mit dem Blick der Gesellschaft auf die Glatze, wie ihn Seeßlen beschreibt: "Das Glatzköpfige in unserem kollektiven Unterbewußtsein ist mit dem Starken, dem Bösen und dem Barbarischen besetzt."[56] Das Tragen einer Glatze hat jedoch nicht nur ästhetische, sondern auch höchst praktische Aspekte: Sie ist bei einer Schlägerei von Nutzen – der Gegner kann einem nicht mehr in die Haare greifen.

Koteletten sind heute eher unüblich, auch wenn einige prominente Nazi-Skins wie Dieter Riefling und

Szenetypische Frisuren

Christian Hehl welche tragen. Ursprünglich war dies jedoch anders: George Marshall spricht davon, daß Koteletten "das wertvollste" waren, "was ein Skin besitzen konnte."[57]

Weniger subkulturell geprägt ist die sogenannte "Kante" oder HJ-Frisur – an den Seiten ganz oder fast ganz geschorene Haare, auf der Schädeldecke kurz gehalten – eine Frisur, wie sie schon bei Führern des Dritten Reiches beliebt war.[58] Gleiches gilt für den sogenannten "Scheitel" – eine besonders scharf geschnittene und kurz gehaltene Scheitelfrisur, gleichermaßen verbreitet unter jungen SS- und HJ-Führern, auch Hitler trug diese Frisur. Dies ist ein wichtiger Unterschied zu Crop beziehungsweise Glatze – jene waren im Dritten Reich überhaupt nicht erwünscht, bei den Angehörigen von SA und SS sogar ausdrücklich untersagt.[59] Die Popularität dieser Frisuren ist auf die offenkundigen stilistischen Assoziationen zum Dritten Reich zurückzuführen, sie sind heute vor allem unter jungen NPD-Funktionären weit verbreitet. Wer eine solche Frisur trägt, verzichtet üblicherweise auch auf sonstige subkulturelle Accessoires wie Buttons und Tattoos. All diesen Frisuren ist gemein, daß sie die Verinnerlichung von Sekundärtugenden wie körperlicher Reinlichkeit und Ordnung demonstrieren sollen – in Abgrenzung vor allem zu Hippies, Punks und linken Jugendlichen.

Bei Mädchen bzw. Frauen gehören traditionelle Frisuren, wie man sie von Bildern vom *Bund Deutscher Mädel* kennt: langer Zopf oder ähnliches, zum Repertoire. Diese spezielle Frisur ist reichlich selten, aber auf Bildern von Nazi-Aufmärschen und Saalveranstaltungen der NPD sehr wohl ab und an zu sehen. Die verbreitetste subkulturell geprägte Frisur ist der sogenannte Feathercut. Bis auf die das Gesicht umrandenden Haare, die lang bleiben, ist alles entweder ganz abgeschoren oder sehr kurz gehalten. Es handelt sich dabei um das weibliche Pendant zur Glatze und wird von weiblichen Skinheads, den Renees getragen.

2.2 Schuhe und Stiefel

Kaum ein Element des rechten Dresscodes – neben Bomberjacke und Glatze – wird derart häufig mit Rechtsextremismus assoziiert wie Stiefel. Getragen werden alle möglichen Formen von Stiefeln, vor allem *Dr.-Martens*-Stiefel (bzw. -Schuhe), mit unterschiedlichster Loch-Zahl. Je mehr Schnürsenkellöcher, desto "szenetypischer" und martialischer, "krakiger"[60], wie es in der Szenesprache heißt, ist das Auftreten. Renees tragen weniger hohe Stiefel. *Dr.-Martens*-Stiefel wurden schon von den Skinheads der ersten Stunde heiß geliebt. Ursprünglich handelte es sich dabei um Arbeitsschuhe, aufgrund der säureresistenten Sohle getragen zunächst von englischen Dockarbeitern. Dies verweist auf die starke Betonung eines proletarischen Images bei Skinheads. Hier gilt in der Interpretation das, was für alle Elemente des Skinhead-Stils gültig ist: Es gibt grundsätzlich zwei Aspekte. Einerseits soll eine antibürgerliche Grundhaltung, eine Affinität zu "traditioneller Männlichkeit" (Kurt Möller), körperlicher Stärke und Gewalt, aber auch zum Arbeitermilieu ausgedrückt werden, andererseits sind alle Elemente hochfunktional bei körperlichen Auseinandersetzungen. Dies gilt gerade für *Dr.-Martens*-Stiefel, in die regelmäßig Stahlkappen eingearbeitet sind, was ursprünglich für einen gewissen Schutz bei Arbeitsunfällen sorgen sollte, die Stiefel jedoch auch zu einer wirksamen Offensivwaffe werden ließ. Stiefel sorgen beinahe automatisch für einen schweren Gang, sie "verändern das Auftreten" (Horst B.), wie Gabriele Rohmann treffend beschreibt: "Mit Stiefeln schreitet man. Stiefel sind schwer. Um sie vom Boden wegzubewegen, muß man sich mehr aus den Beinen als aus der Hüfte bewegen. Ein schlaksiger, lässiger Gang ist mit ihnen geradezu unmöglich. Stiefel strahlen Militarismus aus."[61] Die Stiefel werden, was bei der szeneüblichen Vorliebe für Sekundärtugenden nicht verwundern sollte, akribisch gepflegt. Dies ist auch ein wichtiger Unterschied zu anderen Jugendkulturen, in denen sie ebenfalls beliebt sind: Nur bei Rechtsextremen und Skinheads werden sie derart sorgfältig gewienert.

Generell sind auch Sportschuhe bei Rechtsextremen beliebt – im Gegensatz zum ursprünglichen Skinhead-Stil. In öffentlichen Verruf ist dabei die Marke *New Balance* geraten. Allerlei Gerüchte sind in diesem Zusammenhang bei rechtsextremen Jugendlichen im Umlauf: Die Schuhe stünden für eine Sympathie für den notorischen Holocaust-Leugner Ernst Zündel, da das große N im Logo der sog. Zündel-Rune ähnele. Daß diese Schuhe allerdings nur deswegen von rechtsextremen Jugendlichen getragen werden, gehört in das Reich der Mythen, zudem ist dieses "Wissen" auch nicht sehr verbreitet. Welcher rechte Jugendliche kennt schon Zündel? Plausibler ist da schon, daß Jugendliche für sich entschieden haben, N stünde wahlweise für "Nation", "Nationalist" oder "Nazi". Die Firma *New Balance* hingegen verweist selbst auf eine Auftragsstudie aus dem März 2001, laut der nur 2 % der befragten Verbraucher das "N"-Logo mit der rechten Szene assoziierten[62]. "Zudem unterstützen wir, und das ist fest in unserer Firmenhistorie und -philosophie verankert, gesellschaftliche Werte und Menschenrechte wie Demokratie, Toleranz, Freiheit und Meinungsvielfalt." In diesem Zusammenhang kündigte *New Balance* eine "kontinuierliche Überprüfung unserer Vertriebskanäle" an. Tatsache ist jedoch, daß noch im September 2001 *New Balance* als einzige Sportschuhmarke von mehreren Neonazi-Versänden per Internet vertrieben wurde.

2.3 Hosen

Enge Jeans in blau, schwarz und weiß gehören zum klassischen Dresscode der Skinheads. Üblicherweise werden sie hochgekrempelt, um die Stiefel zu betonen, und nicht an der Hüfte, sondern an der Taille getragen – was den Oberkörper zusätzlich betont und breiter, muskulöser erscheinen läßt. Um eine Jeans so hoch zu tragen, braucht man Hosenträger. Diese haben zwar heute etwas leicht anachronistisches, werden aber weiterhin von Skinheads getragen, auch, um eine Verbundenheit mit dem traditionellen Arbeitermilieu zu symbolisieren. Mitunter sind Jeans mit Domestos gebleicht beziehungsweise gemustert, je stärker dies der Fall ist, desto martialischer das Auftreten.

Militärhosen hingegen werden von nicht-rechten Skinheads nur selten getragen. Ihre gegenwärtige Beliebtheit in der rechtsextremen Szene könnte ein Hinweis darauf sein, daß sich der Trend der neunziger Jahre, die tendenzielle optische Entfernung der rechten Jugendszene von den Skinheads der ersten Stunde, noch verstärken wird. Bevorzugt werden diese Hosen in schwarz getragen, aber auch in Tarnfarben, was besonders "krakig" ist. Solche Hosen gehören zum Standardangebot in Neonazi-Fachgeschäften bzw. -versänden.

2.4 Hemden, Sweatshirts etc.
Traditionskluft: *Fred Perry, Ben Sherman* und *Lonsdale*

Generell weit verbreitet sind Polohemden, die eine lange Tradition im Skinhead-Kult haben – insbesondere mit schwarz-weiß-rotem Kragen sind sie heute beliebt. Die Farben schwarz-weiß-rot, die traditionellen Farben des deutschen Kaiserreiches, stehen in Deutschland historisch für eine antidemokratische Grundhaltung. In der Weimarer Republik kam es zu schweren innenpolitischen Auseinandersetzungen um die Farben der Nationalflagge – bürgerliche Demokraten und Linke waren für schwarz-rot-gold, die Gegner der Republik für schwarz-weiß-rot. Diese Auseinandersetzung wird von der rechtsextremen Szene bis heute aufrechterhalten. Im folgenden sollen einzelne Marken, die für rechte Gesinnung stehen können, aufgeführt werden.

Beliebt sind in erster Linie die drei "traditionellen" Skinheadmarken: *Ben Sherman*, *Fred Perry* und *Lonsdale*. Sie alle symbolisieren im Regelfall Arbeitertümelei, eine antibürgerliche und antiintellektuelle Grundhaltung.

Ben-Sherman-Hemden wurden (und werden) vor allem von Skins getragen, die sich ein "smartes" Aussehen geben wollen. Sie wirken im Gegensatz zu anderen Kleidungsstücken keineswegs rüde, gehören sozusagen zur "Galauniform" und werden heute auch sehr häufig von Skatern angezogen. Es handelt sich dabei um Baumwollhemden, die meist in kariert getragen werden. "Diese Hemdform könnte genauso gut ein Bankangestellter tragen. Sie verleiht ihren Trägern ein seriöses britisch-konservatives Aussehen."[63]

Fred Perry ist die Skinhead-"Kultmarke" schlechthin. Beim Aufkommen der Skinhead-Bewegung Ende der sechziger Jahre in England wurden sie jedoch nicht von Skins, sondern von Mods getragen. Für die Skins, die im Regelfall aus dem Arbeitermilieu stammten, waren sie schlicht zu teuer. Beim Wiederaufschwung der englischen Skin-Szene 1976 war dies anders: Die Hemden waren aus der Mode gekommen und nun auch für Skinheads erschwinglich. Fred Perry, der den Hemden seinen Namen gab, war ein englischer Tennisspieler, der trotz des fehlenden großbürgerlichen Hintergrundes große Erfolge feierte – er gewann unter anderem in den dreißiger Jahren dreimal hintereinander das Turnier von Wimbledon. Dies ist insofern bemerkenswert, als Tennis damals noch eine ausgesprochene Snob-Angelegenheit war. Fred Perry gehört zu den sehr wenigen erfolgreichen englischen Sportlern, denen nie ein Adels-Titel verliehen wurde. Eine solche Person mußte Skinheads zwangsläufig faszinieren. Das Logo besteht aus einem Lorbeerkranz, was es für Rechtsextreme mit ihrem Hang zum Pathos attraktiv macht. In den letzten Jahren tauchten auch *Fred-Perry*-Hemden mit einer nachträglich in den Lorbeerkranz hineingestickten "88" auf – Stickereien gehören bei einigen Neonazi-Versänden zum Standardangebot, die Firma *Fred Perry* selbst ist für diese

Stickereien jedoch nicht verantwortlich zu machen.

Die dritte traditionelle Skinhead-Marke ist *Lonsdale*. Hergestellt werden vor allem T-Shirts, Pullover und Kapuzen-Pullis. Ursprünglich handelte es sich dabei um Sportbekleidung für Boxer – sicherlich ein wichtiger Grund für die generelle Popularität in gewaltbereiten Szenen. Aber auch weniger anrüchige Kreise trugen (oder tragen) *Lonsdale*. Zahlreiche Prominente – nicht nur Boxer wie Muhammad Ali oder Mike Tyson –, sondern auch Schauspieler wie Gregory Peck oder Anthony Quinn und Popstars wie Paul McCartney, Mick Jagger und Madonna waren zumindest zeitweise Fans.[64] Das von Anfang an bestehende leicht anrüchige Image machte – neben der guten Qualität – viel von der Faszination aus. *Lonsdale* ist heute auch bei Migranten-Jugendlichen, die sich in Gangs zusammenschließen, populär. Auch bei Hooligans erfreut sich diese Marke einer hohen Beliebtheit, vereinzelt auch bei Antifas und Skatern. Vor allem kommen jedoch Neonazis bei *Lo**nsd**ale* mit ihrer Vorliebe für versteckte Codes, wie bereits erwähnt, auf ihre Kosten – obwohl der Hersteller selbst nie darauf gekommen wäre, daß der Name einmal einem derartigen Mißbrauch ausgesetzt sein würde.

Alle drei Firmen waren zu keinem Zeitpunkt originär rechtsextrem. Ihre Produkte muß man nicht im Neonazi-Versandhandel kaufen. Zwar gehören alle drei Marken anders als etwa Levis (noch) nicht ins Standardrepertoire eines jeden Kaufhauses, aber in gut sortierten, auf ein jugendliches und subkulturell orientiertes Publikum zugeschnittenen Boutiquen sind sie ohne Schwierigkeiten erhältlich. Alle drei nahmen über lange Zeit mehr oder weniger bewußt in Kauf, daß auch Rechtsextreme zu ihren Stammkunden gehörten, doch wollte man sich nie auf diese eine Zielgruppe reduzieren lassen – das entsprechende Marktsegment ist für große, professionelle, Bekleidungshersteller schlicht zu klein –, für den Umsatz ist grundsätzlich der gesellschaftliche Mainstream viel interessanter, und da stört ein rechtsextremes Image eher. Obwohl Versuche gestartet wurden, Verträge mit rechtsextremen Händlern zu kündigen, sind diese Produkte auch weiterhin im rechten Versandhandel erhältlich. Ein Teil der heutigen Neonazi-Szene boykottiert diese Marken allerdings. Es handele sich bei *Lonsdale* um einen "antideutsch-nationalen Großkonzern", wie es zum Beispiel ein Diskussionsteilnehmer im Forum der Homepage des Wikingerversandes formuliert. Die Zeiten hätten sich geändert, so der Autor mit dem eindrucksvollen Nick-Namen "C18-Terrormachine"[65]. Man solle lieber auf "echte" Szene-Produkte zurückgreifen. Ein anderer Forumsteilnehmer pflichtet bei: "Bei uns haben sogar einige türkische Mitbewohner meiner Stadt Lonsdaleklamotten an – ich trage zwar selbst lonsdale, aber wenn man sowas sieht, fragt man sich, ob man nicht Lonsdale lieber in den Regalen läßt."[66] Bei den TrägerInnen aller drei Marken ist nicht umstandslos auf rechtsextremes Gedankengut zu schließen – die Marken werden einfach von zu vielen Menschen getragen, die keineswegs rechtsextrem sind.

Kleidung für die Straßenschlacht: *Troublemaker* und *Pitbull*

Etwas klarere Hinweise geben Kleidungsstücke der Firmen *Troublemaker Streetwear* und *Pitbull*. Hier ist der Kauf schwieriger – erhältlich sind diese Kleidungsstücke vor allem in Armyshops, aber auch in im engen Sinne rechtsextrem orientierten Läden. Kaufhäuser und auf den Mainstream orientierte Boutiquen führen diese Produkte prinzipiell nicht. Diese beiden Marken – die Firmen-Logos sind in Frakturschrift gehalten, um dem Ganzen einen rüderen Anstrich zu geben – orientieren sich vor allem auf die Hooligan-Szene als Kunden. Insbesondere beim Internet-Auftritt von *Troublemaker* wird dies auch durch die angelegten Links zu Hooligan-Seiten sehr deutlich.

Troublemaker ist Kleidung von der Szene für die Szene, will man dem Fanzine *Foier Frei!* Glauben schenken. Nach Angaben dieses Heftes wird die Firma *Korntex*, die *Troublemaker*-Kleidung herstellt und vertreibt, von Menschen aus dem Umfeld der Nürnberger Hooligan-Truppe *Red Devils* betrieben.[67] Auf der Internet-Seite von *Troublemaker* findet man denn auch eine Liste der Verkaufsstellen[68], von denen einige als eindeutig rechtsextremistisch zu bezeichnen sind (z. B. die Firma *Head-Check* in Wernigerode, auf deren Homepage nicht nur Verkaufsangebote zu finden sind, sondern im August 2001 auch zum "Rudolf-Heß-Marsch" ins bayrische Wunsiedel mobilisiert wurde[69]), viele zumindest den Verdacht einer Nähe zum Rechtsextremismus nahelegen. Natürlich wird *Troublemaker* nicht nur von Rechtsextremen getragen, aber: Neonazis sind ein bewußt gewählter Teil der Zielgruppe, wie nicht nur die einschlägigen Verkaufsstellen nahelegen. So erschien auch im Magazin der mittlerweile verbotenen Nazitruppe *Blood & Honour* eine Werbeanzeige von *Trouble-maker*[70]. Die Firma legt sehr viel Wert auf ein Gewalttäter- und Outsider-Image, wie der Katalog deutlich zeigt. Die abgebildeten Models, die selbstverständlich tätowiert sind, liefern sich Schlägereien mit der Polizei. Dazu paßt auch der Vertrieb von T-Shirts mit der Aufschrift "A.C.A.B.", was für "All Cops Are Bastards" steht. Auch T-Shirts mit der Aufschrift "Kategorie C" – in Anspielung auf die Polizeikartei für gewalttätige Fußballfans - werden angeboten.

Bekleidungskatalog der anderen Art: *Troublemaker*

Bei *Pitbull* ist die Nähe zum Rechtsextremismus nicht in dieser Form ausgeprägt[71], aber auch hier ist der Name Programm für Gewalt und Hooliganismus – sowie der Prospekt eindrucksvoll. Angeboten werden nicht nur Kleidungsstücke, sondern auch Offensiv- und Passivwaffen. Wie zum Beispiel "Knebelketten" (Zitat Prospekt: "Besser Du hast eine, als der Andere.") und ein sogenannter "Riot-Helm" ("Schlag- und Stichfest. (...)hält Steinwürfen und CS-Gas-Attacken stand und ermöglicht dennoch klare Rundumsicht"). Garniert ist das Ganze mit einem aus einer Boulevard-Zeitung ausgeschnittenen Photo, das die Krawalle deutscher Hooligans während der Fußball-Weltmeisterschaft in Frankreich 1998 zeigt. Der Begleittext spielt reichlich zynisch auf einen von deutschen Hooligans lebensgefährlich verletzten französischen Polizisten an: "Der Riot Helm hätte ihm vielleicht mehr gebracht. Aber er hatte leider nur ein französisches Modell."[72]

Bei *Pitbull* wird ein gewisser Wert darauf gelegt, daß es sich nicht um eine Neonazi-Marke handelt. In einem Brief an eine Schule in Dortmund[73], an der offenbar von der Schulleitung das Tragen von *Pitbull*-Kleidung aufgrund des Rufs als Nazi-Marke untersagt wurde, legt der Besitzer der Firma Wert auf die Feststellung, daß diese schon deshalb nicht rechtsextrem sein könne, da der "Ausländeranteil" bei den Mitarbeitern bei 50 Prozent liege. Ja, gar ein Schwarzer arbeite für *Pitbull*, "der im übrigen auch die Position des 'Radikalenbeauftragten' innehat." Immerhin scheint die Firma es für nötig zu halten, sich einen solchen zu halten – worin auch immer die Tätigkeit dieses Mannes bestehen mag. Bei folgendem Zitat aus gleichem Brief ist angesichts des Prospektes allerdings jeglicher Kommentar überflüssig: "Der Name Pit Bull bezeichnet eine amerikanische Hunderasse und Amerika ist doch unser gesellschaftliches Leitbild schlechthin. Es steht doch für Freiheit, Unabhängigkeit, Toleranz und friedlichem Miteinander verschiedenster Kulturen." Gerade an den Marken *Troublemaker* und *Pitbull* zeigen sich gewisse Affinitäten in Kleidungsstil und Habitus von Hooligans und Rechtsextremisten.

Eindeutige Neonazi-Kleidung: *Consdaple, Masterrace, Walhall* & Co.

Es sind dies die Marken, die ausschließlich in Szene-Läden oder bei einschlägigen Versänden zu erstehen sind. Wer diese Kleidung trägt, demonstriert damit, daß er/sie Teil der Szene ist oder mindestens über Szene-Kontakte verfügt. Sie sind genauso wie der Handel mit CDs Teil der Ökonomie der Szene. Das Vertreiben von eigenen Marken – die Markennamen werden allerdings im Regelfall nur auf von anderen Firmen hergestellte Produkte aufgedruckt oder -gestickt – hat sich seit Ende der neunziger Jahre zu einem regelrechten Trend entwickelt. Das rechte Fanzine *Panzerbär* behauptet gar, daß "jeder Versand seine eigene Klamotten-Marke hätte"[74]. Auch wenn dies heillos übertrieben ist, immer mehr Marken tauchen auf dem rechten Markt auf – mit angemeldetem Copyright. Das Ziel, eine eigene, "nationale" Bekleidungsindustrie aufzubauen, ist allerdings erst vollständig erreicht, wenn die Kleidungsstücke auch als Ganzes selbst hergestellt werden. Das selbstgesetzte Ziel des Wikingerversandes aus Geiselhöring ist jedenfalls klar: "Wir werden öfters gefragt, warum wir keine 'typische' Szenekleidung anbieten: Unsere patentierten und geschützten Kleidermarken, wie z.B. Masterrace und Resistance sollen ein Anfang sein, und zeigen, daß man sich nicht nur an 'Szenekleidung' orientieren muß. Die Hersteller von Lonsdale, Ben Sherman und Fred Perry wollen nichts mit 'Rechten' zu tun haben. Zudem fließt das Geld, das hierfür ausgegeben wird, in die falschen Hände. Darum führen wir diese Artikel auch nicht, *weil wir auf dem besten Weg sind, selber ordentliche und kleidsame Produkte auf den Markt zu bringen bzw. selber herzustellen*."[75] (Hervorhebung d. A.) Ob dies allerdings gelingt, bleibt abzuwarten. Noch ist jedenfalls im

Katalog zu lesen: "Für alle Masterrace® Kleidungsstücke gilt: Wir verwenden nur ausgesuchte Markenrohstoffe!"[76] Darüber hinaus wird im Katalog alles angeboten, was das Jungnazi-Herz erfreut. Von CDs über rechtsextreme Bücher, Aufnäher mit allerlei rechtsextremen Symbolen, Megaphone für den Einsatz bei Neonazi-Aufmärschen bis hin zu Schermaschinen ("Dieses schmucke Stück wurde von unserer Szene-Friseuse getestet. Yvonne ist gelernte Friseuse und hat schon mit vielen Geräten gearbeitet"[77]).

Woher kommt nun diese Inflation an neuen "Markenprodukten"? Die einfachste Variante der Analyse wäre es, zu sagen, daß hier wesentliche Elemente aus dem berüchtigten Strategiepapier "Schafft befreite Zonen!" umgesetzt werden. Bei diesem Text, der auch dem Unwort des Jahres 2000, den "National befreiten Zonen", den Namen gab, handelt es sich um das vielleicht wichtigste Dokument des bundesdeutschen militanten Neonazismus der neunziger Jahre. Der Text erschien erstmals in der Zeitschrift des Nationaldemokratischen Hochschulbundes (NHB), des Studentenverbandes der NPD, *Vorderste Front,* im Juni 1991. Er wurde seitdem mehrfach in neueren, mehr oder weniger stark veränderten Fassungen vor allem in NPD-Organen neu veröffentlicht. Neben nur leicht verklausulierten Aufrufen zum Terror gegen politische Gegner[78] sowie Überlegungen zum Verhalten des Staates gegenüber Rechtsextremen findet sich im Text folgender Passus: "Man kann aber auch versuchen, sämtlichen Erpressungsversuchen zu entgehen, indem man sich selbst zum Arbeitgeber macht. Man muß hier Sektoren abdecken, die vom Feind nicht genutzt werden können. Hierzu einige Beispiele: Errichtung eines unabhängigen Buchladens, wo man auch Bücher und Schriften, Aufkleber und Flugblätter kaufen kann, die man sonst nirgends bekommt. Keine Angst, in jeder Region Deutschlands besteht eine genügend große, freilich oft völlig isolierte Szene, so daß sich ein solcher Laden rechnet. Oder eine Druckerei, eine Werbeagentur, ein Reiseunternehmen für kleine Geldbeutel. Man kann 'T-Hemden'[79] oder Schallplatten verkaufen, es gibt tausend und eine Möglichkeit, aus dem System auszubrechen und Kohle zu verdienen, ohne daß man sich ruiniert oder man zum Hampelmann des Systems wird."

Kurz gefaßt, der Szene wird angetragen, sich ein ökonomisches Rückgrat zu schaffen, um die Aktivisten finanziell abzusichern und vor politischer Einschüchterung durch drohenden Arbeitsplatzverlust zu bewahren. Dies ist aber nur die eine Seite – wichtiger ist ein anderer Aspekt: Vor allem in Ostdeutschland ist eine rechtsextreme Jugendszene entstanden, die selbst aufgrund ihrer Nachfrage nach einschlägigen Produkten das entsprechende Angebot schafft. Beim Entstehen der rechtsextremen Ökonomie handelte es sich nicht um einen zentral gesteuerten Prozeß – allenfalls konnte, angeregt durch das oben zitierte Papier, von einigen der Beteiligten dieser Prozeß etwas bewußter gestaltet werden. Die Wahl des Outfits ist dabei lediglich ein Aspekt unter mehreren – mit zur rechten Lebenswelt, die alle wesentlichen Lebensbereiche von Jugendlichen und Aktivisten abdeckt, gehören genauso Musik, Fanzines, Konzerte, gemeinsame Wandertouren und Wehrsport, Lagerfeuerromantik und Aufmärsche, Parties bzw. Besäufnisse und politische Schulung.

Im Folgenden soll, nach der schon erwähnten Marke *Masterrace*, eine kurze Übersicht über weitere, originär rechtsextreme Kleidungsmarken gegeben werden – allerdings ohne jeden Anspruch auf Vollständigkeit, es gibt noch deutlich mehr Produkte auf dem Markt, die als Warenzeichen eingetragen sind. Im Zweifelsfall ergibt es sich aber bei den hier nicht genannten Produkten sehr leicht aus den Markennamen, wes Geistes Kind die Hersteller sind, und welche Zielgruppe angesprochen werden soll.

Consdaple ist ohne Zweifel die rechtsextreme Marke, die, dank einiger Presseberichte, den größten Bekanntheitsgrad besitzt. Die Rechte auf den Namen besitzt Franz Glasauer. Er kann auf eine langjährige Karriere als Funktionär im rechtsextremen Spektrum zurückblicken, bei NPD, Republikanern und der Deutschen Liga für Volk und Heimat. Heute betreibt er ein ziemlich wüstes Versandunternehmen für Neonazi- und Skinhead-Devotionalien. Hier sollen tatsächlich §86a StGB und das NSDAP-Verbot umgangen werden – beim Tragen von Hemden dieser Marke unter einer geöffneten Jacke erscheint der Schriftzug "NSDAP" auf der Brust. Zusätzlich ist zum Teil ein Adler auf der Kleidung aufgedruckt, der den in den Logos des Dritten Reich verwendeten Adlern stark ähnelt, was den martialischen Eindruck noch verstärkt. *Consdaple* wird im Gegensatz zu vielen übrigen originär rechtsextremen Markenprodukten keineswegs nur über den Versand Glasauers vertrieben, sondern ist beispielsweise auch beim *Deutsche-Stimme*-Versand der NPD erhältlich.[80]

"Hatecrime Streetwear" – Werbeflyer sind mit dem Slogan "Be part of the white struggle" versehen. Unter dem Vermerk "german dealer" ist in Anzeigen ein Postfach in Neustadt/Sachsen angegeben. Der Betreiber des Postfachs, Mirko Hesse, hat eine besondere Vorliebe für die Vokabel "Haß" bzw. "Hate": Über das gleiche Postfach laufen auch das Hammerskin-Fanzine *Hass-Attacke* sowie das CD-Label Hate Records. Hesse, der gerne mal im Interview verkündet, bekennender Nationalsozialist zu sein[81], ist eine der zentralen Figuren der deutschen *Hammerskins*.

Bei *Working Class Streetwear* ist der Hersteller gleichzeitig ein rechtsextremistisches Versandunternehmen (Ohrwurm Records).

Walhall Germany ist als Marke aufgrund des Bezuges zur germanischen Mythologie ebenso eindeutig verortbar. Zitat aus dem Katalog: "Walhall – das Reich der toten Krieger. Alle im Kampf gefallenen Recken kommen nach Walhalla und werden damit für ihre Tapferkeit und ihren Todesmut belohnt. Aus hiesigen Landen entstand seit 1991 das Szene-Label 'Walhall-Germany'. Als patentamtlich eingetragenes Firmenzeichen soll es eine Alternative zur 'Klamottenflut' aus England und den USA sein." Bestelladresse ist der "Phoenix US-Shop" in Weimar, der die Szene auch noch mit weiteren Produkten versorgt. Bei einer Durchsuchung im September 2000 wurden von der Polizei unter anderem 6.400 CDs, darunter auch indizierte, beschlagnahmt.[82]

2.5 T-Shirts mit unmißverständlichen politischen Aussagen

Auf solchen T-Shirts sind alle möglichen rechtsextremen Symbole aufgedruckt, Namen von rechten Bands, einschlägige Parolen ("Rudolf Heß – Märtyrer für Deutschland", "White Power", "frei, sozial, national"[83], "Mein Freund ist Deutscher" etc.) und Bezüge zur germanischen Mythologie ("Odin statt Jesus", "Nordland lebt")[84]. Eine deutlichere Mitteilung als mit solchen T-Shirts kann kaum gemacht werden. Auch bei T-Shirts mit Band-Namen (besonders häufig: *Skrewdriver, Landser*) als Aufschrift gilt: Die Entscheidung, welcher Bandname die Brust zieren soll, wird sehr bewußt getroffen, allein der Besitz setzt schon Kontakte zur Szene voraus. Beliebt sind auch zusätzlich auf Markenkleidung aufgebrachte Stickereien. Hier sind zu nennen insbesondere die schon erwähnte, auf *Fred-Perry*-Hemden im Lorbeerkranz zusätzlich aufgestickte Zahl 88 und einschlägige Bandnamen oder Sprüche auf Bomberjacken.

2.6. Jacken

Die Bomberjacke ist im öffentlichen Diskurs zu einem der zentralen Erkennungsmerkmale von Rechtsextremen geworden, aber auch hier ist die Realität uneindeutiger, als so manches Vorurteil es gerne hätte. Bomberjacken werden auch von Hooligans, Gangmitgliedern, Autonomen und Punks getragen. Sie gehören aber in der Tat zum Erscheinungsbild von Skinheads, auch wenn zunächst vor allem andere Jacken getragen wurden – vor allem *Donkey-Jackets* und *Harrington*-Jacken (siehe Abbildung rechts). Genauso wie ein Stiefel auch scheint eine Bomberjacke das Erscheinungs-bild und das Selbstbewußtsein des Trägers zu verändern: "Das Material und der Schnitt einer Bomberjacke lassen den menschlichen Oberkörper kräftiger erscheinen, als er ist, die Bomberjacke 'bauscht auf'. (...) Eine solche Jacke verleiht, weil sie die Körperlichkeit in Hinblick auf Kraft und Unantastbarkeit betont, Stärke."[85] Dies ist insbesondere dann der Fall, wenn die Bomberjacke in Kombination mit extrem weit hochgezogenen Jeans getragen wird. Die Bomberjacke stammt, wie der Name schon sagt, aus einem militärischen Kontext und signalisiert Militanz. Sie ist eine Provokation in der "normalen" Welt: "Der Krieg ist aus dem Alltag herauszuhalten. Mit dieser Kleidung sticht man aus der Alltäglichkeit heraus und wird mit Unantastbarkeit, Streit, Kampf und Zerstörung assoziiert – ein Entwurf 'richtiger' Männlichkeit."[86] Beliebt sind die Marken *Alpha*, *MA 1* und *CWU*, vor allem in olivgrün, bordeaux-rot und schwarz, häufig auch mit einschlägigen Stickereien oder Aufdrucken auf dem Rücken. Man bekommt Bomberjacken nur in Armyshops und anderen, auf eine subkulturelle Klientel orientierten Geschäften.

Die Klassiker der Skinhead-Kleidung sind jedoch ohne Zweifel Donkey-Jackets und Harringtons. Donkey-Jackets sind warme Stoffjacken mit einem PVC-Aufsatz auf den Schultern, die gerade bei schlechtem Wetter überaus praktisch sind. Sie waren ursprünglich für britische Dockarbeiter gemacht, verweisen also gleichermaßen auf die für Skinheads typische Arbeitertümelei. Bei Harrington-Jacken handelt es sich um leichte Sommerjacken, die dem Träger ein "smartes" Aussehen verleihen. Sie haben ein kariertes Innenfutter und sind vor allem in schwarz beliebt.

Ranger-Westen, Feldjacken und andere militärische Kleidung außer Bomberjacken gehören nicht zum ursprünglichen Skinhead-Dresscode, werden aber immer häufiger, vor allem von militanten Neonazis, getragen. Sie gehören zum Standardrepertoire des einschlägigen Versandhandels – was angesichts der Vorliebe von Neonazis für alles Militärische nicht weiter verwundern sollte.

2.7.Tattoos

Tätowierungen haben, obwohl dies langsam nachläßt, in der bürgerlichen Welt nach wie vor etwas Anrüchiges. Traditionell markiert eine Tätowierung die Grenze zwischen In-Group und Out-Group. Sie kann die Funktion des Stigmas und die Funktion des Zugehörigkeitszeichens haben.[87]

Sich tätowieren zu lassen, kann ein Initationsritual sein. So war es zum Beispiel für SS-Angehörige obligatorisch, sich tätowieren zu lassen. Zwar wurde kein eigenes Symbol, sondern nur eine Blutsgruppenbezeichnung eintätowiert, dennoch wurde diese als "adelndes Ingroup-Zeichen eines rassebewußten Männerbundes"[88] verstanden. Es war sicher das Wissen um die SS-Praktiken, das eine andere rechtsextreme selbsternannte Eliteorganisation, die Hammerskins, diese Tradition aufgreifen ließ – hier werden die Mitglieder dazu angehalten, sich das Organisationssymbol, zwei gekreuzte Zimmermannshämmer in einer Raute, eintätowieren zu lassen. Genauso wie bei der SS, die es nicht duldete, wenn Nicht-Mitglieder ihre Symbole trugen, ist es auch bei den Hammerskins. Auf ihrer Homepage geben sie unter dem Abschnitt "FAQ" – für "Frequently Asked Questions" – auf die Frage "Do you mind if I get A Hammerskin tattoo?" folgende Antwort: "No I don't mind at all. But if you think that tattoo hurt when you got it, imagine what it's is gonna feel like When we take it off? Really why ask, Would you get a Marine corps tattoo if you were never in the Marines?"[89] Das Symbol der Organisation ist heilig und exklusiv, niemand außer den Mitgliedern soll es benutzen – wie im für die Hammerskins typischen rüden Tonfall mit unverhüllter Gewaltandrohung und mangelhafter Orthographie klargemacht wird.

Drei *Holsteiner Jungs* präsentieren im Booklet der CD "Flaschen und Fäuste (1998) stolz ihre Tattoos – juristisch anstößige Symbole vorsichtshalber übermalt.

Tattoos sind auch ein Symbol der Selbstverstümmelung – nicht aus Zufall gehören sie zum Klischeebild des Strafgefangenen. Sie sind aber ebenso ein Zeichen der Brandmarkung – die Eintätowierung von Nummern in die Haut von KZ-Häftlingen während des Nationalsozialismus ist da nur das eindrücklichste Beispiel aus der europäischen Geschichte. An dieser Stelle sei daran erinnert, daß auch das Schneiden einer Glatze ein traditionelles Unterwerfungsritual ist.

Es ist die Mischung aus Männlichkeitsbeweis und Initiation auf der einen und Selbststigmatisierung auf der anderen Seite, die Tätowierungen bei Skinheads so attraktiv macht. Hier gilt im Kontext der rechtsextremen Szene: Je mehr Tattoos eine Person trägt, und je auffälliger und je "politischer" diese sind, desto "krakiger" und gewaltbereiter ist das allgemeine Auftreten. Um Tattoos wird in der rechten Skin-Szene ein regelrechter Kult betrieben. Eingesandte Fotos von Tätowierungen werden in jeder Ausgabe der "Nazi-Bravo" *Rock Nord* abgedruckt, zur Ökonomie von *Blood & Honour* gehörte bzw. gehört auch der Betrieb von Tattoo-Studios[90].

Kurt Möller schreibt in seiner Analyse des Männlichkeitsbildes der Skinheads, Tattoos ließen einen Körperausdruck zu, der ein "Sich-Schmücken" erlaube, ohne "unmännlich" zu wirken. Damit berufe man sich auf eine "lange, in unserem Kulturkreis männliche, zudem eher unterschichtgebundene Traditionslinie". Und weiter: "Tätowierung und ihre Verbindung mit Schmerz und geringer, aber immerhin blutiger Verletzung ist ein Beweis 'wahrer' Männlichkeit, die Dauerhaftigkeit und Unabänderlichkeit der Körperzeichnung per Nadel kann als Symbol für Konsequenz, Unerschütterlichkeit gesehen werden – klassische Männlichkeitsmerkmale."[91] Und – bei politischen Tattoos – als Zeichen, es mit dem Kampf auch wirklich ernst zu meinen. Als Motive werden vor allem Bilder aus der germanischen Mythologie gewählt, typisch sind kämpfende nordische Götter, Thorshämmer und anderer Firlefanz, das übliche Standardrepertoire an rechtsextremer Symbolik von Keltenkreuz bis Hakenkreuz (das dann aufgrund §86a in der Öffentlichkeit mit Pflastern abgeklebt werden muß) – aber auch traditionelle Skin-Symbole wie der *Crucified Skin*[92].

2.8 Aufnäher an der Jacke, Buttons, Anstecker und Gürtelschnallen

Es sind dies die wichtigsten Erkennungszeichen überhaupt, vor allem für die nonverbale Kommunikation unter Jugendlichen. Als Aufnäher-Motive werden, neben Bandlogos die üblichen rechtsextremen Symbole getragen. Anstecker und Aufnäher sind bei absolut jedem Szene-Versand erhältlich – ein Beleg für die hohe Bedeutung. Bei Gürtelschnallen überwiegen Motive mit Bezug zur germanischen Mythologie. Auch sie unterstreichen ein martialisches Auftreten und waren bei ursprünglichen Skins unüblich – schließlich trug man Hosenträger.

Aufnäher oder Buttons sind auch eine wichtige Möglichkeit, nicht-rechte Skins als solche zu erkennen. Sie tragen – so sie sich denn dem Distanzierungsdruck beugen wollen – häufig als Zeichen der Abgrenzung "SHARP"-Buttons. SHARP steht für "SkinHeads Against Racial Prejudice" – eine Szene-Gegenbewegung zu den stärker werdenden Neonazis. Im Emblem ist häufig ein stilisierter Helm mit Schweif enthalten, das Logo der Plattenfirma *Trojan*, die Ende der sechziger Jahre führend im Bereich von Ska- und Reggae-Musik war – ein symbolischer Rückgriff auf die mythologisierten Skinhead-Ursprünge.

3. Zusammenfassung: Was wird mit diesem Outfit ausgedrückt?

Bereits bei der Aufführung der einzelnen Bestandteile hat sich gezeigt: Die Wahl von Kleidung prägt nicht nur zutiefst das Erscheinungsbild, die Garderobe vermag die Person selbst zu verändern. Mit einem militanten Outfit fühlt man sich einfach anders, kann selbstbewußter auftreten. Zusammengefaßt läßt sich in der Analyse des rechtsextremen Dresscodes feststellen, daß sich dieser mittlerweile leicht vom ursprünglichen Skinhead-Stil entfernt hat. Damals konnte gelten: "Die Klamotten der Skins repräsentierten die ultimative Gang-Uniform. Sie war stilisierte Härte und sie war absolut typisch für die Arbeiterklasse."[93] Die heutige Nazi-Kluft ist einen Schritt weiter, ohne die Wurzeln verleugnen zu wollen. Die Gang-Mitgliedschaft gehört zwar nicht der Vergangenheit an, ist aber ungleich politischer geworden. Wurde im England der sechziger Jahre zwar auch schon das berüchtigte "Paki-Bashing" – wie die Skins dieser Zeit ihre Gewalttaten gegen Migranten nannten – betrieben: Heute ist der Kampf für eine vermeintlich glorreiche Zukunft angesagt, die zügellose Randale durch den politischen Kampf ersetzt. Diese Veränderung ist auch dem Kleidungsstil anzusehen. Konnte der ursprüngliche Skin-Stil aufgrund seiner Schlichtheit und des Aufgreifens von preiswerter und funktionaler Arbeitsbekleidung noch in Anlehnung an Bourdieu als "Notwendigkeitsgeschmack"[94] begriffen werden, ist dies heute tendenziell anders. Der Stil wird militärischer, immer mehr Anlehnungen an die Ästhetik des Dritten Reichs kommen dazu – Hosen, Jacken, *Consdaple*-Hemden, aber auch die Frisur. Zudem hat der soziale Kontakt zum Hooligan-Milieu seine Spuren hinterlassen, vor allem in Gestalt der Marken *Troublemaker Streetwear* und *Pitbull.* Diese Markennamen *sprechen*: "Ich bin gefährlich, ich finde es toll, wenn Leute vor mir Angst haben. Ich bin der, der immer Ärger macht, der harte Kämpfer. Und ich trage meine Männlichkeitsvorstellungen offen zu Schau. Hart bin ich, nicht so verweichlicht und weibisch wie die anderen."

Das Outfit ist beim Nachwuchs identitätsunterstützend. Es ist so überladen, bilderreich, weil die eigene Idenität noch nicht voll ausgeprägt ist, die Unsicherheit noch durch Überdeutlichkeit im Stil ausgeglichen werden muß – nur "irgendwie rechts" soll es sein. Bei den Jüngeren gilt: Erst die Ästhetik, dann die Inhalte; bei älteren Personen ist diese Relativierung allerdings nicht mehr angebracht.

Das Tragen von militärischer, martialischer Kleidung kommt dem Tragen einer Uniform oder einem Kampfanzug sehr nahe, es gibt eine strukturelle Nähe von Dresscodes und Uniformen. Uniformen sind ansprechend für Menschen, die Teil von Massen sein wollen, die sich anpassen wollen, die sich keine eigenen Gedanken machen wollen, die durch ihren Kleidungsstil eben nicht Individualität demonstrieren wollen. Die rechte Kluft ist das Outfit einer durch und durch politisierten Person, eines *politischen Soldaten*, eines ständig kampfbereiten Militanten. Sie ist die Uniform des Sekundärtugenden affirmierenden, konformistischen Rebellen, einer Person, die ein reaktionäres, sexistisches, an körperlicher Stärke und Härte orientiertes Männlichkeitsideal in ihrem Erscheinungsbild zur Schau stellt bzw. sich als Frau einem solchen angleicht. Die Inhalte des Kampfes sind in jeder Hinsicht in Stil gegossen, der Stil ruft zum Angriff auf. Angesichts des gleichzeitigen Auftretens der Selbststigmatisierungselemente Glatze und Tätowierung sowie der sonstigen auf Angriffslust verweisenden Stilelemente ist zudem die Überlegung naheliegend, daß der rechtsextreme Stil unübersehbar auch sado-masochistische Züge aufweist. Schon in der Kritischen Theorie der dreißiger und vierziger Jahre wurde die autoritäre Persönlichkeit als sado-masochistisch charakterisiert.[95]

4. Was bedeutet dies nun für LehrerInnen, SozialpädagogInnen und andere?

Die Verbreitung von verschiedenen Kleidungsstilen an einem bestimmten Ort ist ein wichtiger Hinweis auf die dort herrschenden politischen Kräfteverhältnisse. Gibt es in einer Kleinstadt etwa weder Punks noch Skater/HipHoper oder Grufties, und sind stattdessen Kurzhaarfrisuren und Kleidung der Marken *Lonsdale*, *Pitbull*, *Troublemaker* überdurchschnittlich stark vertreten, so ist dies ein Anzeichen für die Existenz einer starken rechtsextremen Szene vor Ort, die den entsprechenden Anpassungsdruck ausübt – und auch solche Jugendliche in die Kluft zwingt, die die entsprechenden Werte, die dahinter stehen, möglicherweise nicht völlig verinnerlicht haben. Bei der Reaktion auf Kleidung ist jedoch aufgrund der Uneindeutigkeit größte Vorsicht angebracht, obwohl diese eine Entwicklung nach rechtsaußen anzeigen kann. Hier wären drei Varianten denkbar: Einerseits Klamotten als "Einstiegsdroge": So könnte am Outfit eine schrittweise Radikalisierung festgemacht werden. Beispiel wäre etwa ein 15jähriger Junge, der Kleidung ohne jegliche Bedeutung trägt, ein "Stino". Plötzlich taucht er im Jugendclub mit einem *Pitbull*-Hemd auf. Aussage: "Ich will gefährlich und krawallig erscheinen, ich finde es toll, wenn die Leute wegen mir die Straßenseite wechseln." Zunächst also etwas *relativ* "Unpolitisches". Damit ist jedoch eine wichtige Gemeinsamkeit zu rechtsextremen Jugendlichen geschaffen, die die gleichen Marken tragen. Zudem gleicht sich auch seine Gefühlswelt den rechten Jugendlichen an: Härte als Männlichkeitsideal, "mir kann keiner was". Eine gemeinsame Ebene ist geschaffen, es kann zu Identifikationsprozessen mit rechten Jugendlichen kommen. Am Ende eines solchen Prozesses steht dann unter Umständen das *Skrewdriver*-T-Shirt und eine eindeutigere Gesinnung.

Ein anderes Beispiel wäre ein direkter Einstieg über Klamotten. LehrerInnen und SozialarbeiterInnen aus den neuen Bundesländern berichten gegenwärtig wiederholt, daß das Einstiegsalter in die rechtsextreme Szene bis auf zwölf Jahre abgesunken ist. Natürlich wissen Jugendliche in diesem Alter sehr oft nicht, was *Skrewdriver* oder "rechts-sein" eigentlich so genau ist: Sie wissen aber, daß man damit viele PädagogInnen wahnsinnig ärgern und Mitschülern Angst einflößen kann – genauso wie es etwa der große Bruder tut, der die gleiche Kleidung trägt. Interessant werden sie mit solch einer Kluft auch für ältere, fest in die rechte Szene integrierte Jugendliche. Das Interesse wird dann beiderseitig sein: Für die Einen tut sich interessanter Nachwuchs auf, für den Jüngeren ist es wahnsinnig cool, ältere Jugendliche kennenzulernen. In der dritten Variante sagt das Outfit eher etwas über die Einstellung der Eltern aus. Mittlerweile sind bei diversen Versänden selbst Kleidungsstücke mit rechtsextremen Emblemen in Kindergrößen erhältlich, der Wikingerversand bietet gar Baby-Kleidung an – offenbar existiert selbst dafür bereits ein Markt.

Wer als SozialarbeiterIn oder LehrerIn auf *Lonsdale*-Pullover, *Ben-Sherman*-Hemden, *Fred-Perry*-Polo-Shirts oder *Dr.-Martens*-Stiefel "pädagogisch reagieren" möchte, wird sich bei den meisten Jugendlichen schlicht lächerlich machen – sie sind einfach im Einzelfall zu wenig eindeutig. Anders ist es jedoch bei den "härteren" Varianten. Obwohl ein *Troublemaker*-T-Shirt auch keineswegs eindeutig ist: ein Anlaß zu Aufmerksamkeit ist es allemal. Erst recht ist dies der Fall bei den politisch eindeutigen Kleidungsstücken.

Verbote sind hingegen kontraproduktiv. An einigen Schulen ist es mittlerweile untersagt, entsprechende Kleidung zu tragen. Dies betrifft keineswegs nur originär rechtsextreme Kleidungsstücke wie *Skrewdriver*-T-Shirts oder *Consdaple*-Hemden. Wie die *Berliner Zeitung* berichtete, stehen beispielsweise an der Berliner Knobelsdorff-Oberschule auch *Lonsdale*-Pullover auf dem Index. Ein Schüler dieser Schule erhielt gar ein zweiwöchiges Hausverbot, weil er sich weigerte, seine *Lonsdale*-Jacke zu Hause im Kleiderschrank zu lassen. [96] Diese Praxis ist inzwischen auch vom Berliner Verwaltungsgericht abgesegnet worden – ausdrücklich auch in Bezug auf *Lonsdale*. Laut dem Urteil dürfen Berliner Schulen bestimmte Kleidung ihrer SchülerInnen dann verbieten, wenn diese auf eine rechtsextreme Gesinnung schließen lasse.[97]

Die Schattenseiten einer solchen Verbotspraxis liegen eigentlich auf der Hand: Wirkliche Führungsfiguren der rechten Szene rücken so aus dem Blickfeld – die kleiden sich unauffällig, und sind gerade in Ostdeutschland häufig bei ihren LehrerInnen beliebt, da sie fleißig und pünktlich sind.

Verbote treffen keineswegs nur die, die sie treffen sollen – gerade bei wichtigen Opfergruppen rechtsextremer Schläger, Gothics oder Punks etwa, sind Stiefel überaus beliebt. Mitbetroffen sind allgemein Jugendliche, die einen subkulturell orientierten Kleidungsstil haben – zu dem Stiefel schlicht dazugehören. Mit solchen Maßnahmen wird letztendlich befördert, was die Akteure zu bekämpfen vorgeben: Eine Vereinheitlichung des Kleidungsstils bei Jugendlichen.

Wahre Abgründe an Illiberalität tun sich bei Bundesfamilienministerin Bergmann auf: Sie lobte die Verbotspraxis einer Schule in Wesel als "gutes Beispiel" und fügte hinzu: "Zum gesellschaftlichen Miteinander gehören auch Regeln zum Tragen angemessener Kleidung in Schule, Beruf und Freizeit"[98]. Das ist nicht weit entfernt von zu DDR-Zeiten gegenüber Punks eingeleiteten Ordnungsstrafverfahren, wo der betroffenen Person vorgeworfen wurde, "durch (ihr) Äußeres und die Art (ihres) Auftretens eine Störung der öffentlichen Ordnung und Sicherheit" zu verursachen.[99] Hier wird eine unselige Tradition autoritärer Pädagogik aufgegriffen – in Deutschland wurden immer wieder Jugendliche gegängelt, die sich dem optischen Mainstream entzogen. Es stellt sich ernsthaft die Frage, wo die Verbote überhaupt Halt machen sollen – demnächst wird wohl noch der Vorschlag gemacht, Schüler mit zu kurzen Haaren vom Unterricht auszuschließen – die können schließlich auch auf eine rechtsextreme Gesinnung schließen lassen.

Rechtsextreme SchülerInnen mit Repressionserfahrung bekommen so die einmalige Chance auf dem Silbertablett präsentiert, einen Märtyrer-Status zu erlangen. Verbote schweißen die rechte Szene zusammen, sorgen bei den Jüngeren für eine "jetzt-erst-recht"-Stimmung und erschweren den Zugang für PädagogInnen. Verbote sind in erster Linie Kapitulationserklärungen – der bewußte Verzicht auf pädagogische Intervention, aber auch Ausdruck eines generellen Schubs an autoritärem und obrigkeitsstaatlichem Denken – genau wie die Reduzierung der Auseinandersetzung mit der NPD auf eine Verbotsdebatte. Verbote von "uneindeutigen" Accessoires drohen Jugendliche als Rechtsextreme zu stigmatisieren, die keine sind. Oder bei solchen, die "auf der Kippe" stehen, eine wirkliche Politisierung überhaupt erst auszulösen. Hier droht sich zu wiederholen, was schon Anfang der neunziger Jahre an Schaden bei den Indizierungen rechtsextremer CDs angerichtet wurde: Bands wie *Störkraft* wurden so überhaupt erst bekannt, ihre CDs fanden erst nach der Indizierung reißenden Absatz.[100] Die entsprechende Kleidung wird erst recht attraktiv – außerhalb der Schule.

Frauke Stuhl

Ich weiß nicht, was soll es bedeuten...

Die Symbolik der extremen Rechten

Hakenkreuze, eilig an Wände oder in Schulhefte gemalt, sind in der heutigen Zeit keine Seltenheit. Ob als Button oder Aufnäher, nationalsozialistische und auch andere Symbole haben unter Rechtsextremen und ihren Anschluß suchenden Mitläufern einen hohen Stellenwert.

Gegenstände (Fahnen, Embleme, Abzeichen) werden zu Symbolträgern, in die einfach abrufbare Codes hineinprojiziert werden. Symbole können mit ihrer ausdrucksstarken und emotionalen Qualität überall Wirkung entfalten, insbesondere, wo eine verbale, rationale Vermittlung nicht gefragt ist. Sie machen Gruppenzugehörigkeit sichtbar und erfahrbar, stärken das Wir-Gefühl und bedienen das Abgrenzungsbedürfnis gegenüber anderen Gruppen. Symbole sind Sinnbilder politischer Weltanschauungen, und doch bekennt ihr Träger mehr als nur ideologische Neigungen; er teilt seiner Umwelt auch mit, Teil einer Gruppe, eines Volkes, einer Nation zu sein.

Die Praxis wirkt wie ein kultur- und religionshistorisches Patchwork. Neben den einschlägigen nationalsozialistischen Symbolen bedient man sich altnordischer Mythologien und all dessen, was vermeintlich "Kraft" und "Stärke" vermittelt, was als "urgermanisch" und "urdeutsch" gelten mag. Die ursprüngliche Bedeutung der mythologischen Stoffe bleibt dabei meist auf der Strecke – auf Wissenschaftlichkeit ist die Rezeption jedenfalls nur selten begründet.

Ihre Verbreitung ist enorm: Manche Gruppen benutzen nur ein bestimmtes Zeichen im Bandnamen oder auf der Startseite im Internet, andere haben eine wahre Flut im Repertoire. Juristisch ist die Strafbarkeit der einzelnen Symbole umstritten. Während die Verwendung von Hakenkreuz und Sigrune als typische Kennzeichen der verbotenen NSDAP prinzipiell unter Strafe gestellt ist, sind in jüngeren Prozessen Träger von sogenannten Gau-Abzeichen, die historisch an Abzeichen der ebenfalls verbotenen Hitlerjugend angelehnt sind, straffrei ausgegangen. Der Paragraph 86 a des Strafgesetzbuches regelt die juristische Praxis[101] . Er verbietet zwar ausdrücklich das öffentliche Tragen von Kennzeichen und das Verwenden von Propagandamaterial – auch in abgewandelter Form – verbotener Organisationen[102], die wiederum im Paragraphen 86 aufgeführt werden. Durch eine uneinheitliche Rechtsprechung etabliert sich aber eine immer größere Grauzone. So ist umstritten, wie beispielsweise der Ausdruck "öffentlich" besetzt wird. Ist das versteckte Tragen von verbotenen Symbolen unter einem Hemd also erlaubt, wie das Oberlandesgericht Dresden 2000 entschied? Fast alle der von den Nationalsozialisten oder den heutigen Neonazis verwendeten Symbole haben zudem eine viel ältere Geschichte als die Organisationen selbst, die sie heute als identifikationsstiftende Elemente verwenden. So sind in der Praxis einzelne Symbole nicht immer nur exakt einer Organisation zuzuweisen. Die Wolfsangel beispielsweise ist als Abzeichen der Jungen Front zwar verboten, gleichzeitig taucht sie aber auch ganz legal als altes germanisches Symbol im Stadtwappen deutscher Städte wie Rüsselsheim auf. Ähnlich kompliziert ist die strafrechtliche Verfolgung anderer Symbole. Weil die Verwendung der Symbole immer nur in einer spezifischen Lesart als Kennzeichen einer bereits verbotenen Organisation oder Gruppe geahndet werden kann, müssen Richter und Staatsanwaltschaft immer auch über den Kontext, in dem das Abzeichen benutzt wird, entscheiden. Keine leichte Aufgabe, bedenkt man das selbst für Eingeweihte oft undurchschaubare Dickicht von sich ständig ändernden Sinnzuschreibungen. Zudem sind Verfahren nach Paragraph 86a (noch) eher eine Ausnahme im gerichtlichen Alltag. Noch verwirrender wird die Praxis freilich, wenn, wie in den oben angeführten Urteilen zum Gau-Abzeichen, Bezug auf das juristisch umstrittene Konzept eines "unbefangenen Dritten" genommen wird. Dieser "Mann von der Straße" muß nämlich das Abzeichen auch selbständig einer verbotenen, verfassungsfeindlichen Organisation zuordnen können, um die juristische Ahndung zu rechtfertigen. Natürlich dienen aber viele der von Neonazis benutzten Symbole und Kennzeichen zunächst nur als eine Art konspirativer Erkennungscode für Szenemitglieder und sind der breiten Öffentlichkeit meist unbekannt. Obwohl sie damit eine hohe Relevanz für die innere Einigkeit und Stärke der Gruppe haben, können sie strafrechtlich nicht verfolgt werden.

Die unklare Rechtslage und umstrittene Urteile geben der rechten Szene weiter Auftrieb. In szene-relevanten Publikationen werden die jeweiligen Urteile ausgiebig diskutiert und aktuell über jüngste Veränderungen der Rechtslage berichtet. Resultat ist, dass immer mehr Rechte über die aktuelle Rechtslage besser informiert sind als sie verfolgende Staatsorgane. Klar scheint allein, dass staatliche Repressionsmaßnahmen meist ihr Ziel verfehlen. Die Szene passt sich den juristischen Erfordernissen an, die Verwendung wird subtiler, ohne jedoch an Aussagekraft oder Attraktivität zu verlieren: "Die Indizierungslisten verwandelten sich auf Schulhöfen in Hitlisten; sobald die Indizierung oder auch Beschlagnahme einer Produktion bekanntgegeben wird, laufen überall in der Republik die CD-Brenner heiß, die Auflagen steigen. (...) Anwälte wurden zu Ersthörern, loteten die Grenzen der Legalität aus und halfen den Bands, ihre Ansichten in eine juristisch schwer angreifbare Sprache zu kleiden."[103]

Entzauberung verspricht allein der Weg über die Aufklärung. Es gilt, historische, kulturelle und religiöse Sachverhalte zu (er)klären und dem Mythos so seinen irrationalen Glanz zu nehmen. Verbote allein können den Gebrauch von Symbolen jedenfalls nicht eindämmen.

Das Hakenkreuz

Der älteste Nachweis des Hakenkreuzes stammt wahrscheinlich aus der Ukraine und wird ungefähr auf das Jahr 10.000 v. Chr. datiert. Es findet sich in Tibet, dem vorkolumbianischen Amerika, in Europa seit dem Neolithikum und vereinzelt in Afrika und Polynesien[104]. Trotz seiner Ähnlichkeit mit den Runen ist es keine.

Die Bedeutung des Hakenkreuzes ist nicht immer bestimmbar, erwiesen sind wohl lediglich Drehimpuls und zyklische Bewegung als Deutungsgehalte. Es wird als Sonnenrad bezeichnet, kennzeichnet den

Sonnenlauf, stellt zwei sich kreuzende Blitze oder einen Wirbelsturm dar. Es ist ein Symbol für das Leben, die Sonne, das Glück und gilt allgemein als Heilszeichen. In Sanskrit heißt das Hakenkreuz "Swastika" und ist Sinnbild des ewigen Kreislaufes und Zeichen Buddhas. Bei den Germanen war es auch Schmuckmotiv und von Unheil abwehrender Bedeutung.[105]

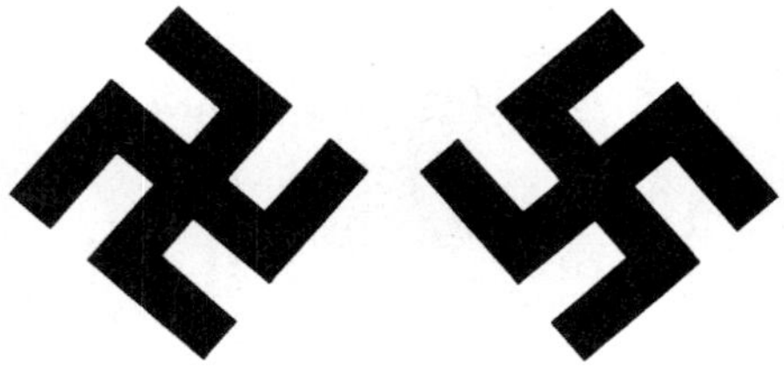

Hakenkreuz links- und rechtsdrehend

Nicht unwichtig ist der Lauf des Rades: Ist es rechtsdrehend, hat es eine positive Konnotation und wird mit der aufgehenden Sonne, dem Tag und dem Leben gleichgesetzt. Linksdrehend bezeichnet es die absteigende Sonne, die Nacht und den Tod[106].

Durch seine Vieldeutigkeit mußte das Hakenkreuz für allerlei Mißbrauch herhalten. Okkulte und völkische Gruppen am Ende des 19. Jahrhunderts deuteten es als eine Art nordisches Leitsymbol und benutzten es als Zeichen der "germanischen Wiedergeburt". Es wurde zum Symbol einiger Glaubensgemein-schaften und Bewegungen, so der Germanischen Glaubensgemeinschaft und der Thule-Gesellschaft.

Wo Hitler dieses Symbol das erste Mal gesehen hat und weswegen er es seit den zwanziger Jahren als Leitsymbol der NSDAP verwendete, ist umstritten. Vermutet wird, dass ihm die Schriften des "Runenkundlers" Guido von List (1848-1919) und des Mystikers Jörg Lanz von Liebenfels (1874-1954), der die rassistischen *Ostara*-Hefte herausgab, nicht fremd waren. In "Mein Kampf" deutete er das Hakenkreuz so: "... im Hakenkreuz (sehen wir) die Mission des Kampfes für den Sieg des arischen Menschen und zugleich mit ihm auch den Sieg des Gedankens der schaffenden Arbeit, die selbst ewig antisemitisch war und antisemitisch sein wird."[107] In späteren Reden bezeichnete Hitler es als Symbol der "Wiedergeburt unseres Volkes"[108].

Die große Nähe des Hakenkreuzes zum Nationalsozialismus im gegenwärtigen Gebrauch liegt auf der Hand. So dient es einerseits der Provokation von Eltern, Schule und Gesellschaft sowie dem Austesten von Grenzen. Als offensichtliches Bekenntnis zu nationalsozialistischen Werten und Überzeugungen geht seine Verwendung andererseits jedoch weit über altersgemäß "normales" Verhalten hinaus und in den strafrechtlich relevanten Bereich über: Das Tragen bzw. Benutzen des Hakenkreuzes ist durch seine Zugehörigkeit zur verbotenen NSDAP strafbar, auch in seinen abgewandelten Formen.

SS-Abzeichen

Das SS-Abzeichen ist eine Kombination aus zwei S-Runen, die in der Runenschrift selten genutzt wurden. In der bekannten Form kommt sie erst im jüngeren Futhark vor[109].

Die S-Rune erfuhr ihre weiteste Verbreitung in Fahnen, Standarten und Uniformabzeichen. Sie war das Symbol der SS und des Deutschen Jungvolkes. Das Emblem der SS wurde 1929 von dem Zeichner Walter Heck entworfen und sollte ursprünglich nur als SS-Zivilabzeichen dienen. Fraglich ist, ob Heck bei der graphischen Umsetzung magische Ambitionen verfolgte[110].

Die Rune stand sehr häufig im Mittelpunkt der Bemühungen von Laienforschern. Die angebotenen

SS Abzeichen

Fähnleinfahne der HJ

Sigrune

Deutungen sind meist wissenschaftlich nicht vertretbar, einzig ihre Bedeutung als "Sonnenrune" hält ernsthafter Überprüfung stand[111]. Sie wurde als "Sigrune" oder "Siegrune" interpretiert, sollte die "siegende Kraft" versinnbildlichen und wurde stark mit militärischer Macht, Gewalt, Kampf, Tod und Krieg assoziiert.

Als Schutzstaffel war die SS für die "innere Sicherheit" im Dritten Reich zuständig. Darüber hinaus wollte Heinrich Himmler, in Anlehnung an die Gesellschaft Jesu und den Deutschritter-Orden, eine neue exklusive Ordensgemeinschaft schaffen: das "Schwarze Korps" als rassische, männliche und mörderische Elite des neuen Deutschlands[112]. Straffe Organisation, das geschlossene Auftreten, militärisches Gehabe und Exklusivität mögen die Faszination, die für manchen von der SS ausgeht, erklären.

Das Zeichen ist zwar verboten, wird aber in modifizierter Form noch auf CD-Covern benutzt. Auch Zeichen, die sofort mit der SS assoziiert werden, wie der Totenkopf, tauchen häufiger auf. Dieser stammt von den SS-Totenkopfverbänden, die unter anderem ab 1936 die Bewachung der Konzentrationslager übernahmen. Außerdem war der Totenkopf auf dem silbernen Ring der SS abgebildet, der vom Untersturmführer an aufwärts an alle Mitglieder verliehen werden konnte. Der Ring galt als Sinnbild der "germanischen Geisteshaltung" und nationalsozialistischen Weltanschauung. Neben dem Totenkopf waren auch einige Runen auf dem Ring vertreten, die zum Teil Neuschöpfungen des SS-Oberführers Karl Maria Willigut waren[113].

SA-Abzeichen

Das Tragen des SA-Abzeichens ist als ursprüngliches Symbol der verbotenen SA in Deutschland strafbar. Es ist eine Kombination aus der Sig-Rune und dem Buchstaben A, von einem Kreis umringt, und wurde Mitte der zwanziger Jahre zum Emblem der Sturmabteilung.

Heute wird das Zeichen so gut wie nie benutzt. Vermutlich ist die Attraktivität dieser nationalsozialistischen Organisation längst nicht so hoch einzuschätzen wie die der SS.

SA Abzeichen

Gau-Abzeichen

Die NDSAP teilte das Reichsgebiet in 42 Gaue ein, als 43ster zählte die Auslandsorganisation der NSDAP. Sie untergliederten sich in Kreis, Ortsgruppe, Zelle und Block und standen zwischen Reichs- und Kreisebene. In Kooperation mit der Wehrmacht trugen die Gauleiter für die zivile Landesverteidigung ihres entsprechenden Gebietes Verantwortung.

Die sogenannten Armdreiecke der HJ und des BDM verwiesen darauf, zu welcher territorialen Gebietseinheit die Jugendlichen gehörten. Die schwarzen Stoffabzeichen wurden auf dem linken Oberärmel der Dienstkleidung getragen, eine eingestickte, mit Fraktur beschriftete Umrandung unterstrich ihre Dreiecksform.

Gau-Abzeichen

Ob man die Gau-Abzeichen heute tragen darf, bleibt umstritten. Volker Dahm, Mitarbeiter des Münchener Instituts für Zeitgeschichte, analysierte in dem Aufsatz "Freibrief für Rechtsextremisten? Zur gegenwärtigen Rechtsprechung bei öffentlicher Verwendung von ‚Kennzeichen' nationalistischer Organisation" Gerichtsurteile zum Thema. Dabei wird deutlich, wie schwierig bzw. unmöglich es ist, einen Überblick über die Rechtslage zu behalten. Viele Urteile sind widersprüchlich, eine einheitliche Linie in der Rechtsprechung ist nicht zu erkennen. Dahm untersuchte neun Urteile; sechs davon waren Freisprüche. Bei den anderen drei ergingen Strafbefehle[114].

Die Wolfsangel

Abzeichen des HJ-Adjutanten

Iwaz-Rune

Wolfsangel

Die Wolfsangel war in diesen Breiten angeblich einmal Jagdgerät, um Wölfe zu erlegen. Ob sie tatsächlich dazu verwendet wurde, bleibt zweifelhaft. Es konnten bislang keine entsprechenden Exemplare nachgewiesen werden. Nur die Bezeichnung als solche war im Sprachgebrauch weit verbreitet und ist es auch heute noch.

Im Nationalsozialismus fand die Wolfsangel in abgewandelter Form als Abzeichen des Nationalsozialistischen Schülerbundes und in der SA-Standarte Feldherrnhalle ihre Verbreitung. Außerdem trugen es die HJ-Adjutanten in der Ärmelraute. Ob es sich aber bei diesem Abzeichen eher um die abgewandelte Form der Iwaz-Rune handelt, ist nicht eindeutig. Sowohl die Rune als auch die Wolfsangel könnten bei der Auswahl Vorbild gewesen sein.

Als Symbol der verbotenen Jungen Front ist das Tragen der Wolfsangel strafbar. Allerdings findet man sie heute auch in vielen Stadtwappen – ohne politische Bedeutung und daher nicht verboten.

Runen

Möchte man heute ernsthaft etwas über Runen erfahren, sollte man nicht den Fehler begehen, irgendwelche Informationen aus dem Internet zu ziehen. Die sind meistens falsch, übertrieben und erinnern an Märchenstunden. Gleiches gilt für zahlreiche, vor allem in Esoterikläden erhältliche Bücher.

Runen sind germanische Schriftzeichen, die im Laufe des 1. Jahrhunderts n. Chr. entstanden sind. Sie wurden aus Alphabeten der Mittelmeersprachen gebildet.[115] Die sogenannte "Lateinthese", wonach sich die Runenschrift aus der lateinischen Schrift entwickelt haben soll, findet in letzter Zeit wieder stärkere Beachtung.[116]

Man spricht bei Runen von einer Runenreihe, die eine bestimmte Reihenfolge hat, aber nicht, entsprechend eines Alphabets, mit "abc" beginnt. Die verschiedenen germanischen Stämme benutzten zu unterschiedlichen Zeiten Runenreihen, die auf eine ursprüngliche, "gemein-germanische" Reihe von 24 Zeichen zurückzuführen sind. Nach dem Lautwert der ersten sechs Zeichen wird diese Reihe als "Futhark" bezeichnet.[117] Dieses sogenannte "ältere Futhark" liegt den Inschriften der Periode von ca. 200-750 n. Chr. zu Grunde. In der Mitte des 8. Jahrhunderts beginnt sich die Runeninschrift zu verändern. Die nordischen Inschriften der Wikingerzeit (800-1050) und des Mittelalters (ab 1050) zeigen eine auf 16 Zeichen verkürzte Runenreihe, das "jüngere Futhark".[118] Mit den Erkundungs- und Handelsfahrten der skandinavischen Wikinger wurde das Verbreitungsgebiet der Runeninschriften beträchtlich erweitert. In Grönland, Irland, Rußland und Piräus wurden ebenfalls Runeninschriften gefunden. Die Runen wurden auf festem Material eingeritzt, ein Charakteristikum aller Epigraphik. Steine, einschließlich Felsplatten, Holz- und Knochengegenstände dienten als Materialgrundlage. Später wurden viele Waffen, Schmuck, Amulette, Münzen und andere Gebrauchsgegenstände mit Runen versehen.[119]

Runen sind allerdings nicht nur Buchstaben im heutigen Sinne. Sie stellen nicht nur einen Lautwert dar, sondern tragen auch einen Namen. Inschriftlich tauchen Runennamen vereinzelt auf, aber nicht vor dem 4. Jahrhundert. Die Überlieferung dieser Namen ist allerdings nicht einheitlich. Der Runenname entspricht dem Begriffswert der Rune. Ein gutes Beispiel dafür ist die Odal-Rune. Ihr germanischer Name ist ópalan, was "ererbter Besitz" bedeutet.[120]

Der Name der Rune ist im magischen Kontext sehr wichtig. Ein Beispiel: Die drei wiederholten t-Runen (Tyr-Runen) auf einem Schmuckstein gelten als dreimalige Wiederholung des Namens Tyr, der alte Kriegsgott. Damit wird um den Sieg gebeten. Außerdem kommen in den Inschriften des älteren Futharks Verschlüsselungen vor, Verstellungen und Verkürzungen der Runenzeichen zählen unter anderem dazu. Sie sind im Einzelfall allerdings nicht immer ganz sicher aufzulösen.[121] Im jüngeren Futhark finden sich Geheimrunen, die aber mittlerweile nach bestimmten Schemen gelöst werden konnten. Hinter solchen Geheimrunen verbargen sich oft Sätze wie: "Die Runen [...] ritzte der Mann, der der Runenkundigste ist westlich des Meeres."[122]

In der mythologischen Dichtung ist Odin der Gott der Runenkenntnis und Runenmagie. Durch ein Selbstopfer hat er die Runenkenntnis erworben, indem er sich neun Nächte ohne Speis und Trank an den Weltenbaum Yggdrasil hing.

Schon während des Nationalsozialismus bekam dieser Zweig der Wissenschaft eine ideologisch geprägte Konnotation. Ob nun im Amt Rosenberg oder im SS-Ahnenerbe, überall mußten die Runen herhalten. Im gesellschaftlichen Bereich zeigte sich dieses Interesse durch die Verwendung von Runen in Abzeichen der einzelnen NSDAP-Abteilungen.

Selten haben runenkundliche Bemühungen heutzutage einen wissenschaftlichen Anspruch. Völkische Laienforscher und okkulte Runengläubige betreiben eine "Populär-Runologie", die diese alten germanischen Schriftzeichen auf eine mysthische und zukunftsdeutende Ebene hebt, die mit der ursprünglichen Bedeutung oft wenig zu tun hat. Möchte man sich den Runen auf seriöse Art und Weise nähern, bietet unter anderem die skandinavistische Sprachwissenschaft interessante Analysen.

Odal-Rune

Wiking-Jugend-Symbol

Die Odalrune ist der letzte Buchstabe in der Runenreihe des älteren Futhark. Sie ist die einzige Rune, die in weitgehender Übereinstimmung mit ihrer historisch belegbaren Begriffsdeutung im Nationalsozialismus wieder verwendet wurde. Der Reichsnährstand unter Reichsbauernführer Richard Walther Darré reaktualisierte sie als Abzeichen. Die Mitglieder des Rasse- und Siedlungshauptamtes der SS – ursprünglich auch von Darré geleitet – trugen die Odalrune in der Ärmelraute. Außerdem war sie das Emblem der 7. Waffen-SS Freiwilligen Gebirgsdivision "Prinz Eugen".

Sie war das Symbol der rechtsextremistischen Wiking-Jugend bis zu deren Verbot am 1. November 1994. Die Wiking-Jugend war nach dem Vorbild der Hitler-Jugend aufgebaut und in "Gaue" und "Horste" unterteilt. Ihre Mitglieder – fast alle unter 18 – bildeten "Jungen-" und "Mädchenschaften". Auch ihre Programmatik war der der HJ sehr ähnlich. Sie verstanden sich als Elitegemeinschaft, die neues Führungspersonal für die Szene "produzieren" sollte, streng nach völkischen Prinzipien. Ziel war die "Wiederbelebung" von "Elitegeist und Volksgemeinschaft" zur Schaffung der "Reichseinheit" und der "Nation Europa".[123]

Außerdem diente die Odal-Rune als Emblem für den "Bund nationaler Studenten", einer bereits seit 1961 verbotenen neonazistischen Organisation. Trägt man die Rune mit dem Schriftzug des BNS, macht man sich strafbar.

Interessant ist, dass die Odal-Rune noch heute auf den Schulterklappen der Hauptfeldwebel der Bundeswehr zu finden ist.

Abzeichen des Rasse- und Siedlungshauptamtes

Yr- und Man-Runen

Im älteren Futhark existierte nur die Form der Man-Rune, die den Lautwert z trug. Ihre Umkehrform war vermutlich lediglich eine sogenannte Sturzrune, die eine negative Bedeutung gehabt haben könnte. Der Name yr für diese Rune erklärt sich aus dem freigewordenen Namen der Iwaz-Rune – diese fällt im jüngeren Futhark weg.[124]

In der NS-Symbolik erfuhren die beiden Runen eine Umdeutung und wurden nunmehr als Lebens- oder Todesrune aufgefasst. Insbesondere die Man-Rune sollte entgegen ihrer ursprünglichen Bedeutung "Abwehr" das menschliche Leben versinnbildlichen. Eine weite Verbreitung erfuhren die Runen hauptsächlich auf Grabsteinen, aber auch diese Gestaltung konnte sich nicht allgemein durchsetzen. Bei Gräbern dieser Art handelte es sich wohl eher um individuelle Bekenntnisse zur nationalsozialistischen Weltanschauung und persönliche Vorstellungen von "kultischen Relikten".

Yr-Rune

Man-Rune

Abzeichen der NS-Frauenschaft

Desweiteren führten sie die Apotheker in ihrem Hauszeichen, sie diente als Abzeichen für die NS-Frauenschaft und das deutsche Frauenwerk. Selbst die Reichsgesundheitsführung versinnbildlichte die gesundheitsfördernde Wirkung des Vollkornbrotes durch die Man-Rune.

Heute hat die Bedeutung dieser beiden Runen wieder stark zugenommen. Sie schmücken fast jede rechte Homepage, und ihre Bedeutung als Lebens- und Todesrune wurde komplett übernommen. Man findet die Runen auch auf dem Banner der Deutschen Heidnischen Front, einer völkisch-antisemitischen Glaubensbewegung. "Wir glauben, daß die Werte, die in der modernen Gesellschaft verbreitet werden, lediglich eine Fortsetzung der jüdisch-christlichen Wertevorstellungen sind. Da der Geist des Judeo-Christentums nicht vereinbar ist mit dem Geist aller europäischen Völker, sind moderne Werte ebenfalls unvereinbar mit den ursprünglichen Werten der europäischen Völker. Für das Wohlergehen unseres Volkes sollte die Politik in einem starken völkischen Gefühl der Solidarität mit unserer eigenen Art wurzeln."[125]

Tyr-Rune

Tyr-Rune

Diese Rune steht für den Lautwert t im älteren Futhark und ist an den altnordischen Himmels- und Kriegsgott Tyr angelehnt. Die Rune war oft auf Schwertern eingraviert, um "Glück in der Schlacht" zu bringen.[126]

Die Tyr-Rune war das Zeichen der Reichsführerschule der SA und Leistungsabzeichen der HJ. In doppelter Form ist sie als Abzeichen den "Adolf-Hitler-Schulen" zuzuordnen.

Das Symbol findet heute kaum Verbreitung und dient auch nicht als solches irgendeiner rechten Vereinigung oder Gruppe. Das Verwenden der Tyr-Rune ist nicht strafbar.

Thors Hammer

Wie der Name schon sagt, handelt es sich bei diesem Symbol um den Hammer des altnordischen Gottes Thor. Thor, Sohn Odins, gilt als der stärkste der altnordischen Götter. Er ist der Gott des Blitzes und des Donners, aber auch des Regens und des Windes. Er war der Repräsentant der Stärke und des hohen Alters, mit dem Hammer als seinem wichtigsten Attribut. Im altnordischen Sprachgebrauch Mjöllnir oder Mjollnir genannt, steht der Hammer als ein Droh- und Schlaginstrument. Aber er war nicht nur eine mythische Götterwaffe, wie bronzezeitliche Felsbilder vermuten lassen. Dort sind axt- oder hammertragende Götterge-stalten abgebildet, die es als möglich erscheinen lassen, dass der Hammer auch als Weihegerät im Fruchtbarkeitskult angewandt wurde. In der Wikingerzeit war er das wichtigste Symbol des skandinavischen Heidentums, als Pendant zum christlichen Kreuz. Man findet ihn auf runischen Grabsteinen aus der Zeit. Er war auch als Amulettanhänger sehr verbreitet.

Die Herkunft des Namens ist nach wie vor umstritten. Im Urnordischen heißt er melluniar, wird aber zu dem altslawischen mlúnúji, dem russischen molnija (Blitz) gestellt. Ein anderer Erklärungsversuch stellt den Hammer zum altnordischen mjöll (Neuschnee), isländisch mjalli (weiße Farbe), also die "glänzende Blitzwaffe".[128]

Die alte Bedeutung wurde in der heutigen rechten Szene durch eine neue, zu völkischer Verbundenheit aufrufende, ersetzt. Im Fanzine *Ruf nach Freiheit* klingt dies folgendermaßen: "Der mächtige Thor war der Vorkämpfer eines heidnischen Kultes, den viele Menschen heute dem Christentum und lebensfeindlicher Ideologien entgegensetzen. Laßt den Hammer des Thor wieder zu einem Symbol des Widerstandes gegen die Religion aus dem Orient sein, laßt diese unbesiegbare Waffe Angst und Schrecken in jenen verbreiten, die uns und unsere Freiheit bedrängen. Mit der Kraft des Thorshammers werden wir die Ketten der Knechtschaft brechen, mit der Kraft des Thorshammers werden wir ein neues Reich erbauen und ein neues Zeitalter einläuten. Ein Äon im Zeichen des Hammers, der Freiheit und des Lichts."[129]

Die Schwarze Sonne

Das zwölfspeichige Rad, welches in den Boden des Obergruppenführersaals auf der Wewelsburg, der SS-Ordensburg, eingelassen wurde, ist mittlerweile zu einem bedeutenden Symbol in der rechten Szene geworden. Es wird von ganz unterschiedlichen Kreisen benutzt, vor allem aber von solchen mit einem esoterischen Einschlag. Herkunft, Name und Bedeutung des Symbols, in einschlägigen Kreisen als "Schwarze Sonne" bezeichnet, bleiben strittig, was es für allerlei Mißbrauch und Umdeutung anfälliger macht. Rüdiger Sünner vertritt folgende These: Das Symbol auf der Wewelsburg hatte Zierscheiben der Merowingerzeit zum Vorbild – vermutlich stellt es ein Abbild der Sonne oder ihres Laufes durch die Jahreszeiten dar. Ob der Begriff der "Schwarzen Sonne" bei Bau und Ausgestaltung der Burg bzw. in der SS eine wichtige Rolle gespielt hat, können Quellen nicht belegen, auch wenn rechte Kreise etwas anderes behaupten.[130] Anton Maegerle und Friedrich Paul Heller schreiben, es handele sich um eine Art Sonnenrad mit zwölf Achsen, die Sigrunen darstellen. In seiner Form erinnert es auch ein wenig an das Hakenkreuz.[131]

Titelbild des *Zentralorgans* Nr.9/2000, der wichtigsten deutschen Neonazi-Zeitschrift mit Foto aus der Wewelsburg.

Der Begriff geht vermutlich auf die russische Okkultistin Helena Blavatsky (1831-1891) zurück, die in ihrem Buch "Geheimlehre" mehrfach von einer angeblichen "Zentralsonne" spricht. Damit benennt sie einen unsichtbaren Punkt im Universum, um den alle

CD-Cover von *Hässlich*, "Die Spiele beginnen" (1996)

anderen Sonnen und Planetensysteme kreisen. Nach Blavatsky handelt es sich dabei um eine energiegeladene Finsternis, die am Anfang allen Daseins steht.

Die "Schwarze Sonne" tauchte in der Romantrilogie des ehemaligen SS-Führers Wilhelm Landig ("Götzen gegen Thule", "Wolfszeit um Thule" und "Rebellen für Thule") wieder auf, die in den siebziger Jahren verlegt wurde. In seinem Roman "Wolfszeit um Thule" spricht Landig von der "Schwarzen Sonne" als "Ausgangspunkt der arischen Sendungsüberlieferung und Urquell der arischen Kräfte."[132] Für ihn ist die "Schwarze Sonne" das Widerstandssymbol gegen die Verdrängung "ursprünglicher nordischer Größe".

Unübersehbar lädt sich die "Schwarze Sonne" heute auf vielen Internetstartseiten hoch. Insbesondere auf den Seiten des Thüringer Heimatschutzes, des Thule-Seminars oder auf der Seite Asgardsrei beherrscht das Symbol die Homepage. Der inflationäre Gebrauch des Symbols in der heutigen rechten Szene unterstreicht die Vermutung, dass die "Schwarze Sonne" das zentrale neue Symbol für diese Weltanschauung ist und das verbotene Hakenkreuz als typischstes ideologisches Symbol zum Teil bereits ersetzt hat. Die "Schwarze Sonne" ist insbesondere bei rechtsextremen Kreisen in Mode gekommen, die sich von purer NS-Apologie absetzen wollen. Ein Beispiel dafür findet sich in dem Fanzine *Ruf nach Freiheit*: "Diese Neugier und Macht dieses Symbols könnte ein wichtiger Faktor werden. Es wäre nicht das erste Mal, dass ein Symbol ein Volk in seinen Bann ziehen würde! Laßt das erleuchtende Licht der Schwarzen Sonne in eure Herzen und Geister, tragt es mit Ehrfurcht und Stolz, wir haben endlich wieder ein Symbol, ein mächtigeres, als es jemals gab – laßt uns diese Chance nicht verpassen!"[133] In diesem Heft wird die ursprüngliche Bedeutung des Symbols und "wie man damit umgeht" für weniger wichtig gehalten. Viel wichtiger ist: " ... der Bewegung wurde eine neue Kraftquelle gegeben, etwas, an dem man sich festhalten kann, ein noch geheimes Zeichen, welches nur wenigen bekannt ist."[134] Obwohl es ein Geheimnis bleiben soll, weiß jeder Begeisterte, worum es geht. Egal, woher es stammt, Hauptsache Mystik und Pathos stimmen.

Das Naziskin-Fanzine *Landser* ist dagegen stärker bemüht, den mythischen Charakter des Symbols hervorzuheben. Nach "wissenschaftlich fundierten Forschungen" hätte die "Schwarze Sonne" schon bei den Erbauern der Pyramiden und auf Atlantis Erwähnung gefunden. Großspurig tönt man: "Das Zeichen der ‚Schwarzen Sonne' führten die Wissenden als Geheimzeichen." Auch im *Landser* werden der "Schwarzen Sonne" vereinende Kräfte zugesprochen, die viele Szenemitglieder dankend annehmen. Außerdem steht es als "arteigenes Produkt" im Gegensatz zum christlichen Kreuz, welches auf Grund der jüdischen Wurzeln des christlichen Glaubens abgelehnt wird: "Die ‚Schwarze Sonne' ist somit vereinfacht die Hüterin unserer uralten, eigenen germanischen Werte und gilt als Widerstandszeichen gegen die heute in Deutschland herrschende internationalistische und volkszerstörende Kraft des uns vom Innersten her fremden und aufge-

zwungenen Materialismus. Wer heute die ‚Schwarze Sonne' trägt, zeigt mit diesem Symbol die Verbundenheit mit der eigenen Art und den uns arteigenen Wertvorstellungen. Gleichzeitig ist es ein Bekenntnis gegen die herrschenden zerstörerischen Kräfte des Mammons der zunehmenden Dekadenz."[135]
Verboten ist das Symbol nicht.

Triskele

Triskele ist das griechische Wort für Dreifuß, Dreibein oder Dreischenkel und kommt ursprünglich aus ganz unterschiedlichen Kulturkreisen.[136] Es ist das Wahrzeichen von Sizilien und der Isle of Man. Man findet die Triskele zusammen mit anderen Sonnensymbolen auf zahlreichen Münzen (Sizilien) und antiken Schalen (Mykene). Sie symbolisiert wahrscheinlich die Sonne, wird aber auch als Verkörperung der Mondphasen gedeutet. Sie ist mit der Swastika verwandt.[137] Auf keltischen Kreuzen, wie sie vom Christentum verwendet wurden, soll sie die Trinität verkörpern.[138]

Die dreizackige Form wird vom Neonazi-Netzwerk Blood & Honour im Banner geführt. In Verbindung mit dem Schriftzug Blood & Honour ist die Verwendung der Triskele strafbar, seitdem Blood & Honour und die angeschlossene Jugendorganisation White Youth in Deutschland verboten sind.
In geschwungener Form trägt sie die nach ihr benannte rechte Frauenzeitschrift Triskele im Logo.

Die Afrikaaner Weerstandsbewegung, eine militante Organisation weißer Rechtsextremer in Südafrika, benutzt eine von einem Kreis umgebene, aus drei Siebenen bestehende Triskele als Logo.

Banner der *Afrikaaner Weerstandsbewegung*

Blood & Honour-Banner

Keltenkreuz

Den keltischen Steinkreuzen, umgangssprachlich Keltenkreuz, begegnet man häufig in Irland und Schottland. Sie haben sich aus prähistorischen Dolmen entwickelt. In christlicher Zeit wurden die von einem Kreis umfassten Kreuze, die auf ein heidnisches Sonnensymbol zurückzuführen sein dürften, von der Kirche in ihren Symbolkanon übernommen.[139] Allmählich wurden die Motive auf dem Kreuz abstrakter und mit biblischen Szenen, Spiralen und reichlich Ornamentik ausgeschmückt. Die Steinkreuze wurden oft an Orten von Gewalt und Unfällen errichtet, standen vor Bauernhäusern oder wurden als Grabsteine benutzt.[140]

Mittlerweile ist es ein Symbol rechtsextremer Organisationen geworden und verweist auf angeblich bessere Zeiten in der Vergangenheit, als es Gleichheit noch nicht gab und der Stärkere "immer" siegte.

Das Symbol ist im direkten Zusammenhang mit der VSBD/PdA[141], einer seit 1982 verbotenen Neonazi-Gruppierung, strafbar, sonst nicht.

Auf der Homepage von *Stormfront*, einer der ältesten rechtsextremen Homepages überhaupt[142], erscheint es auf der Startseite und wird mit folgenden Worten umrahmt: "White Pride World Wide". "*Stormfront* is a resource for those courageous men and women fighting to preserve their White Western culture, ideals and freedom of speech and association – a forum for planning strategies and forming political and social groups to ensure victory."

Außerdem findet man das Kreuz in Fahnen, Bannern etc. auf zahlreichen rechtsextremen Webseiten. Es gilt als Symbol des Bekenntnisses zur "weißen Rasse".

Fanzine *Kraft durch Froide*, Berlin 1989

Das Zahlenspiel

Der Gebrauch von Zahlen und die damit verbundenen Codes (wenn man den Dreh raus hat, ist es ziemlich einfach) spielen mittlerweile eine große Rolle bei der Verständigung in der rechten Szene. Die Zahlen beziehen sich zumeist auf die jeweilige Nummer des Buchstaben im Alphabet. Hinter Kombinationen wie 88 oder 19/8 verbergen sich die strafbaren Grußformen: "Heil Hitler!" und "Sieg Heil!". Mit der Verwendung der Zahlen wird das Strafrecht umgangen und jeder weiß trotzdem, was gemeint ist.

Eine besondere Bedeutung hat die Zahl 14. Sie steht für die sogenannten "14 words" des US-Rechtsterroristen David Lane. "We must secure the existence of our people and a future for white children", zu deutsch: "Wir müssen den Fortbestand unseres Volkes bewahren und auch die Zukunft weißer Kinder sicher stellen." David Lane war Mitglied der amerikanischen NS-Gruppe The Order - Brüder Schweigen und sitzt für den Rest seines Lebens wegen Mordes an einem Juden im Gefängnis.

Diese Codes sind omnipräsent. Versandhandelsfirmen für Neonazi-Devotionalien haben Telefonnummern, die nur aus Zahlen wie 88 und 14 zu bestehen scheinen – das Jahresabo der rechten Musikzeitschrift *Rock Nord* kostet 88,- DM. Manchmal verbirgt sich auch eine kleine Rechenaufgabe dahinter, um das Ganze noch etwas geheimnisvoller aussehen zu lassen (44 + 44). Eine kleine Kneipe im schleswig-holsteinischen Neumünster nennt sich *Club 88* und ist als Treff- und Koordinierungspunkt in der norddeutschen rechten Szene von Bedeutung. 18 steht für Adolf Hitler. Eine rechtsextreme Terrorgruppe aus Großbritannien nennt sich Combat 18. 28 wird szeneintern als Code für das Blood & Honour-Netzwerk verwendet, um das Verbot zu umgehen.

In Verbindung mit den Zahlencodes muß zudem ein wichtiger Buchstabencode aufgeführt werden. Dabei handelt es sich um "ZOG", was für "Zionist Occupied Government" steht. Hinter diesem Code verbirgt sich die traditionelle nationalsozialistische Verschwörungstheorie, nach der die Regierungen der Welt letztendlich hinter den Kulissen von Juden gesteuert würden.

Weiße Faust

CD-Cover "Immer und ewig" von *Freikorps* (1994)

Die Weiße Faust ist das Symbol für "White Power" und "White Pride". Es ist eines der am häufigsten benutzten Symbole. Kaum ein anderes taucht auch nur annähernd so oft als Button, Aufnäher in Symbolform, aber auch als Schriftzug auf.

Die Weiße Faust steht für eine rassistische Grundhaltung. Laut Margitta Fahr unterscheiden sich "linke" und "rechte" Faust dadurch, dass bei der von Rechten gebrauchten der Daumen vor den Fingern abgebildet ist: "Kennen Sie übrigens den Unterschied zwischen einer ‚rechten' und einer ‚linken' Faust? Bei der ‚linken' sitzt der Daumen an der Seite, bei der ‚rechten' vor den Fingern. Bei der Zuordnung von Graffiti ist das wichtig, denn antikapitalistische Sprüche sprayt man lagerübergreifend."[143]

Die Weiße Faust hat im Gegensatz zu vielen anderen rechtsextremen Symbolen eine internationale Konnotation. Sie ist ein Zeichen für alle "Weißen", die für die Erhaltung und Macht der "Weißen Rasse" einstehen. Strafbar ist das Tragen der Faust nicht.

Zeichen der Hammerskin-Bewegung

Hammerskin-Logo als Tattoo

Die internationale Hammerskin-Bewegung stammt ursprünglich aus den USA, wo sie 1986 in Dallas gegründet wurde. Sie setzt sich zum Ziel, das "Zusammengehörigkeitsgefühl in der Szene" zu stärken sowie allgemein "alle weißen, nationalen Kräfte zu vereinen."[144] Sie versteht sich als "Bruderschaft der weißen Rasse", ist nach streng festgelegten Ordensprinzipien strukturiert. Die Hammerskins stellen sich selbst oft schwerbewaffnet und militant dar. Dieses martialische und elitäre Gehabe verschafft ihnen enormen Respekt in der rechten Szene.[145]

Das Symbol der Hammerskins sind zwei gekreuzte Zimmermannshämmer in einer Raute, die "den gemeinsamen Kampf der weißen Arbeiter für Volk, Vaterland und Rasse deutlich machen sollen."[146] Sie sind offensichtlich neonazistisch orientiert: "Die Hammerskins sind eine weiße rassistische Bruderschaft, wir sind inspiriert durch den Glauben unserer Ahnen."[147] Die Verwendung des Symbols ist nicht strafbar, da die Hammerskins als Organisation in Deutschland nicht verboten sind.

Hammer & Schwert

Dieses Symbol ist auf die sogenannte Schwarze Front zurückzuführen, eine Abspaltung der NSDAP um Otto Strasser. Im Juli 1930 schlossen sich Teile der Landvolkbewegung, sektiererische Rechtsextreme sowie enttäuschte Nationalsozialisten und Kommunisten mit Strassers neugegründeter Kampfgemeinschaft revolutionärer Nationalsozialisten zur Schwarzen Front zusammen. Die Schwarze Front war ein Sammelbecken Völkisch-Konservativer mit pseudo-antikapitalistischen Positionen. Sie erreichte allerdings nie mehr als 5.000 Mitglieder und wurde im Februar 1933 verboten.[148]

Die Kombination von Hammer und Schwert soll eine zukünftige Volksgemeinschaft, die von Arbeitern und Soldaten gemeinsam gebildet wird, symbolisieren.

Heute findet man das Symbol in zahlreichen rechten Versandkatalogen als Aufnäher oder Button im Angebot. Es wird vor allem von Kreisen der sogenannten "Freien Kameradschaften", der parteiunabhängigen Neonazis, verwandt.

Das Kreuz des Ku-Klux-Klans

Das am häufigsten benutzte Symbol des rassistischen und terroristischen Ku-Klux-Klans ist ein weißes Kreuz auf rotem Grund mit einem roten Blutstropfen in der Mitte. Der Tropfen symbolisiert das Blut, das Jesus Christus als Opfer für die "weiße, arische Rasse" vergossen hat.

Darüber hinaus benutzt der Klan bestimmte Zahlen als Kennzeichen nach demselben bereits vorgestellten Prinzip. 311 bedeutet drei mal 11. Das "K" ist der elfte Buchstabe im Alphabet. Grußformeln wie 33/6 werden ebenfalls häufig verwendet, sind allerdings in Deutschland nicht so verbreitet. In der 33 versteckt sich drei mal die 11; die 6 steht für die sechste Ära des Klans. Als Symbole des Ku-Klux-Klan können auch eine weiße, gesichtsverhüllende, oben spitz zulaufende Kutte sowie ein brennendes Kreuz gelten.

Das Tragen des Symbols ist in Deutschland nicht strafbar, gilt aber als Gefahr für die öffentliche Ordnung.[149]

Skrewdriver-Symbol

Skrewdriver ist die wichtigste Band in der Geschichte des internationalen Rechtsrocks. Der Sänger, Ian Stuart, ist der Begründer von Blood & Honour und gilt seit seinem Tod 1993 als Held der Szene. Das Emblem der Band findet sich häufig auf T-Shirts, Buttons und Aufnähern.

Rainer Erb

Der ewige Jude.
Die Bildersprache des Antisemitismus in der rechtsextremen Szene

Der Theologe und SPD-Abgeordnete Richard Schröder sowie der Journalist Michael Maier vertreten in der *FAZ* vom 14. Februar 2001 die Meinung, daß die antizionistische Berichterstattung der DDR-Presse eine der Ursachen für den weit verbreiteten Antisemitismus unter Jugendlichen in den neuen Ländern sein könnte. Die einseitige, ausschließlich aus der Perspektive der Palästinenser und der arabischen Staaten vorgenommene Kommentierung des Nahost-Konflikts in den DDR-Medien, die mit zahlreichen antisemitischen und antiamerikanischen Stereotypen unterlegt war, ist von der Forschung breit dokumentiert worden. Unstrittig ist, daß derartige Vorurteile und Schwarz-Weiß-Klischees die Meinungen der Leser prägen und auch – jedoch methodisch schwierig zu rekonstruieren – tradiert werden. Allerdings stehen der Ansicht der beiden Autoren empirische Befunde gegenüber, die übereinstimmend für die "Nachwende"-Situation ein differenziertes Bild und einen anderen Verlauf für die Verbreitung des Antisemitismus vermitteln.

Generell gilt, daß bis Mitte der neunziger Jahre Antisemitismus in Westdeutschland stärker verbreitet war als in Ostdeutschland und es jeweils die älteren Generationen sind, die besonders stark antisemitische und antizionistische Einstellungen aufweisen. Für die älteren DDR-Bürger, die bis 1990 den antizionistischen Medientenor erlebten, hat die Wirkungsthese eine gewisse Berechtigung. Eine Berechtigung, die allerdings gebrochen wird durch das antifaschistische und antirassistische Selbstverständnis vieler Bürger. Diese doppelte Orientierung – einerseits am staatlich verordneten, aber auch am humanistisch fundierten Antifaschismus, andererseits am Antizionismus von Staat und Öffentlichkeit der DDR – ist eine Erklärung dafür, daß bei höherem Lebensalter der Antisemitismus auch bei den DDR-Bürgern verbreitet ist, allerdings im Vergleich zur westdeutschen Altersgruppe auf erheblich niederem Niveau.

Erste Jugend- und Schüler-Befragungen, die Anfang der neunziger Jahre in den neuen Bundesländern durchgeführt wurden, kommen zu folgendem Befund: Bei Jugendlichen und jungen Erwachsenen in Westdeutschland war Antisemitismus stärker verbreitet als bei ihren Altersgenossen in Ostdeutschland. Allerdings unterschied sich der Antisemitismus über die Altersverteilung in Ostdeutschland grundlegend von derjenigen im Westen. Ist hier ein deutlicher Anstieg im Generationsbruch zwischen den unter 49- und den über 50jährigen festzustellen, so sinkt im Osten der Antisemitismus bei den über 25jährigen ab und steigt erst bei der Generation 65 Jahre und älter wieder an.

Die Übernahme von rechtsextremen Ideologieelementen ist besonders dann wahrscheinlich, wenn Personen sich an Bezugsgruppen orientieren, die selbst rechtsextreme Vorstellungen vertreten. Die Zugehörigkeit zu solchen Gruppen muß sich dann auch im Verhalten ausdrücken, will man nicht den Respekt

Antisemitismus in verschiedenen Altersgruppen in Ost- und Westdeutschland 1991

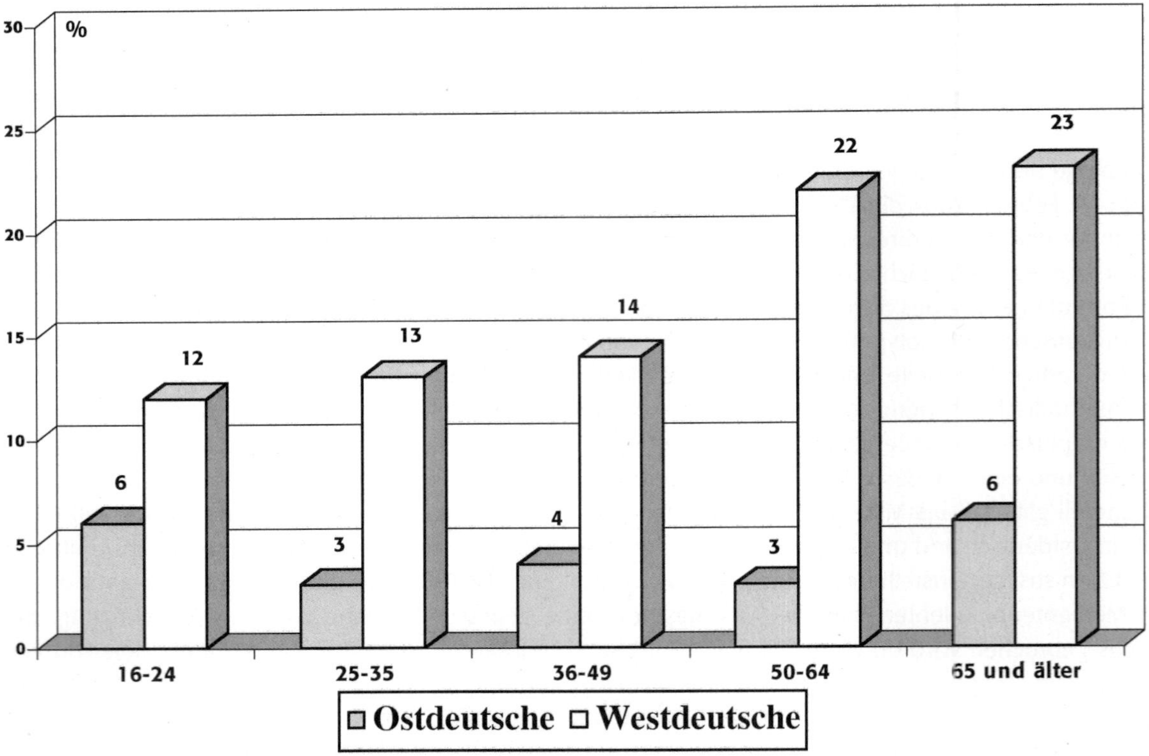

aus: Werner Bergmann/Rainer Erb, Anti Semitism in Germany. The Post-Nazi Epoch Since 1945. New Brunswick, 1997, S. 307

und die Glaubwürdigkeit seiner Bezugsgruppe verlieren.

Auch die DDR hatte kein hoheitliches Monopol auf Sinnvermittlung, viel weniger noch eine offene, pluralistische Gesellschaft mit ihren diversen Sinnmärkten, in die spezialisierte Gruppenkulturen als wählbare Enklaven eingelagert sind. Insbesondere in den neunziger Jahren hat die rechtsorientierte Jugendkultur an Größe, Bedeutung und Reichweite zugenommen, so daß die anhaltende Attraktivität dieser Szene auch die Lernchancen für rechtsextreme Denkhaltungen bedeutend erhöht hat.

Die Konstruktion von Grenzen durch Jugendkulturen

Zur Analyse dieser rechtsextremen Szene sind einige theoretische Vorüberlegungen notwendig. Zur Konstitution und Erhaltung von sozialen Gruppen gehört, daß sie eine Differenz zwischen System und Umwelt stabilisieren können. Die Differenz bildet eine Grenze, zum Beispiel zwischen wir/andere, Eigenes/Fremdes,

Zugehörigkeit/Ausschluß, gut/böse, schön/häßlich, erstrebenswert/Ablehnung, rein/unrein. Die Reinhaltung wird z. B. durch Eßvorschriften geregelt, und die Angst vor dem Unreinen und dem Ekelerregenden zeigt sich in Vergiftungsvorstellungen der unterschiedlichsten Art. Beispielsweise äußerten etliche meiner Interviewpartner: Schon von dem Geruch eines Döner Kebabs würde ihnen schlecht werden.

Je stärker der elementare Unterschied zwischen Innen und Außen mit anderen Differenzen in einem semantischen Feld angereichert und gestützt wird, desto nachdrücklicher fällt die Konstruktion der Grenze aus, und die Unterschiede gelten als grundlegend, unverrückbar und sozial verbindlich. Die Differenz wird mit asymmetrischen Wertungen gehandhabt und für die positive Selbstbeschreibung, für die Sortierung von Vertrautem und Unvertrautem in kollektiven Orientierungen genutzt. Die eingebaute Präferenzstruktur ist klar: Entscheide dich gegen die Interaktionsofferte des Fremden und für diejenige deiner Solidargruppe, vertraue der Meinung der Freunde, mißtraue dem Gerede der Außenstehenden.

Welche Differenz angewandt wird, und wie diese Ausschlußschematas semantisch und normativ miteinander verknüpft und bewertet werden, spezifiziert die Kultur einer sozialen Gruppe. Dies zeigt sich z. B. daran, wie es durch Neuinterpretationen von Basisdichotomien zu Umarrangements des kulturellen Wissens und der sich darauf stützenden Operationen kommt. Wird etwa von einer "Ethnizitäts-Bewegung" die Dichotomie Deutscher/Ausländer von Rechtsgleichheit/Gleichberechtigung auf Ungleichheit und Unterordung umgestellt, wirkt sich das unmittelbar auf die Vorstellungen von Rechtsprechung und Politik, auf Wirtschaft ("Kauft deutsch") und Geselligkeit, auf Wertvorstellungen, Mode, Essen und Sprache aus.

Die Möglichkeiten, die von der Gruppe entwickelt werden, konstituieren ihre Identität und ihre Spezifik. Solche Entscheidungen müssen auf Dauer gestellt, also institutionalisiert werden; es wäre unmöglich, müßten Gruppen ihre Kultur ständig neu erfinden. Dabei spielen Medien eine zunehmend wichtige Rolle. Speichermedien von Texten und Bildern bis hin zu elektronischen Datenbanken erlauben bekanntermaßen eine Ausweitung des kollektiven Gedächtnisses über Raum und Zeit hinweg. Massenmedien sind nicht nur eine neue Komponente moderner Gesellschaften; sie wirken sich höchst folgenreich auf die Auswahl, Gewichtung und Thematisierung kulturellen Wissens aus. Darum ist eine Analyse kulturellen Wandels nach der "Wende" ohne ausreichende Berücksichtigung der neuen Massenmedien und von Medien in ihrer subkulturellen Nutzung nicht mehr sinnvoll. Eine Situation wie die "Wende", die sich durch einen erheblichen Mangel an Informationen auszeichnet und bei den Betroffenen zu unterschiedlichen Arten von Belastungen und Irritationen führt, motiviert zur Entwicklung neuer bzw. zur Revitalisierung alter kultureller Symbolsysteme, weil deren Leistungen nachgefragt werden. Die Medien prägen Kultur und Persönlichkeit nicht vollständig; aber es steht wohl außer Frage, daß Veränderungen in den Kommunikationsinhalten und -mustern zu Einstellungsänderungen führen.

Eine derartige Kultur mit einem breiten Medienangebot existiert in Form der rechtsorientierten Szene, in ihrem kollektiven Wissen, das sich kontinuierlich sprachlich, bildlich und musikalisch manifestiert. Diese Kontinuität wird durch Sozialisierung einerseits, durch Traditionspflege, Selbstbeschreibung und Innovationen andererseits gewährleistet. Sie dient der Distinktion, indem sie unterscheidet zwischen dem, was zur Szene gehört, und dem, was von ihr abgelehnt und bekämpft wird.

Für den einzelnen Jugendlichen stellt sich die Situation so dar, daß er im Markt der Möglichkeiten optieren, sich für diese oder jene Jugendszene entscheiden kann. Er hat die Wahl, wie er seine altersspezifischen Bedürfnisse befriedigen will. Angesichts der Freiwilligkeit der Teilnahme an bestimmten Szenen und ihrer Medienkommunikation haben subjektive Bedürfnisse und emotionale Motivationen eine deutliche Relevanz für den Einstieg (und die Beendigung) der Teilnahme. Unterhaltungs-, Teilnahme- und Informationsinteressen sind emotional getönt und stark selbst-orientiert.

Allerdings gilt es sofort, vor einem falschen Vorverständnis zu warnen. Die Beschreibung der Wahl einer bestimmten Jugendkultur will nicht eine Ursache-Wirkungs-Kette im Sinne einer Anfangsursache freilegen. Psychologische Forschungen, die nach auslösenden Persönlichkeitseigenschaften fragten, und soziologische Recherchen, die nach sozialstrukturellen Determinanten suchten, erbrachten nur geringe und widersprüchliche Ergebnisse. Weder entstammen alle Skinheads sozial unterprivilegierten Familien, noch sind ausländerfeindliche Schläger überwiegend arbeitslos. Dieser Jugendszene tritt offensichtlich ein durchschnittliches Sortiment von Leuten unter den unterschiedlichsten gesellschaftlichen Ausgangsbedingungen bei. Die Aufmerksamkeit soll deshalb nicht auf den individuellen und sozialen Prädispositionen liegen, sondern auf den entscheidenden Prozeßverläufen, in denen zahlreiche Bedingungen ein Handlungssystem begründen. Bereits die relativ einfach strukturierte rechte Jugendszene stellt sich als ein komplexes Bedingungsgefüge dar, bei dem sich alle Beteiligten – Szenemitglieder, andere Jugendliche, rechtsextreme Organisationen und deren Demagogen ebenso wie parteiergreifende Dritte, etwa pädagogisch intervenierende Schulen, moralisch verurteilende Öffentlichkeit, strafrechtlich sanktionierende Polizei und Justiz – wechselseitig stimulieren. Deshalb ist es schwierig, vielleicht prinzipiell unmöglich, den Anfang dieses Prozesses zu fixieren. Dies gilt selbstverständlich auch für die Frage: Wie kommt Antisemitismus in diese Subkultur hinein, und welchen Stellenwert nimmt er ein? Wie tradieren sich überkommene Wissensbestände, und wie sieht der aktive Aneignungs- und Deutungsprozeß in der Szene aus? Schafft er eigenen Sinn und Bedeutungen, und ändert sich dadurch die Aussage und die Funktion des Antisemitismus?

Der geldgierige Jude

Um diese Fragen zu beantworten, ist es ratsam, in die verschlungenen Wege der "Szene" einzudringen, um einige ihrer Selbstbeschreibungen zu betrachten.

Musik, Bilder und Events haben für bildungsferne Konsumenten eine höhere Bedeutung als dicke Bücher oder Agitationsveranstaltungen. Schon vor Jahren wurden diese Möglichkeiten von rechtsextremen Organisationen erkannt und seither systematisch zur Politisierung eingesetzt.

Auf den ersten Blick erscheint die im Internet verbreitete Karikatur und auf der folgenden Seite dokumentierte bloß als ein schlechter Witz. Ein ineinander verknäulter Menschenhaufen jagt einer Münze nach. Die Menge ist leicht – "billig" – manipulierbar, ihr Eifer steht im krassen Mißverhältnis zum Wert des Geldstückes. Möglicherweise hat der Zeichner den Spannungsbogen überzogen, denn der unbefangene Betrachter weiß nicht, ob er die habsüchtige Menge oder die mißglückte Witzzeichnung belächeln soll.

Auf den zweiten Blick werden die Bildaussagen deutlicher. Bei den Abgebildeten handelt es sich um Israelis = Juden. Und zwar um viele, das Bild ist zu lesen: So handeln alle, das ganze jüdische Volk. Die sprachliche Ergänzung "Volkszählung" unterstreicht die bildliche Pauschalisierung. Die Figuren sind mit den physiognomischen Attributen der antijüdischen Bildpolemik gekennzeichnet: große, gebogene Nasen, schwarzes (negroides) Kraushaar und gierig aufgerissene Augen. Alle jagen dem Geld nach: Männer wie Frauen, Alte wie Junge, Orthodoxe wie Säkulare, ja selbst ein Baby beteiligt sich schon. Alters- und Geschlechtsunterschiede sind nur oberflächlich, die kaum zu befriedigende Gier nach Geld ist ihnen gemein, sie können nicht anders. Auf der Jagd nach Reichtum nehmen sie keine Rücksicht, nicht auf sich – sie schlagen sich dabei die Zähne aus – und so, wird man ergänzen dürfen, viel weniger noch auf andere. Das idiomatisch festgefügte Stereotypenmuster von der vermeintlich sympathetischen Beziehung zwischen Juden und Geld verdeutlicht exemplarisch, wie über Jahrhunderte das antijüdische Vorurteil hindurch vermittelt wurde: über die Jugenderziehung.

Hinzuweisen ist auf die Interpretation, die die Antisemiten dem Unterschied zwischen orthodoxen und assimilierten Juden geben. Der orthodoxe Jude zeigt sich, wie er ist, während der Assimilierte sich durch Anpassung tarnt, um so seinen kriminellen Geschäften leichter nachzugehen. Deshalb kann der "Jude" mit dem Assoziationsfeld aus dem Umkreis des "orthodoxen Ghettomilieus" und des "assimilierten Börsianers" zugleich bebildert werden. Der Jude ist gleichzeitig archaisch als auch modern, sowohl assimiliert als auch orthodox. Eben in dieser Uneindeutigkeit liegt für den Antisemiten der Skandal – der Jude ist weder Religion noch Volk, weder religiös noch säkular, er ist immer sowohl als auch. Daß die klare Grenze zwischen innen und außen außer Kraft gesetzt und unterlaufen wird, wird als die eigentliche Bedrohung erlebt.

Damit ist deutlich geworden, es handelt sich nicht nur um einen Bildwitz, sondern um Bildzeichen, die Botschaften transportieren. Juden/Israelis sind häßliche Menschen mit kollektiven, negativ bewerteten Eigenschaften. Sie zeichnen sich durch unersättliches Verlangen nach finanziellen Mitteln und Rücksichtslosigkeit aus. Dem abstoßenden Äußeren entspricht ein negatives/böses inneres Wesen. Das unschöne Körperbild wird durch schlechte Charaktereigenschaften zum Vollbild des häßlichen Juden ergänzt. Mißgestaltung und Häßlichkeit werden tendenziell von äußeren Merkmalen zu inneren Eigenschaften. Die Zeichnung polarisiert, sie suggeriert: fremdartige Menschen mit diesem Aussehen und diesen Eigenschaften lehnen wir ab, sie gehören nicht zu uns, und sie gehören nicht hierher.

Durch die Verbreitung dieser Karikatur wird deutlich, daß es auf diese Botschaft ankommt. Die Hamburger Neonazi-Postille *Zentralorgan* (Nr. 10, 2000, S. 22f) illustriert ihren Artikel "Die Zwangsarbeiter-Debatte. Lüge und Wahrheit" mit dieser Zeichnung. Die Textzeile des Witzes, und damit sein fiktionaler Charakter, wird weggelassen. Im Kontext des Artikels – ehemalige Zwangsarbeiter und jüdische Lobbyisten würden ungerechtfertigterweise vom deutschen Steuerzahler riesige Entschädigungen erpressen – transportiert die Zeichnung die Botschaft: Raffgierige Judenhorden stürzen sich auf deutsches Geld.

Kommentar und Wertung dieser rechtsextremen Medien unterscheiden sich von denen der seriösen Presse der Bundesrepublik. Hier finden wir keine antisemitischen Karikaturen, und in der Berichterstattung über die Entschädigungsdebatte von Zwangsarbeitern wird die moralische Verpflichtung zur Entschädigung nicht prinzipiell bestritten. Während die Prestigemedien dieses schwierige historische Thema aus verschiedenen Blickwinkeln beleuchten und ihren Lesern einige Mühe abverlangen, diesen komplexen Gegenstand zu verstehen, vereinfacht die antisemitische Interpretation die Sichtweise auf die eine Aussage: "Wir haben es immer schon gewußt. Juden sind geldgierig." Die Attraktivität derartiger Vereinfachungen ist nicht zu unterschätzen. Wer glaubt, den Urgrund für alle Übel erkannt zu haben, verfügt über schnelle Antworten. Er hält sich für "aufgeklärt" und überlegen gegenüber all denjenigen, die die Verhältnisse nicht durchschauen und sich täuschen lassen. Aus seinem Wissen bezieht er Selbstbewußtsein und leitet daraus einen Führungsanspruch ab.

Das Streben nach der Weltherrschaft

Nun gilt es, die Aufmerksamkeit auf Symbole als einer Kategorie politischer und ideologischer Sprache zu lenken. Die Publikationen der Szene, die Gestaltung der CD-Cover und die Kleidung (Aufnäher und bedruckte T-Shirts) sind übersät mit Bildzeichen. Der Bild-, Text- und Musikmix zeigt Waffenlärm, militärische Kampagnen, Eroberungen, Niederschlagen von Feinden, Aufmärsche unter Fahnen, verbunden mit einer hochgerüsteten Sprache, und hat die Funktion, den Rezipienten kameradschaftliche Geschlossenheit und Kampfbereitschaft zu vermitteln, ihnen eine Tradition zu erfinden. Durch Identifikation mit dem Soldaten will die Szene ihre aufopfernde Liebe zur Nation glaubhaft machen. Das militärisch gefärbte Geschichtsbild einer Männergemeinschaft wird sichtbar, in dem jene Epoche als groß erscheint, in der Gemeinschaftsgeist, Selbstlosigkeit, Disziplin und ein einheitlicher Wille das Gesamtgeschehen formte, das alles Zersetzende und Fremde aus dem völkischen Organismus ausschloß. Es wird eine Welt entworfen, in der die Erde mit deutschen Menschen und der Himmel mit germanischen Göttern ("Odin statt Jesus") bevölkert ist.

Aus: *Volkswille* Nr. 7/1998.

Symbole sind Bildmittel, um politische und ideologische Auseinandersetzungen auf einfache Formeln zu reduzieren und Ereignisse und Entwicklungen in Form von polaren Alternativen zu interpretieren. Das bekannteste Beispiel ist das Hakenkreuz-Symbol, das seit den zwanziger Jahren des vorigen Jahrhunderts auf die Bedeutung "Nationalsozialismus ist positiv" festgelegt ist. Im politischen Kontext der Nachkriegsgesellschaften Europas und der Welt änderte dieses Symbol sein Vorzeichen, das Hakenkreuz (und die Runen der SS) sind seither Zeichen des Unheils, der Unmenschlichkeit, von Krieg und rassistischer Gewalt. In Deutschland wird seine öffentliche Benutzung strafrechtlich verfolgt. Sein antiker und germanischer Ursprung ist irrelevant, denn ein Zeichen erhält seine Bedeutung durch den Gebrauch, und dieser ist durch den Nationalsozialismus codiert.

Symbole stellen Erfahrungsbezüge her und ermöglichen auf diese Weise konkrete Assoziationen. Sie dienen der Produktion von Anschaulichkeit für die Sphäre des Unanschaulichen. Sie haben insgesamt die Funktion, die abstrakte Welt der Politik in die konkrete Welt des Alltags hineinzuholen und in einen Horizont des Vertrauten einzubetten. Unerwartete und unbegreifliche soziale Situationen werden sinnhaft aufgeladen und in Felder für kalkulierbare, anschlußfähige Handlungen verwandelt. Das legt die Personalisierung sozialer Strukturen nahe: die Globalisierung ist kaum angreifbar, sehr wohl aber der Wirtschaftsflüchtling; das internationale Kapital hat keinen Ort, der "jüdische Kapitalist" aber ein Gesicht und eine Adresse.

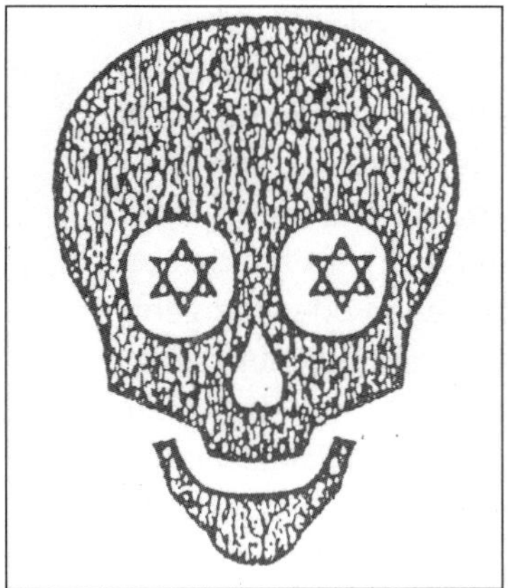

Aus: *Remer Depesche* 6/1993.

Aus: *Proissenpower* 9/2000.

Die Erschließung des Unbekannten durch das Bekannte und des Abstrakten durch das Konkrete ist ein metaphorisches Wirkungspotential allgemeiner Natur, das in Hinblick auf das spezifische Ziel des jeweiligen Symbols betrachtet werden kann.

Bei obigen Abbildungen werden in graphisch äußerst reduzierter Form zwei aufgeladene Symbole, der Judenstern und der Totenkopf (der Piratenflagge), lapidar gleichgesetzt. Das Totenkopfsymbol steht allgemein für Vorsicht! Gefahr!, speziell aber auch für Freibeuterei, Illegalität und Gesetzlosigkeit. Historisch erinnert bedeutet die Piratenflagge: So wie einst die Meere von dieser Plage der christlichen Seefahrt gesäubert werden mußten, so muß heute die Welt von der jüdischen Gefahr befreit werden. Dem Judenstern wird hier eine ausgedehnte Bedeutung unterlegt. Eingegrenzt stünde er für die nationale Bewegung des Zionismus oder für die Flagge des Staates Israel. Damit wäre er in seiner Bedeutung und Reichweite begrenzt. Hier aber wird der Juden-stern als Kennzeichen für die angebliche Weltmacht des Judentums, für die Bestrebungen des Weltzionismus verwendet. Eine historisch-politische Erklärung vermittelt das Symbol nicht, es will nicht argumentieren, sondern die Emotion ansprechen. Die Bildbotschaft ängstigt und warnt: Mit diesem Symbol gekennzeichnete Personen oder Ereignisse sind für den Betrachter gefährlich, ja, sie können tödlich sein.

Die Polarisierung setzt drei Funktionen der Gruppenbildung in Gang. Erstens kommt es zur Übereinstimmung der Meinungen innerhalb der Gruppe. Die Ansicht über das fremdartig-gefährliche Objekt wird vereinheitlicht, der Zusammenhalt in der Gruppe festigt sich. Die Aufmerksamkeit wird gebündelt und richtet sich lauernd mißtrauisch auf die gemeinsame Gefahr. Die Aufmerksamkeit wird einseitig geschärft, alle Informationen über den vermeintlichen Feind sind von Belang. Man muß seine schädlichen Absichten kennen, um sie zu durchkreuzen. Zweitens definiert sich die Gruppe nun durch einen gemeinsamen Gegner, gegen den sie zu kämpfen sucht und gegen den sie gemeinsam zusammensteht. Dies führt zu Kommunikationsblockaden, weil auf "dritte Parteien", die sich vermittelnd und schlichtend in den Konflikt einschalten, nicht mehr gehört wird. Es schlägt die Stunde der Demagogen, die zu politischen Zwecken im Sinne von "Identitäts-management" den Konflikt instrumentalisieren, die Spannung in einem aufnahmebereiten Publikum ständig mit neuen Horrorgeschichten anheizen. Konflikte drohen dann zu eskalieren, wenn sie zu einer Zwei-Parteien-Auseinandersetzung werden. Die Institutionalisierung von Augenmaß in der Konfliktgestaltung, Metakommunikation über die Glaubwürdigkeit von Deutungen und die Folgen von Aktionen, läßt sich nur sichern, wenn unbetroffene Dritte sich engagieren. Neutrale Dritte werden aber systematisch ausgeschaltet, weil der Konflikt nicht als Interessengegensatz zwischen zwei Parteien dargestellt wird, der prinzipiell verhandelbar und in einem Kompromiß zu schlichten wäre. Vielmehr handelt es sich um einen Wertekonflikt, in dem es um die Dimensionen von Gut und Böse, von Leben oder Tod geht, um alles oder nichts. In einem Wertekonflikt sind Konsensusformeln schwer zu erreichen. Außerdem ermöglicht die Moralisierbarkeit der Kampfposition, daß die Gruppe auch angesichts zunehmender Schadenswirkungen ihres Handelns ein gutes Gewissen behalten kann. Moralisierung erlaubt Fanatisierung bis zur Militanz.

Und ein drittes Prinzip kommt hinzu: Je stärker die Gruppe sich von außen bedroht fühlt, je größer also die Furcht ist, desto krasser und ungehemmter macht sich aus Existenzpanik Gewalt als Abwehrbereitschaft bemerkbar. Es werden Aggressionen geweckt – Aggressionen gegen dieses gefährliche Objekt. Geschieht dies, dann hat die Bild-Manipulation gewirkt. Im Symbol "Judenstern" verschwindet die Realität. Statt des empirischen Judentums schafft man sich eine phantasmatische Gestalt, aber die Aggressivität gegen das antisemitische Phantasiekonstrukt Judentum legitimiert/maskiert sich als Schutzmaßnahme. Man hat sich selbst in die Position legitimer Gegenwehr versetzt. Antisemiten empfinden sich immer als Opfer, niemals als Täter, stets als Reagierende, niemals als Agierende. Sie vertauschen Ursache und Wirkung, um sich moralisch ein Recht auf Notwehr zu verschaffen.

Hier bestätigt sich erneut eine Erkenntnis der Gewaltforschung. Auch Gewalt, die vermeintlich spontan ausbricht, ist keineswegs "nackte Gewalt", wie es auf den ersten Blick erscheint. Sie ist vielmehr eingebettet in ein Legitimationssystem. Erstens ist sie stark subgruppenspezifisch geprägt und vorbereitet, was in der Darstellung des eigenen Selbst, in der Opferauswahl, der Tatausführung, den dabei benutzten Waffen,

Slogans und Zeichen in Erscheinung tritt. Zweitens transzendiert die Gewaltbegründung keineswegs den Rahmen der kulturellen Selbstdeutung von Gewalt, sondern nutzt ihn partiell und ideologisch verzerrt. Unsere Gesellschaft verfügt über ein bestimmtes Muster, um Gewalt als quasi akzeptable, ultimative Strategie der Konfliktbewältigung zu rechtfertigen – das Recht auf Selbstverteidigung, das Jedermannrecht der Notwehr und das Hausrecht. Diese Legitimation steht in bestimmten Konfliktlagen als Ressource der Problemlösung zur Verfügung und wird genutzt, indem man seiner Angriffsabsicht möglichst eindeutige Züge einer Verteidigungs- oder Notwehrhandlung unterlegt. Subjektiv-moralisch fühlen sich Antisemiten dazu im Recht, alte Rechnungen zu begleichen, gegenwärtige Attacken abzuwehren und noch nicht stattgefundene vorbeugend zu verhindern, denn in ihrer Konstruktion waren, sind und werden Juden immer die Angreifer sein. Aus diesem strategischen Grund sind sie immer wieder gezwungen, die Geschichte der angeblichen jüdischen Todfeindschaft gegen das deutsche Volk weiter und weiter zu erzählen.

Sie "begann schon sehr früh, eigentlich in grauer Vorzeit, als uns das aus dem Judentum entstandene Christentum übergestülpt wurde und unsere germanische Seele verletzte. Der Antisemitismus der Zwischenkriegszeit entstand, weil bereits in den 20er Jahren unseres Jahrhunderts der jüdische Einfluß in alle Lebensbereiche eindrang und einen Generalangriff auf die deutsche Volksseele vornahm." (W. R. Frenz, Der Verlust der Väterlichkeit oder Das Jahrhundert der Juden, S. 5) In diesem aktuellen Beispiel gelingt es dem Verfasser in wenigen Sätzen, den Aggressionsbogen von der "grauen Vorzeit" bis in die Gegenwart zu ziehen. Eine monströse Klitterung tausendjähriger Geschichte entlang des Leitfadens der kulturzerstörenden Juden. Diese Sätze vermitteln keine historischen Tatsachen, sondern tragen den Charakter von Selbstaussagen. Alle jene Propagandalügen, die Aggressionen auslösen bzw. rechtfertigen sollen, werden, wenn man ihre Projektionen zurückübersetzt, zu evidenten Selbstaussagen der Antisemiten. Sie ergeben eine präzise Selbstdiagnose über antisemitische Gruppen: Ihr Haß hat Wahncharakter und ist deshalb unbeendbar. Die Selbstaussage vom "Generalangriff" ist beklemmend-richtig. Die Zerstörung der Selbsteinsicht war durch alle Zeiten ein zentrales Motiv des Antisemitismus und ist es seit der Ermordung der Juden Europas verstärkt. Wieder sind es quälende Schuld- und Haßerinnerungen, die nicht bewußt vergegenwärtigt, sondern wegen ihrer Unerträglichkeit militant agiert werden. Die eigene Destruktivität drängt, auf einen bösartigen und grausamen Feind projiziert zu werden, den man zum eigenen Schutz, aus Vergeltungshaß, aber angeblich zur Verteidigung des eigenen Lebensrechts vernichten muß.

Auf den unbefangenen Betrachter mögen diese Symbole primitiv und lächerlich wirken. Um subjektive Bedeutung zu gewinnen, müssen sie mit Assoziationen, mit eigenen Erlebnissen oder Erzählungen verknüpft werden. Jugendliche und junge Erwachsene haben kaum persönliche Erfahrungen mit Juden gemacht. Bei einer Zahl der jüdischen Bevölkerung in Deutschland, die sich der 100.000-Grenze nähert, mit überalterten Gemeinden, sind Bekanntschaften mit jungen Juden selten. Konkurrenzsituationen, Neid, Minderwertigkeitsgefühle, was immer in der Vergangenheit individuell Animositäten gegen Juden auslösen konnte, es fehlt heute. Um Ausbildungs- und Arbeitsplätze konkurrieren deutsche Jugendliche eher mit Migrantenkindern, und Mehmet kann ihnen auch einmal die Freundin ausgespannt haben. Auch in diesen

Aus: *Combat 18* No. 1/1993.

alltäglichen Konfliktsituationen sind Juden kaum anzutreffen. Wenn individuelle Erfahrungen weitgehend ausfallen, so könnte das Generationengespräch eine Quelle für die Weitergabe antijüdischer Erzählungen sein. Vermittelt die Väter- und Großvätergeneration ihre Vorurteile auf die Jungen? Daß dieser Tradierungsstrom nur schwach fließt, läßt sich durch zwei Beobachtungen belegen. Bei aller Klischeehaftigkeit der "Judenerzählungen" müßten in Interviews mit Jugendlichen doch individuelle Geschichten zu hören sein. Überwiegend ist dies aber nicht der Fall. Fragt man die Jugendlichen, was im Elternhaus über Juden gesprochen wurde, so erhält man meist zur Antwort: Zuhause war dies kein oder nur ein marginales Thema. Negative Erlebnisse mit Juden in der Großeltern- bzw. Elterngeneration wurden ganz selten berichtet. Häufiger sei vom Verfolgungsschicksal der Juden am Wohnort erzählt worden. Insgesamt wurden die Eltern durch Schule und Medien als Informationsquelle zu diesem Themenkomplex abgelöst. Die zweite Beobachtung ist noch eindeutiger. Achtet man darauf, was Jugendliche an Antipathien und Vorurteilen gegen- über Juden äußern, so hört man viel über angebliche Schuldzuschreibungen der Juden auch an die junge deutsche Generation, über das Verlangen, einen Schlußstrich unter die NS-Vergangenheit zu ziehen, und den Anspruch, weder individuell noch kollektiv Verantwortung übernehmen zu müssen. Es sind nur ganz wenige, hauptsächlich tagesaktuelle Ereignisse und Persönlichkeiten, die mit diesen Meinungen kolportiert werden. Dieser vergangenheitspolitische Diskurs über Schuld und Verantwortung ist nach der "Wende" u. a. durch Westmedien verbreitet worden. Wie immer man das Reflexionsniveau und die Wirkung dieser Beiträge beurteilen mag, jedenfalls handelt es sich um ein neues Thema, das nicht für eine antisemitische Tradition der Vorwendezeit verantwortlich gemacht werden kann.

Die oben dokumentierte Zeichnung aus der Zeitschrift englischer Neonazis greift das bereits verwendete Motiv auf und appliziert es auf das Fernsehgerät. Vor dem Bildschirm, der mit dem Judenstern gekennzeichnet ist, sitzt ein Skelett. Das gefährliche Gift der jüdischen Beeinflußung hat diesen Zuschauer getötet. Vielleicht hat er die Warnung vor der jüdischen Medienmacht nicht gekannt oder nicht ernst genommen, jedenfalls war die Wirkung tödlich. Deshalb wird der Betrachter nachdrücklich über die Gefahr des unkritischen Konsums jüdischen Fernsehens aufgeklärt. Die Karikatur spielt auf die zersetzende Wirkung von Kommunikation an und analogisiert sie mit der Zwangsvorstellung einer sich unaufhaltsam ausbreitenden Epidemie. Der Archetyp des Fremden, der Lebensmittel verunreinigt (Brunnenvergifter), Krankheiten verbreitet (Pest und Aids) und durch seinen Schmutz Seuchen auslöst, gelangt zur Anwendung. Auch Kommunikation ist unaufhaltsam, verbreitet sich mit großer Geschwindigkeit und wird übertragen durch Ansteckung: Man wird durch Kommunikation vergiftet. Die antisemitische Zeichnung eröffnet den Bedeutungshorizont: Der Einfluß der Juden auf spezifische Kommunikationsmedien wie Presse und Film, Kunst und Literatur, Geschichte und Recht.

Das Bild erzählt die lange Geschichte von den jüdisch beherrschten Medien, von geistiger Manipulation und von Umerziehung. (Erzählte nicht Martin Walser eine Variation dieser Geschichte, als er sich irritiert über die "Meinungssoldaten", die den "Schriftsteller in den Meinungsdienst nötigten", äußerte?)

Die Karikatur vertritt aber auch ein eigentümliches Aufklärungspathos. Sie will informieren und warnen. Während Jugendliche allgemein intensive Mediennutzer sind, nehmen einige rechtsextreme Kadergruppen ihre eigene Ideologie ernst. Sie erlassen für ihre Mitglieder Verhaltensregeln für eine angemessene "Lebenshaltung", die nicht nur für das politische, sondern auch für das private Leben gelten. Für ideologisch noch ungefestigte Sympathisanten gehört dazu auch der Verzicht auf Fernsehen, da dieses nur der "Umerziehung", "Schwächung der Widerstandskraft" und "Verweichlichung" diene (*Der Aktivist* Nr. 1/1997, S. 12-15).

Antiamerikanismus

Dieses Journal aus dem spanischen Burgos illustriert den antijüdischen Topos vom Griff nach der Weltherrschaft. Die alte Geschichte wird im Rahmen von Globalisierungsprozessen aktualisiert. Das Klischee aus dem 19. Jahrhundert wird ins 21. Jahrhundert verlängert. Von einer Anpassung an veränderte politische und gesellschaftliche Wirklichkeiten kann keine Rede sein. Vielmehr dient auch diese Zeichnung dazu, junge Leser mit einem Topos vertraut zu machen. So wird verhindert, daß der lächerliche Unsinn von den Bestrebungen der Juden nach Weltherrschaft antiquiert.

Aus: *Juventud Radical* No. 14/1997.

Die beiden letzten Zeichnungen verdeutlichen die internationale Verbreitung antisemitischer Motive und machen auf die Zusammenarbeit der Rechtsextremisten über Landesgrenzen hinweg aufmerksam. Selbstverständlich sind ähnliche Bildmotive auch in den Publikationen deutscher Rechtsextremisten zu finden. Internationaler Austausch findet nicht nur im Internet statt. Bildvorlagen aus US-amerikanischen, britischen oder skandinavischen Publikationen werden von den hiesigen Heftproduzenten gern kopiert, weil deren Aussagen geteilt und deren graphische Qualität geschätzt werden.

Das Titelbild der Zweimonatsschrift *Deutschland. Schrift für neue Ordnung* Nr. 9/2000 kombiniert Antiamerikanismus mit Antisemitismus. Uncle Sam, das personifizierte Völkerimago der Vereinigten Staaten von Amerika, versucht, den Globus zu verschlingen und sich die Welt einzuverleiben. Für die Zeitschrift ist dies der bildhafte Ausdruck für den Verlust von Freiheit und Selbstbestimmung der Völker durch die "globale imperialistische US-Israel-Herrschaft" (ebenda S. 16). Die Zeichnung warnt den Betrachter vor der Gier nach Weltherrschaft, sie warnt auch den gefräßigen Uncle Sam vor seinem Erstickungstod. Sie bedient sich der klassischen Verschwörungsthese, derzufolge alle Übel der Welt auf einen einzigen Faktor zurückzuführen sind, in diesem Fall auf die imperialistischen Amerikaner, die im Textteil in eins gesetzt werden mit Juden-Herrschaft. (Daß hier nationalsozialistisches Gedankengut tradiert wird, ist evident. Es sei nur an die maßlosen Beschimpfungen von US-Präsident Roosevelt durch Adolf Hitler erinnert.)

Das Flugblatt greift die bisher benutzten Ausdrucksmittel auf, um den wirtschaftlichen und sozialen Wandel zu dämonisieren. Die Kopfzeile ist mit pseudo-hebräischen Buchstaben gestaltet, die Schrift der Fußzeile erinnert entfernt an eine stilisierte Runenschrift. Vorlagen für das Pseudo-Hebräische finden sich in einzelnen Ausgaben des *Stürmers* oder in der Buchtypographie der NS-Zeit. Die Bildmitte füllt das Brustbild eines Mannes aus, der hinreichend als jüdischer Kapitalist gekennzeichnet ist. Dazu gehören wieder die große, fleischige Nase und die wulstige Unterlippe. Attribute von Reichtum und Luxus sind die dicke Zigarre, der Pelzkragen des Mantels und der Brillant der Krawattennadel. Am Mantelaufschlag steckt ein EG-Button. Die Kopffigur umrahmt ein Kreis fünfzackiger Sterne, die an die Flagge der Europäischen Gemeinschaft gemahnen. Die Sterne sind zusätzlich mit Zirkel und Senkblei, Symbolen der Freimaurerei, versehen. Der schwarze Hut der Figur verdeckt zum Teil die Skyline einer amerikanischen Großstadt. Zwei der Wolkenkratzer sind mit sechszackigen Davidsternen gekrönt, die ausdrücken, wer hier Eigentum besitzt und Macht ausübt. Kontrastiert

Aus: *Deutschland: Schrift für neue Ordnung*
Nr. 9/10, 2000

wird die "amerikanische" Skyline am unteren Bildrand durch die Silhouette einer "deutschen" Kleinstadt-Idylle aus Wohnhäusern, überragt von zwei Kirchen, die auf den Turmspitzen das Kreuz tragen. Vermutlich sollen die beiden unterschiedlichen Turmbekrönungen darauf hinweisen, daß unter dem einen Dach der christliche Gott, unter dem anderen aber der Götze Mammon angebetet wird.

Die Bildmetaphern bauen eine Implikationskette auf, die der Betrachter in der Logik des Bildes ergänzen soll: Der Prozeß der europäischen Einigung wird aus der deutschen Idylle einen gigantischen Moloch machen, der von jüdischen Mächten beherrscht sein wird. Die Metapher veranschaulicht, sie stellt Erfahrungsbezüge her und macht das Unbekannte und Komplexe zum scheinbar Vertrauten. Man weiß, was eine Kleinstadt und ein jüdischer Bonze sind, man hat eine Vorstellung von einer anonymen Millionenstadt, und das Neue, das Fremde erscheint als unangenehm, furchterregend und feindlich.

Im antisemitischen Denken repräsentiert "der Jude" nicht nur die Geldwirtschaft als den eigentlichen Schlüssel der Moderne, sondern auch Internationalismus, Urbanität, Entwurzelung und Zersetzung gemeinschaftlicher Bindungen. Ihm wird vorgeworfen, die Gemeinschaft der Wirtsvölker zu zersetzen, um von deren innerer Entfremdung auf dem Weg zur modernen kapitalistischen Gesellschaft durch das eigene Monopol auf Zusammenhalt zu profitieren.

Diese Ideologen sind unfähig, sich ohne Schädigungserwartung oder Gewaltdrohung mit den politischen, wirtschaftlichen und sozialen Normen der internationalen Staatenwelt zu messen. Der "Kapitalist" erscheint als diabolische Figur, der rechtschaffene Menschen und ganze Völker um die Früchte ihrer Arbeit betrügt. Die globale "jüdische Finanzmacht" ist eine Formel, in die sich antikapitalistische Traditionsbestände – linker wie rechter Provenienz – mit dem Augenscheinlichen verbinden. Die Hochhäuser erinnern mehr an Bürogebäude als an Fabriken. Während Industrieunternehmen sichtbare Gegenstände produzieren, bleibt das Geschäft der feingewandeten Herren in den riesigen Geldpalästen dem Nichteingeweihten ein Buch mit sieben Siegeln. Daß vor diesem Hintergrund Verschwörungstheorien gedeihen, ist nicht verwunderlich. Und wo Verschwörer am Werke sind, da können Freimaurer (und die Protokolle der Weisen von Zion) nicht weit sein.

Auch die Zeichnung auf der nächsten Seite verbreitet gleichzeitig Antisemitismus und Antiamerikanismus. In der Motivtradition völkischer Ideologen personalisiert der Zeichner die Fremdbestimmung des Lebens und die immer noch unverstandene und deshalb abgelehnte Moderne als jüdisch-amerikanisch-freimaurerische Verschwörung. Das Bild ist symbolisch sogar überdeterminiert, für den Antisemitismus wäre die Aussage von der "jüdisch-kapitalistischen Welt" ausreichend. Aber auch ein Kapitel aus der Geschichte der stürmischen Haßliebe Europas zu Amerika wird aufgeschlagen. Als "Land der unbegrenzten Möglichkeiten" zieht Amerika seit Jahrhunderten die utopischen Projektionen der Europäer auf sich. Gleichzeitig dient es aber auch als negative Projektionsfläche für alle jene Laster und Unzulänglichkeiten, die der Europäer aus seinem Selbstbild ausschließen will. Voller Ehrfurcht bewundert er die vermeintlich unerschöpfliche Kraft und Energie der Amerikaner, um sich zugleich vor ihrer Übermacht zu fürchten und sie ob ihres angeblichen Dominanzstre-bens (Neue Weltordnung, one-world-Bestrebung) und kulturellen Analphabetismus zu verachten.

Symbole und Begriffe, die es aus der Perspektive der Antisemiten zu durchschauen und zu entlarven gilt, werden ihrer Ideologie gemäß "richtig gestellt". In dieser Sicht repräsentieren die Sterne der Europäischen Union nicht den freiwilligen Zusammenschluß autonomer Staaten, sondern in "Wahrheit" sind internationale Verträge die Machenschaften übernationaler (jüdischer Freimaurer-) Mächte. Das Wort Europa ist in Anführungszeichen gesetzt. Mit deren Hilfe soll es ins Zwielicht gerückt werden, eine ironische oder sogar pejorative Bedeutung erhalten. Die Vorstellung, man werde von fremden Mächten beherrscht, ist für die rechtsextreme und antisemitische Weltwahrnehmung konstitutiv. Man sieht sich Einflüssen ausgesetzt, die von den normalen Bürgern nicht durchschaut, sondern nur von Eingeweihten überhaupt erkannt werden. Deshalb ist mit dem Bild der amerikanischen Großstadt auch die Schreckensassoziation von einem Schmelztigel verknüpft, der Völker, "Rassen" und Kulturen zu Einheitsmenschen nivelliert. Entwurzelte Großstadtmassen, durch Konsum und Unterhaltung manipuliert, seien von einer verschworenen Gemeinschaft leicht zu beherrschen und auszubeuten. Gegen diese bedrohliche Zukunft haben sich die Nationalisten unter dem Schlagwort vom Befreiungsnationalismus zur Wehr zu setzen.

Aus: Flugblatt, aufgefunden in Sachsen-Anhalt, 1997

So wie die Rechtsextremisten die Außenpolitik der Bundesrepublik (und der von ihr geschlossenen internationalen Verträge, Nato- und EU-Mitgliedschaft gelten als "raumfremde Bündnisse") ablehnen, so lehnen sie auch grundlegende Prinzipien der demokratischen Ordnung im Inneren ab. Sie glauben nämlich, auch die Errichtung eines demokratischen Gemeinwesens sei Teil einer Verschwörung mit dem Ziel, das eigene Volk zu unterjochen und es seiner "arteigenen" Ordnung zu berauben. In rechtsextremen Veröffentlichungen gibt man das Auftreten und die Politik der etablierten Parteien als einen geschickten Beherrschungsversuch der Alliierten aus: Die Volksvertreter – "von Besatzers Gnaden" – würden sich für fremde Interessen einsetzen, seien korrupt oder hätten den Status von Handlangern und Erfüllungsgehilfen. Sie seien eben nicht im Sinne des sie wählenden Volkes tätig. Auch Justiz und Medien engagierten sich im Solde der Alliierten ("Lizenzpresse") und propagierten eine "volksfremde Politik". Immer wieder wird das geheime Wirken von antideutschen und überstaatlichen Mächten und Kräften angedeutet, die ihrerseits auf die Alliierten einen steuernden Einfluß besäßen oder dem Land die Demokratie verordneten, um es zugrunde zu richten. Derartige Behauptungen sind in der Regel mehr oder minder deutlich mit Hinweisen auf jüdische Weltverschwörungsabsichten versehen.

Die "jüdische Demokratie"

Das Titelbild des Neonazi-Magazins *Der Frontkämpfer* (Nr. 1/1994) zeigt das Foto eines brutalen Polizeieinsatzes gegen jugendliche Demonstranten. In der Schlagzeile ersetzt in dem Wort "Demokratie" ein Judenstern den Buchstaben "o". Der Judenstern soll deutlich machen, daß in der Demokratie die Staatsgewalt nicht vom Volk ausgeht und daß ein derartiges Gemeinwesen die staatlichen Exekutivorgane im Dienste fremder Interessen gegen das eigene (Jung-)Volk mißbraucht. Die Autoren entlarven das "wahre Gesicht" der Demokratie. Die Logik der Bildaussage legt aber noch einen weiteren Gedanken nahe. Die Polizei wird in ihrem Einsatz gegen das Volk mißbraucht. In einem selbstbestimmten Staat würde die Polizei nicht gegen ihre eigenen Bürger einschreiten, ja, in einem solchen Fall würde es gar keinen Konflikt zwischen Volk und Staat geben. Gleichschaltungsabsichten im Innern werden durch die Beschwörung einer äußeren Bedrohung gerechtfertigt.

Die CD-Coverillustration der Band *Volkszorn* führt diesen Gedanken mit der Behauptung weiter, daß die Justiz über "nationale" Angeklagte nicht "im Namen des Volkes", sondern des Zionismus (Un-)

Titelbild *Der Frontkämpfer*, 1/1994

CD-Cover "Im Namen des Volkes" von *Volkszorn,* (1995)

Recht spricht. Das Schreckensinstrument der Guillotine am rechten Bildrand unterstreicht diese Beschuldigung. Der gefesselte Skinhead, stilecht mit einem Fred-Perry-Hemd bekleidet, ist vor der Richterbank niedergeworfen, die mit der Bundesfahne behängt ist, in deren Mitte ein großer Judenstern prangt. Zwei der Richter tragen Brillen, durch deren blinde Gläser sie nicht nur ihre Wahrnehmungs-, sondern auch ihre Urteilsfähigkeit einbüßen.

Die Rechtsextremen werfen dem demokratischen Staat vor, das Recht zu einer Funktion des politischen Willens, zumal des jüdischen Willens, zu machen. Haben sie aber einmal die staatliche Macht erlangt, so wollen sie einen diktatorischen Gebrauch vom Recht machen und die Strafandrohungen der Gesetze extensiv verschärfen. Der legitime Zweck des Rechts in seiner herrschaftsbegrenzenden Wirkung wird pervertiert in eine völkische Schutzfunktion. Die Schädigung des Volkskörpers, Angriffe auf seine Einheit und seine Gesundheit werden mit dem Tod durch die Guillotine bedroht.

Die "Gesundheit" des biologisch gedachten Volkskörpers kann auf vielfältige Weise geschädigt werden. Gefahren drohen durch Parasitenbefall ("Schmarotzer, Zecken, Asseln"), durch Krankheiten (Viren, Epidemien, Aids, Schmutz) oder durch die Vergiftung mit Drogen. "Zecken" sind im rechtsextremen Jargon ein Synonym für "Linke", und mit "Asseln" werden sozial Schwache und sozial Auffällige (wie Punker oder Alkoholiker) dehumanisiert. Als Verbreiter von Drogen und Aids werden besonders die Afrikaner gesehen. In der extrem rechten Subkultur, in der ein biologisch begründeter Rassismus grassiert, wird zusätzlich eine Verunreinigung des Blutes unterstellt. Die Lebenskraft, die Reproduktionsfähigkeit des Volkskörpers, wird durch die sexuelle Potenz der Fremden und durch ein Sexualverhalten bedroht, daß nicht der Fortpflanzung dient. Daher sprechen sie sich gegen Geburtenverhütung aus und verfolgen homosexuelle Männer und Frauen. Für die meisten Männer ist das aggressionsbesetzte Gegenstück zur normalen Männ-lichkeit nicht weiblich, sondern unmännlich. Homosexualität ist ihnen ein Zeichen des Umbruchs, der die klare Ordnung zwischen männlich und weiblich zerstört.

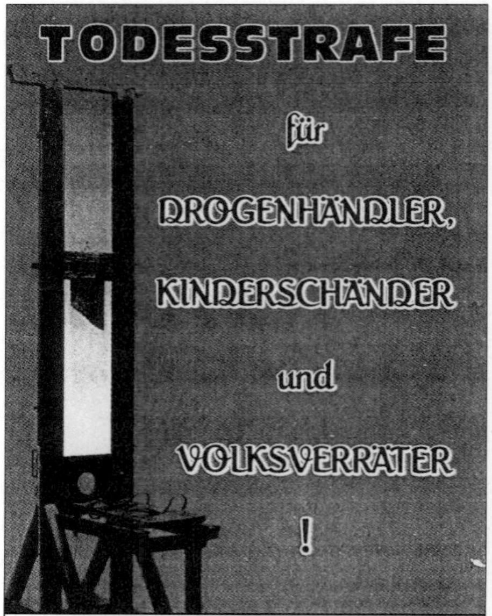

Aufkleber, aufgefunden in Potsdam, ca. 1995

Der Betrachter kann sich in die Rolle des Beschützers imaginieren, der im Geiste die höchsten Güter verteidigt: das Vaterland, die Familie, Frauen und Kinder. Das ist eine beachtliche Phantasie männlicher Macht und Potenz. Die Abwehr von Drogen und Kindesmißbrauch bedeutet: Bedroht ist der kleinfamiliäre Schutzbereich des Mannes. Dem Bild kommt es auf die Inszenierung von Emotionen an. Beim Betrachter entsteht der Verdacht, daß diese Autoren die Angriffe auf die empfindlichen Stellen ihrer männlichen Identität imaginieren, um in der Abwehr dieser Bedrohung sich als wahre Männer bewähren zu können: Ein geschlossener Ring zur Selbstkonstitution von harter Männlichkeit, die sich über das Imago des Feindes definiert und dessen Vernichtung als Ausdruck eines Willens erscheint, der das Gute wahren will.

Aus: *NS-Denkzettel,* Nr. 8/9, 1994

Diese Zeichnung aus dem Neonazi-Magazin *NS-Denkzettel* (Nr. 8/9/1994, S. 16) markiert mit Hilfe des Dollar-Symbols im Judenstern auf der Spritze die Drahtzieher des illegalen Drogenhandels als amerikanische Kapitalisten und jüdische Profiteure. Zwei Arbeitsmänner zerschlagen mit Schwert und Hammer die Drogenmacht. (Hammer und das archaische Schwert wählten sich verschiedene rechtsextreme Gruppierungen zum Organisationslogo, so der Freundeskreis Revolutionärer Volkssozialisten und Kameradschaften in Nord-deutschland als Zeichen der nationalen Revolution.) Ihre Blickrichtung auf den Betrachter läßt sich als Aufforderung interpretieren, es ihnen gleich zu tun. Ein internationaler, krimineller und konspirativ organisierter Zusammenhang wird bildlich faßbar gemacht und auf das Schuldkonto eines bereits bekannten Gegners gebucht. Die Zeichnung fragt nicht nach Ursachen, sondern fahndet nach Verursachern, denen sie gemeinschädliches Verhalten vorwerfen kann. Die Sachrelevanz tritt zurück hinter das Symbol des Feindes; nicht sachbezogene Ablehnung des Drogenhandels, sondern ideologische Feindseligkeit prägt hier das Konfliktverhältnis.

Neben Regierung und Gerichtsbarkeit verfällt auch die Polizei der Schmähkritik von rechts außen. Die Zeichnung auf der nächsten Seite entnahmen die Brandenburger Fanzine-Macher einem skandinavischen Magazin. Polizisten in schwerer Kampfmontur prügeln auf einen jungen Mann und eine junge Frau mit Renee-Frisur ein. Am Oberarm und auf den Helmen tragen die Polizisten den Judenstern. Zusätzlich sind die Helme mit dem Schriftzug "ZOG" versehen. Eine übergroße, übermächtige Männerfigur läßt die Polizisten als Marionetten an ihren Strippen agieren. Die Hakennase und äußere Merkmale, die als intellektuell qualifizieren wie die Brille, machen sie als jüdischen Intellektuellen erkennbar. Damit kein Zweifel an der Stoßrichtung bleibt, trägt die Figur zusätzlich den Namen Isidor am Pullover. Der Vorname Isidor wurde von den Antisemiten des 19. Jahrhunderts zum antijüdischen Spott- und Ekelnamen gewählt, und

Aus: *Proissenpower* 9/2000

er ist es bis heute geblieben. Im bürgerlichen Leben verbürgt der Name Individualität, hier aber pauschalisiert er und bedeutet einfach "Jude".

"ZOG" ist ein Kürzel, daß von den amerikanischen Rassisten übernommen wurde und mit dem diese die US-Bundesregierung als zionistisch beherrscht diffamieren – "Zionist Occupied Government". Eingedeutscht ist "ZOG" als "Zionistische Okkupations Gewalt" durch Texte, Bilder und Lieder flächendeckend in der rechtsextremen Szene verbreitet. Auch als Aufdruck auf T-Shirts war das obige Bildmotiv erhältlich (*Nordland*, Heft 3/1995). ZOG ist ebenso wie die Zahlenkombination "18" oder "88" eine Ausdrucksform, um ein antisemitisches bzw. nationalsozialistisches Bekenntnis abzulegen, ohne mit dem Strafgesetzbuch in Konflikt zu geraten. Semantisch sind die Zeichen eindeutig, jedoch juristisch unverfänglich.

Vordergründig lautet die simple Bildaussage: Polizisten sind Marionetten in den Händen jüdischer Drahtzieher. Aber derjenige, der die Wirklichkeit auf diese Weise sieht, nimmt für sich das Privileg der Erkenntnis und der Erkenntnisfähigkeit in Anspruch. Er hat die Wirklichkeit enträtselt, die wahren Drahtzieher im Hintergrund entlarvt, und er kann die aggressive Energie auf einen zentralen Gegner lenken, der alles steuert und dessen Handeln als Erklärung für alle negativen Phänomene gilt. Aus der Drahtzieher-Metapher werden etliche Vorteile gezogen. Wenn Polizisten (Politiker oder Journalisten) lediglich Puppen oder Werkzeuge in den Händen von mächtigen Hintergrundspielern sind, dann sind sie manipuliert, letztlich also ohne eigenen Willen und daher unschuldig. Ihre Rolle ist dann eher tragisch als verächtlich. Die Vorstellung, ein homogenes Volk ohne Fremdeinflüsse kenne keinen echten internen Konflikt, wird bildrhetorisch bekräftigt. Ein Aktivist und

Führungskader der NPD drückte diesen Gedanken folgendermaßen aus: "Je homogener eine Gruppe, desto weniger anfällig ist sie gegen zersetzende äußere Einflüsse und desto befriedeter ist sie im Inneren." (Steffen Hupka in: *Umbruch* 13/1996, S. 19) Die Gemeinschaft schaffe Soldarität und Loyalität, die Gesellschaft Streit und Intrige.

Titelbild *Nationaler Beobachter*, Nr. 13/14, 2000

Wie der rechtsextreme Rand auf den Verfolgungsdruck von Polizei und Justiz reagiert, wird in dem Titelbild des Neonazi-Magazins *Nationaler Beobachter. Zeitschrift des nationalen Widerstandes* aus Frankfurt a. d. Oder sichtbar. Auch hier wird eine Prügelszene dargestellt. Ein bayerischer Polizist drischt mit dem Schlagstock auf einen "nationalen Barden" ein. Die Verantwortlichen für diese Zwietracht erscheinen nicht im Bild, aber Betrachter, die durch solche Szenemedien sozialisiert wurden, können es aufgrund ihres Vorwissens selbständig ergänzen: Es gibt Kräfte, die Äusserungsformen deutscher Kultur und nationalen Selbstbewußtseins mit allen Mitteln unterbinden. Die politische Ästhetik, Graphik und Typographie des Titelbildes enthält zahlreiche

Hinweise darauf, wie die Zeitschrift "deutsch" qualifiziert. Der Titel *Nationaler Beobachter* variiert den Namen des Parteiorgans der NSDAP *Völkischer Beobachter*. Der Reichsadler mit dem Eichenlaubkranz in den Fängen unterstreicht diese Anleihe. Die Mitte des Kranzes ist geschwärzt, sie wäre durch ein Hakenkreuz zu füllen, um den Originalzustand wieder herzustellen. Der Gitarrenspieler trägt auf seinem Hemd das Reichswappen. Der "nationale Widerstand" identifiziert sich deutsch, aber nicht mit der Bundesrepublik, ihrem Grundgesetz und ihrer Demokratie.

Aus: *Proissen Power*, Nr. 9/2000

Die Triebkraft Haß

Ein Kennzeichen des "nationalen Widerstandes" ist es, soziale und politische Konflikte zu personalisieren. Die Sachrelevanz gesellschaftlicher Probleme tritt zurück hinter die Physiognomie des Feindes, nicht sachbezogene Gegnerschaft, sondern persönliche Animosität, Haß und erbitterte Feindseligkeit prägen hier das Konfliktverhältnis. Das Verdichtungssymbol des Feindes löscht alle Zweifel aus. Die Fronten sind klar.
Das Neonazi-Fanzine *Proissen Power* aus Potsdam bietet seinen Lesern eine, keineswegs zufällig zusammengestellte Kollektion von Haßobjekten. Von links oben nach rechts unten sind abgebildet: die Figur der Justizia; der Schriftsteller und ehemalige PDS-Bundestagsabgeordnete Stefan Heym; ein weiß-schwarzes Paar; Homosexuelle beim Analverkehr; die Fernsehmoderatorin Arabella Kiesbauer; der Rocksänger und Initiator von "Rock gegen rechte Gewalt"-Konzerten Udo Lindenberg; der ehemalige Vorsitzende der PDS-Bundestagsfraktion Gregor Gysi; der algerische Asylsbewerber Farid Guendoul (Omar Ben Noui), den Rechtsextremisten im Februar 1999 in Guben (Brandenburg) zu Tode hetzten; eine amerikanische Karikatur, die einen jüdischen Anwalt, einen jüdischen Richter und einen afroamerikanischen Polizisten zeigt; noch ein weiß-schwarzes Paar; die Fotomontage eines jüdischen Monsters inmitten einer Gruppe orthodoxer Juden; der Talkmaster und Fernsehkoch Alfred Biolek; der Literaturkritiker Marcel Reich-Ranicki; der Rechtsrock-Produzent Herbert Egoldt aus dem Rheinland; die Karikatur eines Linksintellektuellen oder eines 68er Lehrers; jamaikanische Rasta-Musiker; eine Karte Deutschlands in den Grenzen von 1933; das Mitglied des Zentralrats der Juden und Talkmaster Michel Friedman; muslimische Frauen mit Kopftuch; eine Gruppe vermummter Autonomer; schließlich die Karikatur eines Judenkopfes über einem blonden Mädchen.

Einen Kommentar oder eine weitere Erklärung zu diesem Personenkreis gibt das Fanzine nicht, so daß wir mit eigenem Spürsinn die Seite interpretieren müssen. Von welchem Standpunkt aus ist es möglich zu sagen: Wir hassen diese Menschen? Die Abgebildeten lassen sich über die Ablehnungsmotive zu Gruppen ordnen:

- aus politischen Gründen wird die Justiz als Teil des verachteten Rechtsstaates abgelehnt, ebenso Personen, die sich gegen Rechtsextremismus engagieren, wie Udo Lindenberg. Der politische Gegner von Links wird zudem durch die autonomen Straßenkämpfer sowie den (links)intellektuellen Moralisten der Toleranz symbolisiert;
- aus rassistischen Gründen werden Farbige und Beziehungen zwischen Menschen verschiedener Hautfarben verdammt;
- sexuelle Motive liegen der Ablehnung von Homosexuellen zu Grunde;
- die Ablehnung von Muslimen erfolgt aus kulturell-religiösen Gründen;
- dem Musikmanager Egoldt (Rock-O-Rama) wirft die rechtsextreme Szene vor, daß er "nationale" Musiker ausbeute, Gewinne aus ihrer Musik privat vereinnahme und die Überschüsse nicht wieder in den Kampf der "nationalen Bewegung" zurückfließen lasse. Folglich ist er Verräter an der nationalen Sache;
- die geschwächte und verkleinerte Republik von Weimar wird gehaßt, ebenso die Teilung Deutschlands

und der Verlust der Ostgebiete als Folge des Zweiten Weltkrieges. In grenzrevisionistischer Absicht wird die Rückgabe der ehemaligen deutschen Ostgebiete verlangt;

- der Algerier Omar Ben Noui repräsentiert die Asylbewerber, Menschen, die fehl am Platz sind; ihnen wird pauschal das Aufenthaltsrecht und der Schutz der Bundesrepublik verweigert;
- der Judenhaß wird mit politischen, religiösen und rassistischen Motiven illustriert: Juden beherrschen Justiz und Polizei, die Literaturkritik und die öffentliche Meinung, sie werden als Dämonen verteufelt und als "Rassenschänder" dargestellt;
- die Wahl von Heym und Gysi erfolgt aus antikommunistischer Intention, die sich zur nationalsozialistischen Vision vom jüdischen Bolschewismus erweitert. Ihre Auswahl mag zusätzlich dadurch begründet sein, daß hier zwei Personen gezeigt werden, die bereits in der ehemaligen DDR einen Prominentenstatus inne hatten und diesen in den neuen Verhältnissen nach der "Wende" noch ausbauen konnten. Damit wird auf das Vorurteil angespielt, Juden würden aus jeder gesellschaftlichen Situation ihren Vorteil ziehen.

In diesem Vorurteilsinventar überwiegen kulturell-rassistische Motive, die sich direkt gegen Personen wenden. Ökonomische, etwa antikapitalistische Aussagen, fehlen völlig. Offensichtlich schwebt dem Verfasser ein ethnisch-kulturell gesäubertes Deutschland vor, in dem dieser eingedrungene "Schmutz" keine Daseinsberechtigung hat. Die Collage ruft zum Kulturkampf auf, fordert völkische Apartheid und protestiert gegen friedliche Pluralität. Sie fordert Reinheit, die Rückgewinnung von Territorium und verspricht die Wiedereinsetzung partikularer Moral. Die vage, positive Aussage dieses rassistischen Bilderrepertoires lautet: An Stelle der verseuchten, abartigen und geschwächten Gesellschaft setzen wir die imaginierte Gemeinschaft der Gesunden, Starken und Stolzen.

Warum nennen die unbekannten Hersteller ihre Collage "Hass-Seite" und nicht etwa "Wut-Seite"? Wut ist ein Affekt, der situativ entsteht und auch wieder verraucht. Aber Haß ist ein starkes Gefühl, das wächst und sich stabil an ein Objekt bindet. Deshalb eignet sich Haß zur politischen Leidenschaft. Als moralische Aggression kann Haß zum Treibstoff einer Weltanschauung werden. Wer aus vollem Herzen liebt, hat etwas, er ist reicher. Auch derjenige, der aus vollem Herzen haßt, fühlt sich bereichert. Er hat ein Verhältnis gefunden, das Objekt ist ihm nicht mehr gleichgültig. Haß gibt seinem Leben Zweck und Bedeutung. Wer liebt, möchte sein Liebesobjekt nicht teilen, aber Haß sucht nach Verbündeten. Im Haß wachsen ihm weitere Kräfte zu. Ebenso läßt sich die Zahl der Haßobjekte vermehren. Haßt er die Welt, dann kann er seine Wut an der ganzen Schöpfung auslassen. Ein weißer Rassist aus Potsdam zu sein – das ist doch was! So wandelt sich für ihn die reizarme Provinz Brandenburg in das Land der unbegrenzten Möglichkeiten. Ein reiches Land, das von zahllosen Haßobjekten bevölkert wird.

Niemand muß die Abgebildeten hassen – die Fernsehprogramme von Kiesbauer, Biolek oder Friedman kann man ignorieren und einfach wegzappen. Es ist ein weit über das private Umfeld hinausgreifender Haß, der leicht zu politisieren ist und ein gemeinschaftsstiftendes Element dieser Gruppen zu sein scheint. Haß ist in der rechten Szene ein Codewort für Ausschluß. Mit Haß wird eine subjektive Beglaubigung ins Spiel gebracht, ein Gefühl ähnlich dem der Angst, die auch nicht einfach mittels Information wegzuerklären ist. Haß ist eine fundamentale Dimension, die der Sprache und der Tyrannei der Argumentation entzogen wird; wer haßt, muß nicht nachdenken und nicht begründen. In zahlreichen Gerichtsverfahren um fremdenfeindliche Gewalttaten antworteten die Beschuldigten auf die Frage nach ihrem Beweggrund wortkarg mit "Haß auf Ausländer". Dies ist mehr als nur eine Redeweise, nämlich ein Gefühl elementarer, mächtiger Selbstbehauptung und zudem ein Modus, der entlastet, weil das Reiz-Reaktions-Schema ihnen die Verantwortung abnimmt. Meinungen wären der Widerlegung ausgesetzt, sie werden als instabil erfahren, ihnen wird mit dem Haßgefühl die Behauptung der unveränderbaren und unhinterfragbaren Ordnung der Natur entgegengestellt. Rechte Demagogen, die die Gewaltausbrüche rechtfertigen, benutzen diese Metapher: Die xenophobische Gewalt sei die natürliche Reaktion gesunder Reflexe auf Überfremdung.

Was mit diesen Haßobjekten zu geschehen hat, zeigt die zentrale Geste rechtsextremer Skinheads: Treten.

Ein Skinhead tritt mit seinem derben Stiefel wuchtig auf den Kommunismus ein. Während der Kommunismus als politische Ideologie sich von der SED über die Stasi zur PDS wandeln (bessern?) kann, bleibt der Kommunist Gysi unverändert, was er war – ein Jude.

Die Abbildung auf der nächsten Seite spitzt diese Aussage ins Extrem zu. Über zwei Ratten, die in ihrem Loch (Kerzen) durch die Symbole auf den Transparenten als antifaschistisch ("Nazis raus"), jüdisch-zionistisch (Judenstern), freimaurerisch (Winkel), anarchistisch (A im Kreis), kommunistisch (Hammer und Sichel) und autonom (fünfzackiger Stern) erkennbar gemacht sind, droht ein mächtiger Stiefel. Die Profilsohle trägt an der Stiefelspitze die Buchstabenkombination "WAW", die Abkürzung für "Weißer Arischer Widerstand". Auch dies ist eine eingedeutsche Übernahme von amerikanischen Rassisten. Dort gibt es militante Gruppen, die sich "WAR" = "White Arian Resistance" nennen. Gruppen, Musiker und Fanzine-Macher, die unter den Kürzeln WAR oder WAW firmieren, vertreten im Spektrum der Neonazis die extremste Position. Sie stellen sich ungebrochen in die Nachfolge des Nationalsozialismus und verbreiten seine zentralen Ideologiebestandteile: Rassismus, Antisemitismus, Antikommunismus, Führerstaatsideen und militärische Expansion. Dem weltanschaulichen Feind wird die Zugehörigkeit zur Menschheit abgesprochen. Daß dieser auch noch alkoholabhängig sei (die linke Ratte sitzt auf einer Bierkiste), ist eine ergänzende Zutat des Zeichners.

Aus: *Volkswille* 10/1999

Aus: *NS-Denkzettel* 8-9/1994

Das Titelblatt der Songtextsammlung der Berliner Band *Kraft durch Froide* (nächste Seite) kombiniert den Stiefelschritt des Skinheads mit dem Marschtritt der Wehrmachtssoldaten und der SA-Männer. Die SA war das organisatorische Instrument zur innenpolitischen Machterringung im Kampf um die Straße. Die Wehrmacht marschierte über die Grenzen hinaus und in fremde Länder ein. Als jüngstes Glied in dieser Marschordnung versteht sich der Skinhead. "Kraft durch Froide" ist die subkulturell verfremdet aufgegriffene Parole der nationalsozialistischen deutschen Arbeitsfront.

Üblicherweise ist ein Tritt eine Geste der Verachtung. Und so ist er auch gemeint. Man will sich die Hände nicht schmutzig machen. Man redet sich ein, daß man es mit Abschaum zu tun hat (Zecken, Ratten, Asseln), und will eine klare Grenze zwischen sich und dem Dreck ziehen. Auch dies symbolisiert der Stiefel, er verhindert eine unmittelbare Berührung, er schützt und er dient als Waffe.

Der Fuß, dieser im Vergleich zur Hand relativ unsensible und mit grobem Schuhwerk (stahlkappenbewehrte Springerstiefel bzw. Doc Martens) armierte Körperteil, wird zu einem raffinierten Schlagwerkzeug gedrillt. Mit Stiefeln an den Füßen verringert sich die Feinmotorik, sie markieren Differenz und Distanz zwischen ihrem Träger und demjenigen, dessentwegen man sie anzieht. Das Anziehen der blitzblank geputzten Stiefel ist als Männlichkeitsritual und als Akt der Verwandlung interpretierbar. Darüber hinaus ist im Alltag das Tragen von Stiefeln (und der Rest der Kleiderordnung: Bomberjacke) ein Hinweis auf die innere Einstellung des Trägers: Er wird zum Krieger. Damit demonstriert er Gewaltbereitschaft. Kampf gilt ihm als normal. Folgt er dieser Regel, dann handelt er normgerecht, wie es seine Uniformierung und seine Bezugsgruppe verlangt.

Die Trittbewegung führt die Waffe mit aller Kraft ins Ziel. Der Gegner gerät nicht nur bildlich unter die Stiefel. Das Profil der Sohle soll die persönliche Handschrift auf dem schmerzenden Körper des Opfers hinterlassen. Das Opfer wird zur minderen Natur, wenn es als blutiges Bündel am Boden liegt. Und wo der Tritt hintrifft, da soll kein Gras mehr wachsen. Das Opfer wird die Stiefelattacke nicht überleben. In der körpernahen Begegnung von Täter und Opfer schreibt dieser ein soziales Muster. Die Gewalt ist nicht eruptiv im Sinne eines nicht zu begreifenden Bodensatzes irrationaler Ausbrüche, die alle sozialen Normen und jedes Verstehen außer Kraft setzt. Diese Gewalt unterliegt eigener subkultureller Prägung. Die Gewalt wird regelgerecht ausgeführt, nach der Stiefelattacke muß das Opfer reglos am Boden liegen. Dabei wird einem pervertierten, dem Sport entlehnten Leistungsprinzip gefolgt: Erst wird die Kicktechnik geübt und dann professionell ausgeführt. Während im Sport das Reglement Grenzen setzt und das Schlimmste verhindert, ist hier das Ziel der Attacke, die Grenzen um jeden Preis zu überschreiten.

Der Durchgang durch den subkulturell geprägten Rechtsextremismus zeigt die große Bedeutung, die dabei der Antisemitismus einnimmt. Er ist ein zentrales Element in einer Ideologie, die Politik auf kompromißlosen Kampf und auf eine eindeutige Freund-Feind-Unterscheidung reduziert. Die Text- und Bildbeispiele sind nirgends bedeutend, nie gehen sie den Dingen auf den Grund, aber sie lassen hören und sehen, was von den Dingen gedacht wird. Wer sich dieser Szene für einen längeren Zeitraum anschließt, der wird unabhängig von seinem Beitrittsmotiv etliche dieser Deutungen und Wertungen übernehmen. Eine besondere antisemitische Disposition ist keine Eintrittsvoraussetzung. In der rechtsextremen Szene erfolgen situativ Anstöße, die einen aktiven Lern- und Suchprozeß nach der Tradition und den Fundamenten der Weltanschauung in Gang setzen.

Aktivistische Unrast, Gewaltglaube, rassistische Menschenverachtung und Emotionalität kennzeichnen diese Szene mehr als klarer Verstand oder eine politische Idee. Es ist die verschwommene, von vagen nationalen und sozialen Gemeinschaftsideen bestimmte Atmosphäre, die es erlaubt, unterschiedliche persönliche Neigungen, Interessenlagen und Triebhaltungen auszuleben. Es ist eine Ideologie der Praxis, die in der Wirklichkeit der Gewalt ihre rassistischen Behauptungen erfüllt.

Burkhard Schröder

Rechtsextremismus im Internet

1.

Das Thema "Rechtsextremismus im Internet" verwandelt sich, wird es durch die klassischen Medien aufbereitet, häufig und allzuoft in einen kulturpessimistischen Diskurs, dessen Fazit seit dem Neolithikum bekannt ist: die Jugend sei sittlich gefährdet und müsse vor dem, was sie gefährdet, geschützt werden. Seit zehn Jahren, seitdem von den so genannten "neuen Medien" öffentlich gesprochen wird, wiederholen sich die "Argumente", die das Böse, das auf Monitoren zweidimensional der jeweils zu schützenden Klientel begegnet, für den Verfall von Sitte und Moral verantwortlich machen. Dabei ist sowohl äußerst strittig, was unter dem "Extremismus" von Rechts zu verstehen sei als auch, was mit "Internet" gemeint ist. Es gibt keine ernst zu nehmenden Publikationen, die auch nur eine marginale Auskunft darüber gäben, ob die empirische Basis, auf der ihre Aussagen über "das Internet" fußen, dem untersuchten Gegenstand angemessen ist. Das gilt ausnahmslos auch für alle Veröffentlichungen des Verfassungsschutzes zum Thema "Rechtsextremismus im Internet", die oft genug sowohl technische Kompetenz als auch die Bereitschaft vermissen lassen, sich überhaupt mit kritischen Fragen, den Aussagewert betreffend, zu befassen. Publikationen, die die Wirkung des Internets und seiner Dienste untersucht hätten, fehlen bisher ganz oder untersuchen ein so winziges Spektrum von Websites oder Nutzern des Mediums, dass allgemeine Aussagen nicht möglich sind.

Wer sich zum Thema äußert, suggeriert immer eine ganz persönliche und subjektive Theorie – wie Medien Ideen und Einstellungen der Konsumenten beeinflussten. Ob und wie zum Beispiel der Anblick von Hakenkreuzen auf Websites politische Meinungen ändert, ist strittig. Die These, weniger rechte Websites seien ein Erfolg im so genannten "Kampf gegen rechts", unterschiebt ebenfalls eine spezielle Medientheorie, deren uneingestandene Implikationen aber zunächst diskutiert werden müssten. Der klassische Jugendschutz – etwa im Sinne seiner orthodoxen Vertreter wie jugendschutz.net, der "Zentralstelle der Obersten Landesjugendbehörden für Jugendschutz in Mediendiensten" – muss doch prinzipiell eingestehen, dass der Kampf gegen das jeweils virtuelle Böse im 21. Jahrhundert ein Kampf gegen Windmühlenflügel sei. Dort proklamiert man Filtersysteme, fordert "Jugendschutzkontrollsoftware" und geriert sich als eine Art Bürger-Online-Polizei, die ähnliche Arbeit leisten will wie die laut Gesetz zuständigen Strafverfolgungsbehörden. Dieses Konzept ist ähnlich fragwürdig wie die Idee, politische Normen und Werte durch private Firmen – in Gestalt derer Indices der jeweiligen Filtersoftware – vorgeben zu lassen. Dass Filter ohnehin nur die "schützen", die technisch ahnungslos sind, und auch nur dann, wenn es gelänge, Jugendliche gleichzeitig von Websites wie peacefire.org fernzuhalten, die detailliert beschreiben, wie Filtersoftware jeder Art zu umgehen ist, wird schamhaft verschwiegen. Das nimmt niemand zum Anlass, den Kurs in die Sackgasse der Zensur und der intellektuell schlichten und a priori zum Misserfolg verdammten Bevormundung technisch kompetenter Jugendlicher – durch "Filter im Internet" – zu korrigieren. Der öffentliche Diskurs in Deutschland zum Thema Internet und dem dort anzutreffenden Bösen (Zutreffendes jeweils anzukreuzen: Gewalt, Kinderpornografie, Rechtsextremismus, Anleitungen zum Bombenbau usw.) hat sich zu einem Meta-Diskurs verselbständigt, ähnlich der absurden Medientheorie, das gegenseitige "Herzeigen" der "richtigen" Symbole (Gesicht, Flaggen usw.) bewirke irgendetwas "gegen" das jeweils Bekämpfte.

"Extremismus" ist ein vor- und unwissenschaftlicher Begriff, der nur vor der Folie der bundesrepublikanischen Geschichte verstanden werden kann. Er suggeriert ein Gesellschaftsmodell, das Probleme wie Rassismus, Antisemitismus oder auch religiösen Fundamentalismus im Diskurs an marginalisierte, somit "extreme" Gruppen oder "die Jugend" delegiert, während die Mitte sakrosankt bleibt. Der "Extremismus"-Diskurs impliziert gleichzeitig eine – ebenfalls äusserst umstrittene – Theorie, was das Scheitern der "Weimarer Republik" verursacht habe. Dieser Theorie zufolge seien die Vertreter der Demokratie nur nicht "wehrhaft" genug gewesen gegen die Feinde der Verfassung. Daher das Konzept der "wehrhaften Demokratie": "Extremismus" assoziiert immer auch einen Katalog von Maßnahmen, die schon 1972 in der alten Bundesrepublik zum so genannten "Radikalenerlass" führten[150].

Wer über "Rechtsextremismus im Internet" diskutieren will, sollte daher vorab die Fragen beantworten können: Sind antisemitische Websites etwas ultrakonservativer religiöser Gruppen in den USA oder der Zeugen Jehovas – trotz oder wegen stark antisemitischer Propaganda – "rechtsextrem"? Muss subtiler Antisemitismus, von intelligenten Salonfaschisten à la *Junge Freiheit* virtuell aufbereitet, als "rechtsextrem" eingestuft werden? Sind die *Böhsen Onkelz*, eine Kultband auch des rechten Milieus, "extrem" rechts, und wenn ja, worin? Ist das Hochglanzmagazin *Rock Nord* und dessen WWW-Version "rechtsextrem", obwohl dort keine strafrechtlich relevanten Dinge zu finden sind? Sind die Songs der Band *08/15* "rechtsextrem", weil die mit dem Titel "Echt extrem" kokettiert?[151] Oder ist nur das "rechtsextrem", was im Schrifttum der Bundesprüfstelle für jugendgefährdende Schriften (sic!) als sittlich gefährdend detailliert aufgelistet wird?

Statt "Rechtsextremismus" bietet sich an, den Sprachgebrauch der internationalen, vor allem auch der englischen Forschung zu übernehmen und statt obskurer "Extremismen" besser über "Rassismus" und "Antisemitismus" zu diskutieren. Sowohl eine rassistisch-völkische Konzeption der Nation als auch Antisemitismus und Revisionismus in allen seinen Schattierungen bilden die Klammern, die in Mitteleuropa seit Kriegsende die Enkel und Urenkel Hitlers ideologisch eint.

2.

Rassismus und Antisemitismus im Internet – aber wo dort? Leider hat sich im Sprachgebrauch der Medien und der Öffentlichkeit die irrige Meinung durchgesetzt, die Begriffe "Internet" und "World Wide Web" (WWW) könnten synonym verwendet werden. Das entspräche der Behauptung, die Unterschiede zwischen einer Lokomotive und einem Zeppelin seien irrelevant, weil beide Dinge sich bewegten, und nur darauf käme es an. Die Diskussion um sittlich gefährdende Inhalte "im Internet" berührt oft die Realität nur marginal, weil nicht gesagt wird, um welchen Dienst – es gibt ihrer mehrere! – es sich handelt. Die irrige Meinung, alles, was auf dem Monitor eines Heimcomputers erscheine, wenn man "online" ist, sei "das Internet", wenn es nur schön bunt ist und per Mausklick das "Surfen" ermöglicht, führt zu der ebenso falschen Ansicht, wenn das Böse nicht mehr per "World Wide Web" erreichbar sei, sei es gar nicht per Internet erreichbar.

Das Internet ist schlicht ein übergreifendes Netz, das viele lokale Rechnernetze in aller Welt miteinander verbindet. Über das Internet werden, ähnlich der Post, viele verschiedene Dienste transportiert, die, technisch gesehen, nichts miteinander zu tun haben. Ein 'Dienst' meint: Senden und Empfangen digitaler Daten. Zum Beispiel: elektronische Post (E-Mail), die Nachrichten der gut 80.000 öffentlichen Diskussionsforen (news, die Gesamtheit der Foren – newsgroups – heisst Usenet), Archie, Gopher und andere, Suche nach Files (FTP-search), Diskussionen in Echtzeit (Internet Relay Chat[152]), das World Wide Web (WWW) und einige andere mehr. Der Unterschied der verschiedenen Dienste besteht vor allem in der Art der Datenübertragung (Protokoll). Das Standard-Protokoll, das den kompatiblen Datenverkehr ermöglicht, nennt man TCP/IP (Transmission Control Protocol/ Internet Protocol). Das World Wide Web hat das Internet populär gemacht, weil mit der "Programmiersprache", in der Seiten des WWW geschrieben werden, Multimedia-Elemente transportiert und auf dem heimischen Computer angezeigt werden können, Texte, Grafiken, Töne und vor allem Links – per Mausklick verbindet das Dokument mit anderen Daten auf anderen Computern. Das WWW ist also nur ein Segment des weltweiten Datennetzes. Zu diesem gehören auch das Usenet, gehören die Chat-Foren, zum Internet gehört aber auch die Möglichkeit, sich per 'Telnet-Programm' anonym in fremde Rechner einzuwählen und dort Befehle auszuführen. Zum Internet gehört ebenso die Suche nach Files, Dateien und Programmen jeglicher Formate, ohne dass dazu ein 'Browser' verwendet werden müsste. Mailboxen jedoch sind kein Teil des Internets, obwohl Mailboxsysteme aus vernetzten Computern bestehen, die regelmäßig Daten austauschen. Mailboxen arbeiten nach einem hierarchischen System. Wer den Zentralrechner 'abklemmt', hat damit alle anderen vernetzten Computer lahm gelegt. Das Thule-Netz, ein Verbund von einem Dutzend Mailboxen der Neonazi-Szene, das Anfang der neunziger Jahre ein breites Medienecho erzeugte, ist mittlerweile bedeutungslos.

Rassismus und Antisemitismus im Internet kann also bedeuten: Websites mit dementsprechenden Inhalten samt öffentlich zugänglicher Gästebücher, Diskussionsbeiträge von Neonazis in einer Newsgroup, Versand nationalistischer Propaganda verschlüsselt per E-Mail, konspiratives virtuelles Treffen in einem geschlossenen und Passwort-gesicherten Chat-Raum per IRC, irgendwo auf einem Rechner in einem anderen Erdteil, Chat von Neonazis in offenen Foren internationaler Provider wie AOL, womöglich ein Angriff rechter Hacker auf Webserver der politischen Gegner, das Angebot, ultrarechte Musik, die in Deutschland auf dem Index steht in digitaler Form, per FTP von einem amerikanischen Rechner zu kopieren.

3.

Die Anti-Defamation League der B'nai B'rith-Loge (www.adl.org) publizierte 1996 eine Schrift mit dem Titel "Extremists Exploit the Internet", eine Übersicht über rassistische und antisemitische Seiten im World Wide Web; diesen Dienst nannte die Organisation – damals durchaus zeitgemäß und im Gegensatz zu "älteren" Diensten des Internet wie E-Mail und Usenet – "a relativly new Internet technology". Der in den USA nicht verbotene Ku Klux Klan hatte schon damals eine Homepage[153], auf der, was nicht überraschte, diejenige Propaganda zu finden war, die man von dieser Organisation erwarteten kann. Einer der wichtigsten Protagonisten und Initiatoren der Neonazi-Seiten im WWW ist der US-Amerikaner Don Black. Black saß Anfang der achtziger Jahr in einem Bundesgefängnis, weil er versucht hatte, die Regierung des Staates Dominica in der Karibik mit Gewalt und mit Hilfe einer ultrarechten Söldnertruppe zu beseitigen. Black brachte sich während seines Gefängnisaufenthalts die Grundkenntnisse in verschiedenen Programmiersprachen bei. Nach seiner Entlassung gründete er sowohl eine Mailbox *(Bulletin Board System)* für Neonazis als auch die erste wichtige neonazistische Website stormfront.org, die sich Mitte der neunziger Jahre zu einer zentralen Anlaufstelle für Antisemiten und andere Rechtsextremisten weltweit entwickelte.

Wir basteln uns eine braune Webseite

Also aufgepasst und stramm gestanden, hier zeige ich Euch, wie Ihr ganz schnell eine Webseite macht, um die Euch Eure Kameraden beneiden werden. Wenn Ihr folgende zehn goldenen Regeln befolgt, werdet auch Ihr zu den Großglatzen im Web gehören, und die BILD-Zeitung hat wieder was zum zählen und erzählen.

1
Sucht Euch einen amerikanischen Provider. Denen ist alles wurscht, außer nackten Mädels, aber die haben auf einer anständigen Naziseite sowieso nichts verloren.

2
Gebt Eurer Seite einen grausligen, furchterregenden Namen, wie Blitzkrieger, Werwolf, Türkentod, Brunzdummsau und dergleichen.

3
Weist darauf hin, daß diese Seite vom BND, vom Verfassungsschutz, der Judenpresse, der Gubener Polizeimeisterei, dem Mossad und der CIA beobachtet wird und jeden Tag gelöscht werden könnte, weil Ihr verfolgt werdet. Eine Liste anderer Geheimdienste könnt Ihr von mir haben - wer wird schon vom nordkoreanischen Geheimdienst beobachtet?

Deutsche Neonazis kopierten Texte auf die Rechner Don Blacks. Das berüchtigte Strategie-Papier des Nationaldemokratischen Hochschulbunds mit dem Titel "Schafft befreite Zonen!" liegt dort schon mehrere Jahre online. Da grafische Symbole ebenfalls in den USA nicht der Zensur unterliegen, bietet die "Stormfront"-Seite eine breite Auswahl von Hakenkreuzen und anderen nationalsozialistischen Devotionalien.

Die heutige rechtsextreme Propaganda per World Wide Web konzentriert sich – neben der Selbstdarstellung diverser Gruppen und Organisationen – auf zwei Schwerpunkte: Revisionismus – das heißt die Leugnung oder Verharmlosung des Holocaust – und Musik. Die Leugnung oder Verharmlosung des Holocaust steht bei deutschsprachigen Websites als unausgesprochener Konsens im Hintergrund. Liegt die Domain nicht in Deutschland, wird das Thema offen ausgesprochen. Eine Linksammlung, auf deutschen Neonazi-Seiten "Verweise in das Weltnetz" genannt, muss nicht nur Links enthalten, die der politischen Meinung des Betreibers entsprechen, sondern kann allgemein dazu dienen, die Attraktvität der Seite zu erhöhen. Die überwiegende Auffassung in der deutschen Rechtsprechung geht davon aus, einen Link grundsätzlich als Zugangsvermittlung im Sinne von § 5 III TDG zu verstehen, was bedeutet, dass eine Verantwortlichkeit für die fremden Inhalte, auf die verlinkt wird, grundsätzlich nicht gegeben ist.[154] Tendenziell weisen die bis jetzt

4
Bastelt Euch irgendeinen bescheuerten Banner, der muss nicht schön sein, geschmackvolle Sachen werden meistens von Schwulen entworfen, und mit denen wollt Ihr ja höchstens heimlich was zu tun haben. Ein Hakenkreuz und einen Schädel halt, kopiert einfach was von 'ner anderen Naziseite, merkt eh keiner, sehen alle gleich aus.

5
Achtet darauf, möglichst viele Rechtschreibfehler einzubauen. Das ist ja nicht sehr schwierig für Euch. Eine Seite, die keine Rechtschreibfehler hat, ist verdächtig. Könnte von einem Linken sein.

6
Verwendet nur die Farben Rot, Weiß und Schwarz und eine möglichst krakelige Schriftart, die sich schlecht vom Hintergrund abhebt. Davon kriegen die Leute Kopfweh und bleiben nicht länger als unbedingt nötig.

7
Dann müßt Ihr den üblichen Nazibildermüll einbauen: sich drehende Totenschädel, Adolf satt, Hakenkreuze, Judennasen, Stiefel, Pisse, Kotze, naja, das kennt Ihr ja. So, daß sich Eure kleinen Brüder erschrecken würden halt.

8
Lasst Euch irgendeinen Kameraden mit einem schönen deutschen Namen, zum Beispiel Rudi Krawunzel, einfallen, der mal wegen irgendeines typischen Nazidelikts (Trunkenheitsfahrt, Türkenklatschen, Sozialhilfebetrug etc.) eingesessen hat oder in Untersuchungshaft sitzt. Den macht Ihr zum Märtyrer und sammelt Unterschriften für seine Freilassung oder ruft zu einer Spendenaktion auf.

bekannten Urteile darauf hin, dass "zu Eigen machen" der verlinkten Websites sich aus dem jeweiligen Ambiente ergibt.[155] Deswegen bieten viele deutschsprachige Nazi-Websites einen standardisierten Text auf der Eingangsseite, der behauptet, der Betreiber mache sich die Inhalte der Links *nicht* zu eigen oder distanziere sich von ihnen.[156] Es dürfte auch in Zukunft juristisch sehr schwierig nachzuweisen sein, dass jemand mit dem Inhalt eines eventuell indizierten Links einverstanden sei, obwohl er explizit das Gegenteil behauptet. Dem widersprechen unter anderem sowohl die Unschuldsvermutung, die das deutsche Recht vom US-amerikanischen unterscheidet, sowie der Leitsatz *in dubio pro reo*. Der so genannte Disclaimer, der mittlerweile zum "Standard" ultrarechter Websites gehört, ist juristisch völlig bedeutungslos.[157]

Im revisionistischen Milieu gehört es zum "guten Ton", per Link auf die jeweiligen anderen Seiten zu verweisen, um insgesamt die Zahl der Zugriffe zu erhöhen und die Website somit als Werbeträger für Firmen aus dem eigenen politischen Spektrum attraktiv zu machen. Der Neonazi Ernst Zündel bietet auch Links zur Homepage des Simon Wiesenthal-Zentrums (www.wiesenthal.com) an sowie auf die des antifaschistischen Nizkor-Archivs (www.nizkor.org). Für den ahnungslosen Betrachter erscheint die Leugnung des Holocaust durch Zündel als "Meinung", der von den "Gegnern" – den Juden – widersprochen wird und über die gestritten werden kann. Von ähnlichem Niveau, aber weitaus subtiler, ist die Website "Institute for Historical

9

Wir sind fast fertig. Ganz wichtig natürlich Linkliste (soviel wie möglich, damit wir ein bissl Text haben) und Gästebuch, das einzig lebendige auf einer braunen Seite. Hier kein HTML erlauben, sonst tun Euch die Schwulen nackte Jungs reinposten. Und das mag der amerikanische Provider nicht. Kritzelt ab und zu Solidaritätsschwüre von irgendwelchen serbischen Pappkameraden rein, das kommt immer gut. Bloss keinen Counter einbauen, das ist IMMER blamabel, muss man immer umständlich manipulieren.

10

Übersetzt Eure Seiten zum Schluß mit einem Übersetzungsprogramm, wie Blood and Honour Deutschland das gemacht hat (unbedingt angucken). Muss man gesehen haben. Doofer geht's wirklich nimmer. (Oh, zu spät, die Jungs sind unbekannt verzogen). Diese Programme, z.B. von AltaVista, produzieren zwar fast nur unverständliches Zeugs, aber im Ausland liest Euren Quatsch ja sowieso kein Mensch. Eure Kameraden werden aber große Augen machen und meinen, Ihr seid internationale Kämpfer.

Nun gehört auch Ihr zu den wirklich wichtigen Kameraden mit einer saublöden Webseite, von deren angeblicher Gefährlichkeit mir die BILD-Zeitung seit Monaten die Ohren volljault. Es kann aber meiner Meinung nach gar nicht genug von diesen Seiten geben, damit jedes Kind sehen kann, wie abgrundtief behämmert Ihr seid.

Gefunden bei: http://www.geocities.com/martinxschmid/Bastelkurs.html.
Wir bedanken uns bei dem Betreiber der Seite für die freundliche Genehmigung für den Abdruck.

Review" des Neonazis und Holocaust- Leugners Greg Raven (www.ihr.org).

Gut gemeinte Initiativen "gegen Rechtsextremismus im Internet", die ausschließlich "gute" Links anbieten, müssen vor diesem Hintergrund ins Leere laufen. Eine Website, die *alle* Links anbietet, ist für neugierige Jugendliche allemal interessanter. Wer sich ernsthaft mit dem Thema auseinandersetzt, findet ohnehin mit Hilfe von Suchmaschinen genau das, was er oder sie sucht. Von den Akten der Nürnberger Kriegsverbrecherpro-zesse bis zu detaillierten Wider-legungen der Holocaust-Leugner findet sich alles im Internet – im WWW, als File-Sammlung oder im Usenet. Nazis wie Zündel kokettieren seit Jahren damit, dass sie sich trauen, den politischen Gegner zu verlinken. Eine offensive Auseinandersetzung der Neonazi-Propaganda online muss diese Tatsache berücksichtigen. In mehrere Diskussionsforen wird regelmäßig eine "Leuchter-FAQ"[158] gestellt. "FAQ" steht für: häufig gestellte Fragen (frequently asked questions). Diese umfangreiche Sammlung von Argumenten beweist detailliert, mit welchen rhetorischen Tricks, Lügen und Verdrehungen Neonazis arbeiten.

Wie rechtsextreme Websites auf die Nutzer wirken und wie oft sie aufgerufen werden, ist unbekannt. Die Zahl der so genannten "Hits" oder Besuche (*page views*) ist nur den Logfiles zu entnehmen, die der Domain-Inhaber von seinem Provider als Teil des Service zur Verfügung gestellt bekommt[159]. Die beliebten Seitenzähler (*counter*), die Internet-Unternehmen anbieten, sind nicht zuverlässig und können leicht "gefaket" werden. Man darf vermuten, dass rassistische und antisemitische Seiten um so gefährlicher und wirkungsvoller für potentielle Sympathisanten sind, je seriöser sie sich geben. Attraktiv sind vor allem Websites aus dem rechten Spektrum, die weder durch "einschlägige" Domain-Namen noch direkt durch plumpe Propaganda auffallen.

4.

Websites in deutscher Sprache, die im weiteren Sinne die rechte "Szene" bedienen und sowohl ästhethisch als auch technisch auf einem relativ hohen Niveau sind, lassen sich an einer Hand abzählen. Dazu gehört zweifelsohne das Angebot des Musikmagazins *Rock Nord* (rocknord.de). Der Inhaber der Domain ist der NIZ-Verlag des André Goertz aus Halstenbek. Goertz betreibt zusätzlich das Portal NIT (www.nit.de), das aus einem WWW-basierten Diskussionsforum, dem so genannten "nationalen Infotelefon", und tagesaktuellen Nachrichten sowie deren Archiv besteht. Während das NIT-Portal zur Zeit nicht mehr aktive Nutzer vorweisen kann als vor zehn Jahren das Thule-Netz, lässt sich über die Zahl der Surfer, die das Angebot von *Rock Nord* nutzen, nur spekulieren.

Rock Nord fächert die einzelnen Websites so wie jedes andere Online-Magazin auf: Interviews, die den Bedürfnissen der Fans entgegenkommen als auch der Promotion dienen. Konzertbeschreibungen gleichen denen normaler Fanzines nach dem Muster eines Schulaufsatzes der neunten Klasse: "Nachdem wir alle acht Kameraden aus Hannover und Landkreis beisammen hatten, setzten wir uns gegen 12:00 Uhr mittags mit unserem Kleinbus in Richtung Frankreich in Bewegung." Oder: "Zwei unserer Kameraden bekamen

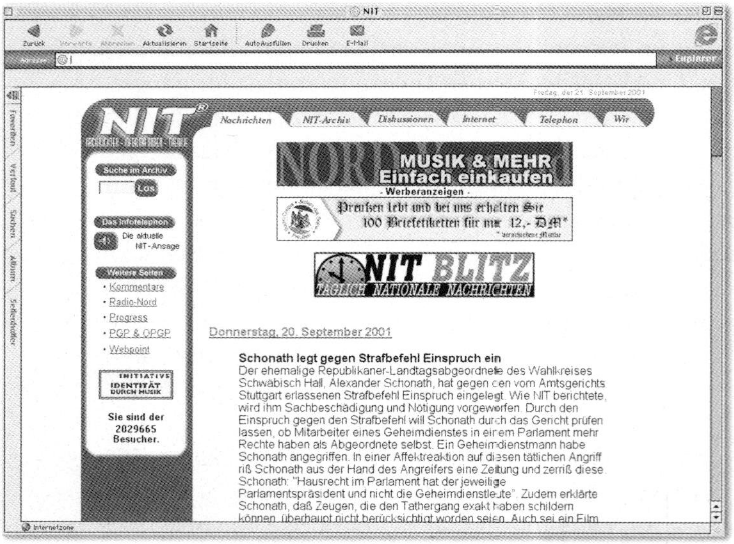

schon langsam schlechte Laune." (*Rock Nord*: "Carpe Diem und Ille de France Live im Elsaß"). Ein Gästebuch samt Archiv dient vor allem dazu, Kunden der rechten Szene zu ermöglichen, "deutlicher" als die Betreiber der Website dem eigentlichen Anliegen Ausdruck zu verleihen und Kontakte mit Gleichgesinnten zu organisieren. Beispiel: "Wir suchen noch einen Schlagzeuger für unsere Band. Stil: Heidnisch, arisch orientierter Death/Black Metal mit etwas Oi!/Pagan-Einflüssen. DB wäre ganz gut, aber keine Bedingung. Raum Nordbayern (Ansbach)." Grussformel: "Wotan mit uns".

Das wichtigste Element sowohl legaler Websites, die Musik anbieten, als auch der zahlreichen WWW-basierten Foren, die nur wenige Tage existieren und illegale Musik oder raubkopierte Files anbieten, sind die Hörproben. Kurze Sequenzen informieren über Inhalt und Qualität dessen, was erworben werden kann und soll. Da Dateien unabhängig von nationalen Grenzen überallhin übertragen werden können, bleibt auch eine je besondere Gesetzgebung völlig wirkungslos. Die Hörproben machen eine Band oder einen Musiker bekannt, ungeachtet dessen, ob einige ihrer Alben indiziert sind oder nicht. Ein weiteres Angebot bei *Rock Nord* sind diverse einfache Online-Spiele, die jemanden, der kommerzielle Versionen gewohnt ist, nur für ein paar Sekunden fesseln können.

Das gesamte Ambiete der *Rock Nord*-Website ist, wie nicht anders zu erwarten, kommerziell ausgerichtet. Damit spricht das Angebot ein breiteres Spektrum an als kleinere Angebote, die mit Lokalkolorit werben oder durch ihre dilettantische Ausführung eher nur die locken, die den Betreiber persönlich kennen. Der Aufruhr Versand aus Gera (www.aufruhr-versand.de) etwa hat ein Bild als Blickfänger, das Aufständische des 17. Juni 1953 gegen das DDR-Regime zeigt – eine Anspielung, die für westdeutsche Rechte unüblich ist.

Eine der "informativsten" Seiten der militanten und neonazistischen Szene ist "Die Kommenden" (www.die-kommenden.net), die von einem Provider in Kanada gehostet wird. In den letzten Jahren kann mehr und mehr beobachtet werden, dass der militante Flügel der Neonazis, der nur punktuell mit Parteien wie der NPD zusammenarbeitet und der aus den so genannten "Freien Kameradschaften" besteht, sich der Ikonografie der Autonomen bedient. Das zeigt sich bei "Die Kommenden" exemplarisch: Ein mit einer "Hasskappe" vermummter Kopf, garniert mit dem Satz "Aus Angst wird Wut, dann Widerstand", der aus der Anti-

Atomkraft-Bewegung stammt. In Fanzines wie *Landser*, verbreitet von den "Nationalisten Nürnberg", finden sich ähnliche Motive: Die Vermummung, vergleichbar auch der Selbstdarstellung korsischer oder IRA-Terroristen, dokumentiert den Anspruch, die politischen Ziele mit Gewalt durchzusetzen. Ob das faktisch der Fall ist, bleibt unerheblich, denn Zeichen und Symbole sollen eine Klientel ansprechen, die für diesen Anspruch empfänglich ist – oder den Gegner durch die sichtbare symbolische Militanz abschrecken. Die Website der "Kommenden" bietet zahlreiche Rubriken wie "Geheimdienste", "Anti-Antifa" sowie einen Nachrichtenpool und gewährt anderen Organisationen wie dem "Nationalen Sanitätsdienst" die Möglichkeit, sich mit Text und Bild vorzustellen. Umfangreiche Linksammlungen, auch zum politischen

Gegner, haben, im Vergleich zu privaten Seiten einzelner Neonazis, einen hohen Gebrauchswert. Die Seite wird regelmäßig aktualisiert, jeder Aktivist weiss, daß er hier alle Strategiepapiere und tagesaktuellen Verlautbarungen der neonazistischen Meinungsführer – wie etwa des Hamburger Christian Worch – findet.

Ganz anders präsentiert sich zum Beispiel die "Triskele" (www.die-kommenden.net/triskele), eine Website, die sich nur an Frauen richtet. "Triskele" – in altdeutscher Schrift – umwirbt eher Surferinnen, die entweder an den Idealen der Blut-und-Boden-Esoterik ausgerichtet sind oder das klassisch-konservative Frauenbild verkörpern wollen. Die Themen: "Mutter und Kind", "Erlebnisse in der Natur", "Brauchtum und Sprüche", "Lieder der Heimat". Eine der umfangreichsten Websites der rechten Szene ist das "Störtebeker-Netz" (www.stoertebeker.net), betrieben von einflußreichen Neonazis aus Mecklenburg-Vorpommern. Die dort angebotenen Texte sind, im Vergleich zu anderen neonazistischen Angeboten, immerhin in lesbarem Deutsch, aktuell und zum Teil nur sehr indirekt dem ideologischen Hintergrund der Betreiber zuzuordnen. Auch aus diesem Grund wäre es pädagogisch sinnvoll, Jugendlichen, denen noch die Medienkompetenz fehlt, diese Art von Propaganda richtig einschätzen zu können, eine Linksammlung anzubieten, die intellektuell anspruchsvolle Neonazi-Websites in das richtige Ambiente einordnet.

Das Online-Forum des bayerischen Wikingerversands, (www.wikingerversand.de), Domain-Inhaber ist Siegfried Birl, zeigt exemplarisch, dass diejenigen, die sich befleißigen, ihre sozialen Kontakte auf Websites abzuhandeln, oft nicht zur intellektuellen Elite gehören. Dafür sind politische Statements offener und verraten mehr, wes Geistes Kind die jeweilige Klientel ist. So heiß es zum Beispiel zum Thema "homosexuelle Skinheads": "Bei uns in Vorarlberg werden solche Deppen gleich aufgeknüpft. Wenn sie unbedingt schwul sein wollen, na gut sie haben nix besseres verdient."

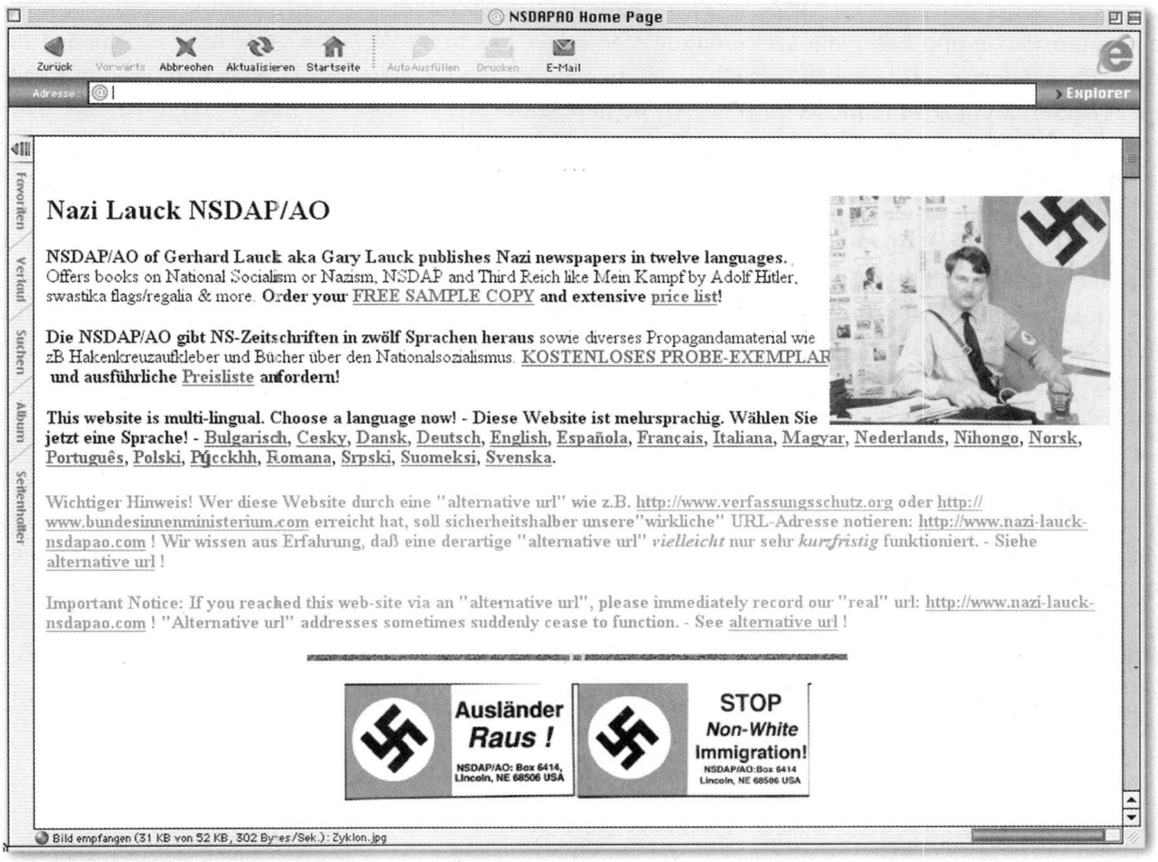

Die neue, weil differenzierte Ästhetik der militanten Rechten beweist, dass die ursprüngliche "Szene" sich in ein stabiles und nicht mehr exakt vom kulturellen Mainstream abzugrenzendes Milieu aufgefächert hat, das die Zeichensysteme variabel handhabt und sogar in der Lage ist, ikonografische Mittel der Popkultur einfliesßen zu lassen. In diversen Online-Foren nutzen junge Computer-Spezialisten grafische Elemente der Comic-Strip-Kultur, etwa Figuren aus der "Simpson-Family", um sich selbst zu beschreiben. Es entwickelt sich eine merkwürdige und widersprüchliche Mischung zwischen dem – häufig anglizistischen – Jargon der Hacker-Szene und des Internet im Allgemeinen ("Warez" für illegale Software, downloaden) und dem Jargon des rechten Milieus ("Hast du schon die neue *Landser* geuppt?")

Dass das Internet dem rechten Milieu letztlich mehr nützt als schadet, darf bezweifelt werden. Die These, die neonazistische und nationale Szene würde stärker, weil es mehr Websites gebe oder weil rassistische Propaganda jederzeit und überall verfügbar sei, wird durch die Realität eher konterkariert und dürfte ein reiner Medien-Mythos sein. Musik wird in der rechten Szene so "schwarz" getauscht, dass kleinere Bands durch den Verkauf von CDs kaum noch Profit erzielen können. Das Internet führt die Gesetze der Marktwirtschaft wieder in den Kampf "gegen rechts" ein: Es gibt eine Nachfrage und deswegen ein Angebot. Wer das Angebot künstlich verknappen will, wie die überwiegende Zahl der gut meinenden Initiativen gegen rechte "Internet-Seiten", handelt wider die ehernen Regeln des Marktes und wird scheitern wie schon die Verfechter der Prohibition. Die rechte Szene tappt, ob sie das will oder nicht, durch das Internet in eine Konsum-Falle. Rassistische Propagada wirkt nur dann auf die Gruppendynamik und nach innen, wenn es den Protagonisten und Multiplikatoren des neonazistischen Milieus und des so genannten "nationalen Lagers" gelänge, ihre Klientel nur zum Konsum der "eigenen" Medien zu bewegen. Jede Website und jede Suchmaschine garantiert aber, genau das Gegenteil der eigenen Meinung sofort zur Kenntnis nehmen zu können. Jede Website mit neonazistischen Symbolen steht in direkter Konkurrenz zu vielen anderen, weitaus attraktiveren Angeboten. Wer "rechte" Musik aus dem Internet downloaden kann, kann auch alle anderen Stilrichtungen herunterladen. Das Internet setzt rechte Propaganda dem scharfen Wind der weltanschaulichen Konkurrenz aus und nimmt ihr einen großen Teil der Attraktivität, die sie für Jugendliche nur hat, weil sie verboten und schwer zu bekommen ist. Wer Schülerinnen und Schüler beim Betrachten der in den Medien immer wieder als sittlich gefährdend titulierten Website des US-Amerikaners Gary Lauck (http://www.nazi-lauck-nsdapao.com/) beobachtet hat, wird schnell feststellen, dass die einen derartigen "Führer-Imitator" nur lächerlich finden, auch wenn der Dutzende von Hakenkreuzen um sich herum drapiert hat.

5.

Das Usenet ist seit einem halben Jahrzehnt ein wichtiges Feld rechtsextremistischer Propaganda. Neonazis dominieren nicht nur einschlägige Diskussionsforen wie alt.politics-white-power, alt.flame.niggers, alt.music.white-power, alt.politics.nationalism.white, alt.politics.white-power, alt.revolution.counter, alt.skinheads sowie alt.revisionism. Sie treten, mehr oder weniger offen, in allen Newsgroups auf, die im weiteren Sinn mit politischen Themen befasst sind. Schon im Jahr 1998 veröffentlichte der US-Nazi Milton Klein ("Aryan Network") eine detaillierte Anweisung, wie eine Kampagne in den Diskussionsforen zu initiieren sei.[160] Diese neonazistische "Gebrauchsanweisung" für das Usenet sollte Pflichtlektüre für jeden sein, der sich mit der medialen Wirkung des Internets befasst. Einige dieser Tipps: In Diskussionen müsse "the race issue" vermieden werden, um nicht die Aufmerksamkeit anderer auf sich zu ziehen. Illegale Inhalte sollten nicht verbreitet werden, und: "Avoid engaging in non-productive debates with enemy activists". Outet sich ein Surfer als potentieller Sympathisant rechter Ideologien, sollte er per persönlicher E-mail kontaktiert werden. Einzelne, besonders aktive Neonazis, sprechen sich vorher ab und treten als Gruppe in einer *newsgroup* auf, deren einzelne Mitglieder sich angeblich nicht kennen und sich in den Diskussionen positiv aufeinander beziehen. Ein Mittel der Propaganda ist schon seit der Zeit des Nationalsozialismus bekannt. Milton Klein schreibt: "Our overall Usenet strategy must be to repeat powerful themes *over and over and over.*"

Im Unterschied zum World Wide Web ist es im Usenet möglich, völlig anonym zu bleiben, also E-Mail-Adressen zu benutzen, die nicht existieren. Das gilt auch für die Newsgroups, in denen Binärdateien (*binaries*), also auch Bilder, Grafiken und Programme hinterlegt werden. An eine fiktive Adresse kann aber auch keine Antwort geschickt werden. Für anonyme E-Mails – öffentliche Mails im Usenet oder private – existieren verschiedene Möglichkeiten. Technisch aufwendig ist das Fälschen des Kopfes der Nachricht, das aber ein solides Wissen über die Grundlagen des S(*end*)M(*ail*)T(*ransfer*)P(*rotocols*) verlangt.[161] Gebräuchlich und auch für Laien nutzbar sind so genannte Anonymizer oder anonyme Remailer.[162] Diese Software vernichtet mit Hilfe kryptografischer Verfahren die IP-Adresse des Surfers, die ihn beziehungsweise den Rechner, den er benutzt, eindeutig identifiziert. Die Datenspur ist selbst für den Betreiber dieser Dienste nicht mehr nachvollziehbar. Anonymizer und Remailer können nicht verboten werden. "Solange im Ausland solche Dienste betrieben werden, ist praktisch unvermeidlich, dass anonymisierte Nachrichten in das Inland gelangen. Auch die Nutzung der Dienste vom Inland aus ist kaum zu verhindern."[163] Ein uneingeschränktes Verbot des Betriebs anonymer Remailer zum Beispiel für E-Mail wäre in Deutschland verfassungswidrig. Unter dem Schutz dieser Anonymisierungsdienste lässt sich aber kein Geld verdienen, da der Kontakt zwischen Händler und Kunde nicht anonym bleiben kann.

Das neonazistische Milieu nutzt für die Kommunikation per privater E-Mail schon seit Jahren Verschlüsselungsverfahren, die kostenlos, allgemein zugänglich und leicht zu bedienen sind – wie das Programm Pretty Good Privacy (www.pgpi.org), das sich zum Internet-Standard entwickelt hat. Seit der Entwicklung asymmetrischer Kryptografie[164] Mitte der siebziger Jahre ist es unmöglich, so kodierte Nachrichten zu entschlüsseln. Otto Leiberich, ehemaliger Leiter des Bundesamtes für Sicherheit in der Informationstechnik, sagt: "Das Wettrennen der Codemaker mit den Codebreakern ist entschieden, die Codemaker haben gewonnen."[165] Noch unter dem Innenminister Manfred Kanther forderten hochrangige Verfassungsschützer das Verbot kryptografischer Verfahren – mit der Realität hatte das nichts zu tun. In den letzten beiden Jahren sind Verfahren und kostenlose Software entwickelt worden – wie der Java Anon Proxy (anon.inf.tu-dresden.de) –, die es selbst technischen Laien ermöglichen, sich völlig unbeobachtet auch im World Wide Web zu bewegen. Selbst der eigene Provider ist dann nicht mehr in der Lage nachzuvollziehen, wo der Kunde im Internet war.

Die aktuellen Forderungen verschiedener Politiker, die Provider müssten die so genannten Logfiles, also die Daten über das Verhalten der Nutzer, über längere Zeit aufbewahren, gehen auch hier an der Realität vorbei. Das Fazit der technischen Entwicklung, so unerfreulich sich das anhören mag, ist schlicht: Im Zeitalter des Internet ist es zwar ohne größere Probleme möglich, die Betreiber von Websites zu identifizieren. Das Verhalten und die Kommunikation einzelner Menschen jedoch bleibt, wenn diese sich für Sicherheit interessieren, den Strafverfolgungsbehörden völlig verborgen. Das gilt auch für die Zukunft und

ist irreversibel. Neonazis und andere Rechte werden unbeobachtet, anonym und überall präsent sein und sich aller Dienste des Internet bedienen können.
Absichtserklärungen, wie gegen Rechtsextremisten im Internet vorzugehen sei, nehmen die Tatsachen in der Regel nur sehr selten zur Kenntnis. Cornelia Sonntag-Wolgast, Staatssekretärin im Bundesinnenministerium, "will sich international verstärkt um ein wirkungsvolles Vorgehen gegen rechtsradikale Internetseiten bemühen."[166] Sobald Fakten eingefordert werden, fallen die Kartenhäuser des Wünschens und Wollens schnell in sich zusammen. Appelle an Selbstverpflichtung und Verhaltenskodices verhallen ungehört, da ein Konsens moralischer und kultureller Werte weltweit nicht existiert und nicht existieren wird.

Ein Versuch, mit juristischen Mitteln "Hass" zumindest von deutschen Servern[167] zu verbannen, muss ohnehin scheitern, wenn keine illegalen Inhalte angeboten werden. Das trifft auf fast alle Seiten zu, die von langjährigen Kadern und Aktivisten der ultrarechen Szene betreut werden. "Radio Germania" – initiiert von den Berliner Neonazis Christian Wendt, Mike Penkert und Frank Schwerdt, langjährige Aktivisten des ultrarechten Milieus – bot zum Beispiel auf der Startseite einen Satz Martin Luthers feil: "Trau keinem Juden auf seinen Eid" – subtile antisemitische Propaganda gilt als *conditio sine qua non*, ist aber strafrechtlich kaum zu fassen.

Demokraten, die sich gegen rassistische und antisemitische Propaganda wehren wollen, müssen – angesichts der revolutionären und nur im internationalen Rahmen diskutierbaren Entwickelung des Internet – andere Maßnahmen ergreifen, als an den Obrigkeitsstaat zu appellieren, "hart durchzugreifen". Es fehlt aber an einer breiten gesellschaftlichen Auseinandersetzung, wie das möglich sei. Gerade in Deutschland scheint es nicht darum zu gehen, effektive Mittel zu finden, sondern eher, das eigene Gewissen zu beruhigen. Kontraproduktiv wäre es, das moralisch hochwertige Anliegen des Antifaschismus lächerlich zu machen, indem man im "Kampf gegen Rechts" nach Zensur ruft, sich selbst anmaßt, beurteilen zu können, was unter das Verdikt "neonazistisch" fällt, oder gar Bürgerrechte – etwa die Meinungsfreiheit oder das Demonstrationsrecht – einschränken will. Erinnert sei an die Allgemeine Erklärung der Menschenrechte der UN-Vollversammlung vom 10.12.1948, Artikel 19: "Jeder hat das Recht auf Meinungsfreiheit und freie Meinungsäußerung; dieses Recht schließt die Freiheit ein, Meinungen ungehindert anzuhängen sowie über Medien jeder Art und ohne Rücksicht auf Grenzen Informationen und Gedankengut zu suchen, zu empfangen und zu verbreiten." Diese Meinungsfreiheit dient eben nicht nur dem Zweck, im stillen Kämmerlein vor sich hin meinen zu dürfen. Es ist legitim, seine Meinung in genau der Form zu äußern, die die größtmögliche Wirkung verspricht. Es ist legitim, hierzu das Internet zu benutzen. Das gilt für Jugendliche wie für Erwachsene. Es empfiehlt sich, zum Thema eine Sentenz des jüngst verstorbenen Gründers des Chaos Computer Clubs, Wau Holland, zu beherzigen: "Wir müssen die Rechte der Andersdenkenden selbst dann beachten, wenn sie Idioten oder schädlich sind."[168]

Die AutorInnen:

- Arvid Dittmann, Jahrgang 1967, DJ in Berlin, Schallplattensammler, Sozialpädagoge und Mitarbeiter im Archiv der Jugendkulturen.

- Rainer Erb, Jahrgang 1945, Privatdozent an der TU Berlin, Zentrum für Antisemitismusforschung

- Klaus Farin, Jahrgang 1958, Leiter des Archiv der Jugendkulturen. Zahlreiche Veröffentlichungen zum Thema, siehe www.generation.kick.de.

- Henning Flad, Jahrgang 1973, ist Mitarbeiter im Archiv der Jugendkulturen. Er ist seit einigen Jahren als Referent bei LehrerInnenfortbildungen, Tagungen und anderen Veranstaltungen zur Thematik tätig. Er lebt in Berlin.

- Burkhard Schröder, Freier Journalist und Buchautor; zuletzt erschienen von ihm: Nazis sind Pop (Espresso, Berlin 2000) und – gemeinsam mit Jens Mecklenburg – Terror von Rechts. Der Krieg der Neonazis (Espresso, Berlin 2001)

- Frauke Stuhl, Jahrgang 1975, Studentin der Skandinavistik, Berlin

Bei Bedarf können AutorInnen über das Archiv der Jugendkulturen e. V. auch für Veranstaltungen engagiert werden.

Anmerkungen

1 "Manchen wird die gelegentliche Abweichung vom ursprünglichen Wortlaut auffallen", heißt es im Begleittext einer Edition von "Kampf- und Soldatenliedern" der Wiking-Jugend. "Das liegt daran, daß dort bekannte rechtliche Klippen umschifft werden müssen. Es tut den Liedern jedoch keinen Abbruch. Die Wiking-Jugend singt sie! Singt ihr mit!" Und so heißt es dann im Text: "...nehmt die Waffen in die Hand, denn der Feind, der haust ganz fürchterlich im deutschen Vaterland", wo die SS im Original noch "... denn der Jude haust..." singen durfte.

2 Beispielhaft: "Heavy Metal ist in extremer Weise frauenfeindlich, sexuell obszön und pervers. Schulen berichten seit Jahren über Schwierigkeiten, die sie mit extremen Heavy-Metal-Fans haben, über Sorgen der Erziehungsberechtigten und negative Auswirkungen auf die Familien. Lehrende, die sich mit den negativen Erscheinungen des Heavy Metal kritisch auseinandersetzen, haben an der Schule oft einen schweren Stand, bekommen kaum Hilfestellungen, obwohl sie Aggressivitäten der Heavy-Metal-Fans ausgesetzt sind, tyrannisiert und bedroht werden." Werner Glogauer, Gutachter der Bundesprüfstelle für jugendgefährdende Schriften, 1993.
"Hardrock ist Teufelswerk." Kardinal Joseph Ratzinger vor Musikern der römischen Nationalakademie, 1997.

3 In Berlin; zitiert nach *Musik Joker*, 2. Mai 1978, sowie Graves u.a.: Rock-Lexikon 1998, S. 133.

4 Zitiert nach: Graves u.a. 1998, S. 221.

5 Enoch Powell, Minister im Schattenkabinett der britischen Tories, hatte in einer programmatischen Rede am 20. April 1968 gegen ein von Labour geplantes Einwanderungsgesetz gehetzt: "Die fremde Natur der nicht-weißen Einwanderer paßt nicht zur britischen Gesellschaft." Daraufhin verlor er seinen Posten bei den Konservativen, wurde aber für militante Neonazis und Rassisten zu einer Art Volksheld, der zukünftig mit einer Leibgarde aus 40 Kurzhaarigen auftrat. Vgl. Farin/Seidel-Pielen: Skinheads. C. H. Beck, München 1993/2001, S. 42.

6 Zur Geschichte und zu den Wurzeln der britischen Skinheadbewegung siehe Klaus Farin: Urban Rebels. Die Geschichte der Skinheadbewegung. In ders. (Hrsg.): Die Skins. Mythos und Realität. Verlag Thomas Tilsner, Bad Tölz 2001, insbesondere S. 10-44.

7 Natürlich hörten viele Skins auch weiterhin Ska-Musik, engagierten sich bisweilen sogar gegen rechtsextreme Strömungen in ihrer Szene und legten großen Wert darauf, einer auch von "Schwarzen" begründeten Subkultur anzugehören. Die differenzierte Geschichte der Skinhead-Kultur kann hier jedoch nicht aufgearbeitet werden; wenn im Folgenden von "Skinheads" die Rede ist, sind damit, auch wenn es nicht in jedem Einzelfall dabei steht, rechtsorientierte Skinheads gemeint.

8 Zum Beispiel: *Kahlkopf*: Gute Nacht (1990); *Kettenhund*: Es war einmal (1993); *Freikorps*: Falsche Propheten (1994); *08/15*: Schaut zurück (1996); *Radikahl*: Ist es das wert? (1996); *Landser*: K.P.S. (1996); *Oithanasie*: Onkelz (1996); *Senfheads*: Du warst einer von uns (1997); *Sturmgesang*: Totgesagte leben länger (1997); *Die Zillertaler Türkenjäger*: 1001 Nacht (1997).

9 Was die *Onkelz* allerdings nicht davon abhielt, einen ihrer ersten Auftritte im November 1981 im Türkischen Familienzentrum in Frankfurt zu absolvieren.

10 Auf ihrem zweiten Album "Böse Menschen, böse Lieder" (1985, also noch vor der Indizierung erschienen), greift die Band das Thema erneut und noch eindeutiger auf. In dem Song "Ein Mensch wie du und ich" heißt es: In seinem kleinen kranken Hirn / Treibt er es mit Kindern und mit Tieren / Er ist durchtränkt mit Haß und Perversion / Er ist der Abschaum in Person.

11 Nach den Ereignissen von Hoyerswerda, Rostock usw. bezogen die *Onkelz* wie viele Musiker auch in ihren Songtexten eindeutig Stellung: Ich höre hirnlose Parolen von Idioten und Verlierern / Ich sehe blinden Hass, blinde Wut / Feige Morde, Kinderblut / Ich sehe braune Scheiße töten / Ich sehe Dich: Deutschland im Herbst – heißt es beispielsweise im Songtext "Deutschland im Herbst", den die *Onkelz* auf die Eintrittskarten eines "Rock Gegen Rechts"-Festivals der DGB-Jugend drucken ließen, bei dem sie im Oktober 1993 als Hauptact auftraten. Die "Wandlung" der *Böhsen Onkelz* ist inzwischen zumindest bei sachkundigen Menschen unumstritten, hier allerdings nicht Thema. Eine spannende Frage bleibt zudem die nach der Wirkung dieses Prozesses auf die (jugendlichen) Fans. Da die Beantwortung dieser Fragen den Rahmen dieses Beitrages sprengen würde, können wir nur auf den Buchtitel verweisen, der sich eigens mit der Band, ihrer Geschichte und ihren Fans befaßt: Klaus Farin: Buch der Erinnerungen. Die Fans der Böhsen Onkelz. Verlag Thomas Tilsner, Bad Tölz 1999.

12 *Europa Vorn* Nr. 67 vom 15. März 1994.

13 "wahren" sollte das wohl heißen. Orthographische Fehler wurden der Authentizität halber übernommen.

14 Selbstdarstellung IDM.

15 Interview mit dem Fanzine *Der Panzerbär* Nr. 2, Fürstenwalde 2000.

16 Selbstdarstellung IDM.

17 *Der Ruf nach Freiheit*, Volume 2, Vorwort.

18 Siehe zum Beispiel: *Rock Nord* Nr. 62, S. 10f., *Signal* Nr. 136, S. 4-8.

19 www.wikingerversand.de/ubb/Forum2, Beitrag vom 17. August 2001.

20 Interessant erscheint in dieser Hinsicht ein Text der Bremer Skinhead-Band *Endstufe*, in dem sie die gewalttätigen Übergriffe gegen Obdachlose kritisiert, ohne die - zu einem großen Teil aus der rechten Szene stammenden – Täter direkt zu benennen, gleichzeitig aber nationalistische Argumente einsetzt, um für die "Deutschen in großer Not" Solidarität zu erwecken:
Wenn es dunkel wird, kommt für sie der Schrecken
Schaffen sie die Nacht, oder werden sie verrecken?

Sie suchen hastig nach einem Ort
Werden sie entdeckt, dann schickt man sie fort
Für viele sind sie asozial und stören
Als wenn sie keine Menschen wären
Für mich sind sie Deutsche in großer Not
Sie erfrieren nachts oder man schlägt sie tot.
Sie erfrieren – und die Regierung schaut nur zu
Sie erfrieren – ohne Geld, ohne Schuh
Sie erfrieren – machen beide Augen zu.
Für viele sind sie Penner und totaler Abschaum
Ihr Leben ist nichts weiter als ein böser Alptraum
Für Fremde wird sofort 'ne Wohnung beschafft
Fordern sie das Gleiche, werden sie ausgelacht
Sind sie tot, dann ist es zu spät
Sie hatten wohl die falsche Nationalität
Versucht euch mal in ihre Lage zu versetzen
Anstatt immer nur über sie zu hetzen.
(*Endstufe*: Sie erfrieren, 1996)

21 Bundeszentrale für politische Bildung: Leben im Dritten Reich. Bonn 1997, S. 12; hier zitiert nach Schmied, S. 98.

22 Zitiert nach Longerich, Peter: Die braunen Bataillone. Geschichte der SA. 1999, S. 139f. Vgl. Schmied 2001, S. 87.

23 Hundseder 1998, S. 26.

24 In: *Volkstreue* Nr. 2, Recklinghausen 1992, S. 11.

25 *Foier Frei!* Nr. 11, Chemnitz, Mai 1997, S. 51. *Kraftschlag* dementierte selbstverständlich sofort und veröffentlichte noch im gleichen Jahr sogar ein Lied dazu, um dem gefährlichen Gerücht entgegenzutreten:
Wir kennen nicht mal den Grund für diesen Streit
Doch euer Scheißgelaber sind wir allmählich leid
Eimerweise Dreck, voller Lügen und Schleim
Und ihr nennt euch noch Skinheads, ihr und euer Zine
Die Szene spalten, Lügen verbreiten, dumme Hetzerei
Pseudo-Glatzen haben einen Namen: Foier frei
Eure Schmierkampagne geht uns am Arsch vorbei
Wir trinken auf acht weitere Jahre: Gute Nacht, Foier frei!
(*Kraftschlag*: Kameraden, 1997)

26 Joachim Kersten: "Die Gewalt der Falschen. Opfermentalität und Aggressionsbereitschaft". In Klaus Farin (Hrsg.), 2001, S. 106.

27 Seit dem Jahr 2000 häufen sich allerdings Berichte über wüste Schlägereien bei polizeilichen Versuchen, (illegale) Konzerte aufzulösen. Diese gesteigerte Gewaltbereitschaft gegenüber der Polizei, insbesondere in Kreisen von Blood & Honour, aber auch in weiten Teilen der neonazistischen Freien Kameradschaften, die offen zu Solidarität mit dem verurteilten Polizistenmörder Kay Diesner aufrufen, zeigt sich beispielhaft im Refrain eines Songs der deutschen Blood & Honour-Vorzeigeband *Hate Society*: "Kill all cops" (Kill them all, 1999).

28 *Der Ruf nach Freiheit*, Volume 2, Filderstadt, o. J.

29 Alle Zitate nach *Der Fördertum*, Nr.2/2001, S. 21. Zum Antisemitismus in der rechtsextremen Szene vergleiche den Beitrag von Rainer Erb in diesem Band.

30 *Landser* Nr. 5, Nürnberg 2000, S. 28.

31 *Blood & Honour Division Deutschland* Nr. 9, Berlin 2000, S. 22.

32 *Blood & Honour Division Deutschland* Nr. 5, Berlin 1998, S. 3.

33 Zitat aus dem Fanzine *Foier Frei!*: "CDs hat NS 88 ja meist ohnehin nie ausgeliefert, sondern nur Kohle den Briefen entnommen (Selbiges hat uns ein ehemaliger Mitarbeiter gestanden)." Zitiert nach Nr. 11, S. 47.

34 vgl. dazu z.B. *Rock Nord* Nr. 63/64/65, Langenfeld 2000, S. 6.

35 Weiss, Michael: Begleitmusik zu Mord und Totschlag. Rechtsrock in Deutschland. In: Searchlight...(Hg.): White Noise. Unrast, Münster 2001 (3.Auflage), S. 88.

36 *White Supremacy* Nr. 2, Wilsdruff 2000, S. 4.

37 *Foier Frei!* Nr. 10, Chemnitz 1997.

38 *Hamburger Sturm* Nr. 21 Hamburg 1999, S. 50.

39 *White Supremacy*, Nr. 3, Wilsdruff 2000, S. 30.

40 *Rock Nord* Nr.66/67 (Doppelausgabe), Langenfeld 2001, S. 10.
41 *Signal* Nr. 136, Köln 2001.
42 Vgl. zum Beispiel Verfassungsschutzbericht des Landes Nordrhein-Westfalen 1995, S. 150, oder 1996, S. 104.
43 Hebdige, Dirk: Subculture. Die Bedeutung von Stil. In: Diederichsen/Hebdige/Marx: Schocker. Stile und Moden der Subkultur. Rowohlt, Reinbek, 1983.
44 *Die Bewährungshelferin*, Nr. 5, Hannoversch Münden 2001.
45 *Focus*, 9/2001, S. 224.
46 Die "14" bezieht sich auf die sogenannten "14 words", eine in der Szene überaus populäre Parole. Ursprünglich vom amerikanischen Nazi-Terroristen David Lane geprägt, steht die 14 für einen Satz aus 14 Wörtern: "We must secure the existence of our people and a future for white children." Es kursieren verschiedene Übersetzungen ins Deutsche, eine davon ist folgende: "Wir müssen die Existenz unseres Volkes sichern und eine Zukunft für unsere weißen Kinder schaffen." Die 88 steht für "Heil Hitler". Näheres zu Codes und Symbolik ist im Beitrag von Frauke Stuhl in diesem Band nachzulesen.
47 Homepage von Dim Records, Stand: 15.8.01 (Rechtschreibung im Original, gleiches gilt für alle weiteren Zitate aus Veröffentlichungen der Szene).
48 Wie ein solcher Anpassungsdruck im konkreten Fall aussieht, beschreibt Burkhard Schröder am Beispiel einiger ostdeutscher Kleinstädte in seinem Buch "Im Griff der rechten Szene. Ostdeutsche Städte in Angst." Rowohlt, Reinbek 1997.
49 Anders, als so manches Vorurteil es gerne hätte, sind die meisten Hooligans keine Rechtsextremisten, auch wenn die Hooligan-Szene im all gemeinen nicht gerade eine Bastion der Linken ist. Wo sich Männlichkeit, Sport und Gewalt zusammenballen, ist rechtes Gedankengut nicht fern.
50 Zur Analyse des Skinhead-Stils vergleiche El-Nawab, Susanne: Skinheads – Ästhetik – Gewalt. Sozialpsychologische Anmerkungen zu einer jugendlichen Subkultur. Brandes & Apsel, 2001; sowie Rohmann, Gabriele: Spaßkultur im Widerspruch. Tilsner, Bad Tölz 1999. Desweiteren: Marshall, George: Spirit Of 69. Eine Skinhead Bibel. S. T. Publishing, Lockerbie Schottland 1993 (Erstveröffentlichung in englischer Sprache 1991).
51 El-Nawab, S. 32.
52 Marshall, S. 15.
53 Marshall, S. 69.
54 Jeggle, Utz: Schere und Macht, Haare und Potenz. Zitiert nach Farin, Klaus: Urban Rebels. Die Geschichte der Skinheads. In: Farin, Klaus (Hrsg.): Die Skins. Mythos und Realität, Tilsner, Bad Tölz 2001, S. 23.
55 El-Nawab, S. 70.
56 Seeßlen, zitiert nach El-Nawab, S. 71.
57 Marshall, S. 17.
58 Ein prominentes Beispiel ist Heinrich Himmler.
59 Vgl. dazu Farin, Klaus: Urban Rebels. Die Geschichte der Skinheadbewegung. In Farin, Klaus (Hrsg): Die Skins.., S. 62, Fußnote 23.
60 Eine "Krake" ist im Szeneslang ein besonders martialisch auftretender rechtsextremistischer Skinhead. Neonazi-Kader spotten häufig über sie, wegen des hohen Alkoholkonsums, der Undiszipliniertheit und der verbreiteten Neigung zu spontanen (und damit eben nicht strategisch-zielgerichteten) Gewaltausbrüchen.
61 Rohmann, S. 33.
62 Pressemitteilung vom 2. Juli 2001.
63 Rohmann, S. 32.
64 Vgl. dazu: Steel, Emma: "Lonsdale. Wie der Yellow Earl den Boxsport adelte." In: *Skin up* Nr. 44, Berlin 1997.
65 Combat 18 ist eine englische Nazi-Terroristengruppierung, die mit Blood & Honour verwoben ist. Vgl. dazu auch den Beitrag zu Codes und Symbolen in diesem Band.
66 Diskussionsbeiträge aus dem Mai 2001, Rechtschreibung im Original.
67 *Foier Frei!* Nr.10, Chemnitz, Januar 1997, S. 12.
68 www.acab.de (!), Stand 15.8.2001.
69 www.head-check.de, Stand: 23.8.2001.
70 *Blood & Honour Division Deutschland*, Nr. 5, Berlin 1998.
71 Selbstverständlich finden sich aber auch hier Neonazi-Läden als Verkäufer, etwa der Phoenix-US-Shop in Weimar.
72 Die Zitate stammen aus dem Prospekt "Eiszeit-Flyer" von *Pitbull*.
73 Der Brief ist auf den 9.3.2001 datiert und auf der Firmenhomepage (www.pitbull.de) eingestellt. Stand 20.8.2001.
74 *Panzerbär* Nr. 2, Fürstenwalde 2000.
75 Wikinger-Versand: Hauptkatalog 2001, Geiselhöring, S. 2.
76 a.a.O., S. 61.

77 a.a.O, S. 60.
78 Bei der NPD scheint man sich inzwischen, durch die Verbotsdiskussion erzwungen, über die enorme Brisanz dieses Papiers bewußt geworden zu sein. Auf der Homepage des Nationaldemokratischen Hochschulbundes (NHB) ist der Text seit einiger Zeit nicht mehr abrufbar. (Stand: 21.8.2001)
79 T-Shirts im rechtsextremen Slang.
80 *Deutsche-Stimme*-Versandkatalog 2001, S. 98.
81 Zum Beispiel im Fanzine *Die Bewährungshelferin* Nr.5, Hannoversch Münden 2001.
82 AutorInnenkollektiv Argumente: "Das Alibi-Verbot im antifaschistischen Sommer 2000 – Eine Nachlese". In: Searchlight/Antifaschistisches Infoblatt/ Enough is Enough/rat (Hg.): White Noise. Rechts-Rock, Skinhead-Musik, Blood & Honour – Einblicke in die internationale Neonazi-Musik-Szene. Unrast: Hamburg/Münster Mai 2001 (3.Auflage), S. 94.
83 Dabei handelt es sich um den zentralen Slogan der sogenannten "Freien Kameradschaften", der parteiunabhängigen militanten Neonazis.
84 Die hier zitierten Aufschriften stammen aus den Katalogen des Patria-Versandes, des Wikinger-Versandes und des *Deutsche-Stimme*-Versandes (NPD), alle drei Kataloge sind im Jahr 2001 erschienen.
85 Rohmann, S. 31.
86 Rohmann, S. 31.
87 Vgl. Oettermann, Stephan: Zeichen auf der Haut. Die Geschichte der Tätowierung in Europa. Eva, Hamburg 1994 (3. Auflage), insbesondere S. 14.
88 Oettermann, S. 109.
89 Rechtschreibung im Original, Quelle: www.hammerskins.com; Stand: 20.8.2001.
90 Jaschke, Hans-Gerd/Rätsch, Birgit/Winterberg, Jury: Nach Hitler. Radikale Rechte rüsten auf. Bertelsmann. München 2001, S. 224.
91 Möller, Kurt: Häßlich, kahl und hundsgemein. Männlichkeits- und Weiblichkeitsinszenierungen in der Skinheadszene. In: Farin, Klaus (Hrsg): Die Skins..., S. 118.
92 Vergleiche dazu Hachel, Heinz: Alex und Co. Glatzensymbole. In: Farin, Klaus: Die Skins... S. 165 – 172.
93 Marshall, S. 33.
94 Bourdieu, Pierre: Die feinen Unterschiede. Kritik der gesellschaftlichen Urteilskraft. Suhrkamp, Frankfurt am Main, (11. Auflage) 1999, S. 290.
95 Vergleiche dazu vor allem Adorno, Theodor W.: Studien zum autoritären Charakter. Suhrkamp, Frankfurt am Main 1973, aber auch die Arbeiten von Erich Fromm aus den dreißiger Jahren. Die Lektüre dieser Texte ist auch heute noch von großem Gewinn.
96 *Berliner Zeitung* vom 6.6.2001.
97 *Berliner Morgenpost*, Pfingsten 2001.
98 Zitiert nach: *Überblick*. Zeitschrift der Informations- und Dokumentationsstelle gegen Gewalt, Rechtsextremismus und Ausländerfeindlichkeit in Nordrhein-Westfalen. Nr. 2/2001, S. 6.
99 Zitiert nach Wagner, Bernd: Rechtsextremismus und kulturelle Subversion in den neuen Ländern. Zentrum Demokratische Kultur, Berlin 1998, S. 18.
100 Vgl. Farin, Klaus: "In Walhalla sehen wir uns wieder." Rechtsrock. In: Farin, Klaus (Hrsg.): Die Skins..., S. 218.
101 Die momentan gültige Version des § 86 a lautet:

(1) Mit Freiheitsstrafen bis zu drei Jahren oder mit Geldstrafen wird bestraft, wer

1. Im Inland Kennzeichen einer der in § 86 Abs. 1 Nr. 1, 2 und 4 bezeichneten Parteien oder Vereinigungen verbreitet oder öffentlich, in einer Versammlung oder in von ihm verbreiteten Schriften [...] verwendet oder
2. Gegenstände, die derartige Kennzeichen darstellen oder enthalten, zur Verbreitung oder Verwendung im Inland oder Ausland in der in Nummer 1 bezeichneten Art und Weise herstellt, vorrätig hält, einführt oder ausführt.

(2) Kennzeichen im Sinne des Absatzes 1 sind namentlich Fahnen, Abzeichen, Uniformstücke, Parolen, Grußformen. Den in Satz 1 genannten Kennzeichen stehen solche gleich, die ihnen zum Verwechseln ähnlich sind.

(3) § 86 Abs. 3 [obligatorische Straffreiheit] und 4 [fakultative Strafverschonung] gilt entsprechend.

Zitiert nach Volker Dahm: "Freibrief für Rechtsextremisten? Zur gegenwärtigen Rechtsprechung bei öffentlicher Verwendung von "Kennzeichen" nationalistischer Organisation". In: *VfZ* 49 (2001), S. 77-95. S 80. Dieser Aufsatz ist generell sehr empfehlenswert.

102 Grundlage für ein Verbot von politischen Organisationen sind verfassungsfeindliche Ziele dieser Gruppen. Über ein Verbot entscheidet das Bundesverfassungsgericht.
103 Farin, Klaus: Im rechten Takt. Brauner Rock in der Grauzone. In: *nexus. Das Netzwerk* Nr. 1. GMK, Bielefeld 2000, S. 16.
104 Lurker, Manfred: Wörterbuch der Symbolik. 5., durchgesehene und erweiterte Aufl., Alfred Körner Verlag, Stuttgart 1991, S. 273.
105 Ebd.
106 Ebd., vgl auch: www.symbols.com/encyclopedia/15/155.html. Die Spiegelform des Swastikas wird auch Sauvastika genannt.
107 Mein Kampf, S. 557.
108 zitiert nach Rüdiger Sünner: Schwarze Sonne. Entfesselung und Mißbrauch der Mythen in Nationalsozialismus und rechter Esoterik. Herder,

Freiburg im Breisgau 1999, S. 83.
109 Vgl. auch Helmut Antz: Handbuch der Runenkunde. Halle 1935. Oder: Klaus Düwel: Runenkunde. 2., um einen Anhang verm. Aufl., J.B. Metzlersche Verlagsbuchhandlung, Stuttgart 1983.
110 Hunger, Ulrich: Die Runenkunde im Dritten Reich. Ein Beitrag zur Wissenschafts- und Ideologiegeschichte des Nationalsozialismus. Verlag Peter Lang (Europäische Hochschulschriften, Bd. 227), Frankfurt a. M. 1984, S. 146.
111 Düwel, Klaus: Runenkunde. 2., um einen Anhang verm. Aufl., J.B. Metzlersche Verlagsbuchhandlung, Stuttgart 1983, S. 7.
112 Vgl. auch Heinz Höhne: Der Orden unter dem Totenkopf. Die Geschichte der SS. Weltbild-Verlag, Augsburg 1992.
113 Hunger, Ulrich: Die Runenkunde im Dritten Reich. Ein Beitrag zur Wissenschafts- und Ideologiegeschichte des Nationalsozialismus. Verlag Peter Lang (Europäische Hochschulschriften, Bd. 227), Frankfurt a. M. 1984, S. 151.
114 "Freibrief für Rechtsextremisten? Zur gegenwärtigen Rechtsprechung bei öffentlicher Verwendung von "Kennzeichen" nationalistischer Organisation". S. 84.
115 Simek, Rudolf: Lexikon der Germanischen Mythologie. 2., ergänzte Auflage, Stuttgart 1995, S. 343f.
116 Düwel, Klaus: Runenkunde. 2., um einen Anhang vermehrte Auflage. Stuttgart 1985, S. 2.
117 Ebd.
118 Ebd.
119 Ebd., S. 4.
120 Ebd., S. 8.
121 Ebd., S. 96.
122 Zitiert nach ebd., S. 99.
123 Zitiert nach Jens Mecklenburg: Handbuch deutscher Rechtsextremismus. Elefanten Press, Berlin 1996, S. 320.
124 Düwel, Klaus: Runenkunde. 2., um einen Anhang verm. Aufl., J.B. Metzlersche Verlagsbuchhandlung, Stuttgart 1983.
125 zitiert nach Rainer Fromm / Barbara Kernbach: Rechtsextremismus im Internet. Die neue Gefahr. Olzog, München 2001, S. 188. Siehe auch: www.heathenfront.org.
126 Simek, Rudolf: Lexikon der germanischen Mythologie. 2., ergänzte Aufl., Alfred Kröner Verlag, Stuttgart 1995, S. 432 ff.
127 Ebd., S. 403ff.
128 Ebd.
129 *Ruf nach Freiheit* Vol. 3, o. S., o. J.
130 Sünner, Rüdiger: Schwarze Sonne. Entfesselung und Mißbrauch der Mythen im Nationalsozialismus und rechter Esoterik. Herder, Freiburg im Breisgau 1999, S. 146f.
131 Heller, Friedrich Paul / Maegerle, Anton: Die Sprache des Hasses. Rechtsextremismus und völkische Esoterik – Jan van Helsing, Horst Mahler.... Schmetterling Verlag, Stuttgart 2001, S. 15f.
132 Landig, Wilhelm: Wolfszeit um Thule. Wien 1991, S. 354.
133 *Ruf nach Freiheit*, Vol. 3, o. S., o. J.
134 *Ruf nach Freiheit*, Vol. 3, o. S., o. J.
135 *Landser*, Ausgabe Nr. 3, S. 30-31.
136 Brockhaus, Bd. 5, 17. völlig neubearbeitete Auflage. Wiesbaden 1968, S. 93.
137 Cooper, J. C.: Illustriertes Lexikon der traditionellen Symbole. E. A. Seemann Verlag, Leipzig 1986. S. 37f.
138 Ebd.
139 Forstner, Dorothea: Die Welt der Symbole. 2., verb. Aufl., Tyrolia Verlag, Innsbruck 1967, S. 21f.
140 Brockhaus, Bd. 15, 17. völlig neubearbeitete Auflage. Wiesbaden 1968, S. 69.
141 Volkssozialistische Bewegung Deutschlands/ Partei der Arbeit.
142 Fromm, Rainer und Barbara Kernbach: Rechtsextremismus im Internet. Die neue Gefahr. Olzog, München 2001.
143 Fahr, Margitta: Auf, auf zum Kampf. In *tip* 17/2000, S. 28.
144 *SHS-Info* der Schweizer Hammerskins, Oktober 1994.
145 Vgl. dazu den Aufsatz von Michael Weiß: "Begleitmusik zu Mord- und Totschlag. Rechtsrock in Deutschland." In: Searchlight / Antifaschistisches Infoblatt / Enough is Enough / rat (Hg.): White Noise. Rechts-Rock, Skinhead-Musik Blood & Honour – Einblicke in die internationale Neonazi-Musik-Szene. Unrast, Hamburg/ Münster 2000, S. 63-88.
146 *blick nach rechts* 24/1996.
147 Zitiert nach Jens Mecklenburg: Handbuch deutscher Rechtsextremismus. Elefanten Press, Berlin 1996, S. 307.
148 Benz, Wolfgang/ Graml, Hermann/ Weiß, Hermann: Enzyklopädie des Nationalsozialismus. dtv, München 1997, S. 721.
149 Hessisches Sicherheits- und Ordnungsgesetz (HSOG), Stand Mai 2001.
150 Vgl. www.dhm.de/ausstellungen/grundrechte/katalog/144-149.pdf. Dieser Erlass versuchte, politische "Extremisten" aus dem öffentlichen Dienst fernzuhalten, und führte dazu, dass das deutsche Wort "Berufsverbot" unübersetzt in andere europäischen Sprachen einging. Es darf

daran erinnert werden, dass Ende der achtziger Jahre nicht eine öffentliche gesellschaftliche Auseinandersetzung, sondern der Europäische Gerichtshof für Menschenrechte den "Radikalenerlass" als Verstoss gegen die Menschenrechte wertete und ihn somit zumindest juristisch ad absurdum führte.

151 Dort heisst es über ein "wunderbares Weib": "Sie ist rechtsextrem, und das find ich so schön".

152 Das IRC (ausgesprochen meist: "irk") hat mit einem Chat im WWW, also per Browser, technisch nichts zu tun. IRC funktioniert völlig unabhängig vom WWW.

153 Links zu allen rechtsextremistischen Websites auf www.burks.de/nazis.html.

154 Der derzeitige Stand der Diskussion zur Frage der Haftung für fremde Inhalte infolge der Setzung eines Links: www.afs-rechtsanwaelte.de/linkhaftung.htm.

155 Vgl. Patrick Goltzsch: "Die feinen Link-Unterschiede". In: *Telepolis*, 23.4.1999, www.heise.de/tp/deutsch/inhalt/on/2782/1.html.

156 Vgl. den "Nationalen Online Anzeiger" www.aryan.de/, Matthias Weber, Freudenstadt.

157 Vgl. Christoph Schneegans: "Wirksamkeit von Disclaimern für Webseiten", schneegans.de/distanzierung-von-links.html, sowie www.burks.de/kafka.html.

158 Im WWW unter www.burks.de/leuchter.html, zusammengestellt von Martin Paegert. Vgl. auch "Der Leuchter-Report – Auschwitz-Lüge und Leugnung des Holocaust", www.eikon.tum.de/~rwulf/leuchter sowie Jürgen Langowski: "Argumente gegen Auschwitzleugner", www.href.de/index.shtml.

159 Zum Beispiel die Software "Webalizer" (http://www.mrunix.net/webalizer/). Ein Besucher, der zehn Mal auf einer Website "klickt", erzeugt genau so viele "Hits" wie zehn Besucher, die je einmal klicken. Die Anzahl der "Hits" ist demnach wenig aussagekräftig.

160 "On Tactics and Strategy for Usenet" Im WWW unter: www.burks.de/tactic.html.

161 Vgl. T. Hochstein: "FAQ E-Mail-Header lesen und verstehen", sites.inka.de/ancalagon/faq/headrfaq.html.

162 Links: www.burks.de/krypto.html#anon.

163 Möller, Hauke: "Gesetzliche Vorgaben für anonyme E-Mail", in: *Datenschutz und Datensicherung* 24(2000), S. 344ff.

164 Asymmetrische Kryptografie kommt ohne Generalschlüssel aus. Sie beruht auf dem mathematisch unlösbaren Problem der Faktorisierung sehr großer Primzahlen.

165 Leiberich, Otto: "Vom diplomatischen Code zur Falltürfunktion – Hundert Jahre Kryptographie in Deutschland", in: *Spektrum der Wissenschaft* 6/99, S. 26ff; vgl. auch Burkhard Schröder: Tron – Tod eines Hackers. Rowohlt, Reinbek 1999, S. 123ff.

166 Heise online: "Verstärkter Kampf gegen Kriminalität und Rechtsradikale im Internet", 29.7.2000, www.heise.de/newsticker/data/jk-29.07.00-004.

167 Hier: dem Internet angeschlossene Rechner eines Providers.

168 www.trend.partisan.net/trd1098/t021098.html.

Zitierte Literatur

Antz, Helmut: Handbuch der Runenkunde. Halle 1935.
Benz, Wolfgang/ Graml, Hermann/ Weiß, Hermann: Enzyklopädie des Nationalsozialismus. dtv, München 1997.
Bergmann, Werner/Erb, Rainer: Anti-Semitism in German. The Post-Nazi Epoch Since 1945. New Brunswick, 1997.
Bourdieu, Pierre: Die feinen Unterschiede. Kritik der gesellschaftlichen Urteilskraft. Suhrkamp, Frankfurt a. M. (11. Aufl.) 1999.
Brockhaus, Bd. 5, 17. völlig neubearbeitete Auflage. Wiesbaden 1968.
Bundeszentrale für politische Bildung: Leben im Dritten Reich. Bonn 1997.
Cooper, J. C.: Illustriertes Lexikon der traditionellen Symbole. E. A. Seemann Verlag, Leipzig 1986.
Dahm, Volker: „Freibrief für Rechtsextremisten? Zur gegenwärtigen Rechtsprechung bei öffentlicher Verwendung von „Kennzeichen" nationalistischer Organisation". In: *VfZ* 49 (2001), S. 77-95.
Diederichsen, Diedrich/Hebdige, Dick/Marx, Olaph-Dante: Schocker. Stile und Moden der Subkultur. Rowohlt, Reinbek 1983.
Düwel, Klaus: Runenkunde. 2., um einen Anhang verm. Aufl., J.B. Metzlersche Verlagsbuchhandlung, Stuttgart 1983.
Eberwein, Markus/Drexler, Josef: Skinheads in Deutschland. Sonnentanz Verlag, Augsburg 1995.
El-Nawab, Susanne: Skinheads – Ästhetik und Gewalt. Brandes & Apsel, Frankfurt a. M. 2001.
Fahr, Margitta: Auf, auf zum Kampf. In: *tip* 17/2000, S. 28.
Farin, Klaus/Seidel-Pielen, Eberhard: Skinheads. C. H. Beck, München 1993/2001.
Farin, Klaus (Hg.): Skinhead – a way of life. Eine Jugendkultur stellt sich selbst dar. Tilsner, Bad Tölz 1999.
Farin, Klaus: Im rechten Takt. Brauner Rock in der Grauzone. In: *nexus. Das Netzwerk* Nr. 1. GMK, Bielefeld 2000, S. 16.
Farin, Klaus: Buch der Erinnerungen. Die Fans der Böhsen Onkelz. Tilsner, Bad Tölz 1999/2002
Farin, Klaus (Hg.): Die Skins. Mythos und Realität. Tilsner, Bad Tölz 2001.
Farin, Klaus: Urban Rebels. Die Geschichte der Skinheadbewegung. In Farin (Hg.): Die Skins. Tilsner, Bad Tölz 2001.
Forstner, Dorothea: Die Welt der Symbole. 2., verb. Aufl., Tyrolia Verlag, Innsbruck 1967.
Fromm, Rainer/Kernbach, Barbara: Rechtsextremismus im Internet. Die neue Gefahr. Olzog, München 2001.
Goltzsch, Patrick: Die feinen Link-Unterschiede. In: *Telepolis*, 23.4.1999,
Graves, Barry/Schmidt-Joos, Siegfried/Halbscheffel, Bernward: Rock-Lexikon. Rowohlt, Reinbek (4. überarbeitete und erweiterte Neuausgabe) 1998, 2 Bände.
Hachel, Heinz: Alex und Co. Glatzensymbole. In: Farin: Die Skins. S. 165 – 172.
Hartsch, Edmund: „Danke für nichts" – Böhse Onkelz. B. O. Management, Frankfurt a. M. 1997.
Hebdige, Dirk: Subculture. Die Bedeutung von Stil. In: Diederichsen/Hebdige/Marx, 1983
Heller, Friedrich Paul / Maegerle, Anton: Die Sprache des Hasses. Rechtsextremismus und völkische Esoterik –Jan van Helsing, Horst Mahler.... Schmetterling Verlag, Stuttgart 2001.
Höhne, Heinz: Der Orden unter dem Totenkopf. Die Geschichte der SS. Weltbild-Verlag, Augsburg 1992.
Hundseder, Franziska: Wotans Jünger. Neuheidnische Gruppen zwischen Esoterik und Rechtsradikalismus. Heyne, München 1998.
Hunger, Ulrich: Die Runenkunde im Dritten Reich. Ein Beitrag zur Wissenschafts- und Ideologiegeschichte des Nationalsozialismus. Verlag Peter Lang (Europäische Hochschulschriften, Bd. 227), Frankfurt a. M. 1984.
Jaschke, Hans-Gerd/Rätsch, Birgit/Winterberg, Jury: Nach Hitler. Radikale Rechte rüsten auf. Bertelsmann, München 2001.
Kersten, Joachim: „Die Gewalt der Falschen. Opfermentalität und Aggressionsbereitschaft". In Farin (Hg.), 2001.
Landig, Wilhelm: Wolfszeit um Thule. Wien 1991.
Leiberich, Otto: „Vom diplomatischen Code zur Falltürfunktion – Hundert Jahre Kryptographie in Deutschland". In: *Spektrum der Wissenschaft* 6/99, S. 26ff.
Longerich, Peter: Die braunen Bataillone. Geschichte der SA. 1999
Lurker, Manfred: Wörterbuch der Symbolik. 5., durchgesehene und erweiterte Aufl., Alfred Körner Verlag, Stuttgart 1991.
Marshall, George: Spirit Of 69. Eine Skinhead Bibel. S. T. Publishing, Lockerbie Schottland 1993 (Erstveröffentlichung in englischer Sprache 1991).
Mecklenburg, Jens: Handbuch deutscher Rechtsextremismus. Elefanten Press, Berlin 1996.

Möller, Hauke: „Gesetzliche Vorgaben für anonyme E-Mail". In: *Datenschutz und Datensicherung* 24(2000), S. 344ff.
Möller, Kurt: Häßlich, kahl und hundsgemein. Männlichkeits- und Weiblichkeitsinszenierungen in der Skinheadszene, In: Farin (Hg): Die Skins. 2001
Oettermann, Stephan: Zeichen auf der Haut. Die Geschichte der Tätowierung in Europa. EVA, Hamburg 1994.
Rohmann, Gabriele: Spaßkultur im Widerspruch. Skinheads in Berlin. Tilsner, Bad Tölz 1999.
Schmied, Doris: Die Jugendkultur der Skinheads und ihre Verbalisierung in Musiktexten. Eine Untersuchung mit dem Schwerpunkt auf Rechtsrock-Texten. Magisterarbeit an der Ludwig-Maximilians-Universität München im Fach Deutsch als Fremdsprache. März 2000.
Schröder, Burkhard: Im Griff der rechten Szene. Ostdeutsche Städte in Angst. Rowohlt, Reinbek 1997.
Schröder, Burkhard: Tron – Tod eines Hackers. Rowohlt, Reinbek 1999
Searchlight/Antifaschistisches Infoblatt/Enough is enough/rat (Hg.): White Noise. Rechts-Rock, Skinhead-Musik, Blood & Honour – Einblicke in die internationale Neonazi-Musik-Szene. Unrast-Verlag, Hamburg/Münster 2001.
Simek, Rudolf: Lexikon der germanischen Mythologie. 2., ergänzte Aufl., Alfred Kröner Verlag, Stuttgart 1995.
Steel, Emma: „Lonsdale. Wie der Yellow Earl den Boxsport adelte." In: *Skin up* Nr. 44, Berlin 1997.
Sünner, Rüdiger: Schwarze Sonne. Entfesselung und Mißbrauch der Mythen in Nationalsozialismus und rechter Esoterik. Herder, Freiburg 1999.
Theodor, Adorno W.: Studien zum autoritären Charakter. Suhrkamp, Frankfurt am Main 1973
Wagner, Bernd: Rechtsextremismus und kulturelle Subversion in den neuen Ländern. Zentrum Demokratische Kultur, Berlin 1998.
Weiss, Michael: Begleitmusik zu Mord und Totschlag. Rechtsrock in Deutschland. In: Searchlight (Hg.): White Noise. Unrast, Münster 2001 (3.Auflage).

Geschichte und Editionsplan dieser Dokumentation

Im September 1998 konstituierte sich am Rande einer Fachtagung im Lidice-Haus, Bremen, aus der Erkenntnis heraus, daß

- forcierte Modernisierungs- und Professionalisierungsanstrengungen rechtsradikaler und totalitärer Organisationen, "Bewegungen" und Einzelpersonen inzwischen in diversen Jugendszenen und -kulturen spürbar Wirkung zeigen;
- demokratische Gegenkräfte (zum Beispiel Jugendverbände, Gewerkschaften, Kulturgruppen, engagierte PädagogInnen, Medien) häufig schon an den vorhandenen Informationsdefiziten scheitern;
- nicht-rechtsradikal, nicht-rassistisch u.ä. ausgerichtete Szene-Angehörige, die in den meisten Jugendkulturen immer noch deutliche Mehrheiten bilden, zu selten Stärkung und Förderung erfahren oder sogar erleben müssen, wie ihre gesamte Kultur pauschalen Stigmatisierungen ausgesetzt wird (Skinhead = rechtsradikal; Gruftie, Black-Metal-Fan = Friedhofsschänder, Satanist, Sekten-Anhänger; HipHop = Gangs & Gewalt-Verherrlichung usw.),

die Forschungsgruppe zu rechtsradikalen, rassistischen und totalitären Einflüssen in Jugendkulturen.

Die von Beginn an interdisziplinär angelegte Forschungsgruppe machte sich drei Schwerpunkte zur Aufgabe:

1. Die kontinuierliche Sammlung, Aufbereitung, Archivierung und Analyse von Material aus den und über die betreffenden Jugendkulturen;

2. Die Sensibilisierung der Öffentlichkeit für die Thematik durch die Entwicklung und Realisierung von Informationsmaterialien und Bildungsangeboten inklusive Handlungsstrategien;

3. Die Stärkung und Förderung der demokratisch ausgerichteten Jugendkulturen-Angehörigen.

Im Einzelnen:

1. Die Forschungsgruppe plant die kontinuierliche Sammlung, Aufbereitung, Archivierung und Analyse von
   a) Originalveröffentlichungen (Tonträger, Händlerkataloge, Fanzines, Flyer, Aufkleber, Internet-Beiträge u.a.) von rechtsradikalen, rassistischen und totalitären Organisationen, "Bewegungen", Firmen und Einzelpersonen, zum Beispiel:
      - aus dem Bereich Rechtsrock und Skinhead-Gruppierungen (Blood & Honour, Hammerskins)

• entsprechende Veröffentlichungen aus anderen Musikbereichen, etwa der Neofolk-, der Dark-Wave/Gothic-, der EBM/Industrial- oder der (Black-)Metal-Szene sowie von Liedermachern
• aus dem Umfeld der Fußballfan- und Hooligan-Szenen
• aus satanistisch orientierten Szenen und Kulten
• aus religiös-fundamentalistischen (christlichen, neoheidnischen, islamischen) Szenen und Kulten,

b) sonstigen Originaldokumenten von und über Protagonisten der entsprechenden Szenen (zum Beispiel Originalinterviews, teilnehmende Beobachtung bei Aktionen, Konzerten u.a. "Events", interne Schulungs- und Strategiepapiere rechtsradikaler Organisationen u.a. unveröffentlichtes Material),
c) Sekundärmaterial (zum Beispiel Medienberichte, wissenschaftliche Studien).

2. Zur Sensibilisierung und Aufklärung der Öffentlichkeit plant die Forschungsgruppe die Entwicklung und Realisierung verschiedenster Publikationen und Bildungsangebote:
   a) Eine halbjährlich aktualisierte und erweiterte Lose-Blatt-Sammlung zum Komplex Musik soll gezielt ExpertInnen und MultiplikatorInnen (vor allem hauptberuflich mit Jugendlichen Beschäftigten aus den Bereichen Pädagogik, Bildung, Jugendschutz und -medien) fundierte Hintergrundinformationen liefern.
   b) In enger Kooperation mit verschiedenen Institutionen und Bildungsträgern (zum Beispiel Landeszentralen für politische Bildung, Lehrerfortbildungsinstitute, Stiftungen, Jugendämter) wird die Forschungsgruppe (Weiter-)Bildungskonzepte sowie dazugehörige Materialien (zum Beispiel Unterrichtseinheiten, Seminarreader, Lehrbriefe) für verschiedene Zielgruppen entwickeln und realisieren.
   c) In Kooperation mit o.g. Institutionen sowie Verlagen, Verbänden u.a. wird die Forschungsgruppe allgemeine Publikationen (zum Beispiel Bücher über einzelne Jugendkulturen, Beilagen für Tageszeitungen oder Jugendmagazine, Elternratgeber, griffige Argumentationsleitfäden und sich speziell an Jugendliche wendende Broschüren, Flyer etc.) entwickeln und realisieren.
3. Kritik und Versuche, von außerhalb Einfluß auf bestimmte Jugendszenen zu nehmen, haben oft nur eingeschränkte Wirkungskraft, zumal bei solchen Szenen und Kulturen, die sich bewußt in Abgrenzung zur Mehrheit/der Erwachsenenwelt konstituiert haben. Ein wirksamer Immunschutz gegen rechtsradikale, rassistische und totalitäre Einflüsse in Jugendkulturen ist die Stärkung und Förderung bzw. Sensibilisierung demokratisch/anti-rassistisch orientierter Szene-Angehöriger selbst. Die Forschungsgruppe arbeitet deshalb nicht nur – selbstverständlich – eng mit entsprechenden Jugendlichen zusammen, sondern versucht, auch in ihren Publikationen, Bildungsangeboten etc. deren Positionen zu stärken und innerhalb der einzelnen Kulturen (selbst)kritische Diskussionsprozesse und interkulturelle Akzeptanz zu befördern. Dies geschah in der Vergangenheit schon und soll zukünftig möglichst intensiv weitergeführt werden, zum Beispiel durch:

• Vermittlung von Interviews und öffentlichen Auftritten von entsprechenden Szene-Angehörigen;
• Veröffentlichungen über zum Beispiel nicht-rassistisch ausgerichtete Skinhead-Gruppierungen ("Du kannst Skinhead sein, ohne rechtsradikal zu denken");
• Organisation von Events mit Lesungen, Diskussionen, Tanz und Musik, an denen jeweils eine Punk-Band, eine HipHop-Crew, eine Jugendtheatergruppe und ein antirassistischer Skinhead als DJ beteiligt waren;
• Vortragstourneen bei Schulklassen in Niedersachsen, Thüringen und Österreich, an denen neben Autoren der Forschungsgruppe jeweils ein/e Angehörige/r aus einer Jugendkultur (HipHop, S.H.A.R.P.-Skinhead, Antifa-Jugendgruppe) beteiligt waren;
• Initiierung bzw. Durchführung von "Streitgesprächen" oder "Runden Tischen" in Jugendklubs und Diskotheken mit zum Beispiel linken und rechten Skins, Black-Metal-Fans und Jesus Freaks, unterschiedlichen Techno-Fans (Thema: pro und contra Drogen), rassistisch orientierten Skingirls und türkischen Mädchen, russischen Spätaussiedlerjungen und rechtsorientierten deutschen Jugendlichen.

Träger der Forschungsgruppe ist das *Archiv der Jugendkulturen e.V.*, das nicht nur seine Archivbestände, sondern auch seine Infrastruktur zur Verfügung stellt und die Kontinuität der Arbeit über die Aufbauphase hinaus sicherstellen wird.

Das hier vorliegende Buch ist ein erstes Produkt dieser Arbeit. Es soll allen Interessierten grundlegende Informationen zum Themenkomplex "Rechtsextreme Musik" vermitteln.
Geplant ist jedoch eine wesentlich erweiterte und fortlaufend aktualisierte Dokumentation in Form einer Lose-Blatt-Sammlung, die vor allem für kontinuierlich mit diesem Thema befaßte Menschen und Institutionen von Interesse sein dürfte. Detaillierte Informationen über den Editionsplan und die Bezugsbedingungen der Sammlung, aber auch über Veranstaltungen und zahlreiche weitere Aktivitäten in diesem Zusammenhang finden sich auf der Homepage des Archiv der Jugendkulturen:

www.jugendkulturen.de.

Die Bands und ihre Veröffentlichungen
Zusammengestellt von Arvid Dittmann

Die folgenden Listen bieten einen Überblick über die weltweit vertriebenen Tonträger mit rechtsextremen Texten bzw. Musikern, die der rechtsextremen Szene zuzurechnen sind. Neben den typischen Rechtsrockproduktionen werden auch szenerelevante Liedermacher berücksichtigt.

Ein Anspruch auf Vollständigkeit kann nicht erhoben werden, da insbesondere über die im Ausland produzierten Tonträger oftmals keine ausreichend verläßlichen Informationen vorliegen. Demo-Tapes und Single-Auskoppelungen von Alben wurden nur dann in die Listen aufgenommen, wenn ihnen eine besondere Bedeutung zukommt. Der Autor übernimmt für die Richtigkeit der gemachten Angaben keine Gewähr, da mögliche Fehler auch bei gewissenhaftester Recherche nie gänzlich auszuschließen sind.

Die Listen sind prinzipiell chronologisch aufgebaut, wobei zeitlich nicht zuzuordnende Produktionen und Split-Alben jeweils am Ende aufgeführt werden. Sofern in der Rubrik Label/Vertrieb zwei oder mehr Angaben gemacht werden, handelt es sich entweder um Koproduktionen zweier Plattenfirmen oder um Unterlabel einer (ebenfalls genannten) größeren Firma. Die letzte Spalte listet sämtliche Indizierungen und Beschlagnahmebeschlüsse von als rechtsextrem eingestuften Tonträgern bis einschließlich August 2001 auf. Beschlagnahmte und eingezogene Produktionen sind mit einem (*) gekennzeichnet.

Abkürzungen:

Baden-Württemberg:	**BW**	Rheinland-Pfalz:	**RP**
Bayern:	**BY**	Sachsen:	**SN**
Berlin:	**BE**	Sachsen-Anhalt:	**ST**
Brandenburg:	**BB**	Schleswig-Holstein:	**SH**
Bremen:	**HB**	Thüringen:	**TH**
Hamburg:	**HH**		
Hessen:	**HE**	Records:	**Rec.**
Mecklenburg-Vorpommern:	**MV**	Productions:	**Prod.**
Niedersachsen:	**NI**		
Nordrhein-Westfalen:	**NW**		

Band	Ort	Bundesland	Titel der Produktion	Jahr	Format	Label/Vertrieb	Indiziert/ verboten am
08/15	Düsseldorf	NW	Die Schonzeit ist vorbei	1994	CD	Funny Sounds	
08/15	Düsseldorf	NW	Odins Sohn. Demos 93+94	1994	CD	Moderne Zeiten	
08/15	Düsseldorf	NW	Septembertag	1995	MCD	Funny Sounds	
08/15	Düsseldorf	NW	Stinkende Zecke[1]	1995	CD	Boot / Funny Sounds	
08/15	Düsseldorf	NW	Live - „Echt extrem"	1996	CD	Destiny Rec. / Funny Sounds	
08/15	Düsseldorf	NW	Ruin	1996	MCD	Destiny Rec. / Funny Sounds	
08/15	Düsseldorf	NW	Zorn der Götter[2]	1996	CD	Destiny Rec. / Funny Sounds	
08/15	Düsseldorf	NW	Unsterblich	1998	CD	Destiny Rec. / Funny Sounds	
08/15	Düsseldorf	NW	History	1999	CD		
08/15	Düsseldorf	NW	Stoppt den Wahnsinn	2000	CD	Funny Sounds	
14 Nothelfer	Dresden/Pirna	SN	Einstand	1998	CD	H.A. Rec.	
14 Nothelfer	Dresden/Pirna	SN	Hate´n´Roll	2000	CD		
14/88[3]	Gelsenkirchen/ Düsseldorf	NW	Vergangene Zeiten	1995	CD	Doktor Rec. / Funny Sounds	04.08.98*
3 Bagaluten, Die	Andernach	NW	Das Ärgernis		CD	BA / Rock-O-Ra.	
4 Promille	Andernach	NW	Trinken und fahren	1995	MCD		
4 Promille	Andernach	NW	War das sein bester Freund?	1995	CD		
A.d.F.[4]			Nur für Euch	1996	CD	V 2-Rec.	30.04.97
AEG[5]	Chemnitz	SN	Der erste Streich!	1994	DemoMC	Eigenproduktion	
AEG	Chemnitz	SN	Gerechtigkeit / Für Walze	1995	DemoMC	Eigenproduktion / Foier Frei!	
AEG	Chemnitz	SN	Halte durch!	1998	LP		
A.L.K.[6]			Doppel D	1997	CD	Funny Sounds	
AMF / Neue Rasse	Nürnberg /	BY /	Demo CD	1995	CD		
Annett[7]	Schwedt	BB	Eine Mutter klagt an...	2000	CD	Pühses Liste / Dt. Stimme	
Arbeiterklasse[8]	Düsseldorf	NW	Arbeiterklasse	1996	CD	Walhalla Rec. / Rock-O-Rama	
Arbeiterklasse	Düsseldorf	NW	Made in Germany	1997	CD	Walhalla Rec. / Rock-O-Rama	
Arisches Blut[9]	Grevesmühlen	MV	Das Vermächtnis des Führers	1996	CD	NS Rec.	31.03.98
Arisches Blut	Grevesmühlen	MV	Unter Führers Befehl	1996	CD	NS Rec.	29.11.97
Arisches Blut	Grevesmühlen	MV	Durch Ironie in die Knie	1997	CD	Doktor Rec. / Funny Sounds	
Arisches Blut	Grevesmühlen	MV	Ein Führer	1999	CD		

Band	Ort	Bundesland	Titel der Produktion	Jahr	Format	Label/Vertrieb	Indiziert/ verboten am
Arisches Blut	Grevesmühlen	MV	Vorwärtz für Hitler[10]	1999	CD		
Arisches Blut	Grevesmühlen	MV	150 % deutsch		CD	Clockwork Rec.	31.10.97/ 13.01.98*
Aryan Brotherhood/[11] White Law[12]		BB	German-British Terrormachine	1998	CD	Movement Rec.	
Asgard[13]	Reinfeld	SH	Der Sturm bricht los	1995	CD	Vincente Dir.	
Asgard	Reinfeld	SH	Komm mit uns	1995	MCD	Vincente Dir.	
Asgard	Reinfeld	SH	Sieg des Glaubens	1994	CD	Vincente Dir.	
Atemnot			Verlorene Welt	1995	CD	Vincente Dir.	
Aufbruch	Mannheim	BW	Nicht für Dich	1997	MC		
Aufmarsch	Neuburg	BY	Skinhead	1995	CD	Skull Rec.	
Aufmarsch[14]	Neuburg	BY	Walhalla	1995	CD	Skull Rec.	
Aufmarsch	Neuburg	BY	Gott mit uns	1997	CD	Funny Sounds	
Aufmarsch	Neuburg	BY	Walhalla	1997	CD	Skull Rec. / Rock-O-Rama	
Aufmarsch	Neuburg	BY	Hört ihr es grollen...	1998	CD	Skull Rec. / Rock-O-Rama	
Aufmarsch	Neuburg	BY	Kinderschänder	1999	CD	Pühses Liste / Dt. Stimme	
Aufruhr[15]	Mannheim	BW	Freiheit	1993	MLP/CD	ESV	
Aufwind[16]	Mannheim	BW	Feste Freundschaft	1997	CD	TFS Berlin	
Aussetzer[17]	Achim	NI	Nie wieder	1998	CD	Walhalla Rec. / Rock-O-Rama	
B. Jens	Gelsenkirchen	NW	Einigkeit und Recht und Freiheit	2001	CD	Ohrwurm Rec.	
B., Michael	Mülheim	NW	Zweites Demotape	2000	DemoMC	Eigenproduktion	
Balmung			Auf der Suche nach Thule	2000	CD	Balmung Klangwerke	
Barking Dogs	Krefeld	NW	Skinhead Rock	1997	MCD	Funny Sounds	
Barking Dogs	Krefeld	NW	Dein Tag	1999	CD	Pühses Liste / Dt. Stimme	
Bastarde[18]	Wuppertal	NW	Bastarde	1998	CD	Funny Sounds	
Bataillon 500		MV	Bataillon 500	1999	CD	Eigenproduktion	
Becher, Hans[19]	Dortmund	NW	Rote Horden	1996	CD	Manfred Rouhs	
Big Bös	Thale	ST	...ewig	1998	CD	Funny Sounds	
Blitzkrieg / Warhammer[20]		SN	German-British Terrormachine Volume 2	2001	CD	Movement Rec.	
Blut und Ehre	Stuttgart	BW	Demo		CD		
Blutrausch			Entschlossen und stolz	2000	CD	Terror Rec.	
Blutrausch			Entschlossen und stolz[21]	2001	CD	Terror Rec.	
Blutrausch			Entschlossen und stolz[22]	2001	CD	Terror Rec.	
Blutschutz	Essen	NW	Die Schlechten	1999	CD	Blutschutz Rec.	

Band	Ort	Bundesland	Titel der Produktion	Jahr	Format	Label/Vertrieb	Indiziert/ verboten am
Body Checks[23]	Moers	NW	Tätowiert und Kahlgeschoren	1984	LP	Rock-O-Rama	30.04.93
Body Checks	Moers	NW	Tätowiert und Kahlgeschoren	1991	CD	Rock-O-Rama	30.04.93
Body Checks	Moers	NW	Brutal deluxe	1998	CD	BCR / Funny Sounds	
Böhse Onkelz	Frankfurt a. M.	HE	Der nette Mann	1984	LP	Rock-O-Rama	30.08.86/ 05.12.86*
Böhse Onkelz	Frankfurt a. M.	HE	Häßlich	1988	MLP	Rock-O-Rama	30.06.93
Böhse Onkelz	Frankfurt a. M.	HE	Der nette Mann & Demos[24]	1991	CD	Rock-O-Rama (Bootleg)	
Böhse Onkelz	Frankfurt a. M.	HE	Der nette Mann & Demos	1991	CD	Rock-Oma (Bootleg)	06.05.93
Böhse Onkelz	Frankfurt a. M.	HE	Häßlich	1992	CD	Rock-O-Rama	30.06.93
Böhse Onkelz	Frankfurt a. M.	HE	Tanz der Teufel[25]	1993	CD	Freddy Krüger (Bootleg)	31.10.98
Böhse Onkelz	Frankfurt a. M.	HE	Erinnerungen[26]	1994	CD	Early Music Germany (Bootleg)	31.10.98
Böhse Onkelz	Frankfurt a. M.	HE	Nette Menschen, nette Lieder[27]	1994	CD	Freddy Krüger (Bootleg)	31.10.98
Böhse Onkelz	Frankfurt a. M.	HE	Hausmannskost	1995	CD	Haselnußtonträger (Bootleg)	31.10.98
Böhse Onkelz	Frankfurt a. M.	HE	Rätsel des Lebens	1995	CD	Freddy Krüger (Bootleg)	31.10.98
Böhse Onkelz	Frankfurt a. M.	HE	Zieh mit den Wölfen - Live in Erlensee 91	1995	CD	Bootleg	31.10.98
Böhse Onkelz	Frankfurt a. M.	HE	Necronomicon - Offenbach '91		CD	Bonk (Bootleg)	31.10.98
Bollwerk	Hoyerswerda	SN	Demo 1	1993	CD	Hass Attacke Fanzine	28.02.95
Bollwerk	Hoyerswerda	SN	Uns're Stunde	1993	CD	Skull Rec.	
Bollwerk	Hoyerswerda	SN	Ewig für dich kämpfen	1998	MCD	Skull Rec. / Rock-O-Rama	
Bollwerk	Hoyerswerda	SN	Uns're Stunde	1998	CD	Skull Rec. / Rock-O-Rama	
Bollwerk	Hoyerswerda	SN	Unveröffentlichte Lieder 1991 - 1993	1999	CD	B.H. Rec. / Rock-O-Rama	
Bomber	Meerane	SN	Das Böse lebt!	1991	LP / CD	Rock-O-Rama	
Bomber	Meerane	SN	Oi! Metal Demo	1991	DemoMC	Eigenproduktion	
Bomber	Meerane	SN	Falsche Freunde	1994	CD	B.H. Rec. / Rock-O-Rama	
Bomber	Meerane	SN	Das Tier (live)	1997	CD	B.H. Rec. / Rock-O-Rama	

Band	Ort	Bundesland	Titel der Produktion	Jahr	Format	Label/Vertrieb	Indiziert/ verboten am
Bomber	Meerane	SN	Geld regiert die Welt	1997	CD	B.H. Rec. / Rock-O-Rama	
Bomber	Meerane	SN	König der Nacht	1998	CD	IND-Rec. / Rock-O-Rama	
Boots Brothers	Delmenhorst	NI	Nie zu spät	1992	DemoMC	Eigenproduktion	
Boots Brothers	Delmenhorst	NI	Anders als Ihr	1993	DemoMC	Eigenproduktion	
Boots Brothers	Delmenhorst	NI	Die Sonne wird wieder scheinen	1993	CD	Rock-O-Rama	
Boots Brothers	Delmenhorst	NI	Live 95	1995	CD	Walhalla Rec. / Rock-O-Rama	
Boots Brothers	Delmenhorst	NI	Aus der Hölle	1996	CD	B.H. Rec. / Rock-O-Rama	
Boots Brothers	Delmenhorst	NI	Lügen, die zum Himmel stinken	1997	CD	Funny Sounds	
Boots Of Hate			Kein Zurück	1999	CD	BOH-Rec. / Dieter Koch	
Brutale Haie	Erfurt	TH	Kapelle Oi	1992	DemoMC	Eigenproduktion	27.02.93
Brutale Haie	Erfurt	TH	Doitschtum	1993	LP / CD	Skull Rec.	30.11.93/ 06.07.94*
Brutale Haie	Erfurt	TH	Ein letzter Gruß	1994	CD	Skull Rec.	
Brutale Haie	Erfurt	TH	An der Zeit	1995	CD	Skull Rec.	
Brutale Haie	Erfurt	TH	Für immer frei	1997	CD	VBR-Verlag	
Brutale Haie	Erfurt	TH	An der Zeit	1998	CD	Skull Rec. / Rock-O-Rama	
Brutale Haie	Erfurt	TH	Ein letzter Gruß	1998	CD	Skull Rec. / Rock-O-Rama	
Bulldog[28]	Wuppertal	NW	Im Zeichen des Sieges	1996	CD	Dieter Koch	
Bulldog	Wuppertal	NW	Sei nicht so dumm	1997	CD	Funny Sounds	
Bulldog	Wuppertal	NW	Geh mir aus dem Weg	2001	CD	Rock-O-Rama	
Bullenbeißer			Pogo-Inferno im Zillertal	1998	MCD	Funny Sounds	
Carpe Diem[29]	Esslingen	BW	Frei geboren	1999	DemoCD	Initiative IDM	
Celtic Moon			Aus Überzeugung / By Conviction	2000	CD	Moin Moin Rec.	
Centaurus[30]	Offenbach	HE	In Ewigkeit	1996	CD	Destiny Rec.	
Chaoskrieger	Offenbach / Us.	HE	Dämmerung	1995	DemoMC	Eigenproduktion	
Chaoskrieger	Offenbach / Usingen	HE	Die Todesreiter	1996	CD	Dim Rec.	
Chaoskrieger	Offenbach / Usingen	HE	Clockwork Skinhead	1997	CD	Dim Rec.	
Chaoskrieger	Offenbach / Usingen	HE	655321	2000	CD	Dim Rec.	
Commando Pernod	Hamburg	HH	Demo 1987	1987	DemoMC	Eigenproduktion	
Commando Pernod	Hamburg	HH	Demotape 1987	1987	DemoMC	Eigenproduktion	

Band	Ort	Bundesland	Titel der Produktion	Jahr	Format	Label/Vertrieb	Indiziert/ verboten am
Commando Pernod	Hamburg	HH	Deutschland erwache	1988	DemoMC	Eigenproduktion	27.02.93
Commando Pernod	Hamburg	HH	Studio-Tape 1988	1988	DemoMC	Eigenproduktion	31.03.93
Commando Pernod	Hamburg	HH	Live in Mindelheim ´89	1989	MC	Eigenproduktion	27.02.93
Commando Pernod	Hamburg	HH	Ü-Raum ´90	1990	MC	Eigenproduktion	
Commando Pernod	Hamburg	HH	Steh auf!	1992	CD	Widder Musik	
Commando Pernod	Hamburg	HH	Breslau	1996	CD	NS Rec.	28.09.96
Commando Pernod	Hamburg	HH	Deutschland erwache	1999	CD		
Confident Of Victory			FNAB	2001	CD	Endzeit Klänge	
Cotzbrocken[31]	Köln	NW	Jedem das Seine	1981	LP	Rock-O-Rama	30.08.86
Daniel[32]	Rostock	MV	Lieber stehend sterben…	1996	CD	Di-Al-Rec.	
Deathblow[33]			Dimensionen	2000	CD	Moin Moin Rec.	
Deutsche Patrioten[34]	Magdeburg	ST	Patriot für Deutschland[35]	1996	CD	NS Rec.	29.08.98
Deutsche Patrioten	Magdeburg	ST	Widerstand verboten!	1998	CD	Nibelungen-Versand	
Deutsche Techno Attacke			Lemmix	1997	CD	Funny Sounds	
Diktator		BW	Demo 92	1992	MC	Eigenproduktion	28.02.95
Diktator		BW	Es ist bald soweit	1994	CD	ESV-Rec.	30.11.94
Diktator		BW	Keiner hört mein Schreien	1998	CD	IND-Rec. / Rock-O-Rama	
Division Wiking			Abschaum der Nation	1997	CD	AZE Rec. / Funny Sounds	04.08.98*
Doitsche Patrioten	Magdeburg	ST	Nur für euch	1994	DemoMC	Eigenproduktion	30.09.94
Doitsche Patrioten[36]	Magdeburg	ST	Der erste Streich…	1995	CD	Jens Hessler	09.11.97*
Doitsche Patrioten / Elbsturm	Magdeburg	ST	Volxsturm	1994	MC	Eigenproduktion	
Doitsche Säufer-front			Demo-Tape 1989	1989	DemoMC	Dieter Riefling	30.10.93
Doitschmann			Demo ´91	1991	DemoMC	Eigenproduktion	
Dragon Lance[37]	Gelsenkirchen	NW	Blood And Steel	1999	CD	DL-Rec. / Funny Sounds	
Drakkar[38]	Magdeburg	ST	Gegen den Wind	1998	CD	Clockwork Rec.	
Drom[39]	Laumersheim	RP	Andere Welten	1993	CD	Skull Rec.	
Drom	Laumersheim	RP	Voran	1994	CD	Fireline Rec.	
Drom	Laumersheim	RP	Alles oder Nichts	1996	CD		
Drom	Laumersheim	RP	Die Zeit heilt alle Wunden	1997	CD		
DST[40]	Deutsches Volk erwache		Deutsches Volk erwache!	2001	CD	LAH Rec.	31.07.01
Edelweiß[41]	Ottobrunn	BY	Der Kampf geht weiter	1998	CD	Pühses Liste / Dt. Stimme	
Eggers, Daniel[42]	Grevesmühlen	MV	Odins Land	1996	MCD	Funny Sounds	
Eggers, Daniel	Grevesmühlen	MV	Was unsere Väter einst schufen	1996	CD	Funny Sounds	

Band	**Ort**	**Bundesland**	**Titel der Produktion**	**Jahr**	**Format**	**Label/Vertrieb**	**Indiziert/ verboten am**
Eggers, Daniel	Grevesmühlen	MV	Schwarzes Korps	1998	MCD	Funny Sounds	
Eggers, Daniel	Grevesmühlen	MV	Wollt ihr den totalen Sieg?	1999	CD		
Eggers, Daniel	Grevesmühlen	MV	Die Zukunft setzt die Zeichen		CD	Funny Sounds	
Eggers, Daniel / Papenbrock, Ronny	Grevesmühlen	MV	Frontkämpfer	2000	CD	Wikinger Versand	
Eggers, Daniel und die Reichskapelle	Grevesmühlen	MV	Mit Schwert und Schild	1996	CD	Funny Sounds	
Eichenlaub	Jena	TH	Jötunheim / Ostland	1999	PromoCD	Eigenproduktion	
Einspruch			Mit deutschem Gruß		CD		
Eiserne Jungs	Berlin	BE	Männer für's Recht	1999	CD	Hanse Rec.	
Elbsturm	Magdeburg	ST	Kampfhandlung	1994	DemoMC	Eigenproduktion	28.02.95
Elbsturm	Magdeburg	ST	Der Elbsturm	1995	CD	Eigenproduktion	
Elbsturm	Magdeburg	ST	Sei stolz auf dich	1996	CD	B.H. Rec. / Rock-O-Rama	
Elbsturm	Magdeburg	ST	Alles ist so dreckig...	1997	CD	B.H. Rec. / Rock-O-Rama	
Elbsturm / Doitsche Patrioten	Magdeburg	ST	Volxsturm	1994	MC	Eigenproduktion	
EM-Blöker[43]	Düsseldorf	NW	Deutschland, Meister aller Klassen	1996	CD	Funny Sounds	
Endlösung			Live in Velno	1990	MC	Eigenproduktion	
Endlösung			Unter dem Hakenkreuz	1999	CD		28.04.01
Endsieg[44]	Bruchsal	BW	Allibabar Remix	1990	CD	Eigenproduktion	28.02.91
Endsieg	Bruchsal	BW	Kanaken-Song[45]	1991	MC	Eigenproduktion	28.11.92
Endstufe	Bremen	HB	Gruß an Deutschland	1984	DemoMC	Eigenproduktion	
Endstufe	Bremen	HB	A way of life	1985	DemoMC	Eigenproduktion	
Endstufe	Bremen	HB	Der Clou	1987	LP	Rock-O-Rama	28.11.92/ 06.07.94*
Endstufe	Bremen	HB	Der Clou	1990	CD	Street Rock'n'Roll / Rock-O-Rama	28.11.92/ 06.07.94*
Endstufe	Bremen	HB	Schenk noch einen ein	1990	Single	Rock-O-Rama	
Endstufe	Bremen	HB	Skinhead Rock'n'Roll	1990	LP / CD	Rock-O-Rama	06.07.94*
Endstufe	Bremen	HB	Glatzenparty	1993	DoLP/CD	Rock-O-Rama	
Endstufe	Bremen	HB	Raritäten 1983-1994[46]	1994	CD	Victory Rec. / Rock-O-Rama	28.06.97
Endstufe	Bremen	HB	Schütze deine Kinder	1994	CD	B.H. Rec. / Rock-O-Rama	
Endstufe	Bremen	HB	Die Welt gehörte uns	1995	MCD	Endstufe Rec.	
Endstufe	Bremen	HB	Der Tod ist überall	1996	CD	Hanse Rec.	
Endstufe	Bremen	HB	Glatzenparty	1996	CD	AL/Rock-O-Rama	
Endstufe	Bremen	HB	Schütze deine Kinder	1996	CD	AL/Rock-O-Rama	

Band	Ort	Bundesland	Titel der Produktion	Jahr	Format	Label/Vertrieb	Indiziert/ verboten am
Endstufe	Bremen	HB	Mallorca '98 (Live)	1998	CD	El Torro Rec. / Hanse Rec.	
Endstufe	Bremen	HB	9698	1999	CD	Hanse Rec.	
Endstufe	Bremen	HB	Mit den Jungs auf Tour	2000	CD	Hanse Rec. / TTV	
Endstufe	Bremen	HB	Wir sind die Straße	2000	CD	Rock-O-Rama	
Endstufe	Bremen	HB	Renees, wir lieben euch!		CD	Rock-O-Rama	
Endstufe	Bremen	HB	Victory[47]		CD		
Endstufe / Volksgemurmel	Bremen	HB	Allzeit bereit	1991	LP / CD	Rock-O-Rama	06.07.94*
Endstufe / Volksgemurmel	Bremen	HB	Wir kriegen euch alle[48]	1999	CD	Rock-O-Rama	
Endzeit			Maschinerie der Apokalypse	1998	CD	Terror Rec.	
Entwarnung[49]	Wuppertal	NW	Demo-Tape 1992	1992	CD	Eigenproduktion	31.08.94
Entwarnung	Wuppertal	NW	Klänge der Bewegung	1993	CD	Skull Rec.	
Entwarnung	Wuppertal	NW	Rudolf Hess	1996	CD	NS Rec.	29.08.98
Entwarnung	Wuppertal	NW	Der letzte Krieg	1997	CD	Funny Sounds	
Entwarnung	Wuppertal	NW	Axt & Schwert	1998	CD	Skull Rec. / Rock-O-Rama	
Entwarnung	Wuppertal	NW	Deutsche Balladen	1998	CD	B.H. Rec. / Rock-O-Rama	
Entwarnung	Wuppertal	NW	Klänge der Bewegung	1998	CD	Skull Rec. / Rock-O-Rama	
Entwarnung	Wuppertal	NW	Ich sehe einen Staat	1999	CD	B.H. Rec. / Rock-O-Rama	
Ernoierung			Legion Condor	1992	DemoMC	Eigenproduktion	31.12.94
Ervolk			Im Schutze des hellichten Tages	1996	CD	Manfred Rouhs	
Ervolk			Verfassungs-schmutz-bericht	1997	CD	Manfred Rouhs	
Ervolk			Delikatessen	1998	CD	Di-Al Rec.	
Eskil			Manege frei für Eskil	2001	CD	Pühses Liste / Dt. Stimme	
Exzess			Drachentöter	1997	CD	AZE Rec. / Funny Sounds	
Fackelschein			Tag des Sieges	1997	MCD		
Fahnentreue		SH	Tag des Sieges	1998	CD	B.H. Rec. / Rock-O-Rama	
Faustrecht		BY	Geächtet	1996	DemoMC	Eigenproduktion	05.12.96*
Faustrecht		BY	Blut, Schweiß und Tränen	1997	CD	Pühses Liste / Dt. Stimme	31.10.00
Faustrecht		BY	Sozialismus oder Tod	1999	CD	Pühses Liste / Dt. Stimme	

Band	Ort	Bundesland	Titel der Produktion	Jahr	Format	Label/Vertrieb	Indiziert/ verboten am
Foierstoss	Gernsbach	BW	Gefallen als Helden	1995	CD	AZE Rec. / Funny Sounds	
Foierstoss	Gernsbach	BW	Zerschossen im Niemandsland	1996	CD	AZE Rec. / Funny Sounds	
Foierstoss	Gernsbach	BW	Es lebe das Reich	1997	CD	AZE Rec. / Funny Sounds	
Foierstoss	Gernsbach	BW	Sieg des Gewissens	1999	CD	Foierstoss Rec.	31.07.99
Foierstoss	Gernsbach	BW	Eiserne Jugend		CD	TTV Jens Pühse	
Freibeuter	Diverse	BY	Neue Zeiten	1996	CD	Funny Sounds	
Freibeuter			Stalingrad	2001	CD	Funny Sounds	
Freibeuter / Pitbull		BY	Alpenterror	1999	CD	FP CD	
Freigard, Kevin[50]	Reinfeld	SH	Lieder mal ganz anders	1999	CD	Pop-Oi-eye	
Freikorps	Reinfeld	SH	Land meiner Väter	1992	CD	Rock-O-Rama	30.09.93/ 06.07.94*
Freikorps	Reinfeld	SH	Rock gegen Links	1992	Demo-MC	Eigenproduktion	
Freikorps	Reinfeld	SH	Balladen	1993	Demo-MC	Eigenproduktion	
Freikorps	Reinfeld	SH	Immer und ewig	1994	CD	Walhalla Rec. / Rock-O-Rama	
Freikorps	Reinfeld	SH	Wie die Wickinger	1995	CD	B.H. Rec. / Rock-O-Rama	
Freikorps	Reinfeld	SH	Nordmann	1997	CD	B.H. Rec. / Rock-O-Rama	
Freikorps	Reinfeld	SH	Odins Helden	1998	MCD		
Freikorps	Reinfeld	SH	Raritäten	1998	CD		
Freikorps	Reinfeld	SH	Volk und Vaterland	1998	CD	B.H. Rec. / Rock-O-Rama	31.05.01
Freikorps	Reinfeld	SH	Eisernes Kreuz	1999	CD	B.H. Rec. / Rock-	
Freikorps	Reinfeld	SH	Skinheads 99	1999	CD	B.H. Rec. / Rock-O-Rama	
Freikorps	Reinfeld	SH	Die frühen Jahre	2000	CD	Rock-O-Rama	
Freikorps / Hauptkampflinie	Reinfeld / Kassel	He / SH	Ein Balladen Abend	1999	CD		
Freikorps / Storm[51]	Reinfeld	SH	Swedish-German Friendship	1996	CD	Svea Rec.	
Freikorps, Kai	Reinfeld	SH	Abschied	1995	MCD	Excalibur Rec.	
Freikorps, Kai	Reinfeld	SH	Nordmann	1997	CD	Walhalla Rec. / Rock-O-Rama	
Freikorps, Kai	Reinfeld	SH	Heil Odin! / Immer und ewig	1998	CD	B.H. Rec. / Rock-O-Rama	
Froidenspender[52]		HB / NI	Froidenspender	1999	CD	B.H. Rec. / Rock-O-Rama	
Frontal	Kaiserslautern	BW	Helden einer Generation	1994	CD	Skull Rec.	30.11.94
Frontal	Kaiserslautern	BW	Ich fühl deutsch	1994	CD	Skull Rec.	

Band	Ort	Bundesland	Titel der Produktion	Jahr	Format	Label/Vertrieb	Indiziert/ verboten am
Frontal	Kaiserslautern	BW	Gezeitenwechsel	1998	CD	Skull Rec. / Rock-O-Rama	
Frontalkraft	Spremberg	BB	Wenn der Sturm sich erhebt	1996	CD	Dieter Koch	
Frontalkraft	Spremberg	BB	Operation Deutsche Nation	1997	CD	Dieter Koch	
Frontalkraft	Spremberg	BB	Volksmusik	2001	CD	Eigenproduktion	
Frontschwein	Kamenz	SN	Der Sieg wird unser sein!	1998	CD	Front Rec.	30.06.99
Frontsoldaten			Der Adler ist gelandet	1998	CD	Walhalla Rec. / Rock-O-Rama	
Gassenhauer[53]	Gera	TH	Presse der Lüge	1996	CD	B.H. Rec. / Rock-O-Rama	
Geächteten Fier, Die	Papenburg	NI	Jawoll meine Herrn	1991	DemoMC	Eigenproduktion	
Geächteten Fier, Die	Papenburg	NI	Jawoll meine Herrn	1991	CD	Metal Enterprises / Bellaphon	
Geächteten Fier, Die	Papenburg	NI	Blondes Gift	1993	CD	Metal Enterprises / Bellaphon	
Gegenwind			Gegenwind	1997	CD	Funny Sounds	
German-British[54] Friendship	Stuttgart	BW	Lieder der Hoffnung / Songs Of Hope	1995	CD	G.B.F.-Rec.	
German-British[55] Friendship	Stuttgart	BW	Lieder der Hoffnung / Songs Of Hope 2 - Narben der Gewalt	1998	CD	G.B.F.-Rec.	
Gestapo	Leipzig	SN	Heil dem Führer	1998	CD		07.09.98*
Gnadenlos	Dresden	SN	Wie Ihr uns nennt	2000	CD	Eigenproduktion	
Grenadier[56]	Bremen / USA	HB / USA	Commando	1998	MCD	Hanse Rec.	
Großstadtrebellen			Ich bleib daheim	1993	LP / CD	Walzwerk Rec.	
Hähnel, Jörg[57]	Frankfurt /Oder	BB	Da heißt es stehn ganz unverzagt	1997	CD	JN Rec.	
Hähnel, Jörg	Frankfurt /Oder	BB	Lieder in klangloser Zeit	1998	CD	Dt. Stimme	
Härte, Die			National Deutsche Welle		CD		30.09.00/ 20.09.00*
Hässlich	Benndorf	ST	Ehre und Stolz	1995	CD	Dim Rec.	
Hässlich	Benndorf	ST	Die Spiele beginnen (MCD)	1996	CD	Dim Rec.	
Halberstadt, Ingo[58] & JN-Chor	Lippstadt	NW	Vorwärts für ein einiges Land		Single	JN	
Hart und Heftig[59]	Hoyerswerda	SN	Lieder zum Bier	1997	CD	B.H. Rec. / Rock-O-Rama	
Hart und Heftig	Hoyerswerda	SN	Hoyerswerda	1999	CD	B.H. Rec. / Rock-O-Rama	
Hate Society[60]	Bamberg	BY	Hell's Your Place	1998	CD		
Hate Society	Bamberg	BY	Sounds Of Racial Hatred	1999	CD	Hatefront Rec.	28.02.01

Band	Ort	Bundesland	Titel der Produktion	Jahr	Format	Label/Vertrieb	Indiziert/ verboten am
Hate Society / Razors Edge[61]	Bamberg	BY	Strength Thru Blood	2001	CD	Searchlight Rec.	
Hauptkampflinie	Kassel	He	Für Deutschland ein Lied	1997	CD	Funny Sounds	
Hauptkampflinie	Kassel	He	Tag der Freiheit (MCD)	1997	CD	Funny Sounds	
Hauptkampflinie	Kassel	He	Zwischen allen Fronten	1997	CD	Walhalla Rec. / Rock-O-Rama	
Hauptkampflinie	Kassel	HE	Ein deutsches Lied in meinem Herzen	1998	CD	UN-Rec. / Rock-O-Rama	
Hauptkampflinie	Kassel	HE	Völkermordzentrale	1999	CD	Witwe Bolte Rec.	31.08.00
Hauptkampflinie	Kassel	HE	Der unbekannte Soldat	2000	CD	UN-Rec./Rock-O.	
Hauptkampflinie	Kassel	HE	Endsiegterroristen	2001	CD	Funny Sounds	
Hauptkampflinie / Freikorps	Kassel / Reinfeld	HE / SH.	Ein Balladen Abend	1999	CD		
Heizer, René[62]	Lippstadt	NW	Zeitreisen	1995	CD	Electric Soundkraft Prod. / Manfred Rouhs	
Heizer, René	Lippstadt	NW	Im Glauben an Deutschland	1996	CD	Electric Soundkraft Produktion	
Heizer, René	Lippstadt	NW	Wille zur Freiheit	1997	CD	Electric Soundkraft Produktion	
Heizer, René	Lippstadt	NW	Balladen für Deutschland	1994	CD	Manfred Rouhs	
Heldentreue[63]		TH	Für die Ewigkeit	1996	CD	Doktor Rec. / Funny Sounds	
Hellmich, Lars[64]	Berlin	BE	Am Ende steht der Sieg!	1998	CD		
Höllenhunde[65]	Schwäbisch-Hall	BW	Dein Land braucht Dich	1998	CD	SDT	
Holsteiner Jungs[66]	Reinfeld	SH	Zurück auf den Straßen	1996	CD	Walhalla Rec. / Rock-O-Rama	
Holsteiner Jungs	Reinfeld	SH	Hass im Gesicht	1997	CD	Walhalla Rec. / Rock-O-Rama	
Holsteiner Jungs	Reinfeld	SH	Wir geben niemals auf!	1997	CD	Walhalla Rec. / Rock-O-Rama	
Holsteiner Jungs	Reinfeld	SH	Flaschen & Fäuste	1998	CD	Walhalla Rec. / Rock-O-Rama	
Holsteiner Jungs	Reinfeld	SH	Neue Lieder, neuer Hass	1999	CD	Walhalla Rec. / Rock-O-Rama	
Holsteiner Jungs	Reinfeld	SH	Eine Prise Terror	2000	CD	Walhalla Rec. / Rock-O-Rama	
Holsteiner Jungs	Reinfeld	SH	Polizeistaat 2000	2000	CD	Walhalla Rec. / Steelbreaker Rec. / Rock-O-Rama	
Hooligan Beat[67]	Reinfeld	SH	Patriotic & Proud	1995	CD	Walhalla Rec. / Rock-O-Rama	

Band	Ort	Bundesland	Titel der Produktion	Jahr	Format	Label/Vertrieb	Indiziert/ verboten am
Hooligan Beat	Reinfeld	SH	Backstreet Batailon	1997	CD	Walhalla Rec. / Rock-O-Rama	
Idee Z.	Berlin	BE	Heimatstadt	1995	CD	AZE Rec. / Funny Sounds	
Idee Z.	Berlin	BE	Uns're Welt	1995	CD		
Idee Z.	Berlin	BE	Nicht mit uns!	1996	CD	TFS Berlin	
Idee Z.	Berlin	BE	Schwere Zeiten	1996	CD	TFS Berlin	
Idee Z.	Berlin	BE	Live	1997	CD		
Idee Z.	Berlin	BE	Unser Spiel	1998	CD	Dieter Koch	
Invisible Empire[68]			Invisible Empire	1999	CD	Mjölnir	
Jungsturm			Demo CD	1998	CD	Hate Rec.	
Jungsturm			Demo CD	2001	CD	Eigenproduktion	
Kahlkopf	Bad Homburg	HE	Der Metzger	1987	LP	Rock-O-Rama	28.11.92
Kahlkopf	Bad Homburg	HE	Nasse Katze	1989	Single	Street Rock'n'Roll / Rock-O-Rama	
Kahlkopf	Bad Homburg	HE	Der Metzger	1990	CD	Rock-O-Rama	28.11.92
Kahlkopf	Bad Homburg	HE	Soldat	1990	LP / CD	Rock-O-Rama	
Kahlkopf	Bad Homburg	HE	Kahlkopf III	1993	LP / CD	Nowotny's Noize / Metal Enterpri.	
Kahlkopf	Bad Homburg	HE	Pogo im Parlament[69]	1997	CD	Metal Enterprises / BEV	
Kahlkopf	Bad Homburg	HE	Wir haben noch einen Koffer in Berlin[70]	1998	CD	Metal Enterprises / BEV	
Kahlkopf	Bad Homburg	HE	Im Namen des Herrn	2001	CD	Metal Enterprises / BEV	
Kahlkopf	Bad Homburg	HE	Kahlkopf		DemoMC	Eigenproduktion	30.06.94
Kampfruf			Die Macht des Widerstandes[71]	1998	CD	Interaktiv Rec. / Funny Sounds	
Kampftrupp			Tätowiert, kahl, brutal	1998	CD	Skull Rec. / Rock-O-Rama	
Kampfzone	Bernburg	ST	Made in Germany	1996	Single	Bandworm Rec.	
Kampfzone	Bernburg	ST	Kurze Haare, schwere Boots	1997	CD / LP	Dim Rec.	
Kampfzone	Bernburg	ST	Aussenseiter	1998	CD / LP	Dim Rec.	
Kampfzone	Bernburg	ST	Krieger mit Stolz	2001	Single	Eigenproduktion	
Kategorie C[72]			Fußballfest ´98	1998	CD	KS-Quietscheentchen-Prod.	
Kategorie C			Hungrige Wölfe	2001	CD		
Kategorie C			Sport frei!		CD		
KDF[73] / Ragnaröck	Berlin /	BE / BW	Demo CD	1995	CD		
Kieckers fünfte Kolonne..[74].	Köln	NW	Willkommen in Sassem	1997	CD	Manfred Rouhs	

Band	Ort	Bundesland	Titel der Produktion	Jahr	Format	Label/Vertrieb	Indiziert/ verboten am
Klang der Familie[75]	Frankfurt	HE	Dein wahres Gesicht	1999	CD		
Klotz, The			Gottes Geschenk der Liebe		MC	Dieter Riefling	30.10.93
Kohl und Pinkel	Bremen	HB	Sammelbox 94	1994	MC	Eigenproduktion	
Kohl und Pinkel	Bremen	HB	Sperrmüll	1995	MC	Eigenproduktion	
Koma-Kolonne[76]	Gelsenkirchen	NW	Koma-Kolonne	2000	CD	Ohrwurm Rec.	
Koma-Kolonne	Gelsenkirchen	NW	Koma-Kolonne	2001	Pic-LP	Ohrwurm Rec.	
Kommando Skin			Bootboys	1999	CD	Dim Rec. / Ohrwurm Rec.	
König Kutte und seine Schergen[77]	Wolfshagen	HE	Besieg das Böse	1996	CD		
Konzepte für die Zukunft	Duisburg	NW	1999	1999	PromoCD	Eigenproduktion	
Konzepte für die Zukunft	Duisburg	NW	Geistige Brandstiftung	1999	CD	KfZ	
Krämer, Rony „Hotte“[78]	Düsseldorf	NW	Bis bald, Kameraden!	1996	MCD	Funny Sounds	
Kraft durch Froide	Berlin	BE	Hundert Mann und ein Befehl[79]	1983	DemoMC	Eigenproduktion	30.04.94
Kraft durch Froide	Berlin	BE	Demo-Tape 86	1986	DemoMC	Eigenproduktion	30.04.93
Kraft durch Froide	Berlin	BE	Deutsche Musik[80]	1992	MLP	ESV Rec.	
Kraft durch Froide	Berlin	BE	Deutsche Musik	1992	MCD	ESV / Skull Rec.	
Kraft durch Froide	Berlin	BE	Deutsche Musik (white vinyl)	1992	MLP	ESV Rec.	
Kraft durch Froide	Berlin	BE	Kraft durch Froide[81]	1996	CD	ProRa Rec.	
Kraft durch Froide	Berlin	BE	1982 - 1986	1997	CD	KDF	31.07.98
Kraft durch Froide	Berlin	BE	Das Wunschkonzert	2000	CD		
Kraftschlag	Kellinghusen	SH	Ü-Tape	1992	MC	Eigenproduktion	30.06.94
Kraftschlag	Kellinghusen	SH	Trotz Verbot nicht tot	1992	LP / CD	Skull Rec.	30.01.93/ 15.07.94*
Kraftschlag	Kellinghusen	SH	Unsere Zukunft	1994	MCD	Skull Rec.	30.09.98
Kraftschlag	Kellinghusen	SH	Nordwind	1995	CD	Nordland Rec.	16.04.98*
Kraftschlag	Kellinghusen	SH	Live in Club Valhalla	1996	CD	NS Rec.	
Kraftschlag	Kellinghusen	SH	Trotz Verbot nicht tot[82]	1996	CD	NS Rec.	
Kraftschlag	Kellinghusen	SH	Alles oder Nichts	1997	MCD	Funny Sounds	
Kraftschlag	Kellinghusen	SH	Festung Europa	1997	MCD	Funny Sounds	
Kraftschlag	Kellinghusen	SH	Gegenwind	1997	MCD	Funny Sounds	
Kraftschlag	Kellinghusen	SH	Rechtsrock	1997	MCD	Funny Sounds	
Kraftschlag	Kellinghusen	SH	Unsere Zukunft	1997	MCD	Skull Rec. / Rock-O-Rama	
Kraftschlag	Kellinghusen	SH	Deutsch geboren	1998	CD	Funny Sounds	
Kraftschlag	Kellinghusen	SH	Wird dieses Land uns je verstehen?	1998	MCD	Funny Sounds	
Kraftschlag	Kellinghusen	SH	Trotz Verbot nicht tot[83]	1999	CD	Hatefront Rec.	

Band	Ort	Bundesland	Titel der Produktion	Jahr	Format	Label/Vertrieb	Indiziert/ verboten am
Kraftschlag	Kellinghusen	SH	Deutschland , wir kommen. Volume 1	2000	CD	Funny Sounds	
Kraftschlag	Kellinghusen	SH	Deutschland , wir kommen. Volume 2	2000	CD	Funny Sounds	
Kraftschlag	Kellinghusen	SH	Mein Name ist Deutschland	2000	CD	Wotan-Rec.	
Kraftschlag	Kellinghusen	SH	Musik wie brennendes Benzin[84]	2001	CD	Funny Sounds	
Kraftschlag	Kellinghusen	SH	Nach 10 Jahren	2001	CD	Eigenproduktion	
Kraftschlag	Kellinghusen	SH	Live in Weimar		MC	Eigenproduktion	30.06.94
Kraftschlag / Mistreat[85]	Kellinghusen	SH	Waffenbrüder	1996	CD	NS Rec.	31.10.97
Kraftschlag Solo[86]	Kellinghusen	SH	Weiße Musik	1997	CD	Destiny Rec. / Funny Sounds	
Kraftschlag Solo[87]	Kellinghusen	SH	Weiße Musik 2	1999	CD	KSS / Funny Sou.	
Kraftschlag/Storm[88]	Kellinghusen	SH	Nordmann - Northmann	2001	CD	Funny Sounds	
Kreuzfeuer[89]	Zwenkau / Altenburg	SN	Zurück, um zu verletzen	1998	CD	Foier Frei	
Kreuzfeuer	Zwenkau	SN	Blut für Blut	2000	CD	Endzeit Klänge	
Kroizfoier	Lobstädt	SN	Komm zu uns	1992	DemoMC	Eigenproduktion / Dieter Riefling	30.10.93
Kroizfoier	Lobstädt	SN	Ziel erkannt[90]	1992	LP / CD	Skull Rec.	30.08.94*
Kroizfoier	Zwenkau	SN	Kroizfoier	1993	CD	Skull Rec.	
Kroizfoier	Zwenkau	SN	Mit Kraft, Mut und Schwung auf in die Zukunft!	1994	CD	Skull Rec.	30.11.94
Kroizfoier	Zwenkau	SN	Kroizfoier	1997	CD	Skull Rec. / Rock-O-Rama	
Kroizzug		HE	Deutsche Soldaten	1996	CD	Dieter Koch	
Kruppstahl	Augsburg	BY	Deutschland	1987	DemoMC	Eigenproduktion	
Kruppstahl / Volkszorn	Augsburg	BY	Deutschland erwache[91]	1996	CD	Charlemagne Rec.	31.03.98
Kwerschlak	Recklinghausen	NW	Es ist genug	1996	CD	BIM Rec.	
Landser	Berlin	BE	Das Reich kommt wieder	1992	MC	Eigenproduktion	30.11.93
Landser	Berlin	BE	Berlin bleibt deutsch[92]	1996	CD	Bootleg	27.03.97
Landser	Berlin	BE	Republik der Strolche	1996	CD		28.09.96
Landser	Berlin	BE	Deutsche Wut / Rock gegen oben	1998	CD	Rebell Rec.	*[93]
Landser	Berlin	BE	Das Reich kommt wieder[94]	1999	CD	Bootleg	30.11.93
Landser	Berlin	BE	Ran an den Feind	2000	CD		31.03.01
Landser	Berlin	BE	Best Of Landser[95]	2001	CD		
Landsturm		NW	Tatort Deutschland	1997	CD	Dieter Koch	29.05.99

Band	Ort	Bundesland	Titel der Produktion	Jahr	Format	Label/Vertrieb	Indiziert/ verboten am
Landsturm		NW	Das Leben ist ein Würfelspiel...	2000	CD	Dieter Koch	
Last Viking	Magdeburg	ST	Vaterland	1998	CD	Dieter Koch	
Law And Order[96]	Gera	TH	Recht und Ordnung	1999	CD		
Legion Condor	Radevormwald	NW	Stolzdoitsch	1991	DemoMC	Eigenproduktion	31.05.94
Legion Of Thor	Berlin	BE	2000	2000	CD	Endzeit Klänge	
Legion Of Thor	Berlin	BE	Winds Of Change		CD		
Legion Ost	Gera	TH	Deutschland in Not	1995	DemoMC	Eigenproduktion	
Legion Ost	Gera	TH	Ohne Worte	1996	CD	NS Rec.	
Legion Ost	Gera	TH	Regeln, Zwänge, Leben	1997	CD	Di-Al-Rec.	
Leitwolf	Wischhafen	SH	Verrecke!	1998	CD	Funny Sounds	
Leitwolf	Wischhafen	SH	Heil! Heil!	1999	CD	Nordklang Rec.	
Leitwolf	Wischhafen	SH	An einem fernen Tage	2000	CD	Wotan Rec.	
Lemmer, Torsten	Düsseldorf	NW	Erwin - Du und ich für immer[97]	2001	PromoCD	Düsseldraht Rec.	
Linientreu			Demo 87	1987	DemoMC	Eigenproduktion	
Loikaemie[98]			Ihr für uns und wir für euch		CD	Knock Out Rec.	30.09.99
Lokis Horden			Eine starke Hand	1997	MCD	Funny Sounds	
Lüders, Andre & Nordmacht	Rostock	MV	Frei - sozial - national	2000	CD	St. Versand	
Macht & Ehre	Berlin	BE	Thorsten Koch	1991	DemoMC	Eigenprod. / Violent Tapes Versa.	30.09.94
Macht & Ehre	Berlin	BE	Volkssturm 93	1993	DemoMC	Eigenproduktion	29.04.95
Macht & Ehre	Berlin	BE	NSDAP	1996	CD	NS Rec.	27.03.97/ 03.02.97*
Macht & Ehre	Berlin	BE	Herrenrasse	1997	CD		31.10.97/ 09.11.97*
Macht & Ehre	Berlin	BE	NSDAP[99]	2000	CD		27.03.97/ 03.02.97*
Macht & Ehre	Berlin	BE	Sturm 20		DemoMC	Eigenproduktion	30.04.94
Macht & Ehre / Kommando	Berlin	BE	Nigger Out	1996	CD	NS Rec.	31.03.98
Macht & Ehre / Kommando[100]	Berlin	BE	Nigger Out[101]	2000	CD		31.03.98
Mad Martens[102]			Das Beste am Norden	1995	CD	B.H. Rec. / Rock-O-Rama	
Madkorps	Dessau	SN	Hasseröder-Demo	1996	DemoMC		
Mahnwache[103]	Velbert	NW	Mahnwache	1998	CD	Dieter Koch	
Märtyrer	Wolfhagen	HE	Demo-Tape 2/91	1991	DemoMC	Eigenproduktion	30.04.94
Märtyrer	Wolfhagen	HE	Demo-Version von Stolz	1991	DemoMC	Eigenproduktion	30.06.93
Märtyrer	Wolfhagen	HE	Stolz	1991	LP / CD	Rock-O-Rama	31.03.93
Märtyrer	Wolfhagen	HE	Hammerhart	1992	LP / CD	Rock-O-Rama	31.08.93

Band	Ort	Bundesland	Titel der Produktion	Jahr	Format	Label/Vertrieb	Indiziert/verboten am
Märtyrer	Wolfhagen	HE	Könige der Nacht	1993	LP / CD	Märtyrer Rec. / Rock-O-Rama	
Märtyrer	Wolfhagen	HE	Schuldig	1994	MCD	Märtyrer Rec.	
Märtyrer	Wolfhagen	HE	Die Hölle kann warten	1998	MCD	UN-Rec. / Rock-O-Rama	
Märtyrer	Wolfhagen	HE	Ragnaröck		CD		
Materialschlacht			Tatort Braunschweig		CD	Rock-O-Rama	
Might Of Rage	Chemnitz	SN	When The Storm Comes Down		1999	MCD	
Might Of Rage	Chemnitz	SN	Reborn	2001	CD	Backstreetnoise	
Minnesang			Jungsturm der Neuzeit	1998	CD	Dt. Stimme Versand	
Mjöllnir		NW	Söhne Germaniens	1997	CD	Sauerland Tonträgerproduktion	
Moite, Die		SN	Skinheadsongs	1997	CD	B.H. Rec. / Rock-O-Rama	
Moite, Die		SN	Hier kommt die Moite	1998	CD	Foier Frei	
Munin[104]		ST	Vergiss die treuen Toten nicht		CD	Pühses Liste / Dt. Stimme	
Nahkampf	Bremen	HB	Schutt und Asche	1994	LP / CD	Rebelles Europ.	31.08.95
Nahkampf	Bremen	HB	Schutt und Asche[105]	1996	CD	I.S.D. Rec.	31.08.95
Nahkampf	Bremen	HB	Alarm	1999	CD		28.04.01
Nahkampf / Kolovrat[106]	Bremen	HB	Nahkampf / Kolovrat	2001	CD	Pühses Liste / Dt. Stimme	
Nahkampf / Schwarzer Orden	Bremen / Berlin	HB / BE	Nahkampf / Schwarzer Orden	2001	CD	PC-Rec.	
Neubeginn			Reich´ uns die Hand	2000	CD	RAC Rec.	
Neue Einheit			Oi! für Deutschland 1985 Demo-Tape	1985	DemoMC	Eigenproduktion	
Neue Einheit / Rollkommando			Demo CD	1995	CD		
Neue Rasse			Angriff	1984	DemoMC	Eigenproduktion	
Neue Rasse / AMF			Demo CD	1995	CD		
New Dawn, The	Schwabach	BY	Schluß mit lustig	1998	CD	Dieter Koch	
Noie Werte	Stuttgart	BW	Skinheads	1990	DemoMC	Eigenproduktion	
Noie Werte	Stuttgart	BW	Kraft für Deutschland	1990	LP	Rebelles Européens	28.11.92/ 06.07.94*
Noie Werte	Stuttgart	BW	Kraft für Deutschland	1991	CD	Rebelles Européens	28.11.92/ 06.07.94*
Noie Werte	Stuttgart	BW	Danke	1994	MCD	Funny Sounds	
Noie Werte	Stuttgart	BW	Ein harter Weg	1994	Single	United Skins Rec.	
Noie Werte	Stuttgart	BW	Ein harter Weg (yellow vinyl)	1994	Single	United Skins Rec.	
Noie Werte	Stuttgart	BW	Sohn aus Heldenland	1996	CD	G.B.F.-Rec.	

Band	Ort	Bundesland	Titel der Produktion	Jahr	Format	Label/Vertrieb	Indiziert/ verboten am
Noie Werte	Stuttgart	BW	Sohn aus Heldenland	1999	Pic-LP	G.B.F.-Rec.	
Noie Werte	Stuttgart	BW	Am Puls der Zeit	2000	DemoMC	G.B.F.-Rec.	
Noie Werte	Stuttgart	BW	Am Puls der Zeit	2000	CD	G.B.F.-Rec.	
Noie Werte	Stuttgart	BW	Zusammenhalt	2001	CD	Wotan Rec.	
Noie Werte / Skrewdriver[107]	Stuttgart	BW	Als der Schnee fiel (German-British Friendship)	1991	Maxi-Single	Laser-Sound-Rec.	
Noie Werte / Skrewdriver	Stuttgart	BW	Als der Schnee fiel (German-British Friendsh.)	1991	MCD	Skull Rec.	
Noie Zeit	Rheine	NW	Skinhead Rock	1997	DemoMC	Eigenproduktion	
Noie Zeit	Rheine	NW	Weltmeister für die Ewigkeit	1998	MCD	Funny Sounds	
Nordfront	Hannover	NI	Werft sie raus!	2000	CD	Pühses Liste / Dt. Stimme	
Nordlicht[108]	Delmenhorst	NI	A Way Of Life	1995	CD	Walhalla Rec. / Rock-O-Rama	
Nordlicht	Delmenhorst	NI	Solang' das Blut...	1996	CD	Walhalla Rec. / Rock-O-Rama	
Nordlicht	Delmenhorst	NI	Söhne der Germanen	1998	CD	Walhalla Rec. / Rock-O-Rama	
Nordlicht	Delmenhorst	NI	Schlag dich durch		CD	Walhalla Rec. / Rock-O-Rama	
Nordmacht	Rostock	MV	Ihre Ehre hieß Treue	2000	CD	B&R Records	31.05.01
Nordmacht	Rostock	MV	Verlorenes Erbe		CD		
Nordwind[109]	Heusenstamm / Fürth	BW / BY	Walhalla ruft!	1995	CD	Funny Sounds	
Nordwind	Heusenstamm / Fürth	BW / BY	...für die Kinder dieses Landes	1996	MCD	Funny Sounds	
Nordwind	Heusenstamm / Fürth	BW / BY	Patriotische Balladen	1996	MCD	Funny Sounds	
Nordwind	Heusenstamm / Fürth	BW / BY	Stolz und stark	1996	CD	Nordwind Rec. / Funny Sounds	
Nordwind	Heusenstamm / Fürth	BW / BY	The Viking-Party (Live)	1997	CD	Nordwind Rec. / Funny Sounds	
Nordwind	Heusenstamm / Fürth	BW / BY	Wir[110]	1998	MCD	Nordwind Rec. / Funny Sounds	
Nordwind	Heusenstamm	BW	Words Of Odin	1998	CD	Nordwind Rec.	
Nordwind	Heusenstamm / Fürth	BW / BY	Liebe, Lust und Limonade	1999	CD	Nordwind Rec. / Dim Rec.	
Nordwind	Heusenstamm	BW	Zu neuen Ufern	1999	CD	Nordwind Rec.	
Nordwind	Heusenstamm	BW	Herzlich Willkommen	2000	CD	Nordwind Rec.	
Nordwind	Heusenstamm	BW	Stiefel auf Asphalt	2000	CD	Nordwind Rec.	
Normannen	Altenburg	SN	Die letzte Tat	1998	CD	TFS-Berlin	

Band	Ort	Bundesland	Titel der Produktion	Jahr	Format	Label/Vertrieb	Indiziert/ verboten am
Normannen	Altenburg	SN	Deine Macht mich schützen mag	2000	CD	RAC Rec.	
Notwehr	Velbert	NW	Ein neuer Wind	1997	CD	Dieter Koch	30.10.99
Notwehr	Velbert	NW	Wenn es tobt	1997	CD	Dieter Koch	30.04.99
Notwehr	Velbert	NW	Helden der Zeit	2000	CD	Rock-O-Rama	
Notwehr	Velbert	NW	Schreie in der Nacht		CD	Rock-O-Rama	
O.D. [111]	Hamburg	HH	Zeit des Erwachens	1996	CD	Vincente Dir.	
Obersalzbergtrio			Deutsche Volksmusik	1994	CD		29.04.95
Odins Erben	Bruchsal	BW	Helden sterben einsam	1995	CD	V 88 Rec.[112]	
Odin's Erben[113]	Bruchsal	BW	Asgard, wir kommen!	1996	CD	B.H. Rec. / Rock-O-Rama	
Offensive	Bonn	NW	Armee der Geächteten	1992	Single	Disrespect Rec.	31.07.93
Offensive	Bonn	NW	Schöne Zeiten	1997	MCD	Funny Sounds	
Offensive	Bonn	NW	Uhrwerk des Lebens	1997	CD	Funny Sounds	
Offensive	Bonn	NW	Neuer Angriff	1998	CD	Dieter Koch	
Offensive	Bonn	NW	Schatten der Vergangenheit		CD		
OHL[114]	Leverkusen	NW	Heimatfront	1981	LP	Rock-O-Rama	19.08.87
Oidoxie	Dortmund	NW	Kann denn Glatze Sünde sein	1997	CD	Oidoxie Rec. / Funny Sounds	
Oidoxie	Dortmund	NW	Ein neuer Tag	1998	MCD	Oidoxie Rec. / Funny Sounds	
Oidoxie	Dortmund	NW	Schwarze Zukunft	1998	CD	Oidoxie Rec. / Funny Sounds	
Oidoxie	Dortmund	NW	Weiß und rein	2001	CD	Wotan Rec.	
Oi Dramz	Hamburg	HH	Ü-Raum-Tape[115]	1992	MC	Eigenproduktion	31.03.93
Oi Dramz	Hamburg	HH	Oi Dramz[116]	1992	LP / CD	Rock-O-Rama	31.03.93
Oi Dramz	Hamburg	HH	Gesichter der Gesellschaft	1993	CD	OCD / Rock-O-R.	
Oi Dramz	Hamburg	HH	Skinhead[117]	1994	CD	B.H. Rec./Rock.	
Oi Dramz	Hamburg	HH	Zeit des Erwachens	1996	CD	Vincente Dir.	
Oi Dramz	Hamburg	HH	Stets Bereit	1998	CD	UN-Rec./Rock-O.	
Oiphorie	Leipzig	SN	Was geht das uns an?	1996	CD	Dim Rec.	
Oiphorie	Leipzig	SN	Kahle Rabauken	1998	CD		
Oistar Proper	Leipzig	SN	Mach dein Ding	1993	CD	Skull Rec.	
Oistar Proper	Leipzig	SN	Skinheads Deutschland	1994	CD	Skull Rec.	
Oistar Proper	Leipzig	SN	Mach dein Ding	1998	CD	Skull Rec. / Rock-O-Rama	
Oistar Proper	Leipzig	SN	Skinheads	1998	CD	Skull Rec./Rock.	
Oistar Proper / Oithanasie	Leipzig / Gera	SN / TH	Vaterland / Gesellschaft	1993	Single	Skull Rec.	29.10.94
Oithanasie	Gera	TH	Oithanasie	1993	CD	Skull Rec.	16.04.98*
Oithanasie	Gera	TH	Volkstreu	1993	CD	Skull Rec.	30.07.94
Oithanasie	Gera	TH	Egal? Demo-Tape	1994	DemoMC	Eigenproduktion	

Band	Ort	Bundesland	Titel der Produktion	Jahr	Format	Label/Vertrieb	Indiziert/ verboten am
Oithanasie	Gera	TH	Chaoten (Alles für Deutschland V)	1996	MCD		
Oithanasie	Gera	TH	Jetzt oder nie	1996	CD	NS Rec.	
Oithanasie	Gera	TH	Neue Lieder, Neue Lügen	1997	CD	B.H. Rec. / Rock-O-Rama	
Oithanasie	Gera	TH	Räudig / Das macht mir gar nichts	1997	CD	B.H. Rec. / Rock-O-Rama	
Oithanasie	Gera	TH	Seuchenherd	1999	CD	B.H. Rec./Rock.	
Oithanasie	Gera	TH	Was erwartest du von mir?	2000	CD		
Ostfront AVK		SN	Demo-Tape	1993	CD	Kampfhund Fanzine	30.07.94
Ostseefront[118]			Ostseefront	1998	CD	Dieter Koch	
Panzerdivision[119]			Großoffensive	1998	CD	Nibelungen Vers.	
Panzerfaust[120]	Kassel	HE	Randale	1997	CD	AZE Rec. / Funny Sounds	
Patriot 19/8 & Sleipnir			Das rechte Wort	1999	CD	Lu-Wi-Tonträger	
Patriotic Bois	Bremen	HB	Auf nach Walhalla	1996	CD	Hanse Rec.	
Patriotic Bois	Bremen	HB	Schau mir in die Augen, Kleines!	1997	CD	Hanse Rec.	
Patriotic Bois	Bremen	HB	Fürst des Glaubens	2001	CD	Ohrwurm Rec.	
Pitbull			Schatten	2001	CD	Funny Sounds	
Pitbull / Freibeuter			Alpenterror	1999	CD	FP CD	
Proissenheads / Die Moite	Potsdam /	BB / SN	Sachsens Glanz & Proissens Gloria	1997	CD	Movement Rec. / Foier Frei	
Proissenheads	Potsdam	BB	Bruderkrieg[121]	1999	CD	Nibelungen Vers.	
Proissenheads	Potsdam	BB	Bruderkrieg	1999	CD	Chelsea Rec.	
Proissenheads	Potsdam	BB	Jung und stolz	1999	CD	Movement Rec./ Foier Frei	29.07.00
Proissenheads	Potsdam	BB	Engel der Sünde	2001	CD	BSN-Rec.	
Proissens Soie / Radikahl / Reichsfront	Diverse		Skinheads		MC	Aryan Tape Service	29.04.95
Rache Engel			Ritter der Rache	2000	CD	Ohrwurm Rec.	
Racheakt	Gaildorf	BW	Schattenreich	1997	MC	Clockwork Rec.	
Racheakt	Gaildorf	BW	Außer Rand und Band	1998	CD		
Racheakt	Gaildorf	BW	Schattenreich	2001	CD		
Radikahl	Nürnberg	BY	Retter Deutschlands	1991	DemoMC	Eigenproduktion	
Radikahl	Nürnberg	BY	Retter Deutschlands[122]	1992	LP / CD	Rock-O-Rama	30.04.93/ 06.07.94*
Radikahl	Nürnberg	BY	Finde Deinen Weg... [123]	1993	LP	Rock-O-Rama	
Radikahl	Nürnberg	BY	Wach auf![124]	1996	MCD	Radikahl-Rec. / Rock-O-Rama	

Band	Ort	Bundesland	Titel der Produktion	Jahr	Format	Label/Vertrieb	Indiziert/ verboten am
Radikahl	Nürnberg	BY	Wir geben niemals auf[125]	1997	CD	GvB-Produktion	30.11.99
Radikahl	Nürnberg	BY	Der morgige Tag ist mein![126]	1998	MCD	UN-Rec./Rock-O.	
Radikahl / Reichsfront / Proissens Soie			Skinheads		MC	Aryan Tape Service	29.04.95
Radikaler Haß	Speyer	HE	Demo[127]	1990	DemoMC	Eigenproduktion	
Radikaler Haß	Speyer	HE	Demo-Tape	1990	MC	Eigenproduktion	30.04.94
Ragnaröck[128]		BW	Endlich	1977	MC	Eigenproduktion	
Ragnaröck		BW	Endlich (Demotape 1977)	1992	MC	Moderne Zeiten	
Ragnaröck		BW	Ragnaröck	1997	CD		
Ragnaröck		BW	Die Mauer muß weg	2001	MC		
Ragnaröck / Kraft durch Froide		BW / BE	Demo-CD	1995	CD		
Rebellen			Ausländer Stopp	1996	Single		
Rebellen	Erfurt	TH	Sinnlos	1997	CD	B.H. Rec. / Rock-O-Rama	
Rebellen	Erfurt	TH	Negativ	1998	CD	UN-Rec./Rock-O.	
Rebellen	Erfurt	TH	Rebellen der Straße	1998	CD	Skull Rec./Rock.	
Reichsfront	Erfurt	TH	Demo '92	1992	MC	Eigenproduktion	
Reichsfront / Radikahl / Proissens Soie			Skinheads		MC	Aryan Tape Service	29.04.95
Reichssturm	Leipzig	SN	Heim ins Reich	1996	CD	NS Rec.	29.11.97
Reinheitsgebot	Hamm/Herne	NW	In Deutschland geboren	1998	CD	Funny Sounds	
Reinheitsgebot	Hamm/Herne	NW	Scheint Ihr noch zu glauben	2000	CD	Dieter Koch / Schwarze Sonne Versand	
Reinheitsgebot / Ruhrstörung	Hamm/Herne	NW	Freiheitsentzug	1999	CD	Dieter Koch	
Rekrut	Wuppertal	NW	Rekrut	1994	CD	Skull Rec.	
Rekrut	Wuppertal	NW	Seid dabei	1998	CD	Skull / Rock-O.	
Rennicke, Frank[129]	Ehningen	BW	Protestnoten für Deutschland	1987	MC	Eigenproduktion	30.07.94
Rennicke, Frank	Ehningen	BW	Unterm Schutt der Zeit	1989	MC	Eigenproduktion	31.05.94
Rennicke, Frank	Ehningen	BW	An Deutschland	1990	MC	Eigenproduktion	31.05.94
Rennicke, Frank	Ehningen	BW	Sehnsucht nach Deutschland	1990	LP / MC	Eigenproduktion	31.05.94
Rennicke, Frank	Ehningen	BW	Mein Kamerad. Ein Gedenken dem deutschen Soldaten und europäischen Freiwilligen	1992	MC	Eigenproduktion	
Rennicke, Frank / Wiking Jugend	Ehningen	BW	Wir singen Kampf- und Soldatenlieder	1992	MC	Eigenproduktion	31.05.94

Band	Ort	Bundesland	Titel der Produktion	Jahr	Format	Label/Vertrieb	Indiziert/ verboten am
Rennicke, Frank	Ehningen	BW	Ich bin nicht modern... Ich fühle deutsch	1993	MC / CD	Eigenproduktion	27.03.97
Rennicke, Frank	Ehningen	BW	Auslese	1994	CD	Eigenproduktion	31.07.96
Rennicke, Frank	Ehningen	BW	Deutschland (Sonderaufl.)[130]	1994	MC	Eigenproduktion	
Rennicke, Frank	Ehningen	BW	Protestnoten (Sonderaufl.)	1994	MC	Eigenproduktion	
Rennicke, Frank	Ehningen	BW	Schutt (Sonderauflage)	1994	MC	Eigenproduktion	
Rennicke, Frank	Ehningen	BW	Sehnsucht (Sonderaufl.)	1994	MC	Eigenproduktion	
Rennicke, Frank	Ehningen	BW	Soldatenlieder (Sonderauflage)	1994	MC	Eigenproduktion	
Rennicke, Frank	Ehningen	BW	Andere® Lieder	1996	CD	Eigenproduktion	
Rennicke, Frank	Ehningen	BW	Trotz alledem!	1996	CD	Eigenproduktion	
Rennicke, Frank	Ehningen	BW	Der Väter Land	1997	CD	Eigenproduktion	
Rennicke, Frank	Ehningen	BW	Deutsche Freiheitslieder 1848	1997	CD	Eigenproduktion	
Rennicke, Frank	Ehningen	BW	Frühwerk-Edition[131]	1997	2CD	Eigenproduktion	
Rennicke, Frank	Ehningen	BW	Frühwerk-Edition Teil 1	1997	CD	Eigenproduktion	
Rennicke, Frank	Ehningen	BW	Frühwerk-Edition Teil 2	1997	CD	Eigenproduktion	
Rennicke, Frank	Ehningen	BW	Kameraden!	1997	CD	Mjölnir Versand	
Rennicke, Frank	Ehningen	BW	Hautnah	1999	DoCD	Eigenproduktion	
Rennicke, Frank	Ehningen	BW	Anderes aufgelegt / Andere(r) Lieder Teil 2		CD	Eigenproduktion	
Rennicke, Frank	Ehningen	BW	Die erlesene Auswahl - Das Beste aus den frühen Jahren		MC	Eigenproduktion	30.08.97
Rennicke, Frank	Ehningen	BW	Lieder gegen die Zensur / Deutschland		MC	Eigenproduktion	31.05.94
Rennicke, Frank	Ehningen	BW	Lieder gegen die Zensur / Schutt		MC	Eigenproduktion	29.07.95
Rennicke, Frank	Ehningen	BW	Nur unsere Gedanken sind frei		CD	Eigenproduktion	
Rheinwacht	Düsseldorf	NW	Der neue Aufruhr	1995	MCD	Funny Sounds	
Rheinwacht	Düsseldorf	NW	Lieber tot als ohne Ehre	1995	CD	Funny Sounds	
Rheinwacht	Düsseldorf	NW	Wellen der Freiheit	1997	CD	Funny Sounds	
Rheinwacht	Düsseldorf	NW	Ich meine Dich!	1998	CD	Funny Sounds	
Rheinwacht	Düsseldorf	NW	Du bist Deutscher	1999	CD	Walhalla Rec. / Rock-O-Rama	
Rheinwacht	Düsseldorf	NW	Im Kreuzfeuer		CD	Funny Sounds	
Rheinwacht	Düsseldorf	NW	Retter der Nation		CD		
Rheinwacht	Düsseldorf	NW	Neue Macht	1994	CD	Funny Sounds	
Rheinwacht / Tollwut	Düsseldorf / Meerane	NW / SN	Trunkenbolde	1995	CD	Funny Sounds	
Rock´G´Socks[132]	Reinfeld / Hamburg	SH / HH	Böser Spaß	1997	CD	B.H. Rec. / Rock-O-Rama	

Band	Ort	Bundesland	Titel der Produktion	Jahr	Format	Label/Vertrieb	Indiziert/ verboten am
Rohstoff	Offenbach / Frankfurt	HE	Die Chronik der Zeit	1996	CD	Funny Sounds	
Rohstoff	Offenbach / HE Frankfurt	Rebell	1997	CD	Funny Sounds		
Rollkommando	Leverkusen	NW	Kampf fürs Vaterland	1992	DemoMC	Moderne Zeiten	
Rollkommando / Neue Einheit			Demo CD	1995	CD		
Rollkommando[133]			Es ist Krieg	2000	CD	Rock-O-Rama	
Rufmord			Kein Vergessen	1998	CD	Walhalla Rec. / Rock-O-Rama	
Rufmord			Jetzt erst recht	1999	CD	Walhalla Rec. / Rock-O-Rama	
Ruhrstörung	Herne	NW	Kampf für's Vaterland Demo-Tape 1992	1992	CD	Moderne Zeiten	
Ruhrstörung	Herne	NW	Auf nach Walhalla	1996	CD	New National Sounds / Janus Entertainment	
Ruhrstörung	Herne	NW	Tanz der Arbeiter...	1997	CD	Funny Sounds	
Ruhrstörung	Herne	NW	Traum Terror	2001	CD	Funny Sounds	
Ruhrstörung / Reinheitsgebot	Herne/Hamm	NW	Freiheitsentzug	1999	CD	Dieter Koch	
Rungholt[134]	Kellinghusen	SH	Wellenbrecher	1999	CD	Rungholt Rec. / Funny Sounds	
Saalefront			Widerstand	1997	CD	Vincente Dir.	
Saccara	Meppen	NI	Ketchup Metal	1987	DemoMC	Eigenproduktion	
Saccara	Meppen	NI	Deckel hoch...	1989	DemoMC	Eigenproduktion	
Saccara	Meppen	NI	Urbi et orbi	1990	LP	Nowotny Music Enterprises	
Saccara	Meppen	NI	Das Vaterland soll leben	1992	DemoMC	Eigenproduktion	
Saccara	Meppen	NI	Sturmfest und erdverwachsen	1993	CD	Nowotny Music Enterprises	
Saccara	Meppen	NI	Der letzte Mann	1994	CD	Deutscher Tonträger-Vertrieb / Nowotny Music Enterprises	30.11.94
Saccara	Meppen	NI	Saccara, dein Freund+ Helfer	1995	CD	IN Career Development / Nowotny Music Ent.	
Saccara	Meppen	NI	Weltvergifter	2001	CD	IN Career Dev. / Nowotny Music Enterprises	
Scheinheilige Brüder			Terror der PKK	2000	CD	Dieter Koch	
Schlachtruf	Bremen	HB	Weiße Krieger	1995	CD	Funny Sounds	

Band	**Ort**	**Bundesland**	**Titel der Produktion**	**Jahr**	**Format**	**Label/Vertrieb**	**Indiziert/ verboten am**
Schlachtruf	Bremen	HB	Kampf ums Überleben	1997	MCD	Funny Sounds	16.04.98*
Schlachtruf	Bremen	HB	Über Nacht	1998	CD	Hanse Rec.	
Schlachtruf	Bremen	HB	Über Nacht	2000	CD	Ohrwurm Rec.	
Schlagabtausch			Untergrundmutanten	1999	CD	TFS	
Schlagzoig[135]	Mettmann	NW	Rebellenlieder	1995	CD	Funny Sounds	
Schwarzes Korps[136]	Grevesmühlen	MV	Dem Sieg entgegen	1997	CD	Victor Publ. / Vincente Dir	31.07.98
Schwarzer Orden	Berlin	BE	Schwarzer Orden	1998	CD	Nibelungen Vers.	30.04.99
Schwarzer Orden[137]	Berlin	BE	Revolution	1999	CD	St. Versand (Stürmer Vers.)	
Schwarzer Orden	Berlin	BE	Neue Zukunft	2000	CD	PC-Rec.	31.05.01
Schwarzer Orden	Berlin	BE	Kämpfen wir wie sie		CD		30.04.99
Schwarzer Orden / Nahkampf	Berlin	BE	Ehre, Freiheit, Vaterland	2001	CD	PC-Rec.	
Schwurbrüder	Leipzig	SN	...immer feste druff!!	2001	CD		
S.E.K.[138]	Wernigerode	ST	Hass	1998	DemoMC	Odin´s Rec.	
S.E.K.	Wernigerode	ST	Demo-CD	1998	CD	Eigenproduktion	
S.E.K.	Wernigerode	ST	2tes Demo	1999	CD	Eigenproduktion	
Selbststeller / Utgard		SN	Hinterhof Rock´n´Roll	2001	CD		
Senfheads	Senftenberg	BB	Grüsse aus der Heimat	1997	CD	Foier Frei	
Separatisten, Die[139]	Hamburg	HH	Propaganda	2000	CD	UN-Rec./Rock-O.	
Shock Troops			Parasiten	1998	CD	B.H. Rec./Rock.	
Siegeszug[140]	Gelsenkirchen / Wuppertal	NW	Auch im Tode	1995	CD	Funny Sounds	
Siegeszug	Gelsenkirchen / Wuppertal	NW	Argumente statt Verbote!	1997	CD	Funny Sounds	
Siegeszug	Gelsenkirchen / Wuppertal	NW	Kein Vergessen	1997	MCD	Funny Sounds	
Siegeszug	Gelsenkirchen / Wuppertal	NW	Dieses Land	1998	CD	Funny Sounds	
Sleipnir			Mein bester Kamerad	1996	CD	Clockwork Rec.	16.04.98*
Sleipnir			Sleipnir	1999	CD	Clockwork Rec.	
Sleipnir			Das Demo & Bonus	2000	CD	Lu-Wi Tonträger	
Sleipnir & Patriot 19/8			Das rechte Wort	1999	CD	Lu-Wi Tonträger	
Soldiers Of Freedom[141]	Kellinghusen	SH	White Rock Rocks The World	1999	CD	Dieter Koch	
Solution	Leipzig	SN	Liebe Deinen Nächsten	2000	CD	Endzeitklänge	
Sperrzone[142]	Bruchsal	BW	Demo ´92	1992	DemoMC	Eigenproduktion	
Sperrzone	Bruchsal	BW	Warum?[143]	1992	LP / CD	ESV Rec.	28.11.92
Spreegeschwader Solo, Spirit Of 88[144]	Berlin	BE	White Power Skinheads	2000	CD	Pühses Liste / Dt. Stimme	31.01.01

Band	Ort	Bundesland	Titel der Produktion	Jahr	Format	Label/Vertrieb	Indiziert/ verboten am
Spreegeschwader	Berlin	BE	Bleib wie du bist	1996	MCD	Hanse Rec.	
Spreegeschwader	Berlin	BE	Eisern Berlin	1996	CD	Hanse Rec.	
Spreegeschwader	Berlin	BE	Bleib wie du bist	1999	MCD	Wotan Rec.	
Spreegeschwader	Berlin	BE	Orientexpress	1998	CD	Hanse Rec.	
Spreegeschwader / Storm[145]	Berlin	BE	European Guard	1999	CD	Svea Musik / Fenris Rec.	30.09.00
Sprengkommando	Delmenhorst	NI	Sei bereit	1998	CD	UN-Rec. / Rock-O-Rama	
Staatsfeind	Chemnitz	SN	Ein Tribut an Ian Stuart	1996	Single		
Staatsfeind	Chemnitz	SN	Widerstand	1997	CD	Pühses Liste / Dt. Stimme	
Staatsfeind	Chemnitz	SN	Democrazy	1998	CD	Movement Rec.	
Staatsfeind	Chemnitz	SN	Wer Wind säht...		Single	Movement Rec.	
Staatssturm	Neustrelitz	MV	Tag der Gerechtigkeit	2000	MC	Karinhall Tonträger Prod.	
Stahlgewitter	Meppen / Berlin	NI / BE	Das eiserne Gebet	1996	CD	Freie Meinung Göttingen	31.12.99
Stahlgewitter	Meppen Berlin	NI / BE	Germania	1998	CD		30.06.99
Stahlkroiz			Ü-Raum-Tape 9/91	1991	MC	Eigenproduktion	30.06.94
Stahlkroiz			Der Kampf geht weiter...	1996	MCD	Skull Rec.	
Stahlkroiz			Der Kampf geht weiter...	1997	MCD	Skull Rec. / Rock-O-Rama	
Standarte[146]			White Beat	1991	DemoMC	Eigenproduktion	31.03.93
Standarte			Alibaba		CD		
Standarte			Demo 3		DemoMC	Eigenproduktion	30.06.94
Standarte			Skinheads		DemoMC	Aryan Tape Service	29.04.95
Standarte			White Techno Traxx		MC	V D Publishing Corp.	31.10.97
Standarte			10 kleine Negerlein. White Technobeat Vol. 1	1995	CD	DDV	
Standarte			Deutschland den Deutschen.		CD		16.04.98*
			White Technobeat Vol. 2				
Standarte			Stimme der Nation!	1998	CD	V4 Produktion / Mjölnir Versand	
Standarte			Best Of Standarte	1999	2CD		
Standrecht	Magdeburg	ST			CD		
Starkstrom[147]	Düsseldorf	NW	Alte Zeiten	1996	CD	B.H. Rec./Rock.	
Starkstrom	Düsseldorf	NW	Stahl im Herzen	1997	CD	Hanse Rec.	
Störalarm			Das Feuer brennt	1997	CD	Terror Rec. /[148] Vincente Dir.	

Band	Ort	Bundesland	Titel der Produktion	Jahr	Format	Label/Vertrieb	Indiziert/ verboten am
Störalarm			Wo ist die Freiheit?	1999	CD		
Störkraft	Andernach	NW	Söldner		DemoMC	Eigenproduktion	
Störkraft	Andernach	NW	Dreckig, kahl und hundsgemein	1989	LP	Rock-O-Rama	31.10.92/ 02.09.93*
Störkraft	Andernach	NW	Dreckig, kahl und hundsgemein	1990	CD	Rock-O-Rama	31.10.92/ 02.09.93*
Störkraft	Andernach	NW	Live! 1991	1991	LP / CD	Rock-O-Rama	28.11.92
Störkraft	Andernach	NW	Mann für Mann	1991	LP / CD	Rock-O-Rama	31.10.92/ 06.07.94*
Störkraft	Andernach	NW	Mordbrenner - Ihr gehört nicht zu uns!	1993	MCD	Rock-O-Rama	
Störkraft	Andernach	NW	Unter Froinden[149]	1993	CD	Bootleg	30.08.97
Störkraft	Andernach	NW	Das waren noch Zeiten[150]	1996	CD	NS Rec.	29.08.98/ 16.04.98*
Störkraft	Andernach	NW	Bier, Wein, Weiber und Gesang	1996	MCD	ST / Rock-O-Rama	
Störkraft	Andernach	NW	Gib niemals auf	1996	MCD	ST / Rock-O.	
Störkraft	Andernach	NW	Skinhead Girl	1996	MCD	ST / Rock-O.	
Störkraft	Andernach	NW	Wir sind wieder da	1996	MCD	ST / Rock-O.	
Störkraft	Andernach	NW	Deutschlands Könige[151]	1996	CD		
Störkraft	Andernach	NW	Wickinger[152]	1996	CD	AL / Rock-O.	
Störkraft	Andernach	NW	Wickinger[153]	1996	CD	KR / Rock-O.	
Störkraft	Andernach	NW	Gib niemals auf[154]	1996	CD	Rock-O-Rama	
Störkraft	Andernach	NW	The Best Of	1997	CD		
Störkraft	Andernach	NW	Die Rache sei Dein...	1998	CD	IND-Rec./Rock-O.	
Störkraft	Andernach	NW	Steh auf...	1998	CD	IND-Rec./Rock-O	
Störkraft	Andernach	NW	Wir sind die Kraft	2000	CD	KR / Rock-O.	
Störkraft Solo[155]	Andernach	NW	Jörg & die Bagaluten	1999	CD	AL / Rock-O.	
Stormkings	Offenbach	HE	Der Götter bester Krieger	1996	CD	AZE Rec. / Funny Sounds	
Störstufe[156]	Andernach / Bremen	NW / HB	Parole Spass	1990	Single	Street Rock'n'Roll / Rock-O-Rama	30.06.93
Strike Back			Gelobt sei, was hart macht	2000	CD	Hagal Rec.	
Stuka	Gladbeck	NW	Zeit zu handeln	1991	DemoMC	Eigenproduktion	
Stuka	Gladbeck	NW	Zeit zu handeln	1992	LP / CD	Skull Rec.	27.02.93/ 30.08.94*
Stuka	Gladbeck	NW	48 Minuten unter Alkohol / Ü-Raum Tape		DemoMC	Eigenproduktion	
Stuka Attackev[157]	Gelsenkirchen / GB	NW / GB	Sieg oder Tod	2000	CD		
Stürenburg, Holger[158]	München	BY	Return to Wackersdorf	1996	CD	Manfred Rouhs	
Sturm und Drang	Senftenberg	BB	Sturm und Drang kommt über euch	1999	CD	Pühses Liste / Dt. Stimme	

Band	Ort	Bundesland	Titel der Produktion	Jahr	Format	Label/Vertrieb	Indiziert/ verboten am
Sturmbrigade	Bremen	HB	Ewige Treue	1998	CD	UN-Rec. / Rock-O-Rama	
Sturmbrigade	Bremen	HB	Clockwork Party	1999	CD	B.H. Rec./Rock-O.	
Sturmbrigade	Bremen	HB	Kinder des Zorns	2000	CD	Rock-O-Rama	
Sturmbrigade	Bremen	HB	Sie starben für's Vaterland	2001	CD	Rock-O-Rama	
Sturmflagge	Hohenbrunn	BY	Der Endsieg wird unser sein		DemoMC	Eigenvertrieb	28.02.95
Sturmflagge	Hohenbrunn	BY	Ein Spitzenfest		DemoMC	Eigenvertrieb	28.02.95
Sturmflagge	Hohenbrunn	BY	Fremd im eigenen Land		DemoMC	Eigenvertrieb	28.02.95
Sturmflagge	Hohenbrunn	BY	Demo 93 - Wir woll'n Spaß	1993	DemoMC	Eigenvertrieb	28.02.95
Sturmflagge	Hohenbrunn	BY	Im Zeichen des Blutes	1995	CD	Vincente Dir.	
Sturmflagge	Hohenbrunn	BY	Im Zeichen des Blutes (neue Version)	1995	CD	Vincente Directori	
Sturmflagge	Hohenbrunn	BY	Eine Frage der Ehre		CD	Vincente Dir.	
Sturmfront			Sturmfront	1999	CD		
Sturmgesang[159]	Wuppertal	NW	Feuer der Reinheit	1993	CD	Skull Rec.	30.11.94
Sturmgesang	Wuppertal	NW	Erschaffen im Sturm	1994	CD	Fireline Rec.	
Sturmgesang	Wuppertal	NW	Apokalypse	1995	CD	Fireline Rec.	
Sturmgesang	Wuppertal	NW	Mein letzter Sturmgesang	1996	CD	Funny Sounds	
Sturmgesang	Wuppertal	NW	Brecht euer Schweigen	1997	CD	Funny Sounds	
Sturmgesang	Wuppertal	NW	Apokalypse	1998	CD	Skull Rec. / Rock-O-Rama	
Sturmgesang	Wuppertal	NW	Kameraden	1998	CD	Skull Rec. / Rock-O-Rama	
Sturmtrupp	Neuburg	BY	Demo 1988	1988	DemoMC	Eigenproduktion	
Sturmtrupp	Neuburg	BY	Demo 1989	1989	DemoMC	Eigenproduktion	
Sturmtrupp	Neuburg	BY	Es geht voran	1992	CD	Rock-O-Rama	30.04.93
Sturmtrupp	Neuburg	BY	Kraft und Einigkeit	1993	CD	Rock-O-Rama	
Sturmtrupp	Neuburg	BY	Bis in alle Ewigkeit[160]	1994	CD	B.H. Rec./Rock-O.	
Sturmtrupp	Neuburg	BY	Die alten Zeiten	1996	CD	Vincente Dir.	
Sturmtrupp	Neuburg	BY	Die letzten Patrioten	1998	CD	Hanse Rec.	
Sturmwehr	Gelsenkirchen[161]	NW	Zerschlag Deine Ketten	1995	CD	Doktor Rec. / Funny Sounds	
Sturmwehr	Gelsenkirchen	NW	Donnergott	1996	CD	Doktor Rec. / Funny Sounds	
Sturmwehr	Gelsenkirchen	NW	Nordland[162]	1996	CD	Doktor Rec. / Funny Sounds	
Sturmwehr	Gelsenkirchen	NW	Stimme unserer Ahnen	1996	CD	Funny Sounds	
Sturmwehr	Gelsenkirchen	NW	Bataillone des Sieges / Battaillons Of Victory	1997	CD	Destiny Rec. / Funny Sounds	
Sturmwehr	Gelsenkirchen	NW	Nordisches Blut	1997	CD		

Band	Ort	Bundesland	Titel der Produktion	Jahr	Format	Label/Vertrieb	Indiziert/ verboten am
Sturmwehr	Gelsenkirchen	NW	Bis zum Ende / Till The End	1998	CD	B.H. Rec. / Rock-O-Rama	
Sturmwehr	Gelsenkirchen	NW	Der große Zapfenstreich[163]	1998	CD	Funny Sounds	
Sturmwehr	Gelsenkirchen	NW	Deutschland	1998	CD	B.H. Rec. / Rock-O-Rama	
Sturmwehr	Gelsenkirchen	NW	Es geht voran	1998	CD	IND-Rec./Rock-O.	
Sturmwehr	Gelsenkirchen	NW	Triumphzug[164]	1998	CD	Funny Sounds	
Sturmwehr	Gelsenkirchen	NW	Kohle und Stahl	1999	CD	SW / Funny Sou.	
Sturmwehr	Gelsenkirchen	NW	Tief in meinem Herzen	2000	CD	Rock-O-Rama	
Sturmwehr	Gelsenkirchen	NW	Zerschlagt den Terror[165]	2000	CD	Ohrwurm Rec.	
Sturmwehr	Gelsenkirchen	NW	Einigkeit und Recht und Freiheit	2001	CD		
Sturmwehr	Gelsenkirchen	NW	Totaler Widerstand	2001	CD	Funny Sounds	
Sturmwehr	Gelsenkirchen	NW	Zerschlagt den Terror	2001	Pic-LP	Ohrwurm Rec.	
Sturmwehr	Gelsenkirchen	NW	In Treue zu Dir	2001	CD	Ohrwurm Rec.	
Sturmwehr	Gelsenkirchen	NW	Musik im Zeichen des Thor		MCD		
SUD[166]	Senftenberg	Bb	Ende der Tage	1999	CD	Foier Frei!-Rec.	
Südsturm		TH	Südsturm	1998	CD		
Südsturm		TH	Weißes Bataillon	1999	CD	Pühses Liste / Dt. Stimme	
Terror 99			Irgendwann ist es zu spät	1999	CD	B.H. Rec./Rock-O.	
Time To Time			Zehn kleine Negerlein	1991	MCD	EMI Electrola	16.04.98
Thors Hammer	Karlsruhe	BW	Schlag auf Schlag	1995	CD	Funny Sounds	
Thors Hammer	Karlsruhe	BW	Hools und Skins gegen links	1996	MCD	Funny Sounds	
Thorshammer[167]			Keep Up The Fight	1997	CD	Movement Rec.	
Todesschwadron D.F.E.			Bullenschwein		CD	DFE	31.10.97/ 16.04.98*
Todesstrafe			Skinhead Stolz	1997	CD	Doktor Rec. /	
						Funny Sounds	
Toitonen[168]	Leipzig	SN	Walhalla	1994	CD	ESV Rec.	
Tollwut	Meerane	SN	Der Alptraum beginnt!	1994	CD	Funny Sounds	
Tollwut	Meerane	SN	Volume II	1997	CD	B.H. Rec. / Rock-O-Rama	
Tollwut	Meerane	SN	Wahrheit oder Lüge?	1999	CD	B.H. Rec./Rock-O.	
Tollwut / Rheinwacht	Meerane / Düsseldorf	SN / NW	Trunkenbolde	1995	MCD	Funny Sounds	
Tonstörung	Mannheim	BW	Schöne Welt	1990	DemoMC	Eigenproduktion	
Tonstörung	Mannheim	BW	Schöne Welt	1991	LP / CD	Walzwerk Rec.	27.02.93
Tonstörung	Mannheim	BW	Deutsche Musik 1992[169]	1992	DemoMC	Eigenvertrieb	29.05.93
Tonstörung	Mannheim	BW	Deutsche, marschiert wider den undeutschen Geist	1992	DemoMC	Eigenvertrieb	

Band	Ort	Bundesland	Titel der Produktion	Jahr	Format	Label/Vertrieb	Indiziert/ verboten am
Tonstörung	Mannheim	BW	Gib niemals auf![170]	1993	MLP	ESV	
Tonstörung	Mannheim	BW	Der Kampf geht weiter	1997	CD		31.07.98
Tonstörung	Mannheim	BW	Helden für Deutschland!	1997	CD	Wiking Tonträger-versand	05.11.98*
Tonstörung	Mannheim	BW	Schöne Welt[171]	1997	CD		27.02.93/ 23.05.95
Tonstörung	Mannheim	BW	Nordland erwache!	2000	CD	Wotan Rec.	
Tonstörung	Mannheim	BW	Best Of Tonstörung	1999	2CD		
Tonstörung / Werwolf	Mannheim / Gütersloh	BW /NW	Live!	1998	CD	NS Rec.	29.08.98
Trabireiter	Erfurt	TH	Rock against Opelgang	1995	EP / CD	Dim Rec.	
Trabireiter[172]	Erfurt	TH	Die letzten Asphalt-cowboys	1996	CD	Dim Rec.	
Trabireiter	Erfurt	TH	Emotions	1998	CD	Walzwerk Rec.	
Triebtäter	Mutlangen	BW	Demo-Tape	1992	DemoMC	Eigenproduktion	31.07.93
Triebtäter	Mutlangen	BW	Vergeltung	1994	CD	ESV Rec.	
Triebtäter	Mutlangen	BW	Zeichen der Zeit	1995	CD	V 88 Rec.	
Triebtäter	Mutlangen	BW	Hunde des Krieges	1997	CD	G.B.F. Rec.	
Triebtäter	Mutlangen	BW	Zeichen der Zeit	1998	CD	Rock-O-Rama	
Triebtäter	Mutlangen	BW	Triebtäter		CD		
Trotz der Lüge[173]	Berlin	BE	Vertonte Gedichte	1996	CD	Manfred Rouhs	
Trotz der Lüge	Berlin	BE	Am Grabe von Theodor Körner	1997	CD	Manfred Rouhs	
Trotz der Lüge	Berlin	BE	Verbotene Gedichte	1998	CD	Manfred Rouhs	
Ultima Ratio[174]	Stuttgart	BW	Willkommen in Deutschland	1997	CD	G.B.F. Rec.	31.03.00
Unbending Bootboys	Potsdam	BB	Ü-Raum Tape	1998	DemoMC	Eigenproduktion	
United Blood[175]	Wuppertal	NW	Road To Victory	2000	CD	Hate Rec.	
Utgard	Wurzen	SN	Rad der Zeit	2000	CD	White Division Rec.	
Utgard / Selbststeller	Wurzen /	SN	Hinterhof Rock'n'Roll	2001			
Veit[176]		TH	Ein Stück Freiheit	1997	CD	VBR	
Veit		TH	In eine neue Zeit	1997	CD	VBR	
Veit		TH	Das ist noch nicht das Ende	1998	CD	Pühses Liste / Dt. Stimme	
Volksaufstand	Delmenhorst	NI	Demo-Tape 1991	1992	DemoMC	Eigenproduktion	
Volksaufstand[177]	Düsseldorf	NW	Der Sieg ist unser	1995	CD	AZE Rec. / Funny Sounds	
Volksgemurmel / Endstufe	Bremen	HB	Allzeit bereit	1991	LP / CD	Rock-O-Rama	06.07.94*

Band	Ort	Bundesland	Titel der Produktion	Jahr	Format	Label/Vertrieb	Indiziert/ verboten am
Volksgemurmel / Endstufe	Bremen	HB	Wir kriegen euch alle[178]	1999	CD	Rock-O-Rama	
Volkstroi[179]	Fürstenwalde	BB	Volkstroi	1998	CD	GvB-Produktion	
Volkstroi	Fürstenwalde	BB	Gehaßt und verdammt	1999	CD	Rock-O-Rama	31.10.00
Volkstroi	Fürstenwalde	BB	Euer Hass ist unsere Kraft		CD	M.M.	29.05.99
Volkstroie[180]	Düsseldorf	NW	Die Flut	1989	DemoMC	Eigenproduktion	
Volksverhetzer	Sonneberg	TH	Unsere Einigkeit macht uns zur Macht[181]	1997	CD	VBR-Verlag	29.05.99/ *182
Volkszorn	Bruchsal	BW	Blut und Ehre 1989	1990	DemoMC	Eigenproduktion / Andreas Gängel	29.05.93
Volkszorn	Bruchsal	BW	Alles für Deutschland	1994	CD	Clockwork Rec.	29.04.95/ 13.01.98*
Volkszorn	Bruchsal	BW	Im Namen des Volkes	1995	CD	WCR / Clockwork Rec.	30.03.96/ 13.01.98*
Volkszorn	Bruchsal	BW	Blut und Ehre	1997	CD	VZ Rec.	30.09.00
Volkszorn	Bruchsal	BW	The Best Of Volkszorn. Vol.1 & 2	1999	2CD		
Volkszorn	Bruchsal	BW	Skinheads	2000	CD	Wotan Rec.	
Volkszorn	Bruchsal	BW	Die Gedanken sind frei	2001	CD		
Volkszorn	Bruchsal	BW	Ali		DemoMC	Eigenproduktion	
Volkszorn /[183] Kruppstahl	Bruchsal	BW	Deutschland erwache	1996	CD	Charlemagne Rec.	31.03.98
Volkszorn / Steel-capped Strength[184]	Bruchsal	BW	Swedish-German 1996 Friendship	CD			
Voll die Guten	Oberhausen	NW	Demo-Tape	1992	CD	Eigenproduktion	30.04.94
Vollstrecker, Die[185]	Düsseldorf	NW	Götterdämmerung	1995	CD	Vincente Dir.	
Vollstrecker, Die	Düsseldorf	NW	Symphonie des Untergangs	1998	CD	Commando Rec.	
Vortex	Hameln	NW	Gladiator	1985	LP	Rock-O-Rama	
Vortex	Hameln	NW	Laut und lustig	1987	LP	Rock-O-Rama	
Vortex	Hameln	NW	Gladiator / Laut & lustig	1991	CD	Rock-O-Rama	
Vortex	Hameln	NW	Gladiator / Laut & lustig	1996	CD	AL / Rock-O-Rama	
Wahre Lühgen[186]			...Amok...Amok...Amok...	1997	CD	GMA	
Wahre Pracht, Die[187]	Oer-Erkenschwick	NW	Happy Weekend D.W.P.	1992	DemoMC	Eigenproduktion	30.06.94
Walhalla	Berlin	B	Höllenmarsch	1998	CD	Walhalla Rec. / Rock-O-Rama	
Walhalla	Berlin	B	Demo-Tape		DemoMC	Eigenproduktion	31.12.94
Wallküren[188]			Unter einer Fahne	1996	MCD	Funny Sounds	
Wanderjugend Gibor			Jugend voran	1999	CD	Gibor	

Band	Ort	Bundesland	Titel der Produktion	Jahr	Format	Label/Vertrieb	Indiziert/ verboten am
WAW[189]			Lieder zum Mitsingen		MC	Eigenproduktion	31.12.94/ 13.01.98*
WAW			Lieder zum Mitsingen		CD	Clockwork Rec.	31.12.94/ 13.01.98*
WAW[190]			Nur vom Feinsten - Der zweite Streich	2000	CD		30.12.00
WAW-Kampfkapelle			Deutschland den Deutschen Demo-MC			Eigenproduktion	10.03.95*
WAW-Kampfkapelle			Lieder zum Mit- und Nachsingen und -spielen		CD	Bootleg	31.08.96
Wehrmacht			Wenn wir marschieren	1997	CD		
Wehrmacht			Der Untergang naht	1998	CD	Funny Sounds	
Wehrwölfe			Demo 87	1987	DemoMC	Eigenproduktion	
Weissen Riesen, Die	Riesa	SN	Todesstrafe	1997	CD	Hanse Rec.	
Weor			Augenblicke und Erinnerungen	2001	CD	Lu-Wi-Tonträger	
Werwolf	Gütersloh	NW	Vereint	1990	LP / CD	Rock-O-Rama	30.01.93
Werwolf	Gütersloh	NW	Schlachtruf	1991	LP / CD	Rock-O-Rama	
Werwolf	Gütersloh	NW	Ewige Narben	1993	CD	Rock-O-Rama	
Werwolf	Gütersloh	NW	Schlachtruf	1996	CD	AL / Rock-O-Ra.	
Werwolf	Gütersloh	NW	Herz aus Stahl	1998	CD	IND-Rec./Rock-O.	
Werwolf	Gütersloh	NW	3-Track Demo		DemoMC	Eigenproduktion	
Werwolf	Gütersloh	NW	Skinheads		DemoMC	Eigenproduktion	
Werwolf	Gütersloh	NW	The Best Of Werwolf. Vol.1 & 2	1999	2CD		
Werwolf / Tonstörung	Gütersloh / Mannheim	NW / BW	Live!	1998	CD	NS Rec.	29.08.98
Westsachsen-gesocks	Zwickau	SN	Titel zensiert	2000	CD	Hate Rec.	
White Aryan Rebels	Berlin	BE	Noten des Hasses[191]	2000	CD		28.04.01
White Voice			White Voice	2000	CD		
Widerstand			Nichts geht mehr!!!	1994	MCD	Widerstand Rec. / ESV Records	
Wilde Jungs	Hamburg	HH	Party Pur	1996	CD	Dim Rec.	
WM-Blöker[192]	Düsseldorf	NW	Weltmeister ´94	1994	CD	Funny Sounds	
Wolf[193]	Reinfeld / GB	SH / GB	Wolf	1997	CD	A.E.L. Music	
Wolfsroth		NW	Leitwolf	1997	CD	Dieter Koch	
Wolfsrudel[194]	Schwäbisch-Hall	BW	Nationaler Widerstand	1998	CD	Pühses Liste / Dt. Stimme	
Wolfsrudel	Schw-Hall	BW	Odins Zorn	1998	CD	Funny Sounds	
Wolfsrudel	Schwäbisch-Hall	BW	Dem deutschen Arbeiter / Live in Düsseldorf	2001	CD	Wotan Rec.	

Band	Ort	Bundesland	Titel der Produktion	Jahr	Format	Label/Vertrieb	Indiziert/ verboten am
Wotan	Koblenz	RP	Die letzten Helden	1992	LP / CD	Rock-O-Rama	31.03.93
Wotan	Koblenz	RP	Live 1992	1992	MC	Eigenproduktion	30.04.94
Wotan	Koblenz	RP	Stolz[195]	1998	CD	MID Rec./Rock-O.	
Wotan	Koblenz	RP	Verbannt	1998	CD	UN-Rec./Rock-O.	
Wotans Krieger			Hass & Wut		CD		
Yggdrasil[196]	Potsdam	BB	Land meiner Träume	1997	CD	Mjölnir Versand	
Zensur	Köln / Bonn	NW	Für Deutschland sterben	1996	MCD	Funny Sounds	
Zensur	Köln / Bonn	NW	Wir sind dagegen	1996	CD	Funny Sounds	19.10.98*
Zensur	Köln / Bonn	NW	Aufruf zur Revolte	1997	CD	Manfred Rouhs	
Zensur	Köln / Bonn	NW	Politiker auf Kneipentour	1998	CD	Funny Sounds	19.10.98*
Zerrbild[197]	Berlin	BE	Zerrbild	1997	MCD	Skull Rec. / Rock-O-Rama	
Zerstörer	Lübeck	SH	Wem die Stunde schlägt	1995	CD	Vincente Dir.	
Zerstörer	Lübeck	SH	Kommt Zeit, kommt Rat	1997	CD	B.H. Rec. / Rock-O-Rama	
Zerstörer	Lübeck	SH	Nahrung für den Geist	1998	CD	B.H. Rec./Rock-O.	
Zerstörer	Lübeck	SH	Bis zum letzten Mann	1999	CD	B.H. Rec./Rock-O	
Zillertaler[198] Türkenjäger, Die	Meppen	NI	12 Doitsche Stimmungshits	1997	CD	Clockwork Rec.	31.07.97/ 13.01.98*
Zorn	Velbert	NW	Triumph des Willens	1998	CD	Funny Sounds	
Zyklon B		NW	Kanakenkiller	1996	CD	NS Rec.	29.08.98
Zyklon X	Düsseldorf	NW	Tod und Leben	1999	CD	Trashback Rec.	

Anmerkungen:

1 Ein reines Balladenalbum.
2 Ein reines Balladenalbum.
3 Projekt von Sturmwehr- und Rheinwacht-Musikern.
4 Identisch mit Ostseefront.
5 Auf eigene Gefahr, teilweise identisch mit Kroizfoier / Kreuzfeuer.
6 Alkoholisierte Lebenskünstler, ein Projekt aus Freikorps-, Ex-Endstufe-, und Boots Brothers-Musikern.
7 NPD-Liedermacherin.
8 Ein Nebenprojekt von 08/15.
9 Pseudonym von Daniel Eggers.
10 Sic!
11 Projekt des Sängers der Proissenheads.
12 White Law (GB)
13 Nebenband von Kai Stüwe (Freikorps).
14 Zum Teil identisch mit Sturmtrupp.
15 Solo-Projekt des Tonstörung-Sängers Thomas Muncke.
16 Projekt aus Musikern von Aufbruch und Gegenwind.
17 Ehemals Lynchjustiz.
18 Ein weiteres Projekt von Steve Bramekamp (Entwarnung / Kraftschlag / Siegeszug).
19 REPublikaner-Liedermacher.
20 Warhammer (GB)

21 Alternativveröffentlichung im Digipack.

22 Neue Version.

23 Die Gruppe wurde aufgrund ihrer Indizierung in diese Liste aufgenommen, da sie bis heute in den Veröffentlichungen der BPS und Medienberichten als „rechtsradikal" genannt wird. Der Autor hält diese Einschätzung für falsch. In der Entscheidung der Bundesprüfstelle für jugendgefährdende Schriften vom 1. April 1993 zur Indizierung der LP „Tätowiert und Kahlgeschoren" – beispielhaft für zahlreiche Entscheidungen jener Jahre und deshalb im folgenden ausführlicher zitiert – wird festgestellt, eine Reihe der Lieder sei „geeignet, Fehlorientierung bei Kindern und Jugendlichen hervorzurufen. So zum Beispiel die Lieder Englandkult, Starkbier, Working Class, Tätowiert und Kahlgeschoren und Skinheads, die ganz allgemein das Skinhead-Dasein, die von der Skinheadszene ins Auge gefaßten Ideale und Ziele sowie deren Lebensstil, nämlich das Alkoholtrinken, im Übermaß verherrlichen. Die Botschaft der Lieder: Wer zur Skinhead-Gemeinschaft gehört, darf sich glücklich schätzen, denn er steht auf der richtigen Seite in Deutschland. Zwar enthält keines der Lieder einen ausdrücklichen Aufruf zur Gewaltanwendung, doch weisen diese Lieder auf Gemeinsamkeiten aller Skinhead-Kulturen hin und preisen das Skinheadwesen – zu dem nun leider die Gewaltanwendung insbesondere gegen Ausländer häufig dazu gehört – in so verallgemeinernden Art, daß jedenfalls nicht gesagt werden kann, daß die Gruppe ‚Body Checks' auf gewaltfreie oder gewaltarme Weise hehre Motive verfolge. So zeigt z.B. das Lied Englandkult die Wurzeln des Skinheadtums auf, war und ist doch England das Stammland des ‚White Power-Gedankens', der von zahlreichen englischen Skins in extrem rassistischen, antisemitischen und sonst sich gegen Andersdenkende richtenden Hard-Rock-Gesängen verarbeitet wurde. Nach Auffassung der Bundesprüfstelle sind nicht nur solche Lieder jugendgefährdend, die unverhohlen zu Anwendung von Gewalt gegen Menschen aufrufen, wie dies bei dem Lied Hey Punk der Fall ist. Zu Fehlorientierungen bei Minderjährigen können auch solche Lieder führen, die die Gemeinschaft der Skinheads und die damit einhergehenden Zielsetzungen verherrlichen, auch wenn diese Zielsetzung wie Rassendenken, Ausländervertreibung und Durchsetzung sonstiger skinheadspezifischer Interessen mittels Gewalt nicht ausdrücklich genannt sind. Denn schon die Glorifizierung der Skinheadgemeinschaft als eine Art Kultur der zwar mißverstandenen, aber doch ‚besseren' Deutschen birgt die Gefahr in sich, daß Minderjährige, die sich ohne Halt in der Gesellschaft wähnen, sich von solchen Gruppierungen angezogen fühlen:" So genügt letztlich allein das Bekenntnis zur Skinheadszene – die von der BPS aufgrund mangelnden Wissens und eigener Vorurteile pauschalisierend als „rechtsradikal", „rassistisch" etc. eingeordnet wird – zur Stigmatisierung einer Band als „jugendgefährdend.

24 Dieser illegal hergestellte Tonträger, der alle Titel der bereits 1986 indizierten und beschlagnahmten Originalpressung sowie die ersten Demos der Band enthielt wurde ebenfalls indiziert.

25 Mitschnitt eines Konzertes am 6. Mai 1989 in Offenbach.

26 Demo-Aufnahmen aus den Jahren 1982 - 84.

27 Diese Aufnahme wurde von einem anderen Bootlegger (Bonk) unter dem Titel Zäh wie Leder, hart wie Kruppstahl nach gepresst.

28 Nebenprojekt von Steve Bramekamp (Entwarnung / Kraftschlag / Siegeszug).

29 Unter Beteiligung eines ehemaligen Mitgliedes der Band Noie Werte.

30 Nebenprojekt von Rohstoff-Musikern.

31 Die Band wurde aufgrund ihrer Indizierung in diese Liste aufgenommen, da sie bis heute in den Veröffentlichungen der BPS und Medienberichten als „rechtsradikal" genannt wird. Der Autor hält diese Einschätzung für falsch.

32 Ein Skinhead als Liedermacher.

33 In einer in dem Fanzine Nationaler Beobachter (Ausgabe 15/16, 1999) veröffentlichten Rezension des Albums wird fest gestellt, daß die beteiligten Musiker aus dem Umfeld von Kraftschlag kommen.

34 Früher: Doitsche Patrioten.

35 CD-Kompilation der beiden Doitsche-Patrioten-Demos.

36 Ab 1996: Deutsche Patrioten.

37 Ein Projekt von Musikern der Band Sturmwehr, des Sängers von Brutal Attack (GB) und des Sängers von Celtic Warrior (GB).

38 Ehemals Elbsturm.

39 Ab 1994: Sturmgesang.

40 DST: Deutsch-Stolz-Treu.

41 (Solo-)Nachfolgeprojekt des Sturmflagge-Texters und -Sängers Christian Groß.

42 Der im Sommer 2001 durch Freitod aus dem Leben geschiedene Liedermacher war unüberhörbar ein großer Fan von Frank Rennicke.

43 Ein Projekt der seinerzeitigen Herausgeber des Musikmagazins Rock Nord, Torsten Lemmer und Andreas Zehnsdorf.

44 Pseudonym der Band Volkszorn.
45 Weitgehend identisch mit dem „Allibarbar-Remix“; siehe auch Standarte.
46 Die Lieder 1 - 7 stammen von dem indizierten Album „Der Clou“, die anderen Songs sind Singletracks und Demo-Versionen.
47 Wiederveröffentlichung des Albums „Raritäten 1983 - 94“.
48 Wiederveröffentlichung des indizierten Albums „Allzeit bereit“ abzüglich eines Songs.
49 Ehemals Ultradoitsch.
50 Prjekt von Kai Stüwe (Freikorps und Asgard).
51 Storm (Schweden).
52 Ein Bandprojekt unter weiblicher Beteiligung.
53 Pseudonym von Oithanasie und Bomber.
54 Eine musikalische Koproduktion von Mitgliedern der Band Noie Werte, Stigger (GB; früherer Gitarrist bei Skrewdriver), Ken McLellan (GB; Sänger von Brutal Attack) und einem Musiker der britischen Band Squadron.
55 Die zweite Produktion: Steffen Hammer (Noie Werte), Sid Atkinson, Adrian Tarquinio und Scott McGuines (Fortress), Nigel Brown (No Remorse / Ravens Wing).
56 Ein Projekt von Mitgliedern der Bands Endstufe, Fortress (Australien) und Bound For Glory (USA).
57 JN-Funktionär und Liedermacher.
58 Eine frühe Aufnahme von Ingo Halberstadt alias René Heizer
59 Ehemals Bollwerk.
60 Blood&Honour-Vorzeigeband.
61 Razors Edge (GB)
62 „Obwohl René schon seine Vierte auf den ahnungslosen Konsumenten losläßt, ist sie nicht viel besser als schon der erste Versuch, eine Art Maffay von rechts zu imitieren. Der Gesang ist in etwa so melodisch wie das Tür-zu-Signal in der S-Bahn nach Köln-Kalk“ (CD-Kritik in Rock Nord Nr. 29/30). Zu René Heizer siehe auch Ingo Halberstadt.
63 Ein-Mann-Projekt (Markus R.) plus Foierstoss-Support.
64 Liedermacher-Duo.
65 Ehemals Wolfsrudel.
66 Nebenbandprojekt von Kai Stüwe (Freikorps).
67 Nebenbandprojekt von Kai Stüwe (Freikorps)
68 Projekt des Sängers von Noie Zeit, Frank Born.
69 Diese Produktion entstand nach Angaben des Fanzines Foier Frei (Ausgabe 11, 1997) unter Mitarbeit von Gigi, des Sängers von Saccara.
70 Eine Gag-Produktion, die ausschließlich von einer Gast-Sängerin interpretierte Versionen alter Schlager (Kann denn Liebe Sünde sein, Lili Marlene, Mein kleiner grüner Kaktus usw.) enthält.
71 Dieser Tonträger wurde von Marcus Hüther (Sturmgesang) produziert.
72 Der Name der Band bezieht sich auf die von Ordnungshütern als besonders gewaltbereit eingestufte Gruppe von Fußballfans.
73 Siehe auch Kraft durch Froide.
74 Ein deutsch-holländisches Projekt.
75 Projekt von Curly (Kahlkopf) und Gigi (Saccara).
76 Projekt von Jens B. (Sturmwehr).
77 Projekt des früheren Sängers von Märtyrer.
78 Solo-Produktion des Schlagzeugers von Rheinwacht.
79 Ursprünglich unter dem Titel Deutsche Musik verbreitet.
80 Wie auch bei der von Skull/ESV gemeinsam veröffentlichten CD handelt es sich hierbei um Studioaufnahmen von 1986.
81 Autorisierte Neuveröffentlichung alten Materials der bereits 1987 aufgelösten und erst im Jahr 2000 reformierten Band.
82 Erste Neuveröffentlichung des verbotenen Tonträgers gleichen Namens mit anderem Cover.
83 Zweite Neuveröffentlichung des verbotenen Tonträgers gleichen Namens mit wieder einem anderen Cover.
84 Von der Band nicht autorisiertes Material, im selben Jahr von dieser als Eigenproduktion veröffentlicht.
85 Mistreat (Finnland).
86 Der Sänger Jens Arpe und Musiker von Odins Ängler (Schweden).
87 Die zweite Produktion: Der Sänger Jens Arpe und Musiker von Odins Ängler (Schweden).
88 Storm (Schweden).
89 Früher Kreuzfeuer.
90 Die zweite Auflage dieses Tonträgers wurde 1993 unter dem Titel Kroizfeuer veröffentlicht; nach der Indizierung ohne den ersten Song

unter anderem Titel neu aufgelegt.
91 CD-Wiederveröffentlichung der ersten Demo-Aufnahmen beider Bands.
92 CD-Bootleg des o.g. Demo-Tapes abzüglich der letzten fünf Songs.
93 Beschlagnahmebeschluß des AG Berlin-Tiergarten und des AG Eilenburg ohne Datum.
94 CD-Bootleg des o.g. Demo-Tapes mit allen Songs.
95 Im Vertrieb von Panzerfaust Records (USA).
96 Projekt der Musiker von Legion Ost ohne ihren Sänger.
97 Eine Gratis-CD zu Wahlkampfzwecken.
98 Diese Produktion wurde hier ausschließlich aufgrund ihrer Indizierung aufgenommen. Weder die Band noch das Label sind rechtsextrem ausgerichtet.
99 Neues Cover.
100 Kommando (Australien).
101 Neues Cover.
102 Projekt von Jens Brandt (Endstufe) und Musikern von Boots Brothers, Nordlicht und Froidenspender.
103 Ein Solo-Projekt des Gitarristen von Notwehr, Balladen.
104 Ein Skinhead, der sich als Liedermacher versucht.
105 Von I.S.D. Records mit anderem Coverartwork wiederveröffentlicht (dieses zeigt eine Stadtstudie des als Maler weitgehend unbekannt gebliebenen Österreichers Adolf Hitler).
106 Kolovrat (Rußland)
107 Diese Produktion (an der als festes Mitglied von Skrewdriver nur der Gitarrist Stigger beteiligt war) ist die erste ihrer Art gewesen.
108 Ehemals Lynchjustiz; zum Teil mit Boots Brothers identisch.
109 Ehemals Odins Erben / Volkszorn.
110 Alte Songs neu aufgenommen.
111 Identisch mit Oi Dramz.
112 Ehemals ESV-Records.
113 Ehemals Volkszorn, später Nordwind.
114 Oberste Heeresleitung; die Gruppe wurde aufgrund ihrer Indizierung in diese Liste aufgenommen, da sie bis heute in den Veröffentlichungen der BPS und Medienberichten als „rechtsradikal" genannt wird. Der Autor hält diese Einschätzung für falsch.
115 Originaltitel: Negerdreck Ü-Raum-Tape, im Eigenvertrieb zunächst mit 12 Liedern, in der Version von Rock-O-Rama mit 8 Liedern.
116 Die Rock-O-Rama-Version des o.g. Tapes. Das einst titelgebende Lied Negerdreck wird hier nur noch N.D. genannt und instrumental dargeboten.
117 Mit Kai Stüwe von Freikorps.
118 Ehemals A.d.F.
119 Projekt von Nahkampf und Patriotic Bois.
120 Ein Projekt von Hauptkampflinie-Musikern.
121 Diese CD existiert in zwei Versionen: Die erste Version kam nach Angaben im Fanzine Bembelsturm (Ausgabe 8, 1999) vom mittlerweile nicht mehr existierenden Nibelungen Versand, sah „eindeutig besser und radikaler aus" und enthielt im Booklet alle Texte.
122 Identisch mit dem gleichnamigen Demo-Tape abzüglich des ersten Songs (Hakenkreuz).
123 Nach einem in dem Fanzine Angriff (Ausgabe 2, 1993) veröffentlichten und im Schweizer Fanzine Totenkopf (Ausgabe 5, 1992) nachgedruckten und kommentierten Interview mit der Band ist dieser Tonträger zwar bei Rock-O-Rama erschienen, aus unbekanntem Grunde jedoch nicht in den Handel gelangt.
124 Aufnahme von 1991/1992.
125 Eingespielt von dem Radikahl-Sänger mit Musikern von Volkstroi.
126 Neuveröffentlichung der Wach auf! minus ein Titel.
127 Demo-Tape mit drei Titeln.
128 Deutschlands erste „Rechtsrock"-Band.
129 Liedermacher.
130 Diese Sonderauflagen sind limitierte und abgeänderte Versionen seiner indizierten Tonträger.
131 Neu eingespielte, zum Teil textlich leicht veränderte Versionen.
132 Projekt von Freikorps und Oi Dramz.

133 Nach Angaben von Rock Nord (Ausgabe 70/71, 2001) handelt es vermutlich nicht um Rollkommando aus Leverkusen.
134 Ein Projekt von Kraftschlag im Electro-Metal-Stil.
135 Rockabilly.
136 Nebenprojekt / Pseudonym von Daniel Eggers.
137 Nach einem für die aktuelle Liste des Nibelungen Versandes (1998) geführten Interview mit Macht und Ehre sind diese mit Schwarzer Orden identisch.
138 S.E.K.: Skinhead Einsatz Kommando.
139 Ehemals Oi Dramz.
140 Ein Projekt von Steve Bramekamp (Gitarrist von Kraftschlag und Entwarnung) und Jens (Gitarrist von Sturmwehr, hier Gesang).
141 Projekt von zwei Kraftschlag-Musikern.
142 Ehemals Volksempfänger.
143 1993 mit anderem Cover neu aufgelegt.
144 Soloprojekt eines Mitgliedes der Berliner Band Spreegeschwader.
145 Storm (Schweden)
146 Alle drei frühen Demo-Tapes und zwei Albenenthalten das Lied Allibarbar Remix bzw. Kanakensong (vgl. Endsieg) und weitere gemeinsame Titel.
147 Band des Ex-Störkraft-Security Rasche; nicht identisch mit der gleichnamigen Band von 1989.
148 Nach Angaben von Rock Nord (Ausgabe 4, 1997) handelt es sich bei dieser Firma um einen Ableger von Vincente Directori.
149 CD-Bootleg mit den beiden ersten Alben.
150 Live-Mitschnitte von insgesamt sieben älteren Konzerten.
151 Promotion-CD mit dem Material der vier Mini-CDs.
152 Reguläre CD mit dem Material der vier Mini-CDs.
153 Eine nochmalige Veröffentlichung desselben Materials.
154 Eine weitere nochmalige Veröffentlichung desselben Materials.
155 Wiederveröffentlichung des Albums Das Ärgernis der 3 Bagaluten unter anderem Titel.
156 Eine Gemeinschaftsproduktion von Störkraft- und Endstufe-Musikern mit zwei Songs.
157 Projekt von Jens B. (Sturmwehr) und Billy, dem Sänger der Band Celtic Warrior (GB).
158 NPD-Liedermacher.
159 Nach juristischen Problemen (= letztlich abgewiesener Beschlagnahmeantrag wegen „Verdachts der Volksverhetzung") 1996 in einer „neuen Version" wiederveröffentlicht.
160 Wiederveröffentlichung des indizierten Albums unter anderem Titel und ohne die inkriminierten Songs.
161 Mit Rony Krämer (Rheinwacht) aus Düsseldorf am Schlagzeug.
162 Ein Balladen-Album.
163 „Best of..."-Auswahl.
164 Eine weitere „Best of..."-Auswahl.
165 Picture-LP mit sieben Titeln der gleichnamigen CD.
166 SUD: Sturm und Drang.
167 Nicht identisch mit der Karlsruher Gruppe.
168 Mitglieder von Bomber und anderen Bands.
169 Auch unter dem Titel Eiserne Garde verbreitet.
170 Neuveröffentlichung von zum Teil indizierten Aufnahmen der Jahre 1992/93 mit abgeänderten Texten.
171 Wiederveröffentlichung des indizierten Albums bei einem ausländischen Label.
172 Weitgehend identisch mit Brutale Haie.
173 Nationale Balladen.
174 Nachfolgeband von Triebtäter ohne den durch Freitod aus dem Leben geschiedenen Sänger Chris.
175 Projekt von Marcus (Sturmgesang) und Stefan (Kampfruf).
176 Liedermacher.
177 Projekt zweier Musiker von Rheinwacht (Rony und Frank Krämer); nicht identisch mit der Band aus Delmenhorst.
178 Wiederveröffentlichung von Allzeit bereit abzüglich eines Titels.
179 Unter Beteiligung zweier ehemaliger Musiker der Band Querschläger.
180 Vorläuferband von Rheinwacht von 1988 - 1990.
181 Nach Angabe des Fanzines Der gestiefelte Kater (Ausgabe 4, 1998) beinhaltet dieser Tonträger 10 Songs der Band Volksverhetzer und 6 Songs des Liedermachers Veit. Laut derselben Quelle sollen im Presswerk aufgrund einer Verwechslung der DAT-Bänder einige CDs produziert worden sein, die nun einen „Französisch-Sprachkurs" enthalten.

182 Beschlagnahmebeschluß ohne Datum.
183 CD-Wiederveröffentlichung der ersten Demo-Aufnahmen beider Bands.
184 Steelcapped Strength (Schweden)
185 Solo-Projekt von Marcus Hüther (Drom bzw. Sturmgesang).
186 Eine etwas eigenwillige Ortographie.
187 Sänger: Dieter Riefling.
188 Projekt des Foierstoss-Schlagzeugers und des Sturmwehr-Gitarristen und zweier Renees als Sängerinnen.
189 WAW: Weißer Arischer Widerstand
190 Nach Angabe des Fanzines Panzerbär (Ausgabe 2, 2000) handelt es sich bei dieser Produktion um Daniel Eggers „unter geklautem Namen".
191 Um eventuelle strafrechtliche Konsequenzen zu vermeiden wurde diese im Jahr 2000 produzierte CD auf 1995 zurückdatiert.
192 Projekt von Torsten Lemmer, Musikern von Rheinwacht (Rony und Frank Krämer) und anderen.
193 Kai Stüwe (Freikorps) und Ken McLellan (Brutal Attack).
194 Ein Liedermacher.
195 Die „entschärfte" Version des indizierten Albums Die letzten Helden.
196 Ein Liedermacher.
197 Ein Nebenprojekt von Idee Z.
198 Ein Projekt unter Beteiligung von Saccara-Musikern.

Titel der Produktion	Jahr	Format	Label/Vertrieb	Indiziert/verboten am
Blood & Honour Brandenburg	2000	CD		28.04.01
Blood & Honour Volume 3	2000	CD	I.S.D. Rec.	28.04.01
Der Angriff beginnt		CD	Lu-Wi Tonträger	28.02.01
Die Deutschen kommen[1]	1982	LP	Rock-O-Rama	29.07.95
Die Deutschen kommen		CD	Rock-O-Rama	29.07.95
Die Deutschen kommen!		CD		30.06.99 / 05.11.99x
Die Deutschen kommen 2		CD		30.12.00
Ein Festival der deutschen Musik[2]		CD		15.05.98x
Halte durch Kamerad[3]	1998	CD	NS Rec.	11.08.98x
The Heavy Metal Collection, Vol. 1		CD	Clockwork Rec.	13.01.98x
Musik fürs Vaterland.	1993	LP / CD	Skull Rec.	30.10.93
Skinhead Musik-Sampler				
Northeim Live – Vol. 1	1997	CD	NS Rec.	29.07.97x
Northeim Live – Vol. 2	1998	CD	NS Rec.	30.09.98
Northeim, 12 Jahre Terror und	1997	CD		31.07.97
Gewalt und kein Ende in Sicht				
No Surrender! Vol. 2	1986	LP	Rock-O-Rama	31.07.93
No Surrender! Vol.1 + 2	1991	CD	Rock-O-Rama	31.07.93
Now it begins – Jetzt geht's los[4]		CD	B + N Rec.	31.08.96
Rudolf Hess – Gegen das Vergessen	1997	CD	M. Kraus	30.04.98

Anmerkungen:

1 Ein Punk-Sampler mit Bands aus dem Raum Köln / Leverkusen. Diese Kompilation beinhaltete Songs der Bands *OHL, Der Fluch, Fasaga, Cotzbrocken und Stoßtrupp*.

2 Live-Aufnahmen von einem Fest in Mindelheim am 1. April 1989.

3 Mitschnitt eines von Thorsten Heise Ende November 1997 in Braunschweig organisierten Liedermacher-Konzertabends.

4 Live-Sampler mit *Kraftschlag, Radikahl, Störkraft, Final Solution* und *Bound For Glory*.

Band	Titel der Produktion	Land	Jahr	Format	Label/ Vertrieb	Indiziert/ verboten am
14 Palabras	Esperanza	Spanien	2000	CD	Guevo Selpiente / Rata-TaTaTa... Rec.	
7 Muelles	No te cortes	Spanien	2001	CD		
9eme Panzer Symphonie	Chasse á l'homme	Frankreich	1996	CD	Pit Rec.	
9eme Panzer Symphonie / Trouble Makers		Frankreich / Kanada	1999	CD	Nouvelle France Rec.	
A.C.A.B.	Ezt Nektek	Ungarn		CD		
ADL 121	Fuorilege	Italien	1994	CD		
ADL 122	L'angelo della morte	Italien	1995	CD	Tuono Rec.	
ADL 122 / Celtic Warrior / Bifrost	Live	Italien / GB / Frankreich		CD		
Agent Bulldog	Livsstil	Schweden	1994	CD	Coitus Prod.	
Agent Bulldog	Ett Tusen Glas	Schweden	1995	CD	Coitus Prod.	
Agent Bulldog	Ett Tusen Glas	Schweden	1997	CD	Dim Rec.	
Agent Bulldog	Livsstil	Schweden	1997	CD	Dim Rec.	
Aggravated Assault	It Could Happen To You	USA	1995	CD	Resistance Rec.	
Aggravated Assault	Out On Bail	USA	1998	CD	Tri-State-Terror	
Aggravated Assault / Blue Eyed Devils	Hate Crimes	USA	1996	CD	Tri-State-Terror	
Aggressive Force	Aggressive Force	USA	2000	CD	Panzerfaust Rec.	
Agrese 95	Hard Reality	Rußland		CD		
Allegiance	Don't Bother Me	USA	1989	LP	Rock-O-Rama	
Allegiance	Rough Justice	USA	1990	LP	Rock-O-Rama	
AMF	Ultr Aggressive Core	Ungarn	2000	DemoMC	Eigenproduktion	
Angry Aryans	Angry Aryans	USA	1998	CD	Tri-State-Terror	
Angry Aryans	Racially Motivated Violence	USA	1999	CD	Tri-State-Terror	
Angry Aryans	Too White For You	USA	2000	CD	Tri-State-Terror	
Anti-Heroes	Murder Ones	USA	1996	MCD	GMM-Rec.	
Archivum[1]	Tàmadàs	Ungarn	1997	CD	Movement Rec.	
Archivum	Europa fiai	Ungarn	2000	MC		
Archivum	Europa fiai	Ungarn	2000	CD	Movement Rec.	
Archivum	I'm Not Extreme... But The System	Ungarn	2001	CD		
Archivum / Vérszerzödés	Aryan Dreams	Ungarn		CD		
Arresting Officers	Patriotic Voice	USA	1989	LP	Rock-O-Rama	
Arresting Officers	Land And Heritage	USA	1990	LP	Rock-O-Rama	
Arresting Officers	Land And Heritage	USA	1991	CD	Rock-O-Rama	
Arresting Officers	Patriotic Voice	USA	1991	CD	Rock-O-Rama	
Aryan	New Storm Rising	USA	1996	CD	Resistance Rec.	
Aryan	Where Iron Eagles Fly	USA	1997	CD	Resistance Rec.	

Band	**Titel der Produktion**	**Land**	**Jahr**	**Format**	**Label/ Vertrieb**	**Indiziert/ verboten am**
Atria	D.I. Style	USA	2001	CD	Backstreetnoise	
Attacco Frontale	Leibstandarte	Italien	1999	CD	Tuono Rec.	
Attack[2]	Survival	USA	1998	CD	Hate Rec.	
Attack	We Must...	USA	1999	CD	Micetrap	
Attack	World Of Ruin	USA	2001	CD	Resistance Rec.	
Avalon	This Is War!	GB	1998	CD	Movement Rec.	
Avalon	Heritage	GB	1999	CD	Movement Rec.	
Avalon	Our Honour Is True	Jugoslawien		CD		
Avalon / White Wash	Brothers Through Blood	Jugoslawien	1999	CD	Panzerfaust Rec.	
Axis[3]	Agitate	Australien	2001	CD		
Bagadou Stourm	Penn ar bed	Frankreich	1999	CD	Pure Impact Rec.	
Bagadou Stourm	Breizh	Frankreich	2000	CD	Pure Impact Rec.	
Bärsärkarna	Framat Svenskar	Schweden	1993	Single	Eigenproduktion	
Bärsärkarna	Ode To Ian	Schweden	1994	CD	Ragnarock Rec.	
Bärsärkarna	White Covers	Schweden	1998	CD		
Bärsärkarna	Tor hjelpe	Schweden		CD		
Battalón de Castigo	Battalón de Castigo	Spanien		CD		
Battle Axe	Self Defense	USA	1998	CD		
Battle Cry	To Fight And Die	USA		CD		
Battle Scarred	Battle Scarred			CD		
Battle Zone	Way Of Death	GB	1989	Single	Rebelles Européens	
Battle Zone	Right To March	GB	1990	Single	Rebelles Européens	
Battle Zone	Nowhere To Hide	GB	1991	LP / CD	Rebelles Européens	
Battle Zone	Arson Around With Matches	GB	1999	CD	Dim Rec.	
Battlefront	Into The Storm	Kanada	1999	CD	Panzerfaust Rec.	
Before God	Wolves Amongst Sheep	USA	1998	CD	Panzerfaust Rec.	
Before God	Under The Blood Banner	USA	1999	CD	B.f.G. Prod. / Endzeit	
Berserkr	Crush The Weak	USA		CD	Resistance Rec.	
Berserkr	The Voice Of Our Ancestors	USA		CD		
Betrayed	Just Short Of Glory	GB / Deutschl.	2001	CD	Gold Tooth Rec.	
Better Dead Than Red / Skulls	Nations Of Pride	USA / Brasilien		CD		
Biely Odpor	Slobody sen	Slowakei	1999	CD	Victory Rec.	
Biely Odpor	Hlas krvi	Slowakei	2001	CD		
Biely Odpor	Vitazstvo alebo smart	Slowakei		CD		

Band	Titel der Produktion	Land	Jahr	Format	Label/ Vertrieb	Indiziert/ verboten am
Bifrost / ADL 122 / Celtic Warrior	Live	Frankreich / Italien / GB		CD		
Blackshirts	Rise Again	GB	2000	CD	Hate Society Rec.	
Block 11[4]	Here We Are	Italien	2000	CD	Pit Rec.	
Blue Eyed Devils[5]	Murder Squad	USA	1996	CD	Tri-State-Terror	
Blue Eyed Devils	Blue Eyed Devils	USA	1997	Single	Tri-State-Terror	
Blue Eyed Devils	What Drives Me	USA	1997	Single	Tri-State-Terror	
Blue Eyed Devils	Holocaust 2000	USA	1998	CD	Tri-State-Terror	
Blue Eyed Devils	On The Attack	USA	1998	CD	Tri-State-Terror	
Blue Eyed Devils	Retribution	USA	1999	CD	Tri-State-Terror	
Blue Eyed Devils / Aggravated Assault	Hate Crimes	USA	1996	CD	Tri-State-Terror	
Blut und Ehre	8-Track Demo	Schweiz	1985	DemoMC	Eigenproduktion	
Bonzenjäger	Gute Zeiten - Schlechte Zeiten	Schweiz	1997	CD	Edition Selm & Arconi / Vincente Directori	
Bonzenjäger	Live In Teterow 30.08.1997	Schweiz	1999	CD		
Bound For Glory[6]	Warriors Glory	USA	1990	LP	Rock-O-Rama	
Bound For Glory	When The Hammer Falls	USA	1991	LP / CD	Rock-O-Rama	
Bound For Glory	Over The Top	USA	1992	LP / CD	Rock-O-Rama	
Bound For Glory	The Fight Goes On	USA	1994	CD	Resistance Rec.	
Bound For Glory	Behold The Iron Cross	USA	1996	CD	B.f.G. Prod.	
Bound For Glory	Live	USA	1996	CD	Bootleg	
Bound For Glory	Never Again	USA	1997	CD	Thor Rec.	
Bound For Glory	Never Again	USA	1997	CD	Bootleg / Rock-O-Rama	
Bound For Glory	Glory Awaits	USA	1998	CD	B.f.G. Prod.	
Bound For Glory	Live And Loud	USA	1998	CD	Bootleg	
Bound For Glory	Requiem	USA	1998	CD		
Bound For Glory	Hate Train Rolling	USA	2000	CD	B.f.G. Prod. / Panzerfaust Rec.	
Bound For Glory	Last Act Of Defiance	USA	2000	CD	Panzerfaust Rec.	
Bound For Glory	Warriors Glory	USA		CD		
Bound For Glory / Brutal Attack	Bound For Attack: Hands Across The Sea	USA / GB	1993	CD	White Terror Rec.	
Bound For Glory / Brutal Attack	Bound For Attack: Hands Across The Sea	USA / GB	1999	CD	Panzerfaust Rec.	
Bound For Glory / Brutal Attack	BFA 2: Loved By Few, Hated By Many, Feared By All	USA / GB		CD	Panzerfaust Rec.	
Branik	Power Oi!	Tschechien	1991	LP	Branik	

Band	Titel der Produktion	Land	Jahr	Format	Label/ Vertrieb	Indiziert/ verboten am
Brawlers	Enemies Of The State	USA	1999	CD	Panzerfaust Rec.	
Brigad Wotan	Sverige I Brand	Schweden	1995	CD	Nordland Rec.	
Brigada NS	O retorno da velha ordem	Brasilien	1998	CD	Divisao 18	
British Standard / Celtic Warrior	Celtic Connections	GB	2000	CD	SubZero Rec.	
Broadsword[7]	God Of Thunder	GB / Australien	1998	CD	Pühses Liste / Dt. Stimme	
Broadsword	The Lonely Raven	GB / Australien	1999	CD	Dieter Koch	
Brutal Attack[8]	Stronger Than Before	GB	1986	LP	Rock-O-Rama	
Brutal Attack	As The Drum Beats	GB	1988	LP	Rock-O-Rama	
Brutal Attack	Tales Of Glory	GB	1989	LP	Rock-O-Rama	
Brutal Attack	Steel Rolling On	GB	1990	2 LP / CD	Rock-O-Rama	
Brutal Attack	Tales Of Glory	GB	1990	CD	Rock-O-Rama	
Brutal Attack	Lost And Found	GB	1991	LP / CD	Rock-O-Rama	
Brutal Attack	Stronger Than Before / As The Drum Beats	GB	1991	2 CD	Rock-O-Rama	
Brutal Attack	Into Apocalypse	GB	1992	LP / CD	Rock-O-Rama	
Brutal Attack	Battle Anthem	GB	1996	CD		
Brutal Attack	Greatest Hits Vol.1	GB	1996	CD	W.T. Rampage Rec.	
Brutal Attack	Valiant Heart	GB	1996	CD		
Brutal Attack	For The Fallen And The Free	GB	1997	CD	Deatiny Rec. / Funny Sounds	
Brutal Attack	When Odin Calls	GB	1998	CD	Destiny Rec. / Funny Sounds	
Brutal Attack	White Pride - White Passion	GB	1998	2 CD (+ Buch)	Nordland Rec.	
Brutal Attack	20 Years	GB	2000	CD	Panzerfaust Rec.	
Brutal Attack	Always Outnumbered, Never Outgunned	GB	2000	CD	Panzerfaust Rec.	
Brutal Attack	It's Alright	GB	2000	Single	Backstreetnoise	
Brutal Attack	Stronger Than Before	GB	2000	CD		
Brutal Attack	We Won't Run	GB	2000	CD	Rock-O-Rama	
Brutal Attack	Like Falling Rain	GB	2001	MCD	Wotan Rec.	
Brutal Attack	The Wolf... Patriotic Ballads	GB	2001	CD	Rock-O-Rama	
Brutal Attack	Conquest	GB		CD		
Brutal Attack	Keeping The Dream Alive	GB		CD		
Brutal Attack	Resurrection	GB		CD		

Band	Titel der Produktion	Land	Jahr	Format	Label/ Vertrieb	Indiziert/ verboten am
Brutal Attack / Bound For Glory	Bound For Attack: Hands Across The Sea	GB / USA	1993	CD	White Terror Rec.	
Brutal Attack / Bound For Glory	Bound For Attack: Hands Across The Sea	GB / USA	1999	CD	Panzerfaust Rec.	
Brutal Attack / Bound For Glory	BFA 2: Loved By Few, Hated By Many, Feared By All	GB / USA		CD	Panzerfaust Rec.	
Brutal Attack / Fortress	The Garrison CD	GB / Australien		MCD	Nordland Rec.	
Brutal Combat[9]	Péril rouge	Frankreich	1984	Single		
Brutal Combat	Charles Martel	Frankreich	1986	LP	Rock-O-Rama	
Brutal Combat	Passe à l´quest	Frankreich	1987	Single	Rebelles Européens	
Brutal Combat	Charles Martel	Frankreich	1994	CD	B.H. Rec. / Rock-O-Rama	
Brutal Combat	Péril rouge	Frankreich	1994	Single	Impact (Bootleg)	
Brutal Combat	Lénfer cést le paradis	Frankreich	1996	LP & Single	Warboot Rec.	
Buldok	Patriot	Tschechien	1993	DemoMC	Eigenproduktion	
Buldok	Ohen a led	Tschechien	1995	CD	Eigenproduktion	
Buldok	Triumf	Tschechien	1997	CD	Gladius Rec.	
Buldok	Blood And Soil	Tschechien	1999	CD	Rata-TaTaTa... Rec.	
Buldok	Ohen a led	Tschechien	2000	CD	Hammer One Rec.	
Buldok	Creed Of Iron	Tschechien		CD		
Bull The Buffalos	Bull The Buffalos	Japan	1993	CD		
Bull The Buffalos / Sledge Hammer	Return Of the Rising Sun	Japan	1993	MLP	ESV Rec. / Kamikaze Rec.	
Bulldog Breed	Unleashed Again	GB	1997	CD	RAM	
Bulldog Breed	The Great British Export	GB	2000	EP	Dim Rec.	
Bulldog Breed	Made In England	GB		CD		
Bulldog Breed	Made In England	GB		LP	Dim Rec.	
Bulldog Breed	Unleashed Again	GB		LP	Dim Rec.	
Bully Boys	The Best Of: 1984-1999	USA	1999	CD	Panzerfaust Rec.	
Bully Boys	White Kid´s Gonna Fight	USA	1999	CD	Panzerfaust Rec.	
Bully Boys / Division S		USA/Schweden	1994	CD	88-Rec.	
Bunker 84	Notre Combat!	Frankreich	1987	LP	Rebelles Européens	
Bunker 84	Victime des démocraties	Frankreich	1987		Rebelles Européens	
Bunker 84	Vieux continent	Frankreich	1987	Single	Rebelles Europ.	

Band	Titel der Produktion	Land	Jahr	Format	Label/ Vertrieb	Indiziert/ verboten am
Bunker 84	Liberté!	Frankreich	1988	LP	Rebelles Europ.	
Bunker 84	Liberté!	Frankreich	1994	CD	Impact (Bootleg)	
Bunker 84	Notre Combat!	Frankreich	1994	CD	Impact (Bootleg)	
Bunker 84	Victime des démocraties	Frankreich	1994		Impact (Bootleg)	
Bunker 84	Notre Combat!	Frankreich	1996	CD		
Burnley, Paul[10]	Paul Burnley Is The Real Public Enemy	GB		CD		
Burnley, Paul	Salute	GB		CD		
Burnley, Paul & The Fourth Reich	A Nation Reborn	GB	1991	LP	Rebelles Européens	
Burnley, Paul & The Fourth Reich	Save The White Race	GB	1992	MLP	Rebelles Européens	
Burnley, Paul & The Fourth Reich	A Nation Reborn	GB		CD		
C.I.S.	Call Of Heroes	USA	1999	CD	Ragnarock Rec.	
Celtic Dawn	Faith And Fatherland	Irland		CD		
Celtic Warrior	We Will Never Forget	GB	1995	CD	Di-Al Rec.	
Celtic Warrior	The Legend Lives On	GB	1997	CD	Independent Voice Rec.	
Celtic Warrior	Allegiance To The Flag	GB	1998	CD	Destiny Rec. / Funny Sounds	
Celtic Warrior	Invader	GB	1999	CD	Pühses Liste /	
					Dt. Stimme	
Celtic Warrior	Land Of My Fathers	GB	2000	CD	Ohrwurm Rec.	
Celtic Warrior	Let The Battle Begin	GB		CD	CPR	
Celtic Warrior / ADL 122 / Bifrost	Live	GB / Italien / Frankreich		CD		
Celtic Warrior / British Standard	Celtic Connections	GB	2000	CD	SubZero Rec.	
Celtica	Celtica	Spanien	1998	CD	Rata-TaTaTa...Rec.	
Centurion	Fourteen Words	USA	1996	CD	Resistance Rec.	
Centurion	Rides Again!	USA	1998	CD	Panzerfaust Rec.	
Chaos 88	Atlantic City	USA	1998	MCD	Chaos 88	
Chaos 88	Welcome To Atlantic City	USA	1999	CD	Tri State Terror	
Chaos XX	Gang Violence	USA	1998	CD	Beer 4 War Prod.	
Chauves Pourris	Censuré	Frankreich	1989	Single	Rebelles Europ.	
Chauves Pourris	Jusqu' a la mort	Frankreich	1990	LP	Rebelles Europ.	
Chauves Pourris	Vaterland	Frankreich	1992	LP / CD	Rock-O-Rama	
Chauves Pourris	De censuré á Vaterland	Frankreich	2000	2CD	Francisque Prod.	
Chingford Attack	Reds Better Run	GB	1999	CD	I.S.D. Rec.	
Code 13	Evil	USA/Australien	1999	MCD	Gold Tooth Rec.	

Band	Titel der Produktion	Land	Jahr	Format	Label/ Vertrieb	Indiziert/ verboten am
Code 13	Blood, Sweat, Beer	USA / Australien		CD		
Code Of Violence	Purge	USA	1998	CD	Hate Rec.	
Combat 84	Orders Of The Day	GB	1982	Single	Victory	
Combat 84	Rapist	GB	1983	Single	Victory	
Combat 84	Send In The Marines	GB	1984	LP	Rock-O-Rama	
Combat 84	Send In The Marines	GB	1994	CD	B.H. Rec. / Rock-O-Rama	
Combat 84	Send In The Marines	GB	1995	CD	BSCD / Rock-O-Rama	
Combat 84	Charge Of The 7th Cavalry	GB	1999	LP	Step-1-Music	
Combat 84	Orders Of The Day	GB	1999	LP	Step-1-Music	
Combat 84	Tooled Up	GB		CD		
Combate	Baladas para o povo	Italien		CD		
Condemned 84	5 Track Demo	GB	1984	DemoMC	Eigenproduktion	
Condemned 84	Battle Scarred	GB	1986	LP	Oi! Rec.	
Condemned 84	Oi! Ain't Dead	GB	1986	EP / Maxi-Single	R.F.B. Rec.	
Condemned 84	In Search Of The New Breed	GB	1987	Maxi-Single	R.F.B. Rec.	
Condemned 84	Face The Aggression	GB	1988	LP	Grade 1 Rec.	
Condemned 84	Live & Loud	GB	1989	LP	Link Rec.	
Condemned 84	Battle Scarred	GB	1991	LP	84 Rec.	
Condemned 84	Face The Aggression	GB	1991	LP / CD	Rock-O-Rama	
Condemned 84	The Boots Go Marching In	GB	1991	LP / CD	Rock-O-Rama	
Condemned 84	Storming To Power	GB	1992	LP / CD	Rock-O-Rama	
Condemned 84	Amongst The Thugs	GB	1996	CD		
Condemned 84	Euro 96	GB	1996	MCD	Grade 1 Rec.	
Condemned 84	The Boots Go Marching In	GB		LP	84 Rec.	
Corona Ferrea	Skinhead Action	Italien	1996	CD	Tuono Rec.	
Corona Ferrea / Gesta Bellica	Tempi moderni	Italien	1995	MCD		
Corona Ferrea / Odin's Law	Live In Switzerland	Spanien / GB	1999	CD	Gold Tooth Rec.	
Cross	Rise And Conquer	Spanien	1992	LP / CD	Rock-O-Rama	
Crusade	Sounding The Death-knell Of Britain	GB	2000	CD	Pure Impact Rec.	
Crusade	Renaissance	GB	2001	CD	Ohrwurm Rec.	
Das Reich	Triumph Of The Will	USA	1994	CD	White Terror Rec.	
Day Of The Sword[11]	Ear To Ear	USA	1996	CD	White Terror Rec.	
Day Of The Sword	Hail Victory	USA	1998	CD	I.S.D. Rec.	

Band	Titel der Produktion	Land	Jahr	Format	Label/ Vertrieb	Indiziert/ verboten am
Deaths Head	Onslaught	Australien		CD	Panzerfaust Rec.	
Decadence Culture	Occidenté	Frankreich	1996	CD		
Defensor 14	Duch Wojny	Polen	2000	CD	Streetfight Rec.	
Defesa Armada	Sao Paulo Paulista	Brasilien	1996	CD	Eigenproduktion	
Defesa Armada	Musicas para a familia	Brasilien	1998	CD	Eigenproduktion	
Defesa Armada	D.A. Mix 1998 / 1999	Brasilien	1999	CD	Eigenproduktion	
Definite Hate / Riot Wing	Carolina Sons	USA		CD		
Dirlewanger[12]	Rocking For The Colden Race	Schweden	1989	LP	Rebelles Européens	
Dirlewanger	Unity Of Honour	Schweden	1990	LP	Rebelles Europ.	
Dirlewanger	White Power Rock´n´Roll	Schweden	1992	LP	Rebelles Européens	
Dirlewanger	N... Season	Schweden	1990	Single	Rebelles Europ.	
Dirlewanger / No Remorse	Desert Storm	Schweden / GB	1992	LP	Rebelles Europ.	
Dissident	A Cog In The Wheel	GB / Australien	2000	CD	Nordland Rec.	
Division 250	Sangre de conquistadores	Spanien	1994	LP	Rebelles Européens	
Division 250	Revuelta	Spanien	1997	CD	Tuono Rec.	
Division 250	Imperium	Spanien	1999	CD	Rata-TaTaTa...Rec.	
Division 250	Imperium	Spanien	2000	LP	Dim Rec.	
Division S	Utsugurna	Schweden	1990	Single	Rebelles Europ.	
Division S	Attack	Schweden	1994	CD	Svea Rec.	
Division S	Hate	Schweden	1996	CD	Nordland	
Division S / Bully Boys		Schweden/USA	1994	CD	88-Rec.	
Dla Idei	Odwet		2000	CD	Thunder Rec.	
Doc Marten	One Land To Care For	USA	1989	LP	Rock-O-Rama	
Dr. Martens Skinheads	Boj nekonci	Slowakei	2000	CD	Ragnarock Rec.	
Dr. Martens Skinheads	My Hatred	Slowakei	2000	CD	Ragnarock Rec.	
Dragon Lance[13]	Blood And Steel	GB / Deutschland	1999	CD	DL-Records / Funny Sounds	
Durandal	Rejoins le coté sombre	Frankreich	1999	CD	Street Fighting Rec.	
Durandal	Soleil Noir	Frankreich	2001	CD		
Dying Breed	Day Of Reckoning	USA	1998	CD	Hate Rec.	
Dying Breed	Day Of Reckoning	USA	2000	CD	Panzerfaust Rec.	
Ekpansja	Ekpansja	Polen	2000	CD	Streetfight Rec.	
Ekpansja	Oskazeni o walke	Polen		CD	Streetfight Rec.	
Elite Terror	Flame Of Pride	USA	1990	LP	Rock-O-Rama	
Empire	Empire Strikes Back	USA	1991	LP	Rock-O-Rama	
Endupdead	...And The Hell Followed Them	Finnland	1999	CD	A.S.M.	
English Rose	Proud Nationalist Warriors	GB	1989	Single	Rebelles Européens	

Band	Titel der Produktion	Land	Jahr	Format	Label/ Vertrieb	Indiziert/ verboten am
English Rose	Never Be Silenced	GB	1992	LP	Rebelles Europ.	
English Rose	We'll Never Be Silenced...When The Flame Still Burns	GB	1996	CD	English Rose Prod.	
English Rose	You Know Our Name	GB	1997	CD	Eigenproduktion	
English Rose	Dreams Of Freedom	GB	1998	CD		
English Rose	Live In Deutschland ´97 - Rock Against Communism	GB	1998	CD	Movement Rec.	
English Rose	Rock Against Communism	GB	1998	CD		
English Rose	The Flame Still Burns	GB	1998	CD	Rock-O-Rama	
Enhärjarna	Tors Vrede	Schweden	1995	MCD	Last Resort Rec.	
Enhärjarna	The Last Stand	Schweden		CD		
Estirpe Imperial	Estirpe Imperial	Spanien	1996	MLP	Rata-TaTaTa...Rec.	
Estirpe Imperial	Himnos de gloria	Spanien	1996	CD	Rata-TaTaTa...Rec.	
Estirpe Imperial	Disco de presentación & Heredreos de una historia	Spanien	1998	CD	Rata-TaTaTa... Rec.	
Estirpe Imperial	Sequimos vivos	Spanien	2000	CD	Rata-TaTaTa...Rec.	
Estirpe Imperial	Heredreos de una historia	Spanien		CD	Rata-TaTaTa... Rec.	
Estirpe Imperial	Morir o vencer	Spanien		CD	Rata-TaTaTa...Rec.	
Etat D´Urgence	Stoppons tout ca	Frankreich	2001	CD	PIT-Rec.	
Ethnic Cleansing	Hitler Was Right	USA	1997	Single	Toothless Yid	
Ethnic Cleansing	Piles Of Dead Jews	USA	1997	Single	Toothless Yid	
Evil Skins	Docteur Skinhead	Frankreich	1986	Single	Intensive Prod.	
Evil Skins	Une force, une cause, un combat	Frankreich	1987	LP	Evil / Rock-O-Rama	
Evil Skins	Une force, une cause, un combat	Frankreich	1993	CD	Rock-O-Rama	
Excalibur	Apokalypsa	Tschechien	1996	CD	Warrior´s Rec.	
Excalibur	Auri sacra fames	Tschechien	1997	CD	Warrior´s Rec.	
Excalibur	Thurisaz	Tschechien	1999	CD	Movement Rec.	
Excalibur	Water, Soil & Sand	Tschechien		CD		
Extreme Hatred	Now Is The Time	USA	1999	CD	Warlord Rec.	
Extreme Hatred	Have A Nice Day	USA	2000	CD	Panzerfaust Rec.	
Extreme Hatred	Now Is The Time	USA	2001	CD	Phoenix Rec.	
Eye Of Odin[14]	Odins Chosen	GB	2000	CD	Odins Chosen	
Final Demise	Power Of Suggestion			CD	Steelbreaker Rec. / Rock-O-Rama	
Final Solution	Live	USA	1995	CD	White American Youth	

Band	**Titel der Produktion**	**Land**	**Jahr**	**Format**	**Label/ Vertrieb**	**Indiziert/ verboten am**
Final Solution	White Revolution	USA	1996	CD	Viking Sounds U.S.A.	
Fist Of Steel	The Power And The Glory	Brasilien	2000	CD	Pure Impact Rec.	
Force De Frappe	Orage mécanique	Frankreich	1992	LP	Rebelles Europ.	
Force De Frappe	Landru	Frankreich	1993	Single	FDF / Bleach	
Force De Frappe	Orage mécanique	Frankreich	1993	LP	Nouvelle generation	
Forced Reality	Forced Reality	USA		LP	Patriot	
Fortress[15]	Fortress	Australien	1992	LP	Rock-O-Rama	
Fortress	Victory Or Walhalla (Seize The Day / Fortress 1)	Australien	1992	CD	Victory Rec. / Rock-O-Rama	
Fortress	Into Legend	Australien	1996	CD	Resistance Rec.	
Fortress	Seize The Day	Australien	1998	CD	Great White Prod.	
Fortress	The Bell Tolls	Australien	1999	MCD	SubZero Rec.	
Fortress	The Fires Of Our Rage	Australien	1999	CD	Great White Prod.	
Fortress / Brutal Attack	The Garrison CD	Australien / GB		MCD	Nordland Rec.	
Fraction Hexagone	Rejoins nos rangs	Frankreich	1997	CD	Pit-Rec.	
Fraction Hexagone	Le son d'histoire	Frankreich	2001	CD		
Freya	Fille de Freya	Frankreich	2000	CD	PIT-Rec.	
Front Towards Enemy	Io non ci sto!	Italien	1997	CD	Tuono Rec.	
Frostfödd	Den första Striden	Schweden	2000	CD	Midgard Rec.	
German-British Friendship	Lieder der Hoffnung / Songs Of Hope	GB / Deutsch-land	1995	CD	G.B.F. Rec.	
German-British Friendship	Lieder der Hoffnung / Songs Of Hope 2 - Narben der Gewalt	GB / Deutsch-land	1998	CD	G.B.F. Rec.	
Germania	Illusion	Schweden	1998	CD	Svea Musik	
Gesta Bellica	Usque ad infernos	Italien	1997	CD	Tuono Rec.	
Gesta Bellica	Iterum rudit leo	Italien	1999	CD	Tuono Rec.	
Gesta Bellica / Corona Ferrea	Tempi moderni	Italien	1995	MCD		
Grade One	Hail The new Land	GB	1991	Single	Rebelles Europ.	
Graveland / Honor	Raiders Of Revenge	Polen	2000	CD	Resistance Rec.	
Grenadier Commando	Grenadier Commando	GB	1998	MCD	Hanse Rec.	
Griffin	From The Heart	GB	1999	CD	Panzerfaust Rec.	
Gruesome	Armour And Greed	Japan	1991	Single	Sun Grab	
Gruesome	Throw Light On	Japan	1992	EP	Tomorrow Rec. / Dim Rec.	
Gruesome	Skin Survived Skin	Japan	2000	CD	Dim Rec.	
Guarda De Ferro	G.D.F.	Portugal	1992	LP	Rebelles Europ./ Boot Boyz Rec.	

Band	Titel der Produktion	Land	Jahr	Format	Label/ Vertrieb	Indiziert/ verboten am
Guarda De Ferro	Suzete	Portugal	1992	Single		
Guarda De Ferro	Short Hair, Heavy Boots, Big Beat	Portugal	1993	Single	SPFC	
Guarda De Ferro	The Worst Of Guarda De Ferro	Portugal	2001	CD		
H 8	Crusade For Freedom	Kroatien	1999	DemoCD	Eigenproduktion	
Hammerboiz	Steel City Brewed	Kanada		CD		
Hated And Proud	Let Freedom Reign	USA	2001	CD	Dim Rec.	
Hatemonger	Hatemonger	USA	1998	CD		
Hatemonger	Spread The Hate	USA	1998	CD	Panzerfaust Rec.	
Havoc	Legion	Schweden	2000	CD	Hate Rec.	
Headhunter	Eat This Dickhead	Schweden	1999	CD	Attitude Rec.	
Heimdall	Sverige Vaknal	Schweden	1996	CD	Ragnarock Rec.	
Heroes[16]	Devil´s Game	Schweden	1997	CD		
Heroes	Heroes Of Today	Schweden	1999	CD	Dim Rec.	
Heroes In The Snow	Viking Power Rock´n´Roll	Schweden	1993	CD		
Heroes In The Snow	That´s How It Goes	Schweden		CD		
Heysel	Motstand	Schweden	1999	CD	Nordland Rec.	
Heysel	Holy War	Schweden	2000	MCD	Hate Rec.	
Heysel	Violent Justice	Schweden	2001	CD	Nordland Rec.	
Heysel	Legion Of Hate	Schweden		CD		
Hlas Krve	Fight In Bohemia	Tschechien	2000	CD	R.A.C. Rec.	
Hobnail	No Red Flags	GB		CD		
Honor	The Fire Of The Last Battle	Polen	1999	CD	Honor Prod.	
Honor	W plomieniach wschdzacej sily	Polen	2000	CD	Strong Survive Rec.	
Honor	Droga bez odwrotu	Polen		CD		
Honor	Stal zemsty	Polen		CD		
Honor	W dzien triumfu...	Polen		CD		
Honor	To Survive For Victory 1989 - 1999	Polen	2000	CD	Streetfight Rec.	
Honor / Graveland	Raiders Of Revenge	Polen	2000	CD	Resistance Rec.	
Hyperborea	La isla de la memoria	Spanien / Italien	1999	CD	Rata-TaTaTa...Rec.	
Ikazuchi / Samurai Thunder / Sledge Hammer		Japan	1993	EP		
Indecent Exposure	Riots	GB	1984	Single	Index	
Indecent Exposure	Reveal All!	GB	1985	LP	Rock-O-Rama	
Indecent Exposure	No Looking Back	GB	1986	LP	Rock-O-Rama	
Indecent Exposure	Reveal All / No Looking Back	GB	1991	CD	Rock-O-Rama	
Infantry	Pro Death	USA		Single	Tri-State-Terror	

Band	Titel der Produktion	Land	Jahr	Format	Label/ Vertrieb	Indiziert/ verboten am
Injustice Side	Injustice Side	Italien	1999	DemoMC	Injustice Rec.	
Injustice Side	Injustice Side	Italien	1999	MCD	Injustice Rec.	
Insurrection	Insurrection	Frankreich	2001	CD	Para Bellum Rec.	
Intimidation One	Call To Warriors	USA	1998	CD	Gold Tooth Rec.	
Intimidation One	Fallen Heroes	USA	2000	CD	Imperium Rec.	
Intolleranza	Tutti all´ inferno	Italien	1995	CD		
Involved Patriots	Another One Died	Kanada	1997	CD	Nordland Rec.	
Involved Patriots	The Right Way	Kanada	1999	CD	Panzerfaust Rec.	
Iron Cross	Skinhead Glory	USA	1982	EP	Dischord / Skinflint	
Iron Cross	Hated And Proud	USA	1983	Single	Skinflint	
Iron Cross	Hated And Proud	USA	1994	EP	Greyhound	
Iron Cross	Skinhead Glory - A Nice Collection Of Rarities From 1980-82	USA		LP	New Breed Rec.	
Iron Youth[17]	Durch das Volk, mit dem Volk, für das Volk	Griechenland	1998	CD	Hate Rec.	
Iron Youth	Respect / Defend / Create	Griechenland	2001	CD	Resistance Rec.	
Jinx[18]	Chartbusters	Schweden	1997	CD	Impact Rec.	
Jinx	Chartbuster	Schweden	1998	CD	Dim Re.	
Jinx	Past & Present	Schweden	1998	CD	Attitude Re.	
Juden Mord	Arbeit macht frei	Polen		CD		
Justicia	Judgement Day			CD		
Karlsson, Jocke	Here We Go Again	Schweden	1999	CD	Midgard Re.	
Ken & Stigger	Pride!	GB	1995	CD	Excalibur Rec.	
Ken & Stigger	Pride!	GB	1995	CD	G.B.F. Rec.	
Ken & Stigger	Pride!	GB	1999	Pic-Disc	Hate Society Rec.	
Kill Or Be Killed	The ABC´s Of Hate	USA	2000	CD	In Defense Rec.	
Killer Boots	William Wallace	Frankreich	2000	CD	Pit Rec.	
Kindred Spirit	Carry The Flame	GB / Schweden	1997	CD	Nordland Rec.	
Klan	Hordas Celtiberas	Spanien	1993	LP	Rata-TaTaTa...Rec.	
Klan	Es por tu nacion	Spanien	1999	CD	Rata-TaTaTa...Rec.	
Klang, Carl[19]	Extremist			CD		
Klansmen[20]	Fetch The Rope	GB	1991	CD	Rock-O-Rama	
Klansmen	Rebel With A Cause	GB	1991	CD	Rock-O-Rama	
Klansmen	Rock & Roll Patriots	GB	1991	CD	Rock-O-Rama	
Klansmen	Complete Works	GB	1999	2CD		
Klansmen	Fetch The Rope	GB		MLP	Klan/Rock-O-Ra.	
Klansmen	Johnny Joined The Klan	GB		Maxi-Single	Klan / Rock-O-Rama	
Klansmen	Rebel With A Cause	GB		LP	Klan/Rock-O-Ra.	
Klansmen	Rock & Roll Patriots	GB		LP	Klan/Rock-O-Ra.	

Band	Titel der Produktion	Land	Jahr	Format	Label/ Vertrieb	Indiziert/ verboten am
Kolovrat[21]	National Revolution	Rußland	1998	CD	Kolovrat NS-Rec.	
Kolovrat	Blood Of Patriots	Rußland	2000	CD	Kolovrat NS-Rec.	
Kolovrat / Nahkampf		Rußland / Deutschland	2001	CD	Pünses Liste / Dt. Stimme	
Kommando / Macht und Ehre	Nigger Out	Australien / Deutschland	1996	CD	NS Rec.	
Kommando / Macht und Ehre	Nigger Out (new PC)	Australien / Deutschland	1996	CD		
Konkwista 88	Jeden Front	Polen	1993	EP	Bootboy Power	
Konkwista 88	A.F.P.	Polen	1994	Single	Krowbar	
Konkwista 88	A.S.P.	Polen	1994	Single	Krowbar	
Konkwista 88	Krew naszej rasy	Polen	1994	Single	Krowbar	
Konkwista 88	Freedom Or Death	Polen	1995	CD	Eigenproduktion	
Konkwista 88	Wolnosc lub smierc / Freedom Or Death	Polen	1995	CD	Eigenproduktion	
Konkwista 88	White Honour White Pride: 1990 - 1993	Polen	1996	CD	Hard Rec.	
Konkwista 88	What Have You Done To The Cause	Polen	2000	CD	Celtic Sounds	
Konkwista 88	European Song Of Glory	Polen		CD		
Kontingent	Générations Future	Frankreich	1991	LP	Rebelles Europ.	
Kontingent	Générations Future	Frankreich	1991	LP	White Metal	
Kontingent 88	1789	Frankreich	1989	Single	Rebelles Europ.	
Kontingent 88	Au service de nos ancetres	Frankreich	1989	LP	Rebelles Européens	
Kontingent 88	Au service de nos ancetres	Frankreich	1996	CD		
Kontingent 88 / Ultime Assaut		Frankreich	1997	CD		
Krasny Bor 1943	Vista, suerte y al rojo	Spanien	2000	CD		
Kratky Proces	1988 - 96	Tschechien	1998	CD	Warrior's Rec.	
Kristalna Noc	Voinik Revolucije	Jugoslawien	1998	DemoMC	B&H Serbia	
Kristalna Noc / Nowy Lad	Kristalna Noc / Nowy Lad	Jugoslawien		CD		
Landstorm	Landstorm	Holland	1998	DemoMC	Eigenproduktion	
Lanterne Rouge	A láube du dernier jour	Frankreich		CD		
Last Chance	Riot Zone	USA		CD		
Ledung	Loyalty	Schweden		CD		
Legion 88	Terroriste	Frankreich	1987	Single	Rebelles Europ.	
Legion 88	Terroriste (diff. PC)	Frankreich	1988	Single	Rebelles Europ.	
Legion 88	Thulé	Frankreich	1988	LP	Rebelles Europ.	

Band	**Titel der Produktion**	**Land**	**Jahr**	**Format**	**Label/ Vertrieb**	**Indiziert/ verboten am**
Legion 88	Legion Blanche	Frankreich	1991	Single	Rebelles Europ.	
Legion 88	Thulé	Frankreich	1996	CD	White Spirit Rec.	
Legion 88	The Best Of	Frankreich	1998	CD	Charlemagne Rec.	
Legion 88	1984 - 1987	Frankreich		CD		
Legion 88	Thulé	Frankreich	1996	CD	White League Australia / Rebelles Europ.	
Legion Of St George[22]	Shadows Of The Empire	GB	1998	CD	Movement Rec.	
Legion Of St George	In Defence Of The Realm	GB	2000	CD	Movement Rec.	
Liberty 37	Under Siege	USA	1995	CD	B.H. Rec. / Rock-O-Rama	
Liberty 37	The Killing Blow	USA	1998	CD	UN / Rock-O-Rama	
Lightning Rod	More Evil Than A Hollywood Jew	USA	1998	CD		
Lionheart	A New Beginning	GB	1989	LP	Rebelles Europ.	
Lionheart	Better Dead Than Red	GB	1989	Single	Rebelles Europ.	
Lionheart	Chasing Dreams	GB	1990	LP	Rock-O-Rama	
Lionheart	Ride Of The Valkyries	GB	1990	LP	Rebelles Europ.	
Lionheart	Sign Of The Times	GB	1990	Single	Rebelles Europ.	
Lionheart	Chasing Dreams	GB	1995	CD	BSCD / Rock-O-Rama	
Lionheart	Don´t Come Near Me	GB	2001	CD	Rock-O-Rama	
Lionheart	A New Beginning	GB		CD		
Londinium SPQR	Servizio di stato	Italien	1994	Single	Tuono Rec.	
Londinium SPQR	Fare Quadrato	Italien	1996	CD	Rupe Tarpea Produzioni	
Lusitanoi!	Olho por ohlho - dente por dente	Portugal	1996	CD	Tuono Rec.	
Lusitanoi!	A nossa luta	Portugal		CD		
Mad Hatters	The One... The Only	USA	1990	LP	Rock-O-Rama	
Marching On	Shores Of Vinland	Finnland	2000	MCD	Nordisc	
Max Resist	Second Skin	USA	1997	CD	Nordland Rec.	
Max Resist & The Hooligans	Traitors Beware	USA	1993	Single	Krowbar	
Max Resist & The Hooligans	Renegade Youth	USA		CD	Resistance Rec.	
McLellan, Ken	Don´t Think Twice	GB	1999	CD	Dieter Koch	
McLellan, Ken & Brutal Attack	We Are White Noise	GB	2000	CD	Rock-O-Rama	
McLellan, Ken & Brutal Attack	The Rockin´ Side	GB	2001	CD	Rock-O-Rama	

Band	Titel der Produktion	Land	Jahr	Format	Label/ Vertrieb	Indiziert/ verboten am
McLellan, Ken & Brutal Attack	The Wolf... Patriotic Ballads	GB	2001	CD	Rock-O-Rama	
McLellan, Ken & Stigger[23]	They Died With Pride	GB	1999	CD	Pühses Liste / Dt. Stimme	
McLellan, Ken & Stigger	Stand	GB	2000	CD	Pühses Liste / Dt. Stimme	
Midgard	Pro Patria	Schweden	1998	CD	Midgard	
Midgard	Pro Patria Vol.2	Schweden		CD	Midgard	
Midgards Söner[24]	Sverige Vikangaland	Schweden	1993	MCD	Last Resort Rec.	
Midgards Söner	Nordens Kall	Schweden	1996	CD	Midgards Söner Rec.	
Midgards Söner	Nordens Kall	Schweden	1996	CD	Dim Rec.	
Midgards Söner	Sverige Vikangaland	Schweden	2000	EP	Dim Rec.	
Midtown Bootboys	Unfinished Business	USA	1996	CD	Stormfront	
Midtown Bootboys	The Time Has Come	USA		CD		
Mistreat	Keep Finland Clean	Finnland	1990	Single	Alternative Action	
Mistreat	EP	Finnland	1992	EP	Alternative Action	
Mistreat	Faith And Fury	Finnland	1995	CD	Ainaskin Musiiki	
Mistreat	The Flame From The North	Finnland	1997	CD	Mistreat Rec.	
Mistreat	Best Of	Finnland	1999	CD	Hate Society Rec.	
Mistreat	Best Of	Finnland	2000	CD	Stürmer Versand	
Mistreat	Ultimate Mistreat	Finnland		CD		
Mistreat / Kraftschlag	Waffenbrüder	Finnland / Deutschland	1996	CD	NS Rec.	
Mörbyligan	Tors Aaterkomst	Schweden	1996	CD		
Morsello, Massimo[25]	La direzione del vanto	Italien	1995	CD		
Morsello, Massimo	Punto di non ritorno	Italien	1997	CD	Rupe Tarpea Pro.	
Mudoven	Truth And Tragedy	USA	1998	CD	Tri-State-Terror	
Mudoven	Aryan vs. Alien	USA		Single	Tri-State-Terror	
Nation	New Beginning	USA	1998	CD	Rampage Rec.	
Nation	Voice Of America	USA		CD		
Nemesis	It Was For Scotland	GB	2000	CD	Nemesis Rec.	
Neo Hate	Demo CD	USA	2000	CD	Eigenproduktion	
New Glory	Backlash	USA	1988	LP	Rock-O-Rama	
New Glory	Backlash	USA	1995	CD	BSCD / Rock-O-Rama	
New Minority	White, Straight And Proud	USA		CD	Resistance Rec.	
Nimrod	Scythian Warriors	Ungarn	1998	CD	Destiny Rec. / Funny Sounds	
No Alibi	Wickedness Of Mankind	USA	1991	LP / CD	Rock-O-Rama	

Band	Titel der Produktion	Land	Jahr	Format	Label/ Vertrieb	Indiziert/ verboten am
No Alibi	Back For Blood And Soil	USA	1998	CD	SubZero Rec.	
No Fear[26]	Still Got The Power	GB	1999	CD	Midgard Rec.	
No Quarter	Fields Of Glory	GB	1998	CD	Independent Voice Rec.	
No Quarter	Who Dares Wins	GB	2000	CD	Ohrwurm Rec.	
No Quarter / Stonehammer		GB / Kanada	2001	CD	Ohrwurm Rec.	
No Remorse[27]	This Time The World	GB	1988	LP	Rebelles Europ.	
No Remorse	Blood Against Gold	GB	1989	LP	RAC Rec. / Rock-O-Rama	
No Remorse	See You In Walhalla	GB	1989	LP	RAC Rec. / Rock-O-Rama	
No Remorse	Smash The Reds	GB	1989	Single	Rebelles Europ.	
No Remorse	The New Storm Troopers	GB	1989	LP	RAC Rec. / Rock-O-Rama	
No Remorse	Time Will Tell	GB	1989	Single	Rebelles Europ.	
No Remorse	Blood Against Gold	GB	1991	CD	Rock-O-Rama	
No Remorse	This Time The World	GB	1992	CD	Rebelles Europ.	
No Remorse	Farewell Ian Stuart - A Tribute By No Remorse	GB	1994	CD	Motstand	
No Remorse	This Time The World	GB	1996	CD	Last Resort Rec.	
No Remorse	Heroes Never Die	GB	1998	CD	Destiny Rec. / Funny Sounds	
No Remorse	Rare Remorse	GB	1999	CD	Midgard Rec.	
No Remorse	Son Of Odin	GB		CD		
No Remorse	The Winning Hand	GB		CD	Nordland	
No Remorse	Under The Gods	GB		CD		
No Remorse	Barbecue In Rostock[28]	GB	1996	CD	I.S.D. Rec.	
No Remorse	Smash The Reds	GB	1997	CD		
No Remorse	The Best Of No Remorse	GB	1997	CD	Resistance Rec.	
No Remorse	This Land Is Ours	GB	2000	CD	NOR/Rock-O-Ra.	
No Remorse / Dirlewanger	Desert Storm	GB / Schweden	1992	LP	Rebelles Europ.	
No Remorse / Svastika	We Play For You	GB / Schweden	1995	CD	Nordland Rec.	
No Remorse / Razors Edge	ISD Memorial	GB	2000	CD	I.S.D. Rec.	
Nomina Dresda	Non tutti i morti tacciono	Italien	1994	Single	Tuono Rec.	
Nordic Thunder	A Change Of Scenery	USA	1994	Single	Eigenproduktion	
Nordic Thunder	Final Stand	USA	1994	CD	Tri-State-Terror	
Nordic Thunder	Final Stand (+ Bonus)	USA	1997	CD	Tri-State-Terror	
Nordic Thunder	Born To Hate	USA		CD		

Band	Titel der Produktion	Land	Jahr	Format	Label/ Vertrieb	Indiziert/ verboten am
Norske Legion	Norske Legion		1996	CD		
Nouvelle Croisade	Tu aimeras	Frankreich	1990	Single	Rebelles Europ.	
Nowy Lad / Kristalna Noc	Nowy Lad / Kristalna Noc	Jugoslawien		CD		
Odal	Hecho En Espana	Spanien		CD		
Odalmannen	Live In Club Valhalla	Schweden	1996	CD		
Odalmannen	Svenskodlat	Schweden		CD		
Odin´s Law	Battle Legions Of Wotan	GB	1997	CD	Viking Sounds	
Odin´s Law	Still Standing Strong	GB	1999	CD	SubZero Rec.	
Odin´s Law	To Death We Ride	GB	2001	Single	Backstreetnoise	
Odin´s Law / Corona Ferrea	Live In Switzerland	GB / Spanien	1999	CD	Gold Tooth Rec.	
Odins Änglar	Heja Sverige	Schweden		CD		
Onda D´Urto	Ragazzi di strada	Italien	2001	CD		
Open Season	2-Track-Demo	Australien	1991	DemoMC	Eigenproduktion	
Open Season	Front Line Fighters	Australien	1991	LP	Rebelles Europ.	
Open Season	Front Line Fighters	Australien	1996	CD	NS Rec.	
Order	Order		1998	Pic-LP	Movement Rec.	
Orlik	Oi	Tschechien	1990	LP / CD	Monitor	
Ouka / Slege Hammer		Japan	1992	Single	SPFC	
Ovaltinees[29]	British Justice	GB	1983	EP	BAA	
Ovaltinees	British Justice	GB	1992	EP	Rebelles Europ.	
Ovaltinees	Faith, Folk and Family	GB	1997	CD	Dreadlord Rec.	
Owens, Eric	Res Gestae	GB	1998	CD	NL Records	
Owens, Eric	Folk The System	GB		CD	Phoenix Rec.	
Palazard / Skullhead		GB	1988	MLP	White Noise	
Parabellum	Mjöllnir	Slowakei	2001	CD	Conqueror Rec.	
Patria	Patria	Spanien	1999	Demo-MC	Eigenproduktion	
Patria	Accion Obrera Skinheads	Spanien		CD		
Patriotic Front	Spirit Of A Nation	USA	1999	CD	Panzerfaust Rec.	
Patriots	Land Of The Free	USA	1983	EP	Another Lousy	
Pearse, Bobby / Terre Di Mezzo	The Eagle And The Harp	Irland / Italien		CD		
Peggior Amico	Colpevole di essere bianco	Italien	1989	Single	Rebelles Européens	
Peggior Amico	Diritto di marciane	Italien	1989	Single	Rebelles Europ.	
Peggior Amico	Il leone ruggisce ancora	Italien	1990	LP	Rebelles Européens	
Peggior Amico	Non staremo a guardare	Italien	1991	Single	Rebelles Européens	
Peggior Amico	Sulla pelle die ribelli	Italien	1993	CD	Tuono Rec.	

Band	**Titel der Produktion**	**Land**	**Jahr**	**Format**	**Label/ Vertrieb**	**Indiziert/ verboten am**
Peggior Amico	Sulla pelle die ribelli	Italien	2001	LP		
People Haters	Love To Hate	USA	1996	CD	I.S.D. Rec.	
People Haters	Everything´s Kosher	USA	1999	CD	Panzerfaust Rec.	
People Haters	A Collection Of Hate	USA		CD		
Phoenix	A Week In Valhalla		1997	CD		
Pig Killer	The Spirit Of 1939...	Finnland	1996	CD	Ainaskin Musiiki	
Plunder & Pillage	Lights Out	USA	1998	CD	Panzerfaust Rec.	
Plunder & Pillage	Desolate	USA		CD	Panzerfaust Rec.	
Pluton Svea	Pitbull Power	Schweden	1998	MCD	Midgard Rec.	
Pluton Svea	Stöveltrampen Ekar Igen	Schweden	1998	CD	Nordland Rec.	
Pluton Svea	88% Unplugged	Schweden	1999	CD	Midgard Rec.	
Pluton Svea	Drömmen Om Frihet	Schweden	1999	LP / CD	Midgard Rec.	
Pluton Svea	Segermarschen	Schweden	2000	CD		
Pluton Svea	Genom Kamp Till Seger	Schweden		CD		
Power Skins	Mittel Europa	Italien	1989	Single	Rebelles Europ.	
Powerskin	Celtica Bianca Spada	Spanien	1991	LP	Rebelles Europ.	
Primea Linea	Espana despierta ya	Spanien	1998	CD	Rata-TaTaTa... Rec.	
Pro Patria	2	Schweden		CD		
Pro Patria	Midgard	Schweden		CD		
Providenje	Snaga Rase	Jugoslawien	1998	DemoMC	B&H Serbia	
Providenje	Glory Off Our Forefathers	Jugoslawien	2000	CD	Street Fighting Rec.	
Public Enemy	Englands Glory	GB	1986	LP	Rock-O-Rama	
Public Enemy[30]	There Is Only One	GB	1989	LP	Rebelles Europ.	
Public Enemy	Waiting For The Storm	GB	1989	Single	Rebelles Europ.	
Public Enemy	For You	GB	1990	Single	Rebelles Europ.	
Public Enemy	Salute!	GB	1990	Single	Rebelles Europ.	
Public Enemy	Our Weapon Is Truth	GB	1991	LP	Rebelles Europ.	
Public Enemy	Skinheads	GB	1994	Single	Glorious Oi (Bootleg)	
Public Enemy	England´s Glory	GB	1995	CD	BSCD / Rock-O-Rama	
Public Enemy	Our Weapon Is Truth	GB	1996	CD	White League Australia / Rebelles Europ.	
Public Enemy	There Is Only One	GB	1996	CD	White League Australia / Rebelles Europ.	
Public Enemy	The Best Of	GB	1999	2CD	Public Enemy Rec.	
Pure Rampage	Built Tough	USA	1998	CD	Hammerskins	

Band	Titel der Produktion	Land	Jahr	Format	Label/ Vertrieb	Indiziert/ verboten am
Rage'n'Fury	The Awakening	GB	2000	CD		
Ragnarok[31]	Victory	GB	1995	CD	KS	
Rahowa[32]	Cult Of The Holy War	Kanada	1995	CD	Resistance Rec.	
Rahowa	Cult Of The Holy War	Kanada	2000	CD	Resistance Rec./ Nordland Rec.	
Rahowa	Declaration Of War	Kanada		CD	Resistance Rec.	
Ravens Wing	Through The Looking Glass...	Australien	1997	CD	Destiny Rec. / Funny Sounds	
Razor Sharp	Proud To Be White	USA	1985	Demo-MC	Eigenproduktion	
Razors Edge[33]	The Flag Still Flies	GB	1994	LP / CD	Di-Al Rec.	
Razors Edge	Whatever It Takes	GB	1996	CD	I.S.D. Rec.	
Razors Edge	Whatever It Takes	GB	1998	Pic-LP	Hate Society Rec.	
Razors Edge	Our Flag Is Going Forward Too	GB	2000	CD		
Razors Edge	The Final Hour	BG	2001	Single	RE Rec.	
Razors Edge	These Wheels Roll For Victory	GB		CD		
Razors Edge / Hate Society	Strength Thru Blood	GB / Deutsch-land	2000	CD	Searchlight Rec.	
Razors Edge / No Remorse	ISD Memorial	GB	2000	CD	I.S.D. Rec.	
Rebel, Johnny	For Segregationists Only	USA	1996	CD		
Rebel, Johnny	For Segregationists Only Vol.2	USA	1997	CD		
Rebelene	Rebel Power	USA	1996	CD		
Rebells	Stand Up And Be Counted	USA	2000	CD	Wotan Rec.	
Red, White & Blue	Boots Of Pride	USA	1999	CD	UM / Rock-O-Rama	
Red, White & Blue	Patriotic Glory	USA		CD		
Retaliator[34]	Bring Forth The War	Australien / GB	1999	CD	Ohrwurm Rec.	
Retaliator	I Stand Alone	Australien / GB	2000	CD	Ohrwurm Rec.	
Retaliator	Order Of Chaos	GB	2000	CD	Pure Impact Rec.	
Retaliator	Against The Grain	GB	2001	CD		
Retaliator	The Skinhead Assault	Australien / GB	2001	Single	Ohrwurm Rec.	
Riot Wing / Definite Hate	Carolina Sons	USA		CD		
Ritam Nereda	Nikog Nema	Jugoslawien	1992	LP / CD	Dim Rec.	
Ritam Nereda	Breaking	Jugoslawien	1993	LP / CD	Walzwerk Rec.	
Rival	We Got The Right	USA	1992	LP	Rock-O-Rama	
Rival	The True Will Survive	USA	1994	CD	B.H. Rec. / Rock-O-Rama	

Band	**Titel der Produktion**	**Land**	**Jahr**	**Format**	**Label/ Vertrieb**	**Indiziert/ verboten am**
Rival	Take It Back	USA	1995	CD	B.H. Rec. / Rock-O-Rama	
Rival	We Got The Right	USA		CD		
Röde Orm	Stolt	Schweden	1997	CD	Ultima Thule Rec.	
Rogues	Get Out Alive	USA	1990	Single	Force Majeure	
Rogues	Zero Street	USA	1991	LP	Rock-O-Rama	
Rogues	Lost Generation	USA	1994	CD	B.H. Re. / Rock-O-Rama	
Rogues	March Of The Damned	USA	1997	CD	B.H. Rec. / Rock-O-Rama	
Roughneck Rebel	The Land Is Ours	USA	1997	CD		
Saga	My Tribute To Skrewdriver: Vol.1[35]	Schweden	2000	CD	Midgard Rec.	
Saga	My Tribute To Skrewdriver: Vol.2[36]	Schweden	2000	CD	Midgard Rec.	
Saga	My Tribute To Skrewdriver: Box-set	Schweden	2000	2CD	Midgard Rec.	
Samurai Thunder / Sledge Hammer/Ikazuchi		Japan	1993	EP		
Schlachthaus	Rot-Weiß-Rotes Wunschkonzert	Österreich	1995	CD	Clockwork Rec.	
Schlachthaus	Unsere Pflicht	Österreich	1996	CD	Clockwork Rec.	
Schlachthaus	Land der Berge	Österreich	1997	CD	Pühses Liste / Dt. Stimme	
Schlachthaus	Neue Nation	Österreich	1999	CD	Pühses Liste / Dt. Stimme	
Schlachthaus	Schlachthaus	Österreich	2000	CD		
Secret Resistance	The Men Of "Power"	Ungarn	1997	CD	Nordisc	
Sedition	Conspiracy Theory	USA	1999	MCD	Tri-State-Terror	
Sedition	Lies From Lies	USA	2000	CD	Tri-State-Terror	
Sedition	Already Dead	USA		CD		
Shutdown	Pray For War	USA		CD		
Skinkorps	Faut Assurer	Frankreich	1984	Demo-MC	Eigenproduktion	
Skinkorps	Une force, un hymne	Frankreich	1986	Single	Eigenproduktion	
Skinkorps	Mr Clean	Frankreich	1987	LP	Rebelles Europ.	
Skinkorps	Super picton	Frankreich	1987	Single	Eigenproduktion	
Skinkorps	Vacances en Sibérie	Frankreich	1988	Single	SPE	
Skinkorps	Rock'n'Oi	Frankreich	1989	Single	Chelsea	
Skinkorps	Il faudra bien vous y faire	Frankreich	1990	LP	Chelsea Records	
Skinkorps	Médias folie	Frankreich	1994	Single	Bulldog	
Skinkorps	Rock'n'Oi	Frankreich	1994	Single	Bulldog	

Band	Titel der Produktion	Land	Jahr	Format	Label/ Vertrieb	Indiziert/ verboten am
Skinkorps	Mr Clean[37]	Frankreich	1995	CD	Bleach Rec.	
Skrewdriver[38]	All Skrewed Up - Keeps Them Off The Streets (45 t)	GB	1977	LP	Chiswick	
Skrewdriver	All Skrewed Up (33 t)	GB	1977	LP	Chiswick	
Skrewdriver	Antisocial	GB	1977	Single	Chiswick	
Skrewdriver	You're So Dumb	GB	1977	Single	Chiswick	
Skrewdriver	Built Up, Knocked Down	GB	1979	Single	TJM	
Skrewdriver	Back With A Bang	GB	1982	Maxi-Single	Boots'n'Braces	
Skrewdriver	Invasion	GB	1983	Single	Rock-O-Rama	
Skrewdriver	White Power	GB	1983	Single	White Noise	
Skrewdriver	Hail The New Dawn	GB	1984	LP	Rock-O-Rama	
Skrewdriver	Voice Of Britain	GB	1984	Single	White Noise	
Skrewdriver	Blood And Honour	GB	1985	LP	Rock-O-Rama	
Skrewdriver	Boots And Braces	GB	1987	LP	Rock-O-Rama	
Skrewdriver	Voice Of Britain	GB	1987	LP	White Power Rec.	
Skrewdriver	White Rider	GB	1987	LP	Rock-O-Rama	
Skrewdriver	After The Fire	GB	1988	LP	Rock-O-Rama	
Skrewdriver	The Showdown	GB	1989	Single	White Pride	
Skrewdriver	Warlord	GB	1989	LP	Rock-O-Rama	
Skrewdriver	We've Got The Power	GB	1989	LP	Viking / Rock-O-Rama	
Skrewdriver	Blood And Honour	GB	1990	CD	Rock-O-Rama	
Skrewdriver	Boots And Braces / Voice Of Britain	GB	1990	CD	Rock-O-Rama	
Skrewdriver	Hail The New Dawn	GB	1990	CD	Rock-O-Rama	
Skrewdriver	The Early Years - Vol.1	GB	1990	LP	IAN / Rock-O-Ra.	
Skrewdriver	The Early Years - Vol.2	GB	1990	LP	IAN / Rock-O-Ra.	
Skrewdriver	Warlord	GB	1990	CD	Rock-O-Rama	
Skrewdriver	After The Fire	GB	1991	CD	Rock-O-Rama	
Skrewdriver	Live & Kicking	GB	1991	2 LP / CD	Rock-O-Rama	
Skrewdriver	The Early Years	GB	1991	CD	Rock-O-Rama	
Skrewdriver	The Strong Survive	GB	1991	LP / CD	Rock-O-Rama	
Skrewdriver	White Rider	GB	1991	CD	Rock-O-Rama	
Skrewdriver	Freedom What Freedom	GB	1992	LP / CD	Rock-O-Rama	
Skrewdriver	Hail Victory	GB	1994	CD	ICD / Rock-O-Ra.	
Skrewdriver	Land On Fire	GB	1994	CD	ICD / Rock-O-Ra.	
Skrewdriver	Waterloo Live '92	GB	1996	CD	I.S.D. Rec.	
Skrewdriver	1977-83 / The Complete Studio Coll.	GB	1998	CD	SCD	

Band	Titel der Produktion	Land	Jahr	Format	Label/ Vertrieb	Indiziert/ verboten am
Skrewdriver	Best Of	GB	1998	CD	I.S.D. Rec.	
Skrewdriver	Best Of - Vol.2	GB	1998	CD	I.S.D. Rec.	
Skrewdriver	The Last Gig In Germany	GB	1998	CD	Bootleg	
Skrewdriver	History - Vol. 1	GB	1998	CD	MID / Rock-O-Rama	
Skrewdriver	History - Vol. 2	GB	1998	CD	MID/Rock-O-Ra.	
Skrewdriver	History - Vol. 3	GB	1998	CD	MID/Rock-O-Ra.	
Skrewdriver	History - Vol. 4	GB	1998	CD	MID/Rock-O-Ra.	
Skrewdriver	History - Vol. 5	GB	1998	CD	MID/Rock-O-Ra.	
Skrewdriver	History - Vol. 6	GB	1999	CD	MID/Rock-O-Ra.	
Skrewdriver	History - Vol. 7	GB	1999	CD	MID/Rock-O-Ra.	
Skrewdriver	History - Vol. 8	GB	1999	CD	MID/Rock-O-Ra.	
Skrewdriver	All Skrewed Up - Keeps Them Off The Streets (45 t)	GB	2000	LP	Chiswick (Counterfeit)	
Skrewdriver	Rockumentary[39]	GB	2000	CD	Midgard Rec.	
Skrewdriver	Back With A Bang (Singles Collection)	GB	2001	LP		
Skrewdriver	All Skrewed Up	GB		CD	(Counterfeit)	
Skrewdriver	Introduction	GB		CD		
Skrewdriver	This One's For The Skinheads - Skrewdriver Live	GB		CD	MSR Prod. (Bootleg)	
Skrewdriver	We've Got The Power	GB		CD	Viking	
Skrewdriver / Noie Werte	Als der Schnee fiel	GB / Deutschland	1991	Maxi-Single	Laser-Sound Rec.	
Skrewdriver / Noie Werte	Als der Schnee fiel	GB / Deutschland	1991	Maxi-Single	Skull Rec.	
Skullhead[40]	A Cry Of Pain	GB	1991	CD	Rock-O-Rama	
Skullhead	Odin's Law	GB	1991	CD	Rock-O-Rama	
Skullhead	White Warrior	GB	1991	CD	Rock-O-Rama	
Skullhead	Victory Or Valhalla!	GB	1994	LP	Rebelles Europ.	
Skullhead	Ragnarock[41]	GB	1995	CD	KS	
Skullhead	A Cry Of Pain	GB		LP	United Rec.	
Skullhead	Odin's Law	GB		LP	United Rec.	
Skullhead	Victory Or Valhalla!	GB		CD		
Skullhead	White Warrior	GB		LP	United Rec.	
Skullhead	White Warrior / Odin's Law / A Cry Of Pain	GB		3CD		
Skullhead / Palazard		GB	1988	MLP	White Noise	
Skullhead / Violent Storm	Third Way	GB	1989	EP	Counter Culture	

Band	Titel der Produktion	Land	Jahr	Format	Label/ Vertrieb	Indiziert/ verboten am
Skulls	Thunderbolt Warrior	Brasilien	1999	CD	Dim Rec.	
Skulls	Gigantes do Brasil	Brasilien		CD		
Skulls / Better Dead Than Red	Nations Of Pride	Brasilien / USA		CD		
Sledge Hammer	New Dawn Warriors	Japan	1992	Single	New Bleed Rec.	
Sledge Hammer	Anthem	Japan	1994	Single	Vulturock	
Sledge Hammer / Bull The Buffalos	Return Of The Rising Sun	Japan	1993	MLP	ESV Rec. / Kamikaze Rec.	
Sledge Hammer / Ikazuchi / Samurai Thunder		Japan	1993	EP		
Sledge Hammer / Ouka		Japan	1992	Single	SPFC	
Sniper	Sniper	Finnland	1998	Pic-Disc	Movement Rec.	
Snix	Quand le soleil le levera	Frankreich	1986	LP	Rock-O-Rama	
Snix	Ces annees-la	Frankreich	1994	LP / CD	Mr Clean/Bleach	
Snix	Varsovie	Frankreich	1994	Single		
Snix	Quand le soleil le levera	Frankreich	1995	CD	BSCD / Rock-O-Rama	
Snix / Tolbiac´s Toads		Frankreich	1984	Single	Coeur de lion / Tolbiac	
Soccer Hoolys	We Are The Soccer Hoolys	GB	1992	LP	Rebelles Europ./ Soccer Hoolys Rec.	
Soldados De Rua	Street Soldiers	Spanien		CD		
Spandau	Frihetskampar	Schweden		CD		
Spearhead	Stand Your Ground	GB	2000	CD	Rampage Prod.	
Spearhead	Gotta Keep Fighting	GB	2001	MCD	Barracuda Rec.	
Squadron[42]	Our Time Will Come	GB	1990	LP	White Power Rec.	
Squadron	Our Time Will Come	GB	1991	CD	Rock-O-Rama	
Squadron	Take The Sword	GB	1991	LP	White Power Rec.	
Squadron	Take The Sword	GB	1991	CD	Rock-O-Rama	
Squadron	Unter dem Hakenkreuz	GB	1994	Single	Krowbar	
Squadron	Combat, Battle And Burn	GB	1995	CD	I.S.D. Rec.	
Squadron	Decade Of Defiance 1985 - 1995	GB	1996	CD	Nordland Rec.	
Squadron	Suppression Of Faith	GB	1998	CD	Destiny Rec. / Funny Sounds	
Squadron	Decade Of Defiance 1985 - 1995	GB	2000	CD	Nordland Rec. / Midgard Rec.	
Squadron	Our Time Will Come / Take The Sword	GB	2000	CD	Warrior Rec.	
Squadron	Age Of Conspiracy	GB	2001	CD	Movement Rec.	

Band	Titel der Produktion	Land	Jahr	Format	Label/ Vertrieb	Indiziert/ verboten am
Standrecht	Nederlands	Holland	2001	CD		
Stars And Stripes[43]	Shaved For Battle	USA	1989	LP	Patriot Rec.	
Stars And Stripes	Drop The Bomb	USA	1993	Single	SPFC	
Stars And Stripes	Shaved For Battle	USA	1999	LP	Taang Rec.	
Stars And Stripes	Shaved For Battle	USA		CD	TRCD / Rock-O-Rama	
Steelcap	Bullet To The Head	USA	1999	CD	Tri-State-Terror	
Steelcapped Strength	Sons Of Glory	Schweden	1996	CD	Dim Rec.	
Steelcapped Strength	Sign Of Evil	Schweden	2000	LP / CD	Dim Rec.	
Steelcapped Strength / Volkszorn	Swedish German Friendship	Schweden / Deutschland	1996	CD		
Stigger[44]	A Ballad Evening In Denmark	GB	1998	CD	Ragnarock Rec.	
Stigmata	Strength In Hate	USA	1995	Single		
Stigmata	The Heat Grows Harder	USA		CD	Steelbreaker Rec. / Rock-O-Rama	
Stonehammer	Sons Of Our Race	Kanada	1999	CD	Panzerfaust Rec.	
Stonehammer / No Quarter		Kanada / GB	2001	CD	Ohrwurm Rec.	
Storm	Is It Too Late?	Schweden	1998	CD	Svea Musik	
Storm	For Blood And Honour	Schweden	1999	CD	Moin Moin Rec.	
Storm / Kraftschlag	Nordmann - Northman	Schweden / Deutschland	2001	CD	Funny Sounds	
Storm / Spreegeschwader	European Guard	Schweden / Deutschland	1999	CD	Svea Musik / Fenris Rec.	
Stormbringer[45]	Hammer Of The Gods	GB	1998	CD	Midgard Rec.	
Stormwatch	At War With Peace	USA	1992	LP	Dim Rec.	
Strikeforce	Hang ´Em High!	Schweden	1998	MCD		
Strikeforce	Reign Of Eternal Fear	Tschechien	2000	CD	Hellhound Rec.	
Stuart, Ian	No Turning Back	GB	1990	LP / CD	Rock-O-Rama	
Stuart, Ian	Slay The Beast	GB	1990	LP / CD	Rock-O-Rama	
Stuart, Ian	Patriot	GB	1991	LP / CD	Rock-O-Rama	
Stuart, Ian & Rough Justice	Justice For The Cottbus Six	GB	1992	LP / CD	Rock-O-Rama	
Stuart, Ian & Stigger	Patriotic Ballads	GB	1991	LP / CD	Rock-O-Rama	
Stuart, Ian & Stigger	Patriotic Ballads 2 / Our Time Will Come	GB		CD		
Stuart, Ian & White Diamond	The Power And The Glory	GB	1998	CD	AL / Rock-O-Rama	
Sturmtruppen	Demo 1989	Schweiz	1989	DemoMC	Eigenproduktion	
Sturmtruppen	Es ist Beit[46]	Schweiz	1990	LP	Rebelles Europ.	
Sturmtruppen	The Best Of	Schweiz	1996	CD	NS Rec.	
Sturmtruppen Skinheads	Die Zukunft	Schweiz	1998	CD	Funny Sounds	
Sturmtruppen Skinheads	Basler Freunde	Schweiz	1999	MCD	Funny Sounds	

Band	Titel der Produktion	Land	Jahr	Format	Label/ Vertrieb	Indiziert/ verboten am
Sturmtruppen Skinheads	Wir sind Skinheads	Schweiz	2000	CD	Sturmtruppen Skinheads Rec.	
Sturmtruppen Skinheads	Ehre	Schweiz	2001	CD	Pühses Liste / Dt. Stimme	
SUD X.T.	I vostri abusi	Italien		CD		
Sudden Impact	Rock & Roll Rebels	GB	1989	LP	Rock-O-Rama	
Sudden Impact	Storm	GB	1989	LP	Rock-O-Rama	
Sudden Impact	Storm	GB	1995	CD	BSCD / Rock-O-Rama	
Sundquist, Matti	Alskade Land			MCD		
Sunita	Svensk Frihetskamp	Schweden	1996	CD	Ragnarock Rec.	
Svastika	1991 - 1996	Schweden	2000	CD	Midgard	
Svastika	In Hoc Signo Vinces	Schweden		CD		
Svastika / No Remorse	We Play For You	Schweden / GB		CD		
Svitjod[47]	Resist	Schweden	1999	CD	Nordland Rec.	
Symphony Of Sorrow	Paradise Lost	Schweden	2000	CD	Midgard	
Terre di Mezzo / Bobby Pearse	The Eagle And The Harp	Italien / Irland		CD		
Terrormachine	Forward Into War	Jugoslawien	1998	CD	White Eagle Rec.	
Thodthverdthur	Killed By The Might Of Nordic Wrath	Schweden	1999	CD	Warriors Rec.	
Thors Hammer	Nothing But Hate	Polen	1998	DemoMC	Eigenproduktion	
Thunderbolt	Twilight Of The Gods	GB		CD		
Titkolt Ellenallas		Ungarn	1997	CD	Nordisc	
Tolbiac's Toads	Zéra	Frankreich	1983	EP	Cranes Rases	
Tolbiac's Toads	Manif (pas concernés)	Frankreich	1992	Single	Tolbiac	
Tolbiac's Toads	1983 - 1987	Frankreich	1994	LP	Rebelles Europ.	
Tolbiac's Toads	Attentat	Frankreich	1994	Single	Tolbiac	
Tolbiac's Toads	Zéra (diff. PC)	Frankreich	1994	EP	Impact	
Tolbiac's Toads / Snix		Frankreich	1984	Single	Tolbiac / Coeur de lion	
Tollschock	Der erste Schock	Österrreich	2000	CD	Pühses Liste / Dt. Stimme	
Toletum	Toletum	Spanien	2000	DemoMC	Eigenproduktion	
Tormenta Blanca	Tormenta Blanca	Spanien	1999	DemoMC	Eigenproduktion	
Torquemada 1488	A degüello	Spanien	1998	CD	Rata-TaTaTa...Rec.	
Torquemada 1488	Gradas de sangre	Spanien	2000	MCD	Hate Rec.	
Torsgard	Nordic Pride And Passion	Schweden	1999	CD		
Totenkopf	SS Totenkopf	Schweden	1996	CD	Totenkopf Prod.	
Totenkopf	Our Symbol Is Death	Schweden	2000	CD	B&H Scandinavia	
Toughskins	Raised In Anger	USA		CD	Vulture Rock	
Toughskins	Raised In Anger	USA		CD	Dim Rec.	

Band	**Titel der Produktion**	**Land**	**Jahr**	**Format**	**Label/ Vertrieb**	**Indiziert/ verboten am**
Triskelon	Endast Mörker?	Schweden	1998	CD	Midgard Rec.	
Triskelon	Vrede	Schweden	1999	CD	Midgard Rec.	
Trouble Makers	A travers le temps	Kanada	1998	CD	Pit Rec.	
Trouble Makers	Pax Americana	Kanada	2000	CD	Pit Rec.	
Trouble Makers / 9éme Panzer Symphonie		Kanada / Frankreich	1999	CD	Nouvelle France Rec.	
Trueblood	Ain't Gonna Die	Schweden	1996	CD	Midgard Rec.	
Ultima Thule[48]	Sverige, Sverige fosterland	Schweden	1984	Single	Sveamal	
Ultima Thule	Hurra för nordens länder	Schweden	1990	LP	Rock-O-Rama	
Ultima Thule	Havets Vargar	Schweden	1991	Single	Rebelles Europ.	
Ultima Thule	Svea Hjältar	Schweden	1991	LP	Ultima Thule Rec.	
Ultima Thule	För Fädernes Landet	Schweden	1992	LP / CD	Ultima Thule Rec.	
Ultima Thule	Mitland	Schweden	1992	Single	SPFC	
Ultima Thule	Schottis pa Valhall	Schweden	1992	Single	Ultima Thule Rec.	
Ultima Thule	Svea Hjältar	Schweden	1992	CD	Ultima Thule Rec. / Rebelles Europ.	
Ultima Thule	Mitland	Schweden	1993	LP		
Ultima Thule	Vikingabalk	Schweden	1993	LP / CD	Ultima Thule Rec.	
Ultima Thule	Nu grönskar det	Schweden	1994	LP / CD	Ultima Thule Rec.	
Ultima Thule	Lejonet fran norden	Schweden	1995	LP / CD	Ultima Thule Rec.	
Ultima Thule	Blonda Svenska Vikinga	Schweden	1996	MCD	Ultima Thule Rec.	
Ultima Thule	Skinhead	Schweden	1996	EP / CD	Dim Rec.	
Ultima Thule	The Early Years - 1984 To 1987	Schweden	1996	LP / CD	Vulture Rock	
Ultima Thule	För Fädernes Landet	Schweden	1997	LP	Dim Rec.	
Ultima Thule	Karoliner	Schweden	1997	LP / CD	Ultima Thule Rec.	
Ultima Thule	Karoliner	Schweden	1997	LP	Dim Rec.	
Ultima Thule	Lejonet fran norden	Schweden	1997	LP	Dim Rec.	
Ultima Thule	Nu grönskar det	Schweden	1997	LP	Dim Rec.	
Ultima Thule	Svea Hjältar	Schweden	1997	LP	Dim Rec.	
Ultima Thule	Vikingabalk	Schweden	1997	LP	Dim Rec.	
Ultima Thule	Live In Dresden	Schweden	1998	CD	Paradise Rec.	
Ultima Thule	Sverige	Schweden	1999	CD	Ultima Thule Rec.	
Ultima Thule	Herrlich Herrmanns-land	Schweden	2000	MCD	Dim Rec.	
Ultima Thule	Once Upon A Time... A Collection Of Raven Tales...	Schweden	2000	LP / CD	Dim Rec.	

Band	Titel der Produktion	Land	Jahr	Format	Label/ Vertrieb	Indiziert/ verboten am
Ultima Thule	Once Upon A Time... A Collection Of Raven Tales...	Schweden		CD	Walzwerk	
Ultima Thule	Ragnarök	Schweden	2001	Single	Dim Rec.	
Ultimatum	Jeunes et Européens	Frankreich	2001	CD		
Ultime Assault	Paris	Frankreich	1991	Single	Rebelles Europ.	
Ultime Assault	Délivrance	Frankreich	1992	LP	Rebelles Europ.	
Ultime Assault / Kontingent 88		Frankreich	1997	CD		
Ultra Sur[49]	Fallen In Combat	Argentinien	2000	CD	Hate Rec.	
Unit Lost	Déjá vu 2000	Schweden	2000	CD	Classified Rec.	
Unit Lost	Headlines Or Work	Schweden	2001	CD	Dim Rec.	
Vacant Lot	Cheers To You	Kanada	1991	Single	Force Majeure	
Vacant Lot	Stay Mental	Kanada	1992	LP / CD	Rock-O-Rama	
Vae Victis	Quand les vents tournent	Frankreich	1998	CD	Pit Rec.	
Vae Victis	Vae Victis	Frankreich	1998	CD	P.R.E.S. Rec.	
Vaginal Jesus	Slav Oven	USA	1998	CD	MSR - Prod.	
Vaginal Jesus	Affirmative Apartheid	USA	2000	CD	Tri-State-Terror	
Vaginal Jesus	Slav Oven	USA		Single		
Valhalla[50]	Az Itelet Napaja	Ungarn	1998	CD		
Vanguard	It´s Time	USA		CD	White Terror Rec.	
Vengeance	Forward Into War	GB	1987	LP	Rock-O-Rama	
Vengeance	1986	GB	1989	LP	Rock-O-Rama	
Vengeance	1986	GB	1995	CD	BSCD / Rock-O-Rama	
Vengeance	Out Of The Darkness	GB	1995	CD	BSCD / Rock-O-Rama	
Verde Bianco Rosso	Europe	Italien	1989	LP	Rebelles Europ.	
Verde Bianco Rosso	Bionda rossa e nera	Italien	1990	Single	Rebelles Europ.	
Verde Bianco Rosso	Padrone del mondo	Italien	1991	LP	Rebelles Europ.	
Vérszerzödes / Archivum	Aryan Dreams	Ungarn		CD		
Vinland Warriors	Free Your Spirit	Kanada	1999	CD	Panzerfaust Rec.	
Vinland Warriors	We Don´t Care	Kanada	2001	CD	Midgard Rec.	
Violent Storm[51]	Land Of My Father	GB	1990	Single	Rebelles Europ.	
Violent Storm	Celtic Warrior	GB	1995	CD	I.S.D. Rec.	
Violent Storm / Skullhead	Third Way	GB	1989	EP	Counter Culture	
Vit Aggression	Död at ZOG	Schweden	1994	CD	Svea Rec.	
Vit Aggression	Död at ZOG	Schweden	1999	CD	Midgard Rec.	
Vlajka	Skin´n´Roll	Tschechien	1996	CD	Warriors Rec.	
Vlajka	...For Your Mother	Tschechien	1999	CD	Skin´n´Roll Rec.	

Band	Titel der Produktion	Land	Jahr	Format	Label/ Vertrieb	Indiziert/ verboten am
Vlajka	Zabij Kommunistu pro svoji Mamu	Tschechien		CD		
Voice	Rage	USA	1996	CD	White Terror Rec. / Excalibur	
Voice	Verdunkeln	USA	1996	CD	Resistance Rec.	
Voice	Rage	USA	1998	CD	Warlord Rec.	
Voice	Aryan Warrior	USA		Single	Tri-State-Terror	
Völund Smed	Varg	Schweden	1996	CD		
Warhammer	Valhallas Warriors	GB	2000	CD	I.S.D. Rec.	
Warhammer / Blitzkrieg	German-British-Terrormachine Vol.2	GB / Deutsch-land	2001	CD	Movement Rec.	
Warlord	An Old And Angry God Awakes	GB	1996	CD	I.S.D. Rec.	
Warlord	Theatre Of War	GB	1998	CD	Movement Rec.	
Warlord	An Old And Angry God Awakes	GB	1999	Pic-Disc	Hate Society Rec.	
White American Youth	Walk Alone	USA	1992	LP / CD	Rock-O-Rama	
White Devastation	The Storm		2000	CD	Moin Moin Rec.	
White Diamond	The Reaper	GB	1991	LP / CD	Rock-O-Rama	
White Diamond	The Power And The Glory	GB		CD	Glory / Rock-O-Rama	
White Fist	Make A Stand	GB / Polen		CD		
White Law	Take The Salute	GB	2000	CD	Rope Rec.	
White Law / Aryan Brotherhood	German-British-Terrormachine	GB / Deutsch-land	1998	CD	Movement Rec.	
White Lightning[52]	Destiny	Australien	1990	LP	Rebelles Europ.	
White Lightning	We Rule	Australien	1998	CD	Independent Voice Rec.	
White Noise	The First Assault	Australien	1989	LP	Rock-O-Rama	
White Noise	Reckless Aggression	Australien	1990	LP	Rock-O-Rama	
White Noise	Reckless Aggression	Australien	1991	CD	Rock-O-Rama	
White Noise	The First Assault	Australien	1991	CD	Rock-O-Rama	
White Noise	The Final Solution	Australien	1999	CD	Panzerfaust Rec.	
White Pride	Peace My Ass	USA	1991	Single	ORP	
White Pride	Your Loss Is Our Gain	USA	1999	CD	Moin Moin Rec.	
White Pride / Agnostic Front[53]	Illegal Aliens	USA	1991	Single	Bootleg	
White Wash	Unity Through Aggression	USA	1999	CD	Panzerfaust Rec.	
White Wash / Avalon	Brothers Through Blood	USA / Jugoslawien	1999	CD	Panzerfaust Rec.	
White Wolf	When The Rope Stretches Tight			CD	White Terror Rec.	

Band	Titel der Produktion	Land	Jahr	Format	Label/ Vertrieb	Indiziert/ verboten am
Wolfseye	Winter	Australien	1999	CD	WE / Funny Sounds	
Young Blood	Final War	USA	1989	LP	Rock-O-Rama	
Young Blood	Final War	USA	1995	CD	BSCD / Rock-O-Rama	
Youngland	We Are United Again!	USA	1999	MCD / Single	Panzerfaust Rec.	
Youngland	We Are United Again!	USA	2000	CD	Panzerfaust Rec.	
Youth Defense League	American Pride	USA	1990	Single	Oi Core	
Youth Defense League	American History (Live At CBGB´s 1987 - 1988)	USA	1999	LP / CD	Vulture Rock	
Youth Defense League	Skinhead 88	USA	1999	Single	Vulture Rock	
Youth Defense League	Youth Defense League	USA	1999	CD	New Glory Rec.	
Youthful Offenders	Domination	USA		CD		
Zetazeroalfa	La dittatura del sorriso	Italien	1999	CD	RTP	

Anmerkungen:

1 Ungarns bekannteste White-Power-Band.
2 Ein-Mann-Projekt von Chris Odom.
3 Ein Projekt von Fortress.
4 Der Name dieser italienischen Band ist eine Anspielung auf ein Gebäude in einem früheren Konzentrationslager.
5 Nachfolgeband von Nordic Thunder, deren Sänger bei einer Auseinandersetzung tödlich verletzt wurde.
6 Eine der dienstältesten White-Power-Bands (seit 1989) aus den USA.
7 Ein Projekt des Sängers von Celtic Warrior und Nigel Brown.
8 Nach nunmehr zwanzigjährigem Bestehen die wichtigste britische Band auf diesem Sektor.
9 Diese Band wurde von Bodilis Gael, dem späteren Inhaber der Firma Rebelles Européens, gemanaged.
10 Ehemaliger Sänger der Bands No Remorse und Public Enemy.
11 US-amerikanisches Projekt mit christlichem Hintergrund.
12 Ab 1993 firmierte die Band unter dem Namen Heroes In The Snow bzw. Heroes.
13 Ein Projekt von Musikern der Band Sturmwehr, des Sängers von Brutal Attack und des Sängers von Celtic Warrior.
14 Blood & Honour-Band mit Musikern von Squadron und Ovaltinees.
15 Australische Hammerskin-Band, hervorgegangen aus Phoenix Rising.
16 Ehemals Dirlewanger.
17 Griechische NS-Band.
18 Ein Ableger der Band Midgards Söner.
19 Ein Liedermacher.
20 Ein Rockabilly-Projekt von Ian Stuart (Skrewdriver) unter Beteiligung von Musikern der Band Demented Are Go.
21 NS-Band aus Rußland.
22 Der Name dieser Band bezieht sich auf ein britisches Freiwilligen-Korps in der Waffen-SS.
23 Ein Projekt des Sängers von Brutal Attack und des ehemaligen Gitarristen von Skrewdriver.
24 Eine nationalistische Punkband aus Schweden.
25 Ein nationalistischer Folklore-Musiker; im März 2001 einem Krebsleiden erlegen.
26 Eines der Band-Projekte von Paul Burnley nach seinem Weggang von No Remorse.
27 Neben Skrewdriver und Brutal Attack waren No Remorse mit ihrem Sänger Paul Burnley in den achtziger Jahren die wohl wichtigste und

radikalste White-Power-Band in Groß-Britannien.
28 Eine Veröffentlichung von No Remorse mit einem neuen Sänger.
29 Eine der ersten britischen White-Power-Bands.
30 Mit Veröffentlichung dieses Tonträgers war Paul Burnley für den Gesang bei Public Enemy verantwortlich.
31 Skullhead unter anderem Namen.
32 Von George Eric Hawthorne alias George Burdi, dem früheren Leiter von Resistance Records, gegründete Band mit Doom-Metal-Einschlag.
33 Eine der musikalisch und politisch einflußreichsten britischen Bands der letzten Jahre.
34 Ein Projekt von Nigel Brown und dem Sänger von Celtic Warrior.
35 Skrewdriver-Tribute-Compilation einer schwedischen Sängerin.
36 Der zweite Teil der Compilation.
37 CD-Wiederveröffentlichung des ersten bei Rebelles Européens erschienenen Albums.
38 Von Ian Stuart 1976 als Punkband gegründet. Stuart spielte zuvor in einer nach einem Song der Rolling Stones benannten Band namens Tumblig Dice, welche Songs der Stones, von The Who und anderen Rocklegenden coverte. Nach Formierung von Skrewdriver spielten diese unter anderem im Vorprogramm von Siouxsie and the Banshees und veröffentlichten ihr erstes Album und mehrere Singles auf Label Chiswick, welches unter anderem Johnny Moped und Motörhead unter Vertrag genommen hatte. Berüchtigt für ihr gewaltbereites Publikum, bekam die Band schließlich immer häufiger Auftrittsverbote und war gezwungen, zunehmend ein Dasein abseits der Bühne zu fristen. Nach mehreren Besetzungswechseln und längeren Phasen der Stagnation gelang Stuart mit seiner Band Ende 1981 ein Comeback. Nunmehr im typischen Skinheadstil auftretend, scharte er recht bald eine treue Anhängerschar um sich und begann schärfer als bisher, seine politische Gesinnung in seinen Texten zu artikulieren. Bis zu seinem Unfalltod im Jahre 1993 waren Skrewdriver und Ian Stuart das Synonym für Rockmusik mit rechtsgerichteten Texten. Der von ihm hinterlassene Plattenkatalog ist enorm und bis heute eine schier unerschöpfliche Fundgrube für gleichgesinnte Musiker aus dem In- und Ausland.
39 Eine biographische Exkursion in die Geschichte von Skrewdriver und das Leben von Ian Stuart, versetzt mit Interviews und Musik; der Sprecher ist Paul Burnley.
40 Ähnlich Skrewdriver eher am klassischen Hardrock orientierte Band.
41 Diese CD war zeitweise auch mit dem Titel Victory mit identischem Coverartwork erhältlich; für diese Auflage war als Bandname Ragnarok angegeben.
42 Eine der musikalisch härteren Bands der zweiten Generation britischer White-Power-Bands.
43 Umstrittenes Projekt des Sängers der US-amerikanischen Hardcoreband Slapshot.
44 Ehemaliger Gitarrist von Skrewdriver.
45 Ein Projekt von Paul Burnley.
46 Eigentlicher Titel des Albums: Es ist Zeit!
47 Band um den früheren Sänger von Svastika.
48 Seit dem Jahre 1983 Schwedens Aushängeschild für den sogenannten „Wikingerrock".
49 NS-Band aus Argentinien.
50 NS-Band aus Ungarn.
51 Nach einem Autounfall, bei dem sämtliche Mitglieder der Band bis auf den Sänger tödlich verunglückten, gründete dieser Celtic Warrior, benannt nach einem Album von Violent Storm.
52 Neben White Noise eine der ersten australischen White-Power-Bands; an der Gitarre Nigel Brown.
53 Bootleg-Produktion mit Aufnahmen von zwei kontrovers diskutierten Bands. Die Musiker von Agnostic Front sind allerdings trotz ihrer früher zur Schau getragenen patriotischen Einstellung keine Extremisten.

ARCHiV der Jugendkulturen e.V.

Das Berliner Archiv der Jugendkulturen e.V. existiert seit 1997 und hat es sich zur Aufgabe gemacht, vor allem authentische Zeugnisse aus den Jugendsubkulturen selbst (Fanzines, Flyer, Musik etc.) zu sammeln, auszuwerten und der an einem differenzierten Blick interessierten Öffentlichkeit zugänglich zu machen. Zu diesem Zweck gibt das Archiv der Jugendkulturen e.V. auch im Verlag Thomas Tilsner eine eigene Buchreihe mit sechs Titeln jährlich heraus, in denen sowohl sachkundige WissenschaftlerInnen, JournalistInnen u.a. über Jugendkulturen Forschende als auch Szene–AktivistInnen zu Wort kommen. Das Archiv der Jugendkulturen e.V. legt großen Wert auf eine enge Kooperation mit Angehörigen der verschiedensten Subkulturen und ist daher immer an entsprechenden Angeboten, Reaktionen und Material jeglicher Art interessiert. Eine Mitgliedschaft im Verein des Archivs lohnt sich vor allem für diejenigen, die sich eine qualifizierte und stets aktuelle Bibliothek zum Thema Jugendkulturen aufbauen wollen. Denn für einen Jahresbeitrag von 240,– DM erhält jedes Vereinsmitglied sämtliche vom Archiv der Jugendkulturen herausgegebenen Bücher, das Journal der Jugendkulturen u.a. special services. Die allgemeine Nutzung des Archivs und seiner Bibliotheksbestände ist selbstverständlich auch für Nicht–Vereinsmitglieder kostenlos möglich.

Kontakt:
Archiv der Jugendkulturen e.V.,
Fidicinstraße 3, 10965 Berlin,
Tel.: 030 – 6942934, Fax: 030 – 6913016,
Web–Adresse: www.jugendkulturen.de,
e–Mail: archivderjugendkulturen@t–online.de

Klaus Farin / Hendrik Neubauer (Hrsg.)
Artificial Tribes.
Jugendliche Stammeskulturen in Deutschland.
3-933773-11-3 / DM 38,- / € 20,- Herbst 2001
Mehrere Jahre folgten vier Fotografen und acht AutorInnen Jugendlichen auf ihren Streifzügen durch den subkulturellen Dschungel deutscher Großstädte. Was sie dabei erlebten, kam ihnen nicht selten fremder und exotischer vor als alles, was sie früher bei Reisen in entfernteste Regionen der Erde gesehen, gehört und gefühlt hatten...

Klaus Farin / Kirsten Wallraff
Die Gothics
3-933773-09-1 / DM 28,- / € 15,-
„Die erste ernstzunehmende Darstellung und Auseinandersetzung mit der Gothic-Szene. (...) Ein echtes Spiegelbild der Gothic-Szene." Zillo
Der erste Teil von Klaus Farin enthält Interviews mit Grufties aus Ost und West und Fotografien des Berliner Szene-Fotografen Boris Geilert; der zweite Teil Analysen von Kirsten Wallraff, die sich selbst seit 15 Jahren in der Szene der Schwarzen bewegt.

Elke Nolteernsting
Heavy Metal - Die Suche nach der Bestie
3-936068-03-8 / € 15,- Winter 2001/2002
Bestialische Musik, bestialische Künstler, Sex, Drugs und Rock'n'Roll – Was ist Realität und was ist Kult? Dieses Buch über die deutsche und internationale Metal-Szene vermittelt auf der Grundlage von Interviews mit Metal-MusikerInnen ein vielfältiges Bild über ihre Vorgeschichte, ihre Musik, ihre Fans, ihre Frauen (und Männer) und ihr Leben. Ein spannender Blick hinter die Kulissen derjenigen, vor denen oft gewarnt wird. Am Ende bleibt die Frage: Wer ist die Bestie?

Bestellen unter: Fax: 08041 - 2147 Tel.: 08041 -2525
oder www.jugendkulturen.de

Gilbert Furian · Nikolaus Becker
Auch im Osten trägt man Westen
3-933773-51-2 / DM 28,- / € 15,-
Punks in der DDR und was aus ihnen geworden ist. Im Sommer 1982 führte Gilbert Furian mit sieben Ostberliner Punks Interviews über Punk und Politik, Musik und Liebe, Arbeit und Anarchie. Ein Vergehen, das ihm schließlich eine Verurteilung zu 2 Jahren und 2 Monaten Gefängnis einbrachte. Dieses Buch dokumentiert die damaligen Gespräche, die folgenden Aktivitäten der Stasi, und erneute Gesprächsrunden mit den Punks von damals – 18 Jahre später.

Dirk Buck
Teenage Wasteland
3-933773-60-1 / DM 28,- / € 15,-
„Ein fesselndes, erstaunliches Buch voller Spannung, Witz und mit schonungsloser Offenheit geschrieben." *(Plastic Bomb)*
Dirk Buck spielte in Punk-Bands, gründete ein Label, machte viel Geld und schließlich eine Therapie. Seine autobiographische Geschichte einer rebellischen Kleinstadtjugend ist "höchst unterhaltsam, witzig, hart und deprimierend zugleich" *(OX)*

Klaus N. Frick
Zwei Whisky mit Neumann
und andere Enpunkt-Geschichten
3-933773-81-4 / DM 18,- / € 10,-
Die besten Storys aus dem Kult-Egozine von Klaus N. Frick. "Pflichtlektüre!" urteilten alle Kollegen von Panzerknacker bis Plastic Bomb.

Bestellen unter: Fax: 08041 - 2147 Tel.: 08041 -2525
oder www.jugendkulturen.de